學鑒

【第二辑】

武汉大学中国传统文化研究中心『985工程』项目成果

吴根友 主编

武汉大学出版社
WUHAN UNIVERSITY PRESS

图书在版编目(CIP)数据

学鉴. 第2辑/吴根友主编. —武汉: 武汉大学出版社,2008.4
ISBN 978-7-307-06137-8

Ⅰ.学… Ⅱ.吴… Ⅲ.社会科学—文集 Ⅳ.C53

中国版本图书馆CIP数据核字(2008)第015156号

责任编辑:杜七红　　责任校对:刘　欣　　版式设计:詹锦玲

出版发行: 武汉大学出版社 (430072 武昌 珞珈山)
(电子邮件: wdp4@whu.edu.cn 网址: www.wdp.com.cn)
印刷: 武汉中远印务有限公司
开本: 720×980 1/16 印张: 22.625 字数:325千字 插页:3
版次: 2008年4月第1版 2008年4月第1次印刷
ISBN 978-7-307-06137-8/C·200 定价: 35.00元

发刊缘起

当代中国，学术之繁荣，大有空前之势；然则是否绝后，吾辈不敢悬揣。学人如云而书刊如林，以概言当代学术之盛况，似乎并无矫诬之嫌。学人既夥，其研究之轨辙则不拘于一途；书刊甚众，其成果之公布亦各得于其所。然轨辙非一，其取径必有末路与康衢之别；文事既繁，其创获亦必有深弘与浅狭之殊。而鱼龙相杂，玉石共生，不惟有司惮于悉察，繄学人又恶乎尽辨！于是出版单位可定学术之高下，刊物级别能判文章之优劣，其于鉴照乏术衡程无式之际，由外以觇内，据简以控繁，未尝不可以济一时之穷耳。然舍经从权，行之既久，非惟其本末倒置之弊立显，而学术之种种颓败，又无不乘瑕蹈隙而起！长此以往，其所断送者又非徒学术之一端而已！斯有二三同仁，人称珞珈七子，亟思有以振济靡溺而救人心于万一。然狂澜既倒而清流不足以当其颓波，人心惟危而道德亦无以救其沦丧，此孔子所谓末如之何也！而七子者，于匪夷匪惠之时，何为邪？何不为邪？亦惟趋古人之风，学以为己而已矣，岂有他哉！然独学而无友，孤陋而寡闻，是以《易象》曰“丽泽，兑；君子以朋友讲习”，其言兑以两泽相丽而偶，像君子群居以切磋也。特七子聚而讲读，迄之于今者，钻燧改火，其数有五矣。而学之有所得于心，必有所应之于手者也，是以又不能无文。然海内君子，饱学之士众矣！欲与讲习之而切磋之，何由而能致之乎？庄生云遥而无闷者，其可得邪？此《学鉴》之必不可无也。且《书》有之曰“孝乎惟孝，友于兄弟，施于有政”，孔子亦有之曰“是亦为政，奚其为为政”！施于有政者，其于圣人则可，而区区七子者又何能间焉！然则《诗》不亦云之乎？“孝子不匮，永锡尔类”，又云“嘤其鸣矣，求其友声”，则“学鉴”云者，锡其“类”求其“声”而已。倘蒙海内君子有充类之思而继以伐柯之行，则浮尹旁达，又何虑滥风恶俗不能为之一改也！然则《学鉴》之发刊，尤为铭感于心而不可不志之者，武汉大学中国传统文化研究中心主任冯天瑜教授暨郭齐勇教授，既为七子之讲习辟其场所，亦予《学鉴》之创刊斥其资度；而武汉大学校长刘经南院士亦时加褒诱，武汉大学出版社社长陈庆辉博士又慨然承其梓事，其援引后进策励学术之公心，亦可鉴之于居诸也！

程水金

公历二〇〇六年一月廿五日

草于珞珈山麓颜乐斋

目　录

经史抉微

诸子学衡

典籍辨伪

学林旧事

人文新论

禅意人生

学鉴论坛

经史抉微

学鉴

春秋战国时期“忠”观念的演进

——以儒家文献为主线，兼论忠孝、忠信与忠恕观念

◎ 丁四新

“忠”，在古代中国是一个很重要的概念。在春秋时期，随着天下的分解和社会制度的剧烈变迁，邦国之间的利益争夺和权力斗争变得日益激烈，在国家内部“邦国”与“君主”的地位得到进一步的上升，君统与宗统也发生分离，“忠”的观念也随之得以产生与确定。① 它并与“孝”的观念一起，成为主宰当时社会的两个

---

① 童书业云：“在‘原始宗法制’时代，后世之所谓‘忠’（忠君之忠）实包括于‘孝’之内，……臣对君亦称‘孝’，君对臣亦称‘慈’，以在‘原始宗法制’时代，一国以至所谓‘天下’可合成一家，所谓‘圣人能以天下一家’也。故‘忠’可包于‘孝’之内，无需专提‘忠’之道德。然至春秋时，臣与君未必属于一族或一‘家’，异国、异族之君臣关系逐渐代替同国、同族间之君臣关系，于是所谓‘忠’遂不得不与‘孝’分离。盖首先在异国、异族之君臣关系上产生接近后世所谓‘忠君’之‘忠’。”见童氏著：《春秋左传研究（校订本）》（中华书局2006年版），第244页。从目前的文献来看，“忠”产生于春秋前期，这大概是可靠的。但是童氏所谓“忠”是从“孝”中分裂出来的，并认为在原始宗法制社会前者蕴涵在后者之中的观点，鄙见以为这是一种值得商榷的假定。虽然自春秋以后，“忠”、“孝”之间长期存在实际的影响，但是二者之间的差别及其反映的社会存在却是明确而不可混淆的。“忠”是与新的社会存在一同出现的，因而它直接反映的是此一新的社会存在所需要的价值观念。应当说，它是自生，而不是派生的。

基本观念。在战国，随着国家利益和君主地位更进一步的强化与抬升，“忠”、“孝”之间的关系变得空前紧张；在战国末季，“忠”在法家思想和国家政治生活中超过了“孝”，并形成了前者支配后者的基本态势。① 确实，先秦诸子对于“忠”及其与“孝”之间的关系的理解非常复杂，充满了众多的论说与辩诘，甚至困惑与矛盾。对于儒家学派而言，这一点表现得尤为明显。因此，对于春秋至战国时期“忠”观念的发展与演进问题，应该得到更为仔细、深入的学术梳理和探讨。

一、《左传》、《国语》“忠”的观念

（一）《左传》、《国语》的制作时代与作者

《左传》和《国语》是两部可以相互参证的有关春秋史事和思想的重要著作。《左传》言史之详，远过其他两部《春秋》传。② 关

① 杨华教授从“宗统”与“君统”相对立的关系角度，对于春秋战国至汉初的“忠”、“孝”关系的演变作了宏观的分析与描述，而将其发展过程概括为三阶段论：春秋之前，“忠”的观念蕴涵在“孝”之中；春秋战国时期，“忠”、“孝”处于冲突之中；秦汉以降，“孝”统于“忠”、“忠”大于“孝”、“孝”服从“忠”。见杨氏著：《春秋战国时期“宗统”与“君统”的斗争——兼论我国古代忠孝关系的三个阶段》，载《学术月刊》1997 年第 5 期，第 91、97 页。杨氏所构造的三阶段论之第一阶段的说法，其实源自童氏。鄙见以为春秋时期（可能包括战国早期）可以单独划为一个阶段。在这一阶段，一般说来“孝”大于“忠”，“忠”受到“孝”的统率，而二者间的冲突并不强烈。

② 《春秋》经，大体是在鲁《春秋》的基础上由孔子编作而成的。《墨子·明鬼下》有周之《春秋》、燕之《春秋》、宋之《春秋》、齐之《春秋》的说法，说明《春秋》不过是当时各国都有的编年体性质的史书。孔子在鲁《春秋》的基础之上作了一些诸如体例的编排、史料的权择和用意的抑扬等工作，这些工作正是“作”之义。但从来源来看，孔子的作《春秋》也属于所谓的编纂。孔子与《春秋》经的关系，孟子已说明。《孟子·离娄下》：“孟子曰：‘王者之迹熄而《诗》亡，《诗》亡然后《春秋》作。晋之《乘》，楚之《梼杌》，鲁之《春秋》，一也。其事则齐桓、晋文，其文则史。孔子曰：其义则丘窃取之矣。’”即为其证。因此，“作”与“编”之间，在古人那里并没有十分清晰的概念，依其着重点不同而言“作”、言“述”、言“著”。

于《左传》的写作年代，曾经引起人们较大的关注。① 大约下葬于耶诞前3世纪初年的汲冢在晋武帝年间出土了大量战国竹书，② 其中一篇题名为《师春》。《晋书·束晰传》云《师春》："书《左传》诸卜筮。师春似是造书者姓名也。"按照已经出土的简帛书之篇题抄写位置来看，"师春"大概也书写于末简或末行最末一字之下。当然，这也可能属于所谓物勒工名的现象，即是说，《束晰传》所言的"造书者"仅是《师春》的"抄写者"，而不是该文本的真正作者。但是不管怎样，正如杜预《春秋经传集解后序》所云："又别有一卷，纯集疏《左氏传》卜筮事，上下次第及其文义皆与《左传》同，名曰《师春》。师春，似是抄集者名也。"杜预所云更为具体，第一，明确称"师春"为"抄集者名"；第二，指出《师春》所抄集卜筮事，"上下次第及其文义皆与《左传》同"。第一点说明《师春》并非其所抄书的真名。而由于原竹简早已毁亡，到底有多少竹书是由师春抄写的，已经无法搞清楚了。第二点对于弄清楚《左传》的制作年代是一个重要的证据。这条证据表明，《左传》的写作年代应该比汲冢墓的下葬年代早一段时间。而郭沫若认为刘歆把《师春》割裂编入《左传》的说法，③ 的确臆想不实。当今学者，一般都认为《左传》是耶诞前4世纪

---

① 与这一问题密切相关的是《左传》的作者问题。有关《左传》的相关评论，见朱彝尊：《经义考》（中华书局1998年版）卷169，第875～878页。

② 《晋书·武帝纪》、《晋书·律历志》、荀勖《穆天子传序》、卫恒《四体书势》皆言汲冢为魏襄王墓，王隐《晋书·束晰传》言汲冢为魏安厘王墓，唐修《晋书·束晰传》或言汲冢为魏襄王墓，或言安厘王冢。据杜预《春秋经传集解后序》所云，汲冢所出《竹书纪年》的最后纪年时间为"今王二十年"，此"今王"即指"魏襄王"。魏襄王二十年，也就是耶诞前299年。汲冢墓主即在此后不久下葬。有关汲冢墓的下葬年代的争论，参见拙文：《从出土竹书综论〈周易〉诸问题》，载《周易研究》2000年第4期，第15～16页。

③ 郭沫若：《周易之制作时代》，载《郭沫若全集》历史编第一卷（人民出版社1982年版），第388页。李镜池曾驳斥郭氏的看法，见氏著：《论周易的著作年代》，载黄寿祺、张善文编：《周易研究论文集》第一辑（北京师范大学出版社1987年版），第501～503页。

的作品，① 但是这并不能否定它所记述和反映的对象是直接指向耶诞前722～468年之间的史事和观念的，因而我们利用《左传》来研究春秋时期的观念含义在很大程度上仍然是可靠的。②

关于《国语》的制作问题，《史记·十二诸侯年表序》："于是谱十二诸侯，自共和讫孔子，表见《春秋》、《国语》学者所讥盛衰大旨著于篇。"司马迁在这里所说的《国语》，也就是流传到今天的《国语》本子。③ 又同书《太史公自序》："左丘失明，厥有《国语》。"这个失明的"左丘"为谁，《汉书·艺文志》曾加以指明："《国语》十二篇，左丘明著。"不过，从晋代开始就有人怀疑《汉书》的说法。傅玄说："《国语》非丘明所作。"刘炫同之。陆淳说："《国语》与《左传》文体不伦，定非一人所为。"陈振孙说："自班固《志》言左邱明所著至今，与《春秋传》并行，号为外传。今考二书，虽相出入，而事辞或多异同，文体亦不类，意必非出一人之手也。司马子长云：'左邱失明，厥有《国语》。'又似

① 参见陈荣捷（Wing-Tsit Chan）编译：*A Source Book in Chinese Philosophy*（Princeton：Princeton University Press，1963），第5页脚注8。在西方，高本汉（Karlgren）曾经从语言演变的角度研究《左传》的写作时间，也认为《左传》是在耶诞前300年以前形成的。童书业认为："《左传》中多预言，其下限约为公元前三三〇年左右"，"本书当即在战国前期大体写定"。见氏著：《春秋左传研究（校订本）》（中华书局2006年版），第261、346页。

② 在西方，《中国历史手册》一书的作者也说："它（《左传》）是研究耶诞前722～468年这段时期的历史的基本资料。"参见Endymion Wilkinson：*Chinese History：A Manual*（Cambridge，Massachusetts and London：Harvard University Asia Center，1998），第485～486页。中国大陆及港台的学者，一般是如此认为的。杨伯峻甚至推测《左传》成书在耶诞前403～389年之间。见杨氏著：《春秋左传注（修订本）》之《前言》，中华书局1990年第2版，第41页。

③ "语"，原是古代一种着重记言的史书，因其国别不同，则其《语》有异。这些《语》后来被总集在一起，遂称为《国语》。《礼记·玉藻》："动则左史书之，言则右史书之。"《国语·楚语上》记载申叔时教诲太子之言："教之令，使访物官。教之语，使明其德，而知先王之务用明德于民也。教之故志，使之废兴者而戒惧焉。教之训典，使知族类行比义焉。""语"的目的原本是为了"明德"，但后来它慢慢泛化了。现在所见的《论语》、《家语》、《管子·短语》、竹书《锁语》、《新语》等，都已属于私人著述。

不知所谓。唐啖助亦尝辨之。”叶少蕴（梦得）云：“古有左氏、左丘氏。太史公称：‘左丘失明，厥有《国语》。’今《春秋传》作左氏，而《国语》为左丘氏，则不得为一家，文体亦自不同，其非一家书，明甚。”① 对于傅玄、叶梦得等人的意见，其他学者不以为然。如司马光说：“先儒多怪左邱明既传《春秋》，又作《国语》。为之说者，多矣，皆未甚通也。先君以为邱明将传《春秋》，乃先采集列国之史，因别分之，取其精英者为《春秋传》。而先所采集之稿，因为时人所传，命曰《国语》，非邱明之本志也。故其辞繁重，序事过详，不若《春秋传》之简直、精明、浑厚、遒峻也。又多驳杂不粹之文，诚由列国之史学有厚薄，才有浅深，不能醇一故也。不然，邱明作此重复之书何为邪?”陈造的解释是：“左邱明《传》记诸国事既备矣，复为《国语》。二书之事，大同小异者多，或疑之。盖《传》在先秦古书，《六经》之亚也。纪史以释经文，婉而丽。《国语》要是传体，而其文壮，其辞奇。”黄省曾说：“昔左氏罗集国史，实书以传《春秋》，其释丽之余，溢为外传，实多先王之明训。自张仓、贾生、马迁以来，千数百年播诵于艺林不衰，世儒虽以浮夸、阔诞者为病，然而文辞高妙精理，非后之操觚者可及。”②

今人王树民敷衍从傅玄到叶梦得之说，而云：③

> (1)《国语》的编定者，《史记》和《汉书》的说法不同，《史记》说是“左丘失明，厥有《国语》”，《汉书》则称“左丘明著”。……可知编定《国语》与写作《左氏春秋》的本来是两个人，司马迁说得很明白，一个是左丘，一个是左丘明；不过他们的事迹为后人所知者极少，其名有相近，因而被

① 上述诸引文，见朱彝尊编：《经义考》（中华书局 1998 年版）卷 209，第 1071 页。最后一条，又见卷 169，第 876 页。此版本据中华书局 1936 年版《四部备要》缩印，并据扬州马氏刻本校勘。

② 上引诸文，俱见《经义考》，卷 209，第 1071 页。

③ 下引文，见王树民：《〈国语〉的作者和编者》，载徐元诰撰（王树民、沈长云点校）：《国语集解》（中华书局 2002 年版），第 603 ~ 604 页。

混同为一个人了。……值得注意的一点是，所列举的这几个人大致以时间先后为次序，左丘列于屈原与孙子之间，说明其时代应约略相近，正在战国中期。按《国语》二十一篇，而《晋语》独占九篇，在晋国三卿中，又多记赵氏之事，说明左丘应为赵国人，或与赵国接近之人。

(2)《国语》与《左氏春秋》既同记一个时期之事，内容自多相同或相关者，稍加比较，即可知《国语》多保存原文，故各部分之间颇不一致，而《左氏春秋》则为已经作者润饰修整者，全书如浑然一体。因此，二书的某些材料来源可能为出于一途，然不可谓二书即出于一手。自从《左氏春秋》被说成为《春秋左氏传》，经古文派宗之，《国语》也被称为《春秋外传》。经今文派力攻《左传》，特别强调"左丘失明，厥有《国语》"之语，更确指左丘明为《国语》的作者。很明显，这是捕风捉影之谈，硬把左丘与左丘明当作一个人了。

《史记·太史公自序》："昔西伯拘羑里，演《周易》；孔子厄陈蔡，作《春秋》；屈原放逐，著《离骚》；左丘失明，① 厥有《国语》；孙子膑脚，而论兵法；不韦迁蜀，世传《吕览》；韩非囚秦，《说难》、《孤愤》；《诗》三百篇，大抵贤圣发愤之所为作也。"②《汉书·司马迁传》所录《报任安书》云："盖昔西伯拘而演《周易》；仲尼厄而作《春秋》；屈原放逐，乃赋《离骚》；左丘失明，厥有《国语》；孙子髌足，《兵法》修列；不韦迁蜀，世传《吕览》；韩非囚秦，《说难》、《孤愤》；《诗》三百篇，大抵贤圣发愤之所为作也。此人皆意有所郁结，不得通其道，故述往事，思来者。及如左丘明无目，孙子断足，终不可用，退论书策以舒其

---

① 明嘉靖刻本荀悦《前汉纪》武帝天汉二年所录《报任安书》直接将"左丘失明"抄作"左丘明失明"，前一"明"字，疑为衍文。版本见上海涵芬楼影印《四部丛刊》（中华书局1922年影印版）。

② 见司马迁：《史记》（中华书局1997年版标点缩印本），第3300页。

愤，思垂空文以自见。"① 据此，司马迁似乎已经认为《国语》为左丘明所作。不过宋淳熙本胡重刻本《文选》所录《报任少卿书》"及如左丘明无目"作"乃如左丘无目"，② 然则司马迁是否认为《国语》为左丘明所作，尚在然否之间。不过，《汉书》将《国语》定为左丘明之作，这一点是清楚的，而且自司马迁之后，今古文经学家亦皆认同此一观点。由此而言，司马迁所说《国语》的著者"左丘"为左丘明的可能性还是存在的。至于叶梦得所谓"左"与"左丘"相区别之说，则涉及古人三字省称，即"左丘明"可不可以被省称为"左氏"、"左丘"、"邱明"的问题，这可能还同时涉及"左丘明"的氏到底是"左"或是"左丘"的问题。从左丘明作《春秋传》而可以省称为《春秋左氏传》来说，似乎左丘明之氏为"左"。这在《史记》卷 14《十二诸侯年表》得到印证："鲁君子左丘明惧弟子人人异端，各安其意，失其真，故因孔子史记具论其语，成《左氏春秋》。"不过，《年表》下文接着说战国中后期，铎椒为《铎氏微》，虞卿为《虞氏春秋》，吕不韦为《吕氏春秋》等，似乎这是汉儒以"某氏春秋"的题名方式分别诸书的传统，并非先秦旧称。因此，设若左丘明之氏为"左丘"的话，那么是将其所著《春秋传》命名为《左丘氏春秋》或《左丘春秋》好呢，还是将其称为《左氏春秋》更为适宜呢？抑或是当时人的称谓习惯与后人不同："左丘明"在特定的表达环境里能不能称之为"左丘"或"左氏"，在多大程度上是与当时人的称谓习惯有关的？不过，有一点是很清楚的，自司马迁之后，汉人都是以"左丘明"、"左氏"、"丘明"来称呼其人的，并认为《国语》的作者为"左丘明"，③ 然则将司马迁在特定语境中所表述出来的"左

---

① 见班固：《汉书·司马迁传》（中华书局 1997 年版标点缩印本），第 2735 页。该传《传赞》还说："孔子因鲁《史记》而作《春秋》，而左丘明论及其本事，以为之传；又纂异同为《国语》。"

② 见萧统编：《文选》（中华书局 1977 年版）卷 41，第 581 页。

③ 参见《经义考》卷 169，第 875 页。除《汉书·艺文志》外，王充说："《国语》，《左氏》之外传也。左氏传经，辞语尚略，故复选录《国语》之辞以实。然则左氏《国语》，世儒之实书也。"见《论衡·案书》篇。

丘”看作是对“左丘明”的一种称谓方式，这种可能性也是存在的。简要说来，“左丘明”一般可称作“左氏”或“丘明”，在特殊语言环境里也可能称作“左丘”；司马迁所言作《国语》的“左丘”仍可能指为《春秋》作传的“左丘明”。

确定汉人普遍认为《国语》为左丘明所作是一回事，考察《国语》或《左氏春秋》是否实际上为左丘明所作则是另外一回事。① 上述王文第2条引文从《国语》、《春秋左传》文本处理方式或文本体现出来的特征不同，以作为证明二书并非同一著者，甚至作为“左氏”与“左丘”相分别的证据，② 其实并没有多少说服力。因为根据这些差别而判断其历史的真实性，本身就充满了主观性。王充、班固和司马光等人实际上都已经大体指出王文之所云，然他们对之欣赏、赞叹，但没有由此否定《国语》由左丘明所作的观点。不过从现代著作人的概念来看，《左氏春秋》确曾因为经过大量的修整、润饰而似乎变得浑然一体，从而凸显了“著者”或“编著者”的身份；而《国语》的文本来源则显得颇为原始，“著者”或“编著者”的身份从而隐没不彰。但是，由此我们就可以断定二书一定不是出自同一位人物的或“作”或“编”的成书活动吗？我们为什么一定要求《国语》符合被给定的《左传》标准，才会承认它们出自一手的可能性？

进一步，这里还有一个概念需要澄清，《汉书》所谓《国语》为“左丘明著”之“著”，与今天严格版权观念下的此一概念其含义并不相同。《说文》有“箸”而无“著”字。《汉书·张汤传》：“受而著谳法廷尉挈令。”颜师古注：“著，谓明书之也。”《汉书·

① 汉儒相传《左传》为左丘明所作，然迟至战国中期最终定型。后人对于《左传》的作者有许多猜测，然而终究缺乏实据。

② 这一点，童书业云：“至于《国语》，则吾人认为与《左传》毫无关系，盖本先秦、秦汉间旧史籍之残余，刘向父子合而成此书，故不完不备，所载文字亦显非一时一人之手笔，与左氏书首尾一贯而完整者绝异。《国语》中每多与《左传》相同之记载，且或有违异，《左传》作者何故为此不完不备、杂乱无章之书，反乱己书之体例邪？必不然矣！”见氏著：《春秋左传研究（校订本）》，第262页。

张良传》："非天下所以存亡，故不著。"颜师古注："著，谓书之于史。"《文选·汉武帝〈贤良诏〉》："著之于篇。"李周翰注："著，述也。"①《汉书》说《国语》为"左丘明著"之"著"，可以理解成"编述"，不必当"作"义解。② 即使是"作"，如果不与"述"对言，也不一定具有超强的自主创作之意。③ 因此，所谓"左丘明著"之"著"更多地包含了"编纂"之义。这是一个方面。其二，另一方面，这里还有一个观念需要澄清，这就是大多数古书的形成较为漫长而复杂，不一定成于一时一地一手。我们现在可以见到的最为典型的古典文本的编纂和形成的例子是《老子》。帛书《老子》甲乙本与通行本在文本次序上颇不相同，④ 词句上也显示出一些差异。郭店竹简《老子》三组，⑤ 是目前我们能够见到的《老子》文本的最原始存在状态。这个存在状态，将我们先前

① 参见宗福邦、陈世铙、萧海波主编：《故训汇纂》（商务印书馆2003年版），第1940页。

② 《论语·述而》："子曰：述而不作，信而好古，窃比于我老彭。""述"与"作"是一对相反概念，"著"一开始借"箸"字为之，有"书写"之义。

③ 例如，《史记·太史公自序》："孔子厄陈蔡，作《春秋》。"同书《孔子世家》："子曰：'弗乎，弗乎！君子病末世而名不称焉。吾道不行矣，吾何以自见于后世哉？'乃因史记作《春秋》，上至隐公，下讫哀公十四年，十二公。据鲁，亲周，故殷，运之三代，约其文辞而指博。故吴楚之君自称王，而《春秋》贬之曰'子'；践土之会实召周天子，而《春秋》讳之曰：'天王狩于河阳。'推此类，以绳当世贬损之义。后有王者举而开之，《春秋》之义行，则天下乱臣贼子惧焉。……至于为《春秋》，笔则笔，削则削，子夏之徒不能赞一辞。弟子受《春秋》，孔子曰：'后世知丘者以《春秋》，而罪丘者亦以《春秋》。'"所谓"作"，《世家》前文说有"因史记"、"据鲁，亲周，故殷，运之三代"的因素，后文则直接言孔子"笔"、"削"之，实在不能排除"作"中含有较强的"编纂"意思。

④ 帛书《老子》甲乙本，参见国家文物局古文献研究室编：《马王堆汉墓帛书［壹］》（文物出版社1980年版）。出土帛书的马王堆三号汉墓，下葬于耶诞前168年。

⑤ 竹简《老子》，参见荆门市博物馆编：《郭店楚墓竹简》（文物出版社1998年版）。出土《老子》等竹书的郭店一号楚墓，大概下葬于耶诞前4世纪末到3世纪初。

固有的关于《老子》文本结构的一切知识几乎彻底颠覆。这个存在状态说明,《老子》不应该从一开始就被假设为存在一个五千言的完足本,① 同时也说明古人所建立的“著者”概念与今人不同:文本虽然在不断演变,但作者往往比较固定地归之于某位代表性人物。据此,《国语》虽然非一时一人所作,然是否可以由此否定《史》、《汉》,将其著作权归之于“左丘明”名义之下的做法呢?这不仅是一个比较复杂的问题,同时也很难说是一个对其回答会必定正确的问题。

从今天的著作观念出发,王树民先生以分解的眼光来看待《国语》诸篇的作者问题,其意见是值得重视的:②

> 《国语》为集合固有之数据而成书,绝非出于一人之手笔。……《国语》非一时一人所作,从各篇内容的不一致,也可以得到充分的证明。如《周语》、《楚语》、《晋语》、《郑语》等文多古朴,《鲁语》多记琐事而亦不同于后世之文。至《齐语》则全同于《管子·小匡》篇,殆出于战国时期稷下先生之流。《吴语》、《越语》皆记夫差与勾践之事,而《越语下》则为黄老家之言,此三语写成之时代不能早于战国时期。由此可知,《周语》等五部分原为各国的固有之书,流传中或遭删节,所存者基本上犹为原文;而《齐语》等三部分则出于后人补作,当日或亦有“语”之称,编书者遂并取之。因此更可知《国语》之编定,不能早于战国时期。

诚然《国语》是一个集合的数据,并非出自一人之手笔,也是前人早就注意到的文本现象。但是,尽管《国语》编纂成书于

---

① 参见拙作:《郭店楚墓竹简思想研究》(东方出版社 2000 年版),第 39 ~ 40 页。关于《老子》文本形成问题的争议,参见李存山:《简帛研究:仍有争议的问题》,载氏注译:《老子》(中州古籍出版社 2004 年版),第 15 ~ 25 页。

② 下引文,见王树民:《国语的作者和编者》,载《国语集解》,第 602 ~ 603 页。

战国时期，王氏还是认为《周语》、《楚语》、《晋语》、《郑语》和《鲁语》其文"多古朴"，"原为各国的固有之书"，"所存者基本上犹为原文"，甚至出自后人补作的《齐语》、《吴语》、《越语》亦有本据："当日或亦有'语'之称，编书者遂并取之。"这些论断，对于利用《国语》来处理春秋时期的思想观念来说是至关重要的。简单说来，《国语》主要不是由后人再创作的结果，其大体为古朴之文的现象为人们利用《国语》研究春秋时期的思想打下了坚实的文献基础。

(二)《左传》"忠"的观念

《左传》言"忠"，凡七十见。自然，言"忠"是不能与"忠于"或"所忠"的对象分开的，而"忠"在《左传》中所表现出来的关系层次和含义是较为复杂的。

首先从关系层次来看"忠"的观念。《左传》云：

(1) 羊舌大夫曰："不可。违命不孝，弃事不忠。虽知其寒，恶不可取。子其死之！"——闵公二年

(2) 士蔿稽首而对曰："臣闻之，无丧而戚，忧必仇焉；无戎而城，仇必保焉。寇仇之保，又何慎焉？守官废命，不敬；固仇之保，不忠。失忠与敬，何以事君？"——僖公五年

(3) 今罪无所，而民皆尽忠以死君命，又可以为京观乎？——宣公十二年

(4) 林父之事君也，进思尽忠，退思补过，社稷之卫也。若之何杀之？夫其败也，如日月之食焉，何损于明？晋侯使复其位。——宣公十二年

(5) 魏绛多功，以赵武为贤而为之佐，君明臣忠，上让下竞。当是时也，晋不可敌，事之而后可。君其图之！——襄公九年

上举五条《左传》文本，体现了"忠"所应用的关系领域。在（1）至（5）条中，"忠"诚然是臣对君或民对君的关系，而且

是以“事君尽忠”的观念来理解“忠”的含义的。但是，这里必须追问：臣民所尽忠的“君事”或“君命”到底具有何种特性呢？它受不受到当时礼乐文化的限制，及其是否受到更高目的之制约呢？“君事”、“君命”有常事、常命和变事、变命之分。常事、常命易于分辨，它们久已被一个共同体的人们普遍认为符合这个共同体的根本目的和最大利益，如上引（1）至（5）条文本都是在此一观念下的人类衍生活动。但是，在此我们仍需要强调忠于君事、君命与单纯的“忠君”观念是根本不同的，因为单纯的“忠君”观念要求履命者完全丧失对君事、君命所内含的更高目的的关怀，而忠于君事、君命则将“事”、“命”（主要是公共之事、公共之命）看作是君臣、君民关系的真正联系所在。因此也可以说，在当时并没有后世严格意义上的“忠君”观念。变事、变命则是一个较难处理的问题，但是从原则上来说，它们也都必须符合一个共同体的最大利益和最高目的性原则，否则不能为此利益或目的服务而仅出于君主一己之私的所谓君事、君命，就是不合礼法的，从而可能遭到谏止或拒绝，甚至导致君臣之间的分裂、流血冲突和国家的动乱。在春秋三百年间弑君、篡权之例众多，孔子作《春秋》，以“弑”等词语作了褒贬，目的不过是要使“天下乱臣贼子惧”。① 而从孟子到汉初，儒家着重辩护放杀（汤放桀、武王杀纣）的正当性，② 这与孔子作《春秋》之义，其着重点不尽相同。尽管有从礼治、仁政的角度来理解具体政治问题的不同，但是对于孔孟而言，政治活动为其共同体之终极目的服务的理性原则仍然被

① 《史记·孔子世家》。又见《孟子·滕文公下》：“孔子成《春秋》而乱臣贼子惧。”同篇又云：“世衰道微，邪说暴行。有作臣弑其君者有之，子弑其父者有之。孔子惧，作《春秋》。《春秋》，天子之事也。是故孔子曰：‘知我其惟《春秋》乎？罪我者其惟《春秋》乎？’”

② 《孟子·梁惠王下》：“齐宣王问曰：‘汤放桀，武王伐纣，有诸？’孟子对曰：‘于传有之。’曰：‘臣弑其君，可乎？’曰：‘贼仁者谓之贼，贼义者谓之残。残贼之人谓之一夫。闻诛一夫纣矣，未闻弑君也。’”《史记·儒林传》记载汉初儒家学者辕固生与道家学者黄生辩论汤武“受命放杀”的问题，是对孟子所论相关问题的继续。

看作是唯一正当的。

《左传》宣公二年说:①

> 宣子骤谏，公患之，使钼麑贼之。晨往，寝门辟矣，盛服将朝。尚早，坐而假寐。麑退，叹而言曰:“不忘恭敬，民之主也。贼民之主，不忠。弃君之命，不信。有一于此，不如死也。”触槐而死。

钼麑，晋灵公所委任去刺杀宣子的力士。当他看到恭敬待朝的宣子时，竟然拒绝执行晋灵公下达的刺杀命令。其原因是什么呢?原来，在他心目中早已具有一个“忠”的标准:“不忘恭敬，民之主也。贼民之主，不忠。”在这里，“忠”再清楚不过地显示出是对于“民”的负责，而“信”——并非“忠”——才是对于“君命”的承诺。这样看来，所谓的“事君尽忠”并非无条件的，甚至君事、君命本身也并非不受到其他原则的严格制约。一旦君与民、君与邦国的利益发生冲突的时候，我们就不仅看到人们在德行判断上的变化，而且也看到“忠”所作用的对象是有层级性的。这个层级性的划分，《左传》有许多文本加以说明:

> (1) 楚子囊还自伐吴，卒。将死，遗言谓子庚:“必城郢。”君子谓子囊忠。君薨，不忘增其名；将死，不忘卫社稷；可不谓忠乎?忠，民之望也。诗曰:“行归于周，万民所望”，忠也。——襄公十四年
>
> (2) 王曰:“止!其自为谋也则过矣，其为吾先君谋也则忠。忠，社稷之固也，所盖多矣。”——成公二年
>
> (3) 赵孟闻之曰:“临患不忘国，忠也。思难不越官，信

---

① 下引史事，又见《国语》卷11,《晋语五》:“灵公虐，赵宣子骤谏，公患之，使钼麑贼之。晨往，则寝门辟矣，盛服将朝，蚤而假寐。麑退，叹而言曰:‘赵孟敬哉!夫不忘恭敬，社稷之镇也。贼国之镇，不忠。受命而废之，不信。享一名于此，不若死。’触廷之槐而死。”

也。图国忘死，贞也。谋主三者，义也。有是四者，又可戮乎？”——昭公元年

(4) 公曰：“据与款谓寡人能事鬼神，故欲诛于祝史。子称是语，何故？”对曰：“若有德之君，外内不废，上下无怨，动无违事，其祝史荐信，无愧心矣。是以鬼神用飨，国受其福，祝史与焉。其所以蕃祉老寿者，为信君使也，其言忠信于鬼神。”——昭公二十年

(5) 晏子仰天叹曰：“婴所不唯忠于君、利社稷者是与，有如上帝！”乃歃。——襄公二十五年

上述引文清楚地指明了“忠于”、“所忠”的对象。“忠”在春秋时期人们的思想世界中不唯忠于君事、君命，而且更根本地乃是忠于邦国、社稷，以符合人民的利益。邦国、社稷、鬼神这三个概念虽然相异，但是关系非常密切。邦国是一个政治术语，是从分封制下衍生出来的；社稷是一个宗教、信仰概念，社稷二庙由邦国供奉，君主主祀，它们不仅象征着邦国的存在，而且通过相关祭祀活动来显示邦国存在的合法性；鬼神同样是一个宗教、信仰概念，但主要体现后人与先祖以及人与自然之间的关系问题：人的现实命运，祸福凶吉，与鬼神的赏罚密切相关。很明显，在“所忠”的对象中，君主的地位低于邦国、社稷和鬼神；而君主的存在，乃是为了邦国的利益而服务的，或者说君主相对于邦国、社稷、鬼神而言，只是其工具，而非作为它们的目的。因此，君主也必然有“忠”的问题。

如《左传》桓公六年：

季梁止之曰：“天方授楚，楚之羸，其诱我也，君何急焉？臣闻小之能敌大也，小道大淫。所谓道，忠于民而信于神也。上思利民，忠也；祝史正辞，信也。今民馁而君逞欲，祝史矫举以祭，臣不知其可也。”

又如《左传》庄公十年：

公曰："小大之狱，虽不能察，必以情。"对曰："忠之属也。可以一战，战则请从。"

在"庄公十年"这一条引文中，鲁庄公"小大之狱，虽不能察，必以情"，在曹刿看来也属于尽忠职守的范畴（"忠之属也"），与前面所说的"臣忠"在大多数情况下意思相同。"桓公六年"一条引文，则更为明确地指明了《左传》不唯有臣民忠于君事、君命的说法，而且有君主"忠民"的思想："上思利民，忠也。"原来，忠的行为在君民之间是相互的，而不是单向的：论势位，君主高高在上，臣民应当忠于君事、君命；论目的，君主不过是利民、兴邦的手段，其亦有尽忠的问题。

其次，从公私关系来看"忠"的观念。公私关系在根本上体现为利益关系。《左传》云：

（1）稽首而对曰："臣竭其股肱之力，加之以忠贞。其济，君之灵也；不济，则以死继之。"公曰："何谓忠贞？"对曰："公家之利，知无不为，忠也。送往事居，耦俱无猜，贞也。"——僖公九年

（2）十一月丙寅，晋杀续简伯，贾季奔狄。宣子使臾骈送其帑。夷之蒐，贾季戮臾骈，臾骈之人欲尽杀贾氏以报焉。臾骈曰："不可。吾闻前《志》有之曰：'敌惠、敌怨不在后嗣，忠之道也。'夫子礼于贾季，我以其宠报私怨，无乃不可乎？介人之宠，非勇也。损怨益仇，非知也。以私害公，非忠也。释此三者，何以事夫子？"尽具其帑，与其器用财贿，亲帅扞之，送致诸竟。——文公六年

（3）文子曰："楚囚，君子也。言称先职，不背本也。乐操土风，不忘旧也。称大子，抑无私也。名其二卿，尊君也。不背本，仁也。不忘旧，信也。无私，忠也。尊君，敏也。仁以接事，信以守之，忠以成之，敏以行之，事虽大，必济。君盍归之，使合晋楚之成。"公从之，重为之礼，使归求成。——成公九年

(4) 范文子谓栾武子曰:“季孙于鲁,相二君矣。妾不衣帛,马不食粟,可不谓忠乎?信谗慝而弃忠良,若诸侯何?”——文公十六年

(5) 季文子卒,大夫入敛,公在位。宰庀家器为葬备,无衣帛之妾,无食粟之马,无藏金玉,无重器备。君子是以知季文子之忠于公室也。相三君矣,而无私积,可不谓忠乎?——襄公五年

上引(4)、(5)两条引文,是从纯粹的物质利益关系来谈论“无私积”之“忠”的,也就是说当卿大夫执政的时候,如果他做到了不以权谋取私家的物质利益的话,那么他的行为就合乎“忠”。(2)、(3)两条引文主要是在政治权力和伦理关系上来说明“忠”的含义的。在当时,卿大夫之家有其封地,不同家之间由于受到各种利益和欲望的驱使,不免相互之间会产生矛盾、冲突,但是他们同时意识到这些矛盾、冲突不能超出必要的范围,否则就会导致整个邦国的动乱,甚至遭到他国的灭亡。因此,“邦国”在邦家中具有至上的权威地位,否则“以私害公,非忠也”。“敌惠、敌怨不在后嗣,忠之道也”,而惠怨代代相报,则将公利弃置不顾,所以不属于“忠”的范围。引文(1)的“公家之利,知无不为,忠也”属于通说,强调在各种利益关系里来肯定“公家”地位的至上性,而人们维护和服务于此一目的就被看作为“忠”。总之,在公私的关系领域,“忠”与“公”具有价值上的同一性。

再次,从德性的角度来看“忠”的观念。① 《左传》云:

① “德”是一个含义复杂的古典词语。“德”的基本含义是“德者,得也”,但在实际运用上其含义要比此复杂得多。“德性”这个术语,更加强调“德”对于伦理人或一般意义上之“人”的内在性和自然性,强调“德”对于生命自身的意义。“德行”,则倾向于对伦理人的道德品质的要求。“德目”,则是具体的道德品质的规范和名目。“德性”一词,先秦文献仅见于《礼记·中庸》。“德行”,《易传》、《毛诗》、《周礼》、《礼记》等书习见。先秦文献的“德行”一词,多同于今语意义上的“德性”一词。

(1) 穆伯如齐，始聘焉，礼也。凡君即位，卿出并聘，践修旧好，要结外援，好事邻国以卫社稷，忠、信、卑让之道也。忠，德之正也。信，德之固也。卑让，德之基也。——文公元年

(2) 叔向曰："子叔子知礼哉！吾闻之曰：忠信，礼之器也；卑让，礼之宗也。辞不忘国，忠信也；先国后己，卑让也。《诗》曰：'敬慎威仪，以近有德。'夫子近德矣。"——昭公二年

(3) 昭子语诸大夫曰："为人子不可不慎也哉！昔庆封亡，子尾多受邑，而稍致诸君，君以为忠而甚宠之。将死，疾于公宫，辇而归，君亲推之。其子不能任，是以在此。忠为令德，其子弗能任，罪犹及之，难不慎也？丧夫人之力，弃德旷宗以及其身，不亦害乎！《诗》曰：'不自我先，不自我后。'其是之谓乎！"——昭公十年

(4) 惠伯曰："吾尝学此矣。忠信之事，则可。不然，必败。外强内温，忠也。和以率贞，信也。故曰：'黄裳，元吉。'黄，中之色也；裳，下之饰也；元，善之长也。中不忠，不得其色。下不共，不得其饰。事不善，不得其极。外内倡和为忠，率事以信为共，供养三德为善。非此三者，弗当。"——昭公十二年

引文（1）不仅再次肯定了君主的地位低于社稷，立君的目的乃是为了保卫社稷的观念，而且从德性的角度论述了忠、信、卑让之德的重要性："忠，德之正也。信，德之固也。卑让，德之基也。"同时，我们也再次看到"忠"是对于君德的一个要求，这即是说如果君主认真履行了其职责，比如"好事邻国以卫社稷"，那么这就符合君德的要求。引文（2）与引文（1）一样，是论述忠、信、卑让之德的，所不同的是在引文（2）中，叔向一开始是从"礼"的角度来评价子叔子，然后再引《诗》言其"近德"的。

引文（3）涉及一个典故，这就是"子尾多受邑而稍致诸君，

君以为忠”的故事。《左传》襄公二十八年：“与晏子邶殿其鄙六十，弗受。子尾曰：‘富，人之所欲也。何独弗欲?’对曰：‘庆氏之邑足欲，故亡。吾邑不足欲也，益之以邶殿，乃足欲。足欲，亡无日矣。在外，不得宰吾一邑。不受邶殿，非恶富也，恐失富也。且夫富如布帛之有幅焉，为之制度，使无迁也。夫民，生厚而用利，于是乎正德以幅之。[①] 使无黜嫚，谓之幅利。利过，则为败。吾不敢贪多，所谓幅也。’与北郭佐邑六十，受之。与子雅邑，辞多受少。与子尾邑，受而稍致之，公以为忠。”从这两段引文中子尾父子生死宠辱命运的不同，虽然一方面可以看出“忠”是君臣交往的一个必要品格，甚至被君看作是对于臣的重要要求，但是这两处文本却无一例外地是从“德性”的角度来论述“忠”对于个体生命的重要性的。

引文（4）是一个解《易》占的例子，惠伯的解释是对所占得的卦爻辞、象、位隐喻义的揭示。比如“外强内温，忠也”，“中不忠，不得其色”、“外内倡和为忠”，本来外、内、中、和这些术语都是讲卦爻位或其关系的，但是在惠伯的解释中都具有隐喻、象征之义，因此揭示或阐明这些卦爻之德，也就同时意味着与天人相应的道理。“中不忠，不得其色”，是说如果“中”（六五爻，中爻，主爻）不忠，则不能与黄色相配。而“黄”在五色的五行思维模式中为中央之色，乃五色之主，所以若“中”不“忠”则无以与主象相配。何谓“忠”？《左传》云“外强内温，忠也”，“外内倡和为忠”，它们都是从个体自身的内外关系特征来论述“忠”的，

① 参见《左传》文公六年：“时以作事，事以厚生。”文公七年：“夏书曰：‘戒之用休，董之用威，劝之以九歌，勿使坏九功之德。’皆可歌也，谓之九歌。六府、三事，谓之九功。水、火、金、木、土、谷，谓之六府。正德、利用、厚生，谓之三事。”成公十六年：“民生厚而德正，用利而事节。”《国语·周语上》：“先王之于民也，茂正其德而厚其性，阜其财求而利其器用。”伪《尚书·大禹谟》：“禹曰：于！帝念哉。德惟善政，政在养民，水火金木土谷惟修，正德、利用、厚生惟和，九功惟叙，九叙惟歌。……帝曰：俞，地平天成，六府三事允治，万世永赖，时乃功。”

此“忠”也当然是指人的德性。

最后，我们来看一看“忠”的本质语义问题。在上面，我们从关系、公私、德性的角度论述了“忠”的含义，表明“忠”是对君、臣、民任何一方的一个共同要求；从政治关系角度而言，它是从“公共的”的角度要求邦国、家族的每一位成员忠于其职守，尽其本分（身份），① 而这无疑已经内在地包含了“尽”或“尽己”的含义。最显明的例子见《左传》庄公十年，曹刿将鲁庄公所说“小大之狱，虽不能察，必以情”判断为“忠之属也”的一段对话。杜预《集解》：“必尽己情。察，审也。”② 情，实也。“忠”具有“尽实”的含义。《左传》襄公三十一年：“子产曰：‘人心之不同，如其面焉。吾岂敢谓子面如吾面乎？抑心所谓危，亦以告也。’子皮以为忠，故委政焉。子产是以能为郑国。”子产在这里还认识到言面与人心的分裂，深察各异之人心方可谓之“忠”。这是从心理的层面对于“尽实”含义更为深入的理解。《左传》文公三年：君子是以知秦穆公之为君也，举人之周也，与人之壹也。孟明之臣也，其不解也，能惧思也。子桑之忠也，其知人也，能举善也。诗曰‘于以采蘩，于沼于沚。于以用之，公侯之事’，秦穆有焉。‘夙夜匪解，以事一人’，孟明有焉。‘诒厥孙谋，以燕翼子’，子桑有焉。”在这条文本里面，我们看到“子桑之忠”是“其知人也能举善也”。这是从公私的角度来评判“子桑之忠”的，子桑不怀嫉妒之私心而为了公利推举孟明氏，所以为“忠”。这仍属于“尽职”或“忠于职守”的含义。不过，秦穆公为君“与人之壹”，孟明为臣“夙夜匪解（懈），以事一人”，在这段文本中都没有称之为“忠”，由此可见，在当时“事一”、“从一”或

---

① 《左传》僖公五年：“固仇之保，不忠。”“忠”的运用有敌我之分，但是在《左传》的文本中没有亲疏之分。这深刻地说明此一观念与植根于血缘关系的“孝”不同，而根本体现在超血缘关系的伦理和政治关系之中。因此，“孝”与“忠”是两种性质根本不同的观念。

② 见《春秋左传正义》卷 8，载阮元主持校刻：《十三经注疏》（中华书局 1980 年版），第 1767 页。

“专一”还未必是“忠”固定的本质内涵。但是，这是不是说在当时就完全没有“从一”含义的“忠”的观念呢？不是。《左传》僖公二十三年：

> 九月，晋惠公卒。怀公立，命无从亡人，期，期而不至，无赦。狐突之子毛及偃从重耳，在秦，弗召。冬，怀公执狐突曰：“子来则免。”对曰：“子之能仕，父教之忠，古之制也。策名委质，贰乃辟也。今臣之子名在重耳有年数矣，若又召之，教之贰也。父教子贰，何以事君。刑之不滥，君之明也，臣之愿也。淫刑以逞，谁则无罪？臣闻命矣。”乃杀之。

狐突教子之“忠”是“事一”、“从一”，是“壹而不贰”，这固然是在当时十分险恶的政治权力斗争的环境下，一个自我保护的说辞，但是也毕竟显示了“忠”蕴含了“从一”的含义。另外，从狐突所谓“忠”并非必定忠君的解释，且其子又确实不忠于怀公的例子来看，说明在当时“忠”与“君”之间的联系，与后世的“忠君”观念具有较大的距离。

(三)《国语》“忠”的观念

《国语》言“忠”有五十余例。在《左传》中反复显现的“忠于职守”或“恪尽职守”之“忠”义，在《国语》中也反复出现。虽然臣民忠君之义并非偶然有之,① 但是在《国语》中君对

---

① 见《国语》卷7，《晋语一》：“昔者之伐也，起百姓以为百姓也，是以民能欣之。故莫不尽忠极劳以致死。今君起百姓以自封也，民外不得其利，而内恶其贪，则上下既有判矣。”《国语》卷10，《晋语四》：“狐偃，其舅也，而惠以有谋。赵衰，其先君之戎御，赵氏之弟也，而文以忠贞。贾佗，公族也，而多识以恭敬。”《国语》卷14，《晋语八》：“叔向谓赵文子曰：‘夫伯王之势，在德不在先歃。子若能以忠信赞君，而裨诸侯之阙，歃虽后，诸侯将戴之，何争于先？’”

民或上对下之“忠”，得到了更为有力的强调。例如：

(1) 穆王将征犬戎，祭公谋父谏曰：“不可。……我先王不窋用失其官，而自窜于戎翟之间，不敢怠业，时序其德，纂修其绪，修其训典，朝夕恪勤，守以敦笃，奉以忠信，奕世载德，不忝前人。至于武王昭前之光明，而加之以慈和，事神保民，莫弗欣喜。”——《国语》卷一，《周语上》

(2) 臣闻之曰：“怀和为每怀，咨才为诹，咨事为谋，咨义为度，咨亲为询，忠信为周。君贶使臣以大礼，重之以六德，敢不重拜。”——《国语》卷五，《鲁语下》

(3) 桓公自莒反于齐，使鲍叔为宰。辞曰：“臣，君之庸臣也。……若必治国家者，则其管夷吾乎！臣之所不若夷吾者五：宽惠柔民，弗若也；治国家，不失其柄，弗若也；忠信可结于百姓，弗若也；制礼义，可法于四方，弗若也；执枹鼓立于军门，使百姓皆加勇焉，弗若也。”——《国语》卷六，《齐语》

(4) 桓公知天下诸侯多与己也，故又大施忠焉。——《国语》卷六，《齐语》

(5) 其上贪以忍，其下偷以幸。有纵君而无谏臣，有冒上而无忠下。君臣上下各厌其私，以纵其回；民各有心，无所据依，以是处国，不亦难乎？——《国语》卷七，《晋语一》

(6) 王曰：“三事者，何也？”对曰：“天事武，地事文，民事忠信。”——《国语》卷十八，《楚语下》

(7) 王曰：“越国之中，吾宽民以子之，忠惠以善之。吾修令宽刑，施民所欲，去民所恶；称其善，掩其恶，求以报吴，愿以此战。”——《国语》卷十九，《吴语》

与《左传》相同，《国语》言“忠”的最终目的仍然是为了保卫国家、公室的利益和安全，维系社稷的存在及延续宗庙祭祀。①《国语·周语一》说："民之所急在于大事"，韦昭《解》："大事，戎祀也。"② 这种说法，亦见于《左传》成公十三年："国之大事，在祀与戎。"简单说来，"祀"与"戎"等国家大事就是"忠"的根本目的。因此，在当时诸侯纷争的形势下，国家的安全不得不成为邦国上下共同关注的焦点，而忠于邦国的观念给臣民和君主的身份打上深深的烙印。

除此之外，我们注意到《国语》还用"心"的概念来论述"忠"的含义。这其实与《左传》相比而言，是该书言"忠"最为显著的一个特征。

首先我们来看《国语》是如何由"中"、"内"来论"忠"的。

---

① 例如《国语》卷8，《晋语二》记荀息之言云："昔君问臣事君于我，我对以忠贞。君曰：'何谓也？'我对曰：'可以利公室，力有所能，无不为，忠也。葬死者，养生者，死人复生不悔，生人不愧，贞也。'吾言既往矣，岂能欲行吾言而又爱吾身乎？虽死，焉辟之？"卷10，《晋语四》："臣曰：'不可。夫晋公子贤明，其左右皆卿才。若复其国，而得志于诸侯，祸无赦矣。今祸及矣。尊明胜患，知也。杀身赎国，忠也。'乃就亨，据鼎耳而疾号曰：'自今以往，知忠以事君者，与詹同。'乃命弗杀，厚为之礼而归之。郑人以詹伯为将军。"卷12，《晋语六》记武子之言曰："吾子勉之。成、宣之后而老为大夫，非耻乎？成子之文，宣子之忠，其可忘乎？夫成子导前志以佐先君，导法而卒以政，可不谓文乎？夫宣子尽谏于襄、灵，以谏取恶，不惮死进，可不谓忠乎？吾子勉之。有宣子之忠，而纳之以成子之文，事君必济。"卷21，《越语下》："又一年，王召范蠡而问曰：'吾与子谋吴，子曰：未可也。今吴王淫于乐而忘其百姓，乱民功，逆天时，信谗喜优，憎辅远弼。圣人不出，忠臣解骨，皆曲相御，莫适相非，上下相偷，其可乎？'"卷3，《周语下》："及其得之也，必有忠信之心间之，度于天地而顺于时动，和于民神而仪于物则。故高朗令终，显融昭明，命姓受氏，而附之以令名。"卷18，《楚语下》："而能知山川之号，高祖之主，宗庙之事，昭穆之世，齐敬之勤，礼节之宜，威仪之则，容貌之崇，忠信之质，禋洁之服，而敬恭明神者以为之祝。……于是乎有天地神民类物之官，谓之五官，各司其序不相乱也，民是以能有忠信，神是以能有明德，民神异业，敬而不渎。"

② 《国语》屡次出现"大事"一词，其具体之义多有不同，但都是围绕邦国的根本事务而言的。在当时形势下，无疑又以"戎祀"为最。

《国语》云：

(1) 内史过归，以告王曰："晋不亡，其君必无后，且吕、郄将不免。"王曰："何故？"对曰："……民之所急在于大事，先王知大事之必以众济也，故祓除其心以和惠民，考中度衷以莅之，昭明物则以训之，制义庶孚以行之。祓除其心，精也。考中度衷，忠也。昭明物则，礼也。制义庶孚，信也。然则长众使民之道，非精不和，非忠不立，非礼不顺，非信不行。今晋侯即位而背外内之赂，虐其处者，弃其信也。不敬王命，弃其礼也。施其所恶，弃其忠也。以恶实心，弃其精也。四者皆弃，则远不至而近不和矣。"——《国语》卷一，《周语上》

(2) 内史兴归，以告王曰："晋，不可不善也，其君必霸。……且礼所以观忠信仁义也，忠所以分也，仁所以行也，信所以守也，义所以节也。忠分则均，仁行则报，信守则固，义节则度。分均无怨，行报无匮，守固不偷，节度不携。若民不怨而财不匮，令不偷而动不携，其何事不济？中能应外，忠也。施三服义，仁也。守礼不淫，信也。行礼不疚，义也。臣入晋境，四者不失，臣故曰：'晋侯其能礼矣，王其善之。'"——《国语》卷一，《周语上》

(3) 晋孙谈之子周适周，事单襄公。立无跛，视无还，听无耸，言无远。言敬必及天，言忠必及意，言信必及身，……襄公有疾，召顷公而告之，曰："必善晋周，周将得晋国。其行也文，能文则得天地。天地所胙，小而后国。夫敬，文之恭也。忠，文之实也。信，文之孚也。……象天能敬，帅意能忠，思身能信，……此十一者，夫子皆有焉。"——《国语》卷三，《周语下》

(4) 文子闻之，谓叔向曰："若之何？"叔向曰："子何患焉？忠不可暴，信不可犯。忠自中，而信自身。其为德也深矣，其置本也固矣。故不可抈也。今我以忠谋诸侯，而以信覆之。荆之逆诸侯也亦云,① 是以在此。若袭我，是自背其信，而塞其忠也。信反必毙，忠塞无用。安能害我？——《国语》卷十四,《晋语八》

引文（1）是从君德而言的。“考中度衷”，韦《解》：“考中，省己之中心以度人之衷心，恕以临之也。”“考中度衷”意思是说省察自己无偏倚之心以揣测他人的内心，这就是所谓的“忠”。引文（2）与（1）的“忠”同义。“忠所以分也”，韦《解》：“心中则不偏。”明确以“心中”解“忠”，认为心达到中，或者说达到没有偏倚之“忠”的状态乃是“分”的根据。接着，这条文献又说以忠分施则平均（“忠分则均”），分施平均则民无怨恨（“分均则无怨”）。内史兴并认为这是君主治邦的重要德行，所以他总结道：“中能应外，忠也。”此“中”，仍是指君心之用达到中的状态。史兴认为君主的用心达到中的状态而能够应对心外之事（治邦之事），这就是“忠”。

引文（3）与（4）可以合观，其含义与（1）、（2）两条引文并不相同。引文（3）云：“言忠必及意，言信必及身。”引文（4）云：“忠自中，而信自身。”② 这两句的意思相同。先看引文（3）之“忠”义。“言忠必及意”，韦《解》：“出自心意为忠。”用“意”这个概念，比单纯用“心”这个概念在心理上显然更加深入。“忠，文之实也”，韦《解》：“忠自中出，故为文。实，诚也。”此“中”，乃“内心”之谓，而不是无所偏倚的意思。下文云：“帅（率）意能忠。”可以看出，“忠”与“无所偏倚”没有直接的语义关系。由于内心的德性活动是“忠”的根源，所以“忠”被看作“文”的一面，而“中”（内心）为“质”的一方。由于“忠”之文德自内心深处而出，所以作者认为在所有文的现象中它属于“文之实”的方面。这也说明“忠”附属了“诚”的含义。

① 韦昭《解》：“亦云‘欲弭兵为忠信’。”

② 按照韦昭《解》，两句引文中的“身”都是讲以身行之的意思。

此一意义的“忠”，也见《国语》卷十九《吴语》申胥谏吴王夫差的话：“不可许也。夫越非实忠心好吴也，又非慑畏吾兵甲之强也。”再看引文（4）之“忠”义。“忠自中”，韦《解》：“自中出也。”此“中”也是讲深刻、实在的内心，与虚浮、浅陋之心相对而言。上下文云：“忠不可暴，信不可犯。忠自中，而信自身。其为德也深矣，其置本也固矣。故不可抈也。”① 由“其为德也深矣，其置本也固矣”，可证韦《解》所谓“自中出”之“中”确实是“内”之义。不过，此“内”并非仅是内外相对义之“内”，而主要是指心之深处、底层的意思。人心由内（中）到外，由深到浅，其真意的流露在春秋时人看来必须是通畅的，否则一有隐曲，就会塞绝忠德，而无可用事，达到国治的目的。

其次，《国语》有些“忠”字还包含了“恕”的含义。上引“内史过归”、“晋孙谈之子周适周”等四条引文中，即属此例。“内史过归”一条，“考中度衷以莅之”，韦昭《解》：“考中，省己之中心以度人之衷心，恕以临之也。”“考中度衷，忠也”，韦昭《解》：“忠，恕也。”“晋孙谈之子周适周”一条，“帅意能忠”，韦昭《解》：“循己心意，恕而行之为忠。”严格说来，《国语》全文并没有出现“恕”字，也就是说该书并无此现成的概念，但是从思想上来说，这个观念在该书中却是存在的。《国语》卷八《晋语二》：“除暗以应外，谓之忠。定身以行事，谓之信。今君施其所恶于人，暗不除矣。以贿灭亲，身不定矣。”② 这里，无疑包含了典型的恕道思想，所以韦昭《解》云：“去己暗昧之心以应外，谓之忠；忠谓恕也。”又，《国语》卷十七《楚语上》：“明施舍以

---

① 韦昭《解》：“抈，动也。”

② 其上下文为：“伐虢之役师出于虞，宫之奇谏而不听，出，谓其子曰：‘虞将亡矣。唯忠信者，能留外寇而不害。除暗以应外，谓之忠。定身以行事，谓之信。今君施其所恶于人，暗不除矣。以贿灭亲，身不定矣。夫国非忠不立，非信不固。既不忠信而留外寇，寇知其衅而归图焉。已自拔其本矣，何以能久？吾不去，惧及焉。’以其孥适西山。三月，虞乃亡。”

道之忠"，及韦昭《解》："施己所欲，原心舍过，谓之忠恕"，①亦可以作如是之理解。

最后，在《国语》中"忠"的观念与"谋"也常常发生关系。"谋"当然与用心相关；不谋，未必忠。《左传》认为"谋"是忠还是不忠，与为谁而谋的对象有关。《左传》成公二年："王曰：'其自为谋也，则过矣。其为吾先君谋也，则忠。忠，社稷之固也。所盖多矣。'"谋有公私之分，为公而谋则为忠。又见《左传》昭公元年："赵孟闻之曰：'临患不忘国，忠也。思难不越官，信也。图国忘死，贞也。谋主三者，义也。'有是四者，又可戮乎？"臣子的谋虑必须以忠于邦国为指向。但是就"忠"与"谋"的关系而言，《国语》与《左传》的侧重点不同。在上引"文子闻之，谓叔向曰"一段文本中，有两句话说："今我以忠谋诸侯，而以信覆之。"此"忠"义，上面已经说过，它是竭尽内心真实之意的含义。《国语》还有几段文本也是如此说的：

(1) 士蒍出，语人曰："大子不得立矣！改其制而不患其难，轻其任而不忧其危，君有异心，又焉得立？行之克也，将以害之。若其不克，其因以罪之。虽克与否，无所避罪。与其勤而不入，不如逃之。君得其欲，大子远死且有令名，为吴大伯，不亦可乎？"大子闻之，曰："子舆之为我谋，忠矣。然吾闻之，为人子者患不从，不患无名。为人臣者患不勤，不患无禄。今我不才而得勤与从，又何求焉？焉能及吴大伯乎？"大子遂行，克霍而反，谗言弥兴。——《国语》卷七，《晋语一》

(2) 惠公既杀里克而悔之，曰："芮也，使寡人过杀我社

---

① 上下文为："摄而不彻，则明施舍以导之忠，明久长以导之信，明度量以导之义，明等级以导之礼，明恭俭以导之孝，明敬戒以导之事，明慈爱以导之仁，明昭利以导之文，明除害以导之武，明精意以导之罚，明正德以导之赏，明齐肃以耀之临。若是而不济，不可为也。且夫诵诗以辅相之，威仪以先后之，体貌以左右之，明行以宣翼之，制节义以动行之，恭敬以临监之，勤勉以劝之，孝顺以纳之，忠信以发之，德音以扬之，教备而不从者，非人也。其可兴乎！"

稷之镇。”郭偃闻之，曰：“不谋而谏者，冀芮也。不图而杀者，君也。不谋而谏，不忠；不图而杀，不祥。不忠，受君之罚。不祥，罹天之祸。”——《国语》卷九，《晋语三》

(3) 齐国之政败矣，晋之无道久矣，从者之谋忠矣，时日及矣，公子几矣。君国可以济百姓，而释之者，非人也。败不可处，时不可失，忠不可弃，怀不可从。子必速行。——《国语》卷十，《晋语四》

上引文本（1）是由晋献公与骊姬想要废掉太子申生而引发的话题。士芀（字子舆）察觉献公的这一心思后，就为太子申生的生死问题作了尽可能最好的设想。申生闻之，评论道：“子舆之为我谋，忠矣。”这里的“忠”，就是子舆设身处地为申生的安全与未来作周密的谋划、着想。文本（2）说的是晋惠公与冀芮不作图谋，就将邦国的重臣里克枉杀了。郭偃闻听惠公后悔之事后作了评论，其中对冀芮的批评是这样的：“不谋而谏，不忠”，“不忠，受君之罚”。所谓“谋”，也是尽心谋划的意思。冀芮不谋而谏，致使惠公枉杀里克，在郭偃看来这就没有尽到做臣子之忠的责任。这里的“忠”，自然不是俯首听命之义，而仍然是设身处地为他人（国君）尽力谋划、着想的意思。否则，无忠之谋，甚至无谋之谏，都可能致他人于不义与不幸的境地。引文（3）的“忠”，其义与上两例同。总之，“忠”在人们为己、为他人，乃至于为上为下、为朋友同侪之间的未来命运的谋划、设想上，都是一个必要的原则。这种意义上的“忠”，在《论语》中得到继承和强化。

二、孔子与《论语》论“忠”的观念

《论语》言“忠”，字凡十八见。与《左传》、《国语》比较起来，在数量上显然少了许多。在前面，通过考察可知《左》、《国》包含“忠”的对话或陈述，大多与君臣、上下关系，以及与当时天下纷争和邦国内部激烈的权力斗争有关，因此，“忠”的目标自然最终指向保卫“邦国”、“社稷”的安全，其含义则大多具有关系化的政治身份认同的特性。战国时代的国际和国内形势，与春秋时代比较起来显得更为激烈，因此，应该说，在此形势下对于君、臣、民忠于邦国和社稷的要求，也变得更为紧迫和必需。孔子及其弟子生活在春秋末至战国初期，按常规而言，“忠”应该成为他们经常言说的话题，然而事实上并非如此。

可能正是由于当时国际、国内的政治形势非常严峻，斗争异常激烈，于是逐渐导致了自由知识分子和独立思想家的产生。老子、孔子、墨子三位大师几乎同时出现，并成为道家、儒家、墨家创始人的事实，就是明证。① 知识分子独立性格的来源当然不自孔子始，但是将“儒者”真正转变成“儒家”身份的，却非孔子不能担此重任。《论语》记孔子所云“五十而知天命”②、“天生德于予”③ 等语，表明孔子与天、天命实现了真正的关联，而在此种意义上孔子从儒者的身份转变成了一个彻底的儒家。在儒家的立场

① “儒”作为一种职业身份来说，早已出现。但是作为思想传统意义上的知识分子而言，则毫无疑问由孔子创始和奠基。这里说的“儒家”概念是针对后一种身份的“儒”来说的，司马谈《论六家要旨》及《汉书·艺文志》九流十家的分派观念，都是就此种意义的“儒”而言的。现在西洋有些学者主张将“儒家”翻译成“Ruism/Ruist”，而放弃了“Confucianism/Confucian”的翻译，实在不通于学理和未能反映观念史发展的实际。——试问在孔子之前有所谓的“儒家”吗？无论在孔子之前或是之后，单纯作为职业身份出现的人只可以称之为“儒”或“儒者”，与“儒家”具有本质的区别。

② 《论语·为政》：“四十而不惑，五十而知天命。”从四十到五十岁，孔子约花了10年时间达到大悟的境界。《论语·述而》：“子曰：加我数年，五十以学《易》，可以无大过矣。”郑《注》：“鲁读易为亦。”《释文》云：“鲁读易为亦。案《鲁论》作亦，连下句读。”定州第157号汉简：“……以学，亦可以毋大过矣。”（河北省文物研究所定州汉墓竹简整理小组：《定州汉墓竹简论语》，文物出版社1997年版，第33页）正属于《鲁论》。《为政》篇孔子云：“吾十有五而志于学。”《鲁论》谓孔子“五十以学”，疑非。《论语·子罕》：“子曰：后生可畏也，焉知来者之不如今也？四十、五十而无闻焉，斯亦不足畏也已矣。”“闻”（觉知）指闻道、闻天命而言。四十、五十岁，在孔子看来是一段闻道、闻天命的关键时期。过此以往，则蔽陋固守，无以闻道了。

③ 《论语·述而》：“子曰：天生德于予，桓魋其如予何？”

上，孔子才可以如此教诲子夏："女为君子儒，无为小人儒。"① 而知识分子独立性格的养成和儒者身份的转进，一方面使人们对于个体生命的理解和成德的目标变成儒家思想关注和修养活动的重心，另一方面儒家希望主要通过庸常之道的重构，成就天下大治的王道。因此，仁、礼、天、智、德等成为孔子及其弟子关注的重心，而"忠"则被放在了其次的位置。② 尽管如此，但是孔子及其弟子对于"忠"的言说有所侧重和不同，仍然展现出新的含义。

（一）从政治关系的角度论《论语》"忠"的涵义及其在孔子思想中的地位

在《论语》言"忠"的十六条文本中，《子罕》篇的一条亦见于《学而》篇，其实共有十五条。在这十五条文本中，孔子自述六条，与季康子问答一条，与定公问答一条，与子张问答四条，与子贡问答一条，曾子自述一条；还有一条比较特殊，见于《里仁》篇，属于孔子与曾子对话，不过"夫子之道，忠恕而已矣"这句颇遭非议的话毕竟出自曾子之口。这十六条文本，下面分三组进行讨论。《论语》云：

（1）季康子问："使民敬忠以劝，如之何？"子曰："临之以庄则敬，孝慈则忠，举善而教不能则民劝。"——《为政》

（2）定公问："君使臣，臣事君，如之何？"孔子对曰："君使臣以礼，臣事君以忠。"——《八佾》

（3）子张问曰："令尹子文三仕为令尹，无喜色；三已之，

---

① 《论语·雍也》。孔子以后对于"儒"的理解，参见《礼记·儒行》篇。但是仍然必须注意，当时天下有关"儒"的理解，《儒行》篇未必总结殆尽。

② 在《论语》一书中，仁 109 见，礼 75 见，天 49 见，智/知 118 见，德 39 见，这与 18 见的"忠"相比而言，无疑表明孔子及其弟子更加注重前者，而将后者放在其次的地位。另外，《左传》仁 39 见，礼 526 见；《国语》仁 80 见，礼 149 见。这表明《论语》与《左》、《国》之间确实存在重仁与重礼之分，尽管仁、礼俱是三书最为重要的观念。

无愠色。旧令尹之政，必以告新令尹。何如也？”子曰：“忠矣。”曰：“仁矣乎？”曰：“未知。焉得仁？”“崔子弑齐君，陈文子有马十乘，弃而违之。至于他邦，则又曰：‘犹吾大夫崔子也。’违之。至一邦，则又曰：‘犹吾大夫崔子也。’违之。何如？”子曰：“清矣。”曰：“仁矣乎？”曰：“未知。焉得仁？”——《公冶长》

(4) 子张问政，子曰：“居之无倦，行之以忠。”——《颜渊》

这四条引文无疑都属于政治性的话语，是在为政的背景中来讨论“忠”的内涵的。引文（1）是季康子问如何为政，才可以使老百姓达到敬上、尽忠和劝勉的地步，孔子于是从道德主义的立场作了回答。“孝慈则忠”，何晏《集解》：“包氏曰：君能上孝于亲，下慈于民，则民忠也。”包氏将“使民敬忠以劝”放在君臣关系里面来评论。朱熹《集注》：“孝于亲，慈于众，则民忠于己。”① 朱《注》的“己”，大概是指季康子。如果是这样的话，则朱熹似是将这段话放在季氏与老百姓的关系上来理解的。鲁季氏，庄公母弟、公子季友之后，世为司徒。季康子，鲁执政之上卿。考虑到季康子在鲁国地位的特殊性，而且孔子生前对季氏多有批评来看，② 季氏与孔子问答在出发点上很可能不相一致，但是可以肯定孔子应该是从君民关系来作答的，因此，包《注》更切合孔子的思想。邢昺《疏》：“季康子，鲁执政之上卿也。时以僭乱，故民不敬忠劝勉。……子曰临之以庄则敬者，此答之也。自上莅下曰临；庄，严也；言君临民以严，则民敬其上。孝慈则忠者，言君能上孝于

① 朱熹：《论语章句集注》，第7页，载《四书五经》上册（中国书店据世界书局影印本影印，1985年版）。

② 《论语·八佾》：“孔子谓季氏，八佾舞于庭，是可忍也，孰不可忍也？”又云：“三家者以雍彻。子曰：相维辟公，天子穆穆。奚取于三家之堂？”又云：“子曰：人而不仁，如礼何？人而不仁，如乐何？”又云：“季氏旅于泰山。子谓冉有曰：汝弗能救与？对曰：不能。子曰：呜呼！曾谓泰山不如林放乎？”

亲，下慈于民，则民作忠。举善而教不能则劝者，言君能举用善人，置之禄位，教诲不能之人使之材能如此，则民相劝勉为善也。于时鲁君蚕食深宫，季氏专执国政，则如君矣。故此答皆以人君之事言之也。"① 邢《疏》以“皆以人君之事言之”来理解孔子的回答，其说是。至于邢《疏》所谓孔子以“如君”来对待专制的季氏，则兼及从季康子为执政的特殊地位而言。相比较来说，朱《注》“民忠于己（季氏）”的理解则较为容易使人们对孔子产生思想误解。刘宝楠《正义》则对包《注》和朱《注》作了调和：“包以君临民亦如此，故广言之。"② 实际上孔子的意思很可能是，以君临民如此，故作为执政鲁国的季康子也应当如此。因此，刘氏可能正好将其中思想要点的推扩在方向上理解反了。由于季氏专政僭乱，导致上下背离，人心涣散，所以此一条的“忠”是讲下对上的忠诚专一。引文（2）中的“臣事君以忠”，在《左传》、《国语》中乃属于常见的说法，不过“忠”的具体含义较为多样；而从定公的发问来看，此对话则倾向于在单纯的君臣关系上来作理解，因而此“忠”的直接含义是讲臣对于君之忠诚。但是需要注意的是，在孔子的理解中“君使臣以礼”与“臣事君以忠”之间具有因果关系，因此，后者在孔子那里不是单方面的、强行的要求，而是君臣和谐互动的道德实践。引文（3）的“忠”，是孔子对令尹子文三为三已的评价，认为他做到了恪尽职守的要求。此义，正是《左传》、《国语》同一概念的主要含义。从德行的角度来看，子文无疑具有忠德，但是这段文本的妙处，乃在于子张进一步追问了子文“仁矣乎”的问题。这表明，在孔门教义中“仁”不仅可以运用于评价政治活动，而且“仁”相对于“忠”而言，

① 见阮元主持校刻：《十三经注疏》，第2463页。

② 刘宝楠：《论语正义》，载《诸子集成》第一册（中华书局1954年版），第36页。

是一个更高的政治原则和评判标准。① 接着，子张又问了陈文子“弃而违之”之事，孔子亦许其“清”而未许其“仁”。更足见“仁”在孔门是更高、更重要的价值标准，而“忠”在《论语》中已不具备像在《左传》、《国语》中那么重要的地位了。引文（4），《集解》:“王肃曰:‘言为政之道，居之于身，无得懈倦；行之于民，必以忠信也。’”《集解》：“居，谓存诸心。无倦，则始终如一。行，谓发于事。以忠，则表里如一。”② 王肃将“居”与“行”看作二事，朱熹则将二者实际上看作一事，并直接体现了宋代心性学的一个侧面。今从王说。所谓“行之以忠”，是对执政者来说的，是对在具体的政事活动中执政者对民的政治责任来说的。此种意义上的“忠”，要求政事活动与其用意相一致，并以“利民”为目的。总之，从为政的角度看孔子论“忠”，与《左》、《国》相比，其最大的不同是他将此一概念的含义转进到道德主义的立场来评判政治活动，并且在孔子的思想系统中，其地位远在“仁”、“礼”等概念之下，而变成了一个普通的德目。后一点，在下面的引文和论述中，我们还会进一步看到。

（二）“主忠信”、“与人忠”：作为人的一般性德行原则

《论语》云：

> （1）子曰:“君子不重则不威，学则不固。主忠信，无友不如己者，过则勿惮改。”——《学而》
>
> （2）子曰:“主忠信，无友不如己者，过则勿惮改。”——《子罕》
>
> （3）子曰：“十室之邑，必有忠信如丘者焉，不如丘之好

① 《论语·公冶长》:“或曰:‘雍也，仁而不佞。’子曰:‘焉用佞也？御人以给，屡憎于人。不知其仁，焉用佞？’”同篇:“孟武伯问:‘子路仁乎？’子曰:‘不知也。’又问，子曰:‘由也，千乘之国可使治其赋也，不知其仁也。’‘求也何如？’子曰:‘求也，千室之邑、百乘之家，可使为之宰也，不知其仁也。’‘赤也何如？’子曰:‘赤也，束带立于朝，可使与宾客言也，不知其仁也。’”

② 朱熹:《论语章句集注》，第52页。

学者也。”——《公冶长》

(4) 子以四教：文、行、忠、信。——《述而》

(5) 子张问崇德辨惑，子曰：“主忠信，徙义，崇德也。爱之欲其生也，恶之欲其死也。既欲其生，又欲其死，是惑。诚不以富，亦祗以异。”——《颜渊》

(6) 子张问行，子曰：“言忠信，行笃敬，虽蛮貊之邦行矣。言不忠信，行不笃敬，虽州里行乎哉？立，则见其参于前也；在舆，则见其倚于衡也；夫然后行。”子张书诸绅。——《卫灵公》

(7) 子贡问友，子曰：“忠告而以善道之，不可则止，毋自辱焉。”——《颜渊》

(8) 子曰：“居处恭，执事敬，与人忠。虽之夷狄，不可弃也。”——《子路》

(9) 子曰：“爱之能勿劳乎？忠焉能勿诲乎？”——《宪问》

(10) 孔子曰：“君子有九思，视思明，听思聪，色思温，貌思恭，言思忠，事思敬，疑思问，忿思难，见得思义。”——《季氏》

上引前六条文本，忠信是以连言的形式出现的，但并不是一个复合词。忠信连言，《左传》、《国语》常见。引文（4）说：“子以四教：文、行、忠、信。”何晏《集解》：“四者，有形质，故可举以教。”邢《疏》：“此章记孔子行教，以此四事为先也。文谓先王之遗文；行谓德行，在心为德，施之为行；中心无隐谓之忠；人言不欺谓之信。此四者有形质，故可举以教也。”① 依此，所谓忠信都有诚实不欺之义，其区别不过一在心，一在言。朱熹《集注》引程子的话云：“教人以学文、修行，而存忠信也。忠信，本也。”② 这种解释，有所深入，与程朱对“主忠信”的解释是一致的。引

① 见《论语注疏》卷7，载《十三经注疏》下册，第2483页。

② 《论语章句集注》，第30页，载《四书五经》上册。

文（2）复见于引文（1）。《集解》引郑《注》:“主，亲也。”邢《疏》:“此章勉人为君子也。……‘主忠信’者，主犹亲也。言凡所亲狎，皆须有忠信者也。‘无友不如己’者，言无得以忠信不如己者为友也。”① 对于“主忠信”，朱熹《集注》:“人不忠信，则事皆无实，为恶则易，为善则难。故学者必以是为主焉。”朱《注》得之。“主”，乃是以什么为主或着重之义。② “无友不如己者”，朱《注》:“无、毋通，禁止辞也。友所以辅仁，不如己，则无益而有损。”③ 这里，朱《注》与邢《疏》相差巨大，疑朱《注》有误。孔子有教无类，又《学而》首章孔子云：“有朋自远方来，不亦乐乎！”人与人在德行上本有差等，在所难免，但不能因为有差等（“不如己”），彼此之间就不可能建立真挚的朋友关系。但是，是不是任何人都可以无条件地建立朋友关系呢？当然不是。不同种类的朋友关系之间，自然会确定最必要的交友条件。按照邢《疏》的解释，孔门交友的这个最基本的必要条件就是“忠信”之德。《为政》篇云：“子曰：人而无信，不知其可也。大车无輗，小车无軏，其何以行之哉？”就是明证。由此来看，所谓“主忠信”之旨，孔子无疑是从人们的交往活动如何可能建立相互信赖的基础上来说的。引文(6)“子张问行（通达）”，孔子以“言忠信，行笃敬，虽蛮貊之邦行矣。言不忠信，行不笃敬，虽州里行乎哉”作答，正是如此之义。不仅如此，孔子还要求子张将“言忠信，行笃敬”的原则即使在日常的活动中也应当念存于心。这是切实的道德修养和实践。引文（5）之意，则更为直接、明白。子张问“崇德辨惑”，孔子回答道:“主忠信，徙义，崇德也。”“忠信”是德目,“主忠信”则是“崇德”活动，是德行。至于孔子在回答子张的问题时，为什么常常以“忠”或“忠信”的话语作答，当然

① 《十三经注疏》下册，第2458页。

② 参见王力主编：《王力古汉语字典》（中华书局2000年版），第5页。

③ 阮元《校勘记》：“《释文》出‘毋友’云：本亦作无，下同。案：古书无、毋多通用。后《子罕》篇各本又并作‘毋友’，唯皇本仍作无。《释文》出‘毋友’云：音无。”见《十三经注疏》下册，第2460页。

可以推测在孔子看来子张似乎欠缺“忠信”之德,① 但是也可以理解为，在孔门所有的弟子中，子张当是最为推重孔子“忠信”之教，并身力践行之的学生。

还有一个现象值得注意，(6)、(7)、(9)、(10) 四条引文，孔子都是从“言”的角度论“忠”的。言语关系，也是人的本质关系之一。既然人们可以通过言语交往活动影响他人，或者说建立与他人的关系，那么作为言说主体的人就必然对由此建立的关系双方承担相应的责任。这个责任，在孔子看来也必须建立在“忠”的基础上，所以孔子说“言思忠”，又说“言忠信”。当然孔子也反思到了在言说活动中“智”与“忠”的关系问题，认为忠告、忠言都必须以中道为原则。②

总之，孔子虽然未将“忠信”看作德行修养活动的最高原则,③ 然而把它们看作人与人之间最基本的交往原则来对待的，特别是在“友”的平等关系中运用较多的文本来深入讨论这一问题，不仅突破了《左传》、《国语》以社会身份的差等关系来限定“忠”、“信”观念之含义的思维倾向，而且使普遍意义之“人”的概念与“忠”、“信”的联系更为紧密和本质化。不仅如此，“主忠信”命题的反复提出，表明孔子不仅强化了“忠信”概念对于人类交往活动如何有效可行的德行意义，而且表明孔子对于“人”的内涵的认识深化。在《子路》篇中，孔子云:“居处恭，执事敬，与人忠。虽之夷狄，不可弃也。”这里突破了民族及民族文化限定，而将恭、敬、忠看作是人所应当具备的基本原则。因此，可以说孔子思考“忠”、“信”的问题，在根本上也就是思考“人”的问题。一言以蔽之，孔子言“忠”的核心观点，不过“主忠信”和“与人忠”而已矣。

---

① 为什么孔子与子张言“忠”或“忠信”多达四条文本?《论语·先进》:“师也辟。”《集解》:“马融曰：子张才过人，失在邪辟（僻)、文过。”这对子张的点评是非常严厉的。孔子大概有以“忠信”之德矫拂子张之意，但是也似乎正可以说明子张及其后学非常重视“忠信”之教。

② 参见上引《论语》(7)、(9) 两条文本。

③ 参见上引《论语》(3) 条文本。

(三)"忠恕"与"吾道一以贯之"辨

《论语》言"忠"还有两条文本出自曾子之口。曾子的地位在《论语》流传、编辑的过程中,可能有被抬高、夸大的迹象。① 一则文本见于《学而》篇:"曾子曰:'吾日三省吾身:为人谋而不忠乎?与朋友交而不信乎?② 传不习乎?'""为人谋而不忠乎",这一思想源自《左传》、《国语》,当然曾子在这里将为谁谋的对象更进一步普泛化,从而将"忠"变成了一个人人都应该遵循的普遍性伦理规则,而《左》、《国》的谋忠问题,基本上还是在君臣、主从及其与国家的上下关系中展开论述的。当然,曾子这段文本对于"忠"、"信"的理解,未出孔子"主忠信"、"与人忠"之旨。

另一则文本见于《里仁》篇:"子曰:'参乎,吾道一以贯之哉!'曾子曰:'唯。'子出。门人问曰:'何谓也?'曾子曰:'夫子之道,忠恕而已矣。'"对于这段文本,西方汉学家继承了"疑古思想"的风气,对它的真伪、含义及其与孔子之道的关系一直具有比较浓厚的辨伪兴趣。③ 但鄙见以为,他们的见解大多出于臆

---

① 关于《论语》的编撰,参见《汉书·艺文志》:"《论语》者,孔子应答弟子、时人及弟子相与言而接闻于夫子之语也。当时弟子各有所记,夫子既卒,门人相与辑而论纂,故谓之《论语》。"《文选·辩命论注》引《傅子》:"昔仲尼既没,仲弓之徒追论夫子之言,谓之《论语》。"《论语》来源于孔子众多弟子的记录,今人一般认为其最后的编定者为曾子弟子。参见杨伯峻译注:《〈论语〉的作者和编著年代》,《论语译注》(中华书局 1980 年版),第 26~30 页。

② 阮元《校勘记》:"皇本、高丽本'交'下有'言'字。"见《十三经注疏》(中华书局 1980 年版),第 2460 页。

③ 参见笔者编译:《近年来英语世界有关孔子与〈论语〉的研究(上)》,《哲学动态》2006 年第 11 期,第 62~63 页;郑文君(Alice W. Cheang):The Master's Voice: On Reading, Translation and Interpreting *the Analects* of Confucians, in *The Review of Politics*, Vol. 62, 3 2000, pp. 563-581. 最近,万白安(Bryan W. Van Norden)在一篇文章中较为全面地谈到了这一观点。他说:(1)在《里仁》篇第 15 章中,曾子以"忠恕之道"来解释孔子的"一贯之道",这是令人迷惑和有趣的。孔子只说有"一个"东西将他的道联接在一起,但是曾子却提到了两个东西,即"忠"和"恕"。(2)朱熹、刘殿爵等对此段文本"忠"的解释,不符合

想、猜测，很难说是确凿、真实的。

“吾道一以贯之”，确实又见《卫灵公》篇孔子与子贡的对话：“子曰：‘赐也，汝以予为多学而识之者与?’对曰：‘然。非与?’曰：‘非也。予一以贯之。’”然而是否前者必定抄自后者，这是值得讨论的。按照《史记·仲尼弟子列传》的记载，子贡小孔子31岁，而曾子小孔子46岁，前者大概属于所谓“先进”之列，而后者属于所谓“后进”的范围。曾子与子游、子夏、子张、有若一起，皆小于孔子四十多岁，并且他们都是孔子晚年最为重要的弟子。这从《论语》和《礼记》对于他们众多的记述可以推断出来。尤其是曾子，《论语》对于他的记录方式比较特别，书中不仅记录了曾子与孔子的对话，而且更多地记录了曾子与其弟子及与他人的对话。这说明曾子在孔门晚期弟子中及对《论语》的编者而言，其地位当然是很重要的。又比较上引两段《论语》文本的关系，实在看不出前者抄自后者，或是对于后者改作之意。不过，设想孔子与子贡言“一以贯之”在前，而与曾子言“吾道一以贯之”在后，这不仅是合理的，而且很可能事实就是如此。但是这仍不能意味着二者之间存在着文本上的抄袭关系，在笔者看来，这很可能说明孔子与弟子言“一以贯之”至少曾经发生了两次。第一次乃孔子与子贡的对话，它具体地说明了孔子可能首次在认识上真正实现

其原意。朱熹的理解，严重染上了佛学形上学的观念，而刘殿爵将“忠”译作“doing one's best”，“恕”译作“using oneself as a measure to gauge others”，都将其宽泛化了。“忠”还是以译作“loyalty”为当。除了《里仁》篇之外，“忠”、“恕”在《论语》中不是一个很特别的术语，并不比仁、义、智、勇、孝更为重要。(3)《里仁》篇第15章是伪造添窜的，是在孔子死后乃至该篇编成后较久才被插入其中的。见氏著：The Dao of Kongzi, in *Asian Philosophy*, Vol. 12：3 2002, pp. 158-171. 又，参见该氏文：Unweaving the “One Thread” of Analects 4：15, in Confucius and the Analects：New Essays (New York：Oxford University Press, 2002), pp. 219～224.

了自我超越，由“多识”反于“一贯”。① 这个由“多识”反于“一贯”的经历，联系《子罕》篇孔子“君子多乎哉？不多也”的评论，当是成就君子人格的根本性道德规范。由此而言，则孔子对曾子自述“吾道一以贯之”，而曾子心照不宣地回答“唯”，② 这不仅是合乎逻辑的，而且他又具体答以“忠恕之道”，也与“君子”人格正相符合。又，上引《里仁》篇文本中的“门人”，邢《疏》云“曾子弟子”，③ 从上下文看，也不似指其他孔子的一传弟子。④ 如果邢《疏》可信，那么这段对话笔者认为最可能发生在孔子七十岁之后。也因此，作为孔子暮年重要弟子的曾子对其门人宣说孔子“一以贯之”之“道”为“忠恕”之旨，这并非很难理解的问题。在处理孔子对其弟子的欣赏态度的问题上，打破由于年龄上的差距而造成的隔离，这是了解孔子真正面相的一个重要步骤。比如颜渊父子、曾子父子，俱学于孔子，然而子比父在孔子心

---

① 孔子由崇尚多闻多见之知，中经择善与多识，最后反于“一贯”，这是经历了一个漫长的过程的。《子罕》：“太宰问于子贡曰：‘夫子圣者与？何其多能也！’子贡曰：‘固天纵之将圣，又多能也。’子闻之曰：‘太宰知我者乎？吾少也贱，故多能鄙事。君子多乎哉？不多也。’”《述而》第七：“子曰：‘盖有不知而作之者，我无是也。多闻，择其善者而从之，多见而识之。知之，次也。’”《子路》第十三：“子曰：‘诵《诗》三百，授之以政，不达；使于四方，不能专对。虽多，亦奚以为哉？’”《为政》第二：“子曰：‘多闻阙疑，慎言其余，则寡尤。多见阙殆，慎行其余，则寡悔。’”《季氏》第十六：“孔子曰：益者三友，损者三友。友直，友谅，友多闻，益矣。友便僻，友善柔，友便佞，损矣。”《阳货》第十七：“子曰：小子何莫学夫《诗》。《诗》可以兴，可以观，可以群，可以怨；迩之事父，远之事君；多识于鸟兽草木之名。”

② 何晏《集解》：“孔曰：直晓不问，故答曰‘唯’。”

③ 见《十三经注疏》，第 2471 页。

④ 万白安为了辨伪的需要，将“门人”直接理解为孔子的弟子，这恐怕是不正确的。如果设想此“门人”是指孔子的弟子的话，则无疑已将曾子的地位置于孔子之下，其他弟子之上。但是从《论语》等先秦古籍及《史记·仲尼弟子列传》来看，曾子在孔子暮年虽然享有比较重要的地位，但是不可能享有如此尊贵、特殊的地位。子路死后，大概就数子贡在诸弟子中的地位最尊。万说，参见笔者编译：《近年来英语世界有关孔子与〈论语〉的研究（下）》，《哲学动态》2006 年第 12 期，第 52～53 页。

目中显得更为重要，并对整个儒学产生的影响更为重大，[①] 这是大家一致同意的看法。《论语·先进》篇中有一段对子羔、曾子、子张和子路等弟子的酷评："柴也愚，参也鲁，师也辟（僻），由也喭。"[②] 对于"参也鲁"，《集解》："孔安国曰：'鲁，钝也。曾子迟钝也。'""鲁"，也就是反映较为迟钝，但绝不是愚蠢。万白安将其译作"stupid"，[③] 这是明显的误解。即使是"柴也愚"之"愚"，也不一定能够理解为今语"愚蠢"之义。何晏《集解》："弟子高柴，字子羔。愚，愚直之愚。"朱熹《集注》："愚者，知不足而厚有余。《家语》记其足不履影，启蛰不杀，方长不折；执亲之丧，泣血三年，未尝见齿，避难而行，不径不窦，可以见其为人矣。"[④] 何、朱之意正可相通。所谓子羔之"愚"，也很可能是从品性上来说的，而不是"stupid"的意思。[⑤] 总之，认为《里

---

① 颜渊父子的例子自不必说，而《史记·仲尼弟子列传》将曾子在前、其父在后叙出的史记，足以表明曾子的地位很重要。并谓："孔子以为能通孝道，故授之业。"足见孔子对曾子的欣赏超乎一般了。

② 又见《史记》卷67，《仲尼弟子列传》。据此传，"参也鲁"等数语出自孔子。

③ 参见笔者编译：《近年来英语世界有关孔子与〈论语〉的研究（下）》，《哲学动态》2006年第12期，第52页。对于"鲁"的理解，英语世界的其他学者与万白安不同。James Legee 译作"dull"，Arther Waley 译作"dull-witted"，D. C. Lau 译作"slow"，Roger T. Ames 和 Henry Rosemont 译作"thick"。其中 Arther Waley 的翻译最为巧妙，将字面与字里之意两相传达出来。

④ 朱熹：《论语章句集注》，第46页。

⑤ 《论语·先进》："子路使子羔为费宰。子曰：'贼夫人之子。'（包氏曰：子羔学未熟习，而使为政，所以贼害人也。）子路曰：'有民人焉，有社稷焉，何必读书，然后为学？'子曰：'是故恶夫佞者。'"子路之勇，与子羔之"愚直"，品性相近，故子路得以使子羔为费宰。在子路看来，子羔之"愚直"决不是"愚蠢"。又从孔子的批评来看，他还是想将子羔教育纯熟，然后再去从政的。由此而言，子羔也并非真的很"愚蠢"。当然，不是说《论语》中没有当"愚蠢"之义讲的"愚"字。《为政》："子曰：吾与回言终日，不违如愚；退而省其私，亦足以发。回也不愚。"这里的语境很清晰，"愚"倒真是"愚蠢"之义。对于子羔"愚直"之义的辨解，参看李启谦：《孔门弟子研究》（齐鲁书社1987年版），第186页。

仁》篇第十五章抄自《卫灵公》篇第三章文本，甚至认为它是伪造的说法，鄙见以为确实存在所示证据不够真实的问题。

如果我们接受孔子生前曾不止一次讲过“一以贯之”这句话的话，那么他曾对曾子也说过类似之语，则是并非不可能的。不过，曾子将孔子的“一以贯之”之“道”揭示为“忠恕”，这确实直接出自曾子之口。因此，在这里确实有必要追问曾子所传达的“忠恕”是否就是孔子之意，以及它们是否足以充当所谓“一以贯之”之“道”的问题。“唯”，《集解》：“孔安国曰：直晓不问，故答曰‘唯’。”如果我们承认这段对话的真实性，那么就应该承认曾子将孔子之道宣说为“忠恕”观念的权力，因为孔子不仅将曾子从侍座的众弟子中单独挑选出来，而且对曾子“唯”的回答似乎作了默许。不过，需要注意的是，孔子此次宣示“一以贯之”之意，不仅仅是假借曾子之口那么简单，更为重要的是他将“一以贯之”的重心放在“吾道”之上而欲将其宣示出来的。这不仅表明这次对话的发生时间很可能晚于孔子与子贡对话的那一次，而且说明孔子的“一以贯之”的思想又可能有新的转进。这个转进虽然不能径直给予曾子将“吾道一以贯之”说成为“忠恕之道”以足够而充分的权力，但是它为曾子重新表述“一以贯之”之“道”提供了最基本的前提条件和话语空间。在这个意义上来说，曾子将孔子之道宣说为“忠恕”的观念是符合后者的意图的。①

尽管如此，“忠恕”是不是有足够的思想内涵以承担“一以贯之”的孔子之“道”，这仍然是一个需要讨论的问题。其一，“忠”、“恕”在这段对话里是一理两面，还是在本质上没有关联的两个孤立的观念？对于曾子而言，“忠”、“恕”当然是“一以贯之”，而不是所谓的二事，但是问题在于这种理解可以成立的思想

---

① 朱熹不同意曾子对“一以贯之”之“道”的解释是“究竟的”，但是从“用”上而言，承认“曾子果能默契其指”。《集注》：“圣人之心，浑然一理，而泛应曲当，用各不同。曾子于其用处，盖已随事精察而力行之，但未知其体之一尔。夫子知其真积力久，将有所得，是以呼而告之。曾子果能默契其指，即应之速而无疑也。”见氏著：《论语章句集注》，第15页。

根据是什么？朱子《集注》："夫子之一理浑然而泛应曲当，譬则天地之至诚无息，而万物各得其所也。……曾子有见于此而难言之，故借学者尽己、推己之目以著明之，欲人之易晓也。盖至诚无息者，道之体也，万殊之所以一本也。万物各得其所者，道之用也，一本之所以万殊也。以此观之，'一以贯之'之实可以见矣。或曰：中心为忠，如心为恕。于义亦通。"① 在思维方式上，朱熹的"一本万殊"的解释观念确实来自中国佛学，不过他的真正的特别之处乃在于以本体宇宙论的观念对"一以贯之"的孔子之"道"作了崭新的诠释。相对于曾子的解释而言，这又是观念上的一次重大转进。与此相关联的是，朱熹在这里虽然将曾子的解释看作是"权且的"，而不是"究竟的"，但无论如何承认了曾子以"忠"、"恕"解释孔子"一以贯之"之"道"与后者在本质上是连贯一体的。邢《疏》云："孔子语曾子，言我所行之道唯用一理以统天下万事之理也。……忠，谓尽中心也；恕，谓忖己度物也。言夫子之道，唯以忠恕一理，以统天下万事之理，更无他法，故云'而已矣'。"② 邢《疏》也在此将"忠恕"看作"一理"，不过在解释上显得更为朴素。《礼记·中庸》云："忠恕违道不远，施诸己而不愿，亦勿施诸人。"这无论如何是对曾子以"忠恕"解释孔子"一以贯之"之"道"的明证。

顺便指出，我们还充分注意到，当"忠""恕"连言的时候，相比较而言在《论语》等经典中"恕"被有意凸显、强调出来，而"忠"则作为前提条件而隐含于其中。《论语·卫灵公》："子贡问曰：有一言而可以终身行者乎？子曰：其恕乎！己所不欲，勿施于人也。"对于"恕"德的强调，这是显见的。相反，《国语》并无"恕"字；《左传》"恕"字虽有六见，但大半出自后人或作者

---

① 朱熹：《论语章句集注》，第15页。按照下面朱《注》的说明，他的解释实际上来源于程子。而本体宇宙论的观念，则渊源于周敦颐。

② 《十三经注疏》下册，第2471页。

的评论，其中二字直接出自孔子之口。① 这说明“恕”道确实是孔子在思想上的重要发明。不过，《国语》虽然没有出现“恕”字，但是正如在前面分析其文本时所指出的，“恕”在一些文本中被包含在“忠”义之中。这一现象除了深刻地说明“忠”是“恕”的基础之外，也说明了“忠”曾经蕴涵了“恕”德，并为孔子将“恕”阐扬为显德提供了基础：忠、恕关联紧密，甚至它们之间具有互涵的关系。《大戴礼记·小辨》所言非常直接、明白，“子曰：……忠满于中而发于外，刑于民而放于四海，天下其孰能患之？……丘闻之，忠有九知，知忠必知中，知忠必知恕，知恕必知外……”“忠”、“恕”固然有中（内）外的侧重，但它们之间关系非常密切：“忠”是“恕”的基础，在发外的过程中必须受到“恕”的规范。而孔子“己所不欲，勿施于人”的“恕”道，首先必须体知何为“己所不欲”。而这一点，则是由“忠”来做到的。《论语·雍也》：“子贡曰：‘如能博施于民而能济众者，何如？可谓仁乎？’子曰：‘何事于仁？必也圣乎！尧舜其犹病诸！夫仁者，己欲立而立人，己欲达而达人，能近取譬，可谓仁之方也已。’”“己欲立而立人，己欲达而达人”，这是从肯定的方面对“恕”道作了深刻论述。但是，人们如何可以做到此义之“恕”道呢？这仍然依赖于尽“忠”的反省。在阐明“恕”道的基础上，孔子并说“能近取譬”是“仁之方”，这不仅看到了“恕”道与“忠”道的紧密关系，而且将它们都看作为仁的方法。从“仁之方”上来看，“忠”、“恕”无疑是一贯的。而曾子将孔子“一以贯之”之“道”直接宣说为“忠恕”，实际上就是对孔子与子贡言说仁恕之

① 《传》襄公二十三年：“仲尼曰：知之难也。有臧武仲之知而不容于鲁国，抑有由也：作不顺而施不恕也。夏书曰：念兹在兹。顺事恕施也。”其他数例，见《传》隐公三年：“君子曰：信不由中，质无益也。明恕而行，要之以礼，虽无有质，谁能间之？”《传》隐公十一年：“君子是以知桓王之失郑也。恕而行之，德之则也，礼之经也。己弗能有而以与人，人之不至，不亦宜乎！”《传》僖公十五年：“秦伯曰：国谓君何？对曰：小人戚，谓之不免；君子恕，以为必归。”《传》襄公二十四年：“子产寓书于子西以告宣子曰：……恕思以明德，则令名载而行之。”特别是隐公十一年那一条，与孔子论“恕”的内涵无异。

道的思想主旨的更进一步揭明。另外，朱熹说“忠恕”为“一以贯之”之“道”的“权且的”的表达，与孔子所云“仁之方”的意思正相一致。因此，万白安将“忠”、“恕”分离为二物，却看不到它们在“道”上的“一贯”，以及“一贯”之“道”与“权且的”的“忠恕”之道之间的区别和联系的看法，无疑是不正确的。又，万氏不承认《论语》的“忠”有“尽己”（do one's best），而只有“忠诚”（loyalty）之义的看法，也实在太过狭隘和固执，与《国语》、《论语》、《礼记》等一些文献材料扞格。将“忠”仅仅理解为“忠诚”（loyalty）之义，这不仅是对孔子晚年的思想作了浅近的理解，同时也意味着将他的思想严重肤浅化了。

（四）略论春秋时期“忠”、“孝”之间的关系

在春秋早期，“忠”、“孝”之间还没有构成强烈的对立与冲突。一个非常著名的例子是晋太子申生遭到骊姬和晋献公陷害而身亡的故事。① 献公为父为君，申生为子为臣，这种特殊的人伦、势位关系，以及当时的“孝”、“忠”观念，② 正是申生莫可逃罪而

---

① 参见《左传·庄公二十八年》、《闵公元年》、《闵公二年》、《僖公四年》。

② 《左传·闵公二年》：“太子曰：‘吾其废乎？’对曰：‘告之以临民，教之以军旅，不共是惧，何故废乎？且子惧不孝，无惧弗得立。修己而不责人，则免于难。’……梁馀子养曰：‘帅师者，受命于庙，受脤于社，有常服矣。不获而尨，命可知也。死而不孝，不如逃之。’……羊舌大夫曰：‘不可。违命不孝，弃事不忠。虽知其寒，恶不可取。子其死之！’”《国语》卷7《晋语一》：“大子曰：‘吾闻之羊舌大夫曰：事君以敬，事父以孝。受命不迁为敬，敬顺所安为孝。弃命不敬，作令不孝，又何图焉？且夫闲父之爱而嘉其况，有不忠焉。废人以自成，有不贞焉。孝敬忠贞，君父之所安也。弃安而图，远于孝矣。吾其止也。’”《左传·僖公四年》：“初，晋献公欲以骊姬为夫人，卜之，不吉；筮之，吉。公曰：‘从筮。’卜人曰：‘筮短龟长，不如从长。’且其繇曰：‘专之渝，攘公之羭。一熏一莸，十年尚犹有臭。必不可！’弗听，立之。生奚齐，其娣生卓子。及将立奚齐，既与中大夫成谋，姬谓太子曰：‘君梦齐姜，必速祭之！’太子祭于曲沃，归胙于公。公田，姬置诸宫六日。公至，毒而献之。公祭之地，地坟。与犬，犬毙。与小臣，小臣亦毙。姬泣曰：‘贼由太子。’太子奔新城。公杀其傅杜原款。或谓太子：‘子辞，君必辩焉。’太子曰：‘君非姬氏，居不安，食不饱。我辞，姬必有罪。君老矣，吾又不乐。’曰：‘子其行乎！’太子曰：‘君实不察其罪，被此名也以出，人谁纳我？’十二月戊申，缢于新城。姬遂谮二公子曰：‘皆知之。’重耳奔蒲，夷吾奔屈。”

不得不选择自杀的根本原因。伍子胥复父仇则是春秋末期另一则非常著名的故事。① 这则故事虽然仍然显示"孝"的观念价值高于"忠"，但是突出了二者之间的对立与冲突。

一个人既可能是人子，也可能是人臣。当为人子与为人臣处于极端对立，为孝与为忠不可两全的时候，人们就必须在其中作出非此即彼的选择，或者以牺牲自我为代价去成全二者。但是何时必须为孝，何时必须为忠，何时必须忠孝两全？这与宏观的历史观念背景、具体的实践情景，以及个人的德行信念是有关系的。一般说来，在春秋至战国时期，"父兄"对于个人生命价值的重要性无疑超过了"君主"，② 父子的关系是普遍而永恒的，而君臣关系则是具体而有时空限制的。③ 申生自缢，理在必然，其伦常身份有不容避死之理。子胥逃楚归吴，亦理之所可，为忠有可以离断君臣关系者，为孝则父子之情不可以片刻断绝之，父兄之仇不共戴天。对父而言，子胥可谓孝子；对吴国而言，他亦可谓忠臣。子胥为复父仇以解其心头之恨，竟掘楚平王之墓而鞭其尸，在当时的人看来，其

---

① 见《左传·昭公二十年》、《吴越春秋》、《史记·吴泰伯世家》等书。

② 《礼记·曲礼上》："父之仇弗与共戴天，兄弟之仇不反兵，交游之仇不同国。"《礼记·檀弓上》："子夏问于孔子曰：'居父母之仇如之何？'夫子曰：'寝苫枕干，不仕，弗与共天下也。遇诸市朝，不反兵而斗。'曰：'请问居昆弟之仇如之何？'曰：'仕弗与共国。衔君命而使，虽遇之，不斗。'曰：'请问居从父昆弟之仇如之何？'曰：'不为魁，主人能，则执兵而陪其后。'"《周礼·调人》："凡和难，父之仇辟诸海外，兄弟之仇辟诸千里之外，从父兄弟之仇不同国。君之仇视父，师长之仇视兄弟，主友之仇视从父兄弟。弗辟，则与之瑞节而以执之。凡杀人有反杀者，使邦国交仇之。凡杀人而义者，不同国，令勿仇，仇之则死。凡有斗怒者成之，不可成者则书之，先动者诛之。"

③ 《郭店楚墓竹简·语丛一》第69、70、87简："父子，至上下也。兄弟，至先后也。君臣、朋友，其择者也。"《语丛三》第1~5简云："父亡恶，君犹父也。其弗恶也，犹三军之旌也，正也。所以异于父，君臣不相才（存）也，则可已；不悦，可去也；不义而加诸己，弗受也。"

为孝的行为毕竟有失礼法之度，而流为不仁矣。① 因此，到底在什么样的条件或界限下，人们的为孝或为忠的行为才是合理的呢？才不会完全被血缘亲情所逼迫，为君主的权势所驱使，以至于缺乏必要的反省与限制呢？在“忠”与“孝”的冲突中，应当具备一种能够统一和裁量二者的更为基本的观念。从目前的思想史料来看，这是由孔子及其同时代的精英们已经自觉思考到的问题。

《左传·昭公十四年》云：

> 晋邢侯与雍子争鄐田，久而无成。士景伯如楚，叔鱼摄理。韩宣子命断旧狱，罪在雍子。雍子纳其女于叔鱼，叔鱼蔽罪邢侯。邢侯怒，杀叔鱼与雍子于朝。宣子问其罪于叔向，叔向曰：“三人同罪，施生戮死可也。雍子自知其罪，而赂以买直；鲋也鬻狱，邢侯专杀，其罪一也。己恶而掠美为昏，贪以败官为墨，杀人不忌为贼。《夏书》曰：‘昏、墨、贼，杀。’皋陶之刑也。请从之。”乃施邢侯，而尸雍子与叔鱼于市。②

叔鱼为叔向之弟。叔鱼枉法卖狱，导致邢侯将他与雍子杀死在朝堂上。韩宣子于是询问邢侯之罪，叔向认为“三人同罪，施生戮死可也”。为什么三人同罪？因为雍子昏，叔鱼墨，邢侯贼，三名虽异，论刑同罪。宣子于是将邢侯处死，并将三人皆陈尸示众。而在

① 《吴越春秋·阖闾内传》：“申包胥亡在山中，闻之，乃使人谓子胥曰：‘子之报仇，其以甚乎！子，故平王之臣，北面事之，今于僇尸之辱，岂道之极乎？’子胥曰：‘为我谢申包胥曰：日暮路远，吾故倒行而逆施之于道也。’申包胥知不可，乃之于秦，求救楚。”伍子亦知自己的行为有所过越。

② 《国语·晋语九》：“士景伯如楚，叔鱼为赞理。邢侯与雍子争田，雍子纳其女于叔鱼以求直。及断狱之日，叔鱼抑邢侯，邢侯杀叔鱼与雍子于朝。韩宣子患之，叔向曰：‘三奸同罪，请杀其生者，而戮其死者。’宣子曰：‘若何？’对曰：‘鲋也鬻狱，雍子贾之以其子，邢侯非其官也而干之。夫以回鬻国之中，与绝亲以买直，与非司寇而擅杀，其罪一也。’邢侯闻之，逃。遂施邢侯氏，而尸叔鱼与雍子于市。”“其罪一也”，谓雍子、叔鱼和邢侯三人分别犯了昏、墨、贼之罪，皆当杀。

上述引文之后，孔子有一段精彩的评论：

> 仲尼曰："叔向，古之遗直也。治国制刑，不隐于亲。三数叔鱼之恶，不为末减。曰义也夫，可谓直矣！平丘之会，数其贿也，以宽卫国，晋不为暴。归鲁季孙，称其诈也，以宽鲁国，晋不为虐。邢侯之狱，言其贪也，以正刑书，晋不为颇。三言而除三恶，加三利。杀亲益荣，① 犹义也夫！"

在这里，孔子称赞叔向为"古之遗直"，评价甚高。"直"者，无隐曲之谓。而为什么孔子要称赞叔向为"古之遗直"呢？根本原因在于他"治国制刑，不隐于亲"，"杀亲益荣，犹义也夫"。孔子在此显然特别关注和赞赏司法者不隐于亲情的司法公正问题。但是，孔子是不是由此在司法实践中就排斥一切的亲情关系呢？不是！在他看来，亲情关系也应当是法律必须正视和处理的基本现实。《论语·子路》篇云：

> 叶公语孔子曰："吾党有直躬者，其父攘羊，而子证之。"孔子曰："吾党之直者异于是：父为子隐，子为父隐，直在其中矣。"

叶公，楚大夫，其人以公义著称。② 在这个对话中，叶公与孔子，乃至楚鲁异地之习俗皆以"直"为基本原则。对于这个原则本身，叶公和孔子都是肯定的；他们之间的异议，乃在于在当时的法律意识和伦理关系中，人们应当如何实践才算真正体现了这一原则。叶公以为父亲的一方犯有过失，如果儿子的一方据实予以作证，就是所谓的"正直"；而孔子则不同意他的观点，认为父子任

---

① 《国语·晋语八》："叔鱼生，其母视之。"韦昭《注》："叔鱼，叔向母弟杨舌鲋。"

② 如《左传·定公五年》云："叶公诸梁之弟后臧从其母于吴，不待而归。叶公终不正视。"

何一方犯有过失，另一方都有义务加以隐瞒，并且“正直”就存在于这种互隐的行为之中。孔子的思想非常深刻，他认识到这样一个问题：亲情伦理在法律领域应该被一般性地排斥于“直”的原则之外，还是这一原则应当容纳特定的亲情伦理？

诚然，攘羊是一件小事，① 父子之间可以互隐，但是对于杀人一类的命案，则父子之间是否可以互隐呢？人们是否还有必要固守“父子互隐”的教条，甚至效仿孟子“窃负而逃”的主张，作出更为激烈的行动呢？从其称赞叔向论狱的一段评论来看，孔子在杀人一类重大刑事案件上很可能并不赞成父子互隐的主张。②

《吕览·高义》、《史记·循吏列传》等诸书记载了一位楚昭王时期名叫石渚的官吏，其解决问题的办法与孔子略有不同，但更加彰显了忠孝之间的紧张关系。有一次石渚在巡查地方的途中，遇上

① 这里将攘羊之例，看作一个客观的陈述来处理。但是在与孔子对话的时候，叶公陈述时的心理状态和潜在的思维逻辑是很重要的。设若他在陈述攘羊之例的时候怀藏假设心理和“以小见大”的思维逻辑，那么他实际上是要告诉孔子，在其里党即使是其父攘窃一只羊这样的小事，其子也会不顾父子之情而将其罪证实。由此，孔子所谓的父子互隐就具有一种普遍性：无论何时何地，无论犯了多大的罪过，虽然“隐”的方式可能不同，但是父子之间应当尽最大可能，甚至不顾条件地相隐。这种理解，具有孟子主义的浓烈色彩，而与《孟子·尽心》“窃负而逃”的主张相一致。这种理解以及孟子主义的根本症结，乃在于将父子关系放在一切社会关系的绝对优先和中心位置之上，却对其缺乏必要的反省和限制。然而，孔子既然认识到了“直”高于“隐”的原则，那么他就必须将后者的所有实践条件放在足以体现前者之下。因此，简单说来，“隐”受到了严格的限制，并非总是可行的。看来，对于孔子而言，将攘羊之例作为一个客观的陈述来理解，可能更加符合他的思想。

② 对于父子互隐或者亲亲互隐，这里可能有两种理解：一种是为了维护基本的人伦关系或为了保证司法的公正而设置的司法制度，以避免父子在法律上必须承担互相举证、揭发的义务，或者防止作假证；一种是父子之间对于过罪方所犯狱事及性质的故意隐瞒。本文所说的父子互隐，属于后一种情况。另外，在叔向论狱与直躬证父两个事例中，叔向是作为一名类似“司法者”的身份出现的，与直躬证父者作为“儿子”的普通身份不同。但是，一旦人们具有相应的法律意识，他就潜在地是一个“司法者”，对于至亲的杀人犯罪就必然具备作证的潜在意愿，乃至最终将其付诸行动。

了一桩杀人案件，逃跑的杀人犯被抓住后，石渚发现原来他是自己的父亲。不得已，石渚将自己的父亲放走了；但是，石渚同时知道自己犯了严重的渎职罪，于是据实向楚王作了汇报，并恳求将自己处死。《吕览》的评价是："父犯法而不忍，王赦之而不肯，石渚之为人臣也，可谓忠且孝矣。"《韩诗外传》卷二对石渚的评论是："其为人也公而好直。"《新序·节士》的评论是："其为人也，公正而好义。"石渚以"直义"来解决"忠"、"孝"之间的冲突，虽然留下了"忠且孝"的美名，但是毕竟是以牺牲直义之士自身的生命为代价，同时由于纵舍杀人犯的父亲，正义也毕竟没有得到彻底伸张。①

孔子固然以"直义"的原则来处理忠、孝之间的紧张关系，但是这并没有否定他对于"孝"的特别重视。"孝"是为了对于家人承担保护的必要义务，"忠"是为了对君事、公职恪守应尽的责任，并保证所职掌事件发生和处理的公正性。一般说来，就重大狱讼案件而言，孔子主张直而无隐；就轻小咎罪而言，他则主张直在隐中。"直"是无条件的，"隐"则是有条件的。"直"在后来的古典文献中常常被解释为"公义"。在《论语·为政》篇中，孔子将为孝看作为政的根本，并认为在上者的孝慈之治乃是百姓忠诚于上的原因。② 毫无疑问，"孝"的观念是孔子思想伸展的基点。但是不能因为儒家认为孝德是忠德生长的根源，就否定这两个观念之间在社会实践上存在紧张的矛盾。总之，在春秋末期，忠、孝之间的紧张关系得到了一定程度的凸显，而用以处理这一关系的"直义"和"相隐"的原则，也随之被孔子等人反思和推明出来。

---

① 对于这个案例更为具体的分析，参见后文有关《吕氏春秋》"忠"观念的论述。

② 《论语·为政》："季康子问：'使民敬忠以劝，如之何？'子曰：'临之以庄则敬，孝慈则忠，举善而教不能则民劝。'或谓孔子曰：'子奚不为政？'子曰：'书云：孝乎惟孝，友于兄弟，施于有政。是亦为政，奚其为为政也？'"有子继承了孔子的这一思想。《论语·学而》云："有子曰：'其为人也孝弟，而好犯上者，鲜矣！不好犯上，而好作乱者，未之有也。君子务本，本立而道生。孝弟也者，其为仁之本与！'"

三、郭店儒简“忠”的内涵

(一) 从伦常、德位关系论“忠”的内涵

郭店儒简论“忠”，在许多方面作出了创造和转进。① 首先来看竹简是如何从伦常、德位的关系来论述“忠”的内涵的。以六位为代表的伦常关系，是古代中国政治活动必须处理的基本问题，儒家看法尤其如此。《论语·颜渊》：“齐景公问政于孔子，孔子对曰：君君、臣臣、父父、子子。公曰：善哉！信如君不君，臣不臣，父不父，子不子，虽有粟，吾岂得而食诸?”在孔子看来，君臣父子即是为政的主要对象。楚简《六德》篇正是在君臣、父子、夫妇六位的伦常关系上来讨论六德的。现将该篇竹简言“忠”的文本摘录如下：

(1) 可（何）胃（谓）六悳（德)? 圣智（智）也，𢚩（仁）宜（义）也，忠信也。圣牙（与）智（智）豪（就）壴（矣)，𢚩（仁）牙（与）宜（义）豪（就）壴（矣)，忠牙（与）訐（信）豪（就）[壴（矣)]。——第2简

(2) 聚人民，貢（任）土坔（地)，足此民尔（尔）生死之甬（用)，非宔（忠）訐（信）者莫之能也。—— 第4-5简

(3) 非我血𣱛（气）之新（亲)，畜我女（如）丌（其）子弟，古（故）曰：句（苟）凄（济）夫人之善也，褮（劳）丌（其）𦛕（脏）𦛗（?）之力弗敢𦋸（惮）也，𡀒

① 本节所引竹简文献，参见荆门市博物馆编：《郭店楚墓竹简》（文物出版社1998年版)；李零：《郭店楚简校读记（增订本)》（北京大学出版社2002年版)；刘钊：《郭店楚简校释》（福建人民出版社2005年版)。郭店竹简《语丛三》第63简“忠则会”一句，由于其文本编连尚存在问题，故在本文中未加讨论。

(危)亓(其)死弗敢悉(爱)也，胃(谓)之[臣]，以宔(忠)㠯(事)人多。宔(忠)者，臣悳(德)也。——第16-17简

(4)父圣子恳(仁)，夫智(智)妇訐(信)，君宜(义)臣宜<宔(忠)>。圣生恳(仁)，智(智)衔(率)訐(信)，宜(义)㠯(使)宔(忠)。——第34-35简

竹简六位的伦理次序为父子、夫妇、君臣六者，这与汉代形成的君臣、父子、夫妇的排列次序不同。而这种不同，可能反映了不同时期的儒家对它们的地位和逻辑关系之理解的不同。由六位，有所谓父圣子仁，夫智妇信，君义臣忠的六德；而六德是对六位的应然性规定，其中"忠"为臣之德。不仅如此，六位的率使（主从）关系也反映在六德的关系上面，如引文（4）就说君义率使臣忠。竹简云："既又（有）夫六立（位）也，以貢（任）此［六戠（职）］也。六戠（职）孯（既）分，以衮（裕）六悳（德）。六悳（德）者，［君子所以大者以治亓（其）］人民，少（小）者以攸（修）亓（其）身，为衍（道）者必繇（由）此。"治民修身以及成就君子的人格理想，都必须处理好六德的问题。需要注意的是，(1)、(2) 两条引文说圣智、仁义、忠信两两相亲，就不仅说明诸德目之本身具有独立的特性，而且这种两两相亲就的关系本身很可能是文化传统长期累积下来的结果。单纯就"忠信"而言，可以在《左传》、《国语》、《论语》等文献中得到切实的证明。总之，从六位而言，忠为臣之德，它虽然包含了"忠诚"之义，但更为强调尽力事人的意思；而且从为道的角度而言，忠信与圣智、仁义一起皆为君子必须践行或处理的德行，因此，"忠"在此又在一定程度上超越了臣对君或下对上的单向关系，而同样着重于"尽己"的含义。《左传》、《国语》言"忠"，一般放在君臣、上下的政治关系中加以论述；《论语》言"忠"，则做了改变，把它看作人与人之间相互交往的一个基本德行规范；而此篇竹简言"忠"，则是以六位的伦常关系作为为政的基础，这虽然是孔子思想的继续，但是更为系统，也更为深入地将政治的问题转化为伦常

和德行的问题来处理。

（二）以道德实践为基础的“忠”观念与以“义”为基础的“忠臣”观

其次，从竹简看“忠”及“忠臣”观念在含义与地位上的变化。道德实践成为政治活动之基础的观念，在竹简《唐虞之道》中得到更为有力的强调。其中与“忠”相关的文本如下：

> （1）古者吴（虞）叁（舜）箸（笃）事宊（瞽）寞（盲），乃弋（试）丌（其）孝；忠事帝埜（尧），乃弋（试）丌（其）臣。第9简
>
> （2）古（故）丌（其）为宊（瞽）寞（盲）子也甚孝，及丌（其）为埜（尧）臣也甚忠；埜（尧）徸（禅）天下而受之，南面而王天下而甚君。第24-25简

这两条文本在意思上是相互联结的。引文（2）不仅说大舜对父、对君、对民而言分别具有“甚孝”、“甚忠”、“甚君”的德行，而且更为重要的是将前者看作是后者的原因和基础。因此，就伦常而言，父子是最基本的伦常关系；就德行和为政而言，为孝是一切德行活动的根基，同时也是维护为臣、为君应然性的政治身份在德行上的根源。需要特别指出的是，从竹简来看，“仁”是贯穿“甚孝”、“甚忠”、“甚君”诸德行活动的总德，① 因此，不论是“甚孝”还是“甚忠”、“甚君”，都是“仁”在德行活动的各个层面上的显露。毫无疑问，“忠”在此是作为臣德而存在的，但是由于它同时是“仁”德在相应的伦理身份上的特殊生现，因此，“忠”

---

① 《唐虞之道》：“徸（禅）而不徝（传），罣（圣）之盛也；利天下而弗利也，忎（仁）之至也。古（故）昔叓（贤）忎（仁）罣（圣）者女（如）此。”又云：“孝，忎（仁）之免（冕）也；徸（禅），义之至也。六帝兴于古，皛（皆）采（由）此也。炁（爱）罤（亲）巟（忘）叓（贤），忎（仁）而未义也；籅（尊）叓（贤）遗罤（亲），我（义）而未忎（仁）也。”又云：“又（有）天下弗能益，亡（无）天下弗能员（损），亟（极）忎（仁）之至，利天下而弗利也。”又云：“纣（治）之至，羧（养）不梟（肖）；嬖（乱）之至，滅（灭）叓（贤）。忎（仁）者为此进，女（如）此也。”

与人的一般性（从应然的立场来看）是相为表里的。“忠”不是外力强加的规范，而是成就仁并由仁内在地生现出来的德行。

关于“忠臣”的问题，郭店简有一篇名为《鲁穆公问子思》的文章，对于君主心目中的忠臣观作出了直率的批评。竹简云：

> 鲁穆公昏（问）于子思曰：“可（何）女（如）而可胃（谓）忠臣？”子思曰：“恒爯（称）亓（其）君之亚（恶）者，可胃（谓）忠臣矣。”公不敓（悦），咠（揖）而退之。成孙弋见，公曰：“向者虐（吾）昏（问）忠臣于子思，子思曰：‘亘（恒）爯（称）亓（其）君之亚（恶）者，可胃（谓）忠臣矣。’寡（寡）人惑安（焉），而未之旱（得）也。”成孙弋曰：“悎（嘻），善才（哉）言虐（乎）！夫为亓（其）君之古（故）杀亓（其）身者，尝又（有）之矣；亘（恒）爯（称）亓（其）君之亚（恶）者未之又（有）也。夫为亓（其）[君]之古（故）杀亓（其）身者，交录（禄）嗇（爵）者也。亘（恒）[爯（称）亓（其）君]之亚（恶）[者，远]录（禄）嗇（爵）者[也]。[为]义而远录（禄）嗇（爵），非子思，虐（吾）亚（恶）昏（闻）之矣！”

这篇文章的结构很简单。鲁穆公向子思询问何谓忠臣的问题，子思以“恒称其君之恶者，可谓忠臣”作答。鲁君不悦，后来成孙弋对子思的话作了解释，并赞扬了子思。从竹简来看，鲁穆公从“何如”的角度询问了何谓忠臣的问题，他所希望的忠臣大概是那些言听计从，阿谀奉承，从不忤逆君命而令君上欢悦的人。此种忠臣观，乃君主的权势欲望使然，在《左传》、《国语》都曾有此类例子。面对鲁穆公已具意向性的提问，子思却似故意与君意忤逆，认为“恒称其君之恶”者才可以叫做所谓的“忠臣”。此种忠臣观，按照成孙弋的解释，乃是建立在“义”的原则上的。也即是说，君臣之间的交往或者说什么是真正的忠臣，是以“义”为基础和判断根据的。在此，子思为“忠”的内涵灌注了一个崭新的内涵，同时为孟子从“士”的角度而弘“义”的思想倾向提供了直接的源头。《孟子·告子上》“鱼我所欲也”一章的义利之辨，与子思“为义而远禄爵”的思想正相贯通。而《孟》书并无“忠臣”一词，则更为深入地说明儒家最终实现了对“忠臣”观念的深度反省，乃至一定程度的消解；同时也说明儒家作为具有独立人格之“士”的身份也得以最终树立和完成。从鲁穆公的角度来看，“忠”应当强调臣对君“忠诚不二”的含义，但是从子思的立场来看，此种含义则受到了较大程度的批判，并将“义”作为“忠”的价值根基，这应当是子思的重要思想创造之一。

（三）从心性的角度论“忠”的内涵

再次，郭店竹简沿着《国语》内返和孔子开创的“言性与天道”的思路，从心性的角度对“忠”的内涵作出了深刻的论述。这是竹简言“忠”的一个显著特点。竹简云：

（1）忠，信之方也；信，青（情）之方也；青（情）出于眚（性）。《性自命出》第39～40简

（2）智頪（类）五，唯宜（义）衍（道）为忻（近）忠。《性自命出》第40～41简

（3）古（故）为正（政）者，或龠（伦）之，或羕（养）之；或繇（由）宔（中）出，或埶（设）之外。《尊德义》第30简

（4）悬（仁）为可新（亲）也，义为可谷（尊）也，宔（忠）为可訡（信）也，孷（学）为可嗌（益）也，替（教）为可頪（类）也。《尊德义》第3、5简

（5）不悉（爱）则不斬（亲），不□（施）则弗褱（怀），① 不耊（勑）则亡（无）愄（畏），不宔（忠）则不訡（信），弗恿（勇）则亡（无）遉（复）。《尊德义》第32～34简

（6）谷（尊）悬（仁）、斬（亲）宔（忠）、敬壮（庄）、逯（归）豊（礼），行矣而亡（无）嗚（违），羕

① “施”字的原竹简字形，中间部分漫漶，但上从它、下从心是清晰的。此字，据上下文疑读作“施”。

(养)心于子(慈)悢(谅),宔(忠)訐(信)日益而不自智(知)也。《尊德义》第20~21简

(7)䌛(由)中出者,悬(仁)忠訐(信);䌛(由)《语丛一》第21简

(8)悉(爱)生于眚(性),睪(亲)生于悉(爱),忠生于睪(亲)。《语丛二》第8~9简

(9)䛩(哗),自悬(宴)也。恻(贼),退人也。43未又(有)善事人而不返者,45未又(有)䛩(哗)而忠者。《语丛二》第43、45~46简

(10)子曰:"大臣之不斳(亲)也,炅(则)忠敬不足,而賱(富)贵已逃(过)也。《缁衣》第19~20简

上述十条引文,出自竹简《性自命出》、《尊德义》、《语丛》和《缁衣》诸篇。在引文(1)至(8)中,忠、信、敬、爱这些德行当然都是表现在外的,① 但从它们所处的文本整体来看,与人的心性又是有密切关系的。引文(9)之"哗",乃喧哗以自宴乐之义。"未有善事人而不返者,未有哗而忠者","忠"与"哗"相对而言,它显然是内省自返、尽己事人之义,这与曾子"吾日三省吾身"的思想是相一致的。引文(10)之"忠",似乎与人的心性无关,但是联系(6)、(7)、(8)三条引文来看,实则它们是有紧密关联的。"忠"是如何产生出来的?《尊德义》说:"养心于子(慈)悢(谅),忠信日益而不自知也。""养心"活动是"忠信日益"的内在本源。而《语丛二》云:"爱生于性,亲生于爱,忠生

---

① 《性自命出》下篇:"[不]逃(过)十举,亓(其)心必才(在)安(焉),察亓(其)见者,青(情)安失才(哉)?訧(恕),宜(义)之方也;宜(义),敬之方也;敬,勿(物)之即(节)也。笃,悬(仁)之方也;悬(仁),眚(性)之方也,眚(性)或生之。忠,信之方也;信,青(情)之方也;青(情)出于眚(性)。爱頪(类)七,唯眚(性)悉(爱)为近悬(仁)。智頪(类)五,唯宜(义)衍(道)为忻(近)忠。亚(恶)頪(类)晶(三),唯亚(恶)不悬(仁)为忻(近)宜(义)。所为衍(道)者四,唯人衍(道)为可衍(道)也。"

于亲。”这里更进一层，将“性”看作是“忠”的最终来源。这已经不是从修养的角度谈论所谓“忠”的含义，而是从人的自然本性的角度将“忠”内在化了：“忠”即是人的本性之一。（3）、（7）两条引文在思想上很可能是一致的，虽然我们并不能断定“由中出者，仁、忠、信”这句话到底是从“心”还是从“性”的角度来说的，但是至少将其从心灵修养的角度来看德行的生成是没有问题的。这是第一点。第二，（1）、（4）、（5）三条引文都谈论了“忠”“信”二德，并且认为“忠”是“信”的基础。与《论语》“主忠信”的观念相比，在德行次第的认识上有了进步。而此一进步，与郭店儒简心性学的开展是有一定关系的。上述引文（1）就是明证。此外，需要指出的是引文（2）的意思并不是很清晰，但是“唯义道为近忠”的说法与子思忠臣观的“为义而远禄爵”的陈述颇为相近，说明战国早期的儒家普遍认识到“忠”存在道德上的智识判断问题，这个判断的依据就是“义”。不义，就有可能堕落为愚忠，甚至可能根本不属于儒家所认可之忠的范围。

（四）竹简《忠信之道》的“忠信”观

最后，郭店儒简有一篇文章比较深入地专门论述了“忠信”的问题，需要特别讨论。竹简《忠信之道》云：①

> 不譌（伪）不窞（谄），忠之至也。不忈（欺）弗智，訐（信）之至也。忠厤（积）炅（则）可睪（亲）也，訐（信）厤（积）炅（则）可訐（信）也。忠$_{01}$訐（信）厤（积）而民弗睪（亲）訐（信）者，未之又（有）也。至忠女（如）土，蟡（化）物而不輩（伐）。至訐（信）女（如）旹

① 这篇竹书的篇题，照鄙见看来，应该题名为《忠信》。该篇竹书从文意上来看，可分为四段，仅有最末一段云“忠之为道也”，又云“信之为道也”，可与“忠信之道”的题名发生直接关联。作为“德行”与作为“道术”的“忠信”概念，其含义是不同的。从全文来看，前一种含义在竹书中是主要的，因此，该篇竹书应该命名为《忠信》。

(时),朼(毕)至而不结。忠人亡(无)$_{02}$訡(讹),䚻(信)人不怀(倍)。君子女(如)此,古(故)不𡉚(忘)生,不怀(倍)死也。

大(太)旧(久)而不俞(渝),忠之至也。大(太)古而者(睹)尚(常),① 䚻(信)$_{03}$之至也。至忠亡(无)訡(讹),至䚻(信)不怀(倍),夫此之胃(谓)此<也>。大忠不兑(夺),大䚻(信)不异(期)。不兑(夺)而足羖(养)者,墬(地)也;不异(期)$_{04}$而可𡐦(营)者,天也。佀(似)天墬(地)也者,忠䚻(信)之胃(谓)此。

口叀(惠)而实弗从(从),君子弗言尔(尔);② 心[疋(疏)而貌]$_{05}$睪(亲),③ 君子弗申尔(尔);古(故)行而鯖(争)兑(悦)民,君子弗采(由)也。三者,忠人弗乍(作),䚻(信)人弗为也。

忠之为$_{06}$衍(道)也,百工不古(楛),而人羖(养)𧆘(皆)足。䚻(信)之为衍(道)也,群勿(物)皆成,而百善𧆘(皆)立。君子其它(施)也$_{07}$忠,古(故)䜌(蠻)睪(亲)専(傅)也;亓(其)言尔(尔)䚻(信),古(故)䢖(澶)而可受也。忠,悬(仁)之实也。䚻(信),𢘓(义)之异(基)也。氏(是)古(故)古之所$_{08}$以行虖(乎)閔(蛮)喽(貉)者,女(如)此也。$_{09}$

这是一篇专论"忠信"的文章,在先秦文献中实属特出、少见。关于这篇文章的学派性质,学者们皆以为儒家著作,鄙见亦以为然。这篇竹简文献,对于"忠信"的论说主要体现在四个方面。其一,该篇竹书将"忠信"看作对执政者或当权者的基本政治伦

---

① "大古",《郭简》原释作"訇",李零、刘钊从之;陈伟将原字释作"大古"合文,其说是。陈说,见氏著:《郭店楚简别释》(湖北教育出版社 2002 年版),第 77 页。

② "君子",合文,但无合文符号。下二"君子",同。

③ "疋"字,下残,上半部分尚保留。

理原则来处理的,① 或者更准确地说是从君子为政，也即是从君上对下民的德性统治的角度来论述“忠信”观念的。如第1~2简云“忠信积而民弗亲信者，未之有也”，第6简云“故行而争悦民，君子弗由也”，第6~9简则更是大谈忠信作为治国、平天下之道术的神奇功用的，皆为明证。关于“君子”一词，竹书一共出现5次，它们包含了“位”与“德”两个方面的含义，或者更准确地说竹简是在“位”的基础之上偏重于从德性理想人格的方面来使用此一概念的。这不仅是儒家政治哲学的重要特性，而且也可以看出作者试图从普遍的意义上来论述它的，这个普遍意义就直接地体现在作者将其处理为政治哲学的基本原则这一点上。正是这一点，在竹书大肆宣发忠信之德，并将其几乎作为道术（为政观念与方法）的全部基础的同时，也使得该篇竹书所宣扬的“忠信”观念在先秦文献中显得尤为突出、少见。作为儒者而言，这同时很可能说明了作者的身份颇为特殊而具有独特的身份标记。在《论语》中，孔子言“忠”、言“信”多见，提出了“主忠信”的观念，而且一般都是从伦理的角度阐释其在德性上的普遍意义的。与《左传》、《国语》相比较而言，这是孔门儒学对于传统德目观念所作的巨大转进。尽管孔子将传统德目概念——比如“忠”、“信”——转变为德行观念，但是仍然在一些语境中保留了传统德目概念的历史印痕。《颜渊》篇孔子对“子张问崇德辨惑”的问答，固然将“主忠信”之义放在普遍的伦理含义上来谈论，但是在《卫灵公》篇中其对于“子张问行”的回答，则大概是从个人命运而兼从“君子为政”的角度而言的。《卫灵公》云：“子张问

① 李存山说《忠信之道》“所讲的‘忠信’，其旨意不在于教化民众，亦不是讲普遍的道德伦理，而是教导、要求当权者（‘有国者’或‘长民者’）做到‘忠信’”，这个见解是正确的。但是该篇竹书从修身的角度将“忠信”的德行看作君子为政的基础，并认为在外王层面上会产生国治、天下平的功用，不仅符合儒家的一贯思路，而且通过“君子”人格的设定，对所有的“有国者”和可能的“长民者”产生政治路线上的道德说教作用，因而具有往古来今时间维度上的普遍意义。李说，见氏著:《读楚简〈忠信之道〉及其它》，载姜广辉主编:《中国哲学》第二十辑（辽宁教育出版社 1999 年版），第263、265页。

行，子曰：‘言忠信，行笃敬，虽蛮貊之邦行矣。言不忠信，行不笃敬，虽州里行乎哉？立，则见其参于前也；在舆，则见其倚于衡也；夫然后行。’子张书诸绅。”“行”，训“通达”，当然是指个人的命运而言的，但是无可否认，这里包含了君子为政是否通达之义。子张将孔子“言忠信，行笃敬”等语书之于绅，表明他生前确实最为重视忠信之道；而其后学将“忠信”观念转变为君子为政的基础，则是战国诸子面对“诸侯力政”的现实，“取合诸侯”而“各引一端”的必然结果。① 而子张氏之儒对于为政行达问题的偏好和思考，从《史记》撮录的语摘中即可以判断出来。② 不仅如此，“虽蛮貊之邦行之矣”与夫“虽州里行乎哉”之语，与竹书《忠信之道》末段所谓“蛮亲傅”、“遭而可受”及“行乎蛮貊”之言的关系是非常密切的。由此而言，竹书《忠信之道》有可能

① 《汉书·艺文志·诸子略》：“诸子十家，其可观者九家而已。皆起于王道既微，诸侯力政，时君世主，好恶殊方，是以九家之术蜂出并作，各引一端，崇其所善，以此驰说，取合诸侯。”《史记·儒林传》：“自孔子卒后，七十子之徒散游诸侯，大者为师傅卿相，小者友教士大夫，或隐而不见。故子路居卫，子张居陈，澹台子羽居楚，子夏居西河，子贡终于齐。如田子方、段干木、吴起、禽滑厘之属，皆受业于子夏之伦，为王者师。”《史记·仲尼弟子列传》也同样对孔子弟子为政的情况作了记录。

② 《史记·仲尼弟子列传》：“颛孙师，陈人，字子张，少孔子四十八岁。子张问干禄，孔子曰：‘多闻阙疑，慎言其余，则寡尤；多见阙殆，慎行其余，则寡悔。言寡尤，行寡悔，禄在其中矣。’他日，从在陈蔡间，问行。孔子曰：‘言忠信，行笃敬，虽蛮貊之国行也。言不忠信，行不笃敬，虽州里行乎哉！立则见其参于前也，在舆则见其倚于衡，夫然后行。’子张书诸绅。子张问：‘士何如斯可谓之达矣？’孔子曰：‘何哉，尔所谓达者？’子张对曰：‘在国必闻，在家必闻。’孔子曰：‘是闻也，非达也。夫达者，质直而好义，察言而观色，虑以下人，在国及家必达。夫闻也者，色取仁而行违，居之不疑，在国及家必闻。’”孔子对于“闻”与“达”的区别，及以“质直而好义”等语解释“行达”之义，应当是子张氏之儒后来特别加以发挥的思想要点。

为“子张氏之儒”的著作。① 李存山还特别指出了《忠信之道》与孔子、曾子、孟子等人的忠信观的差别,② 这些都是中肯见解。不过，顺便指出，该篇竹书受到孔子的影响仍然是非常深刻的。例如，竹简云：“至忠如土，化物而不伐。”《荀子·尧问》：“子贡问于孔子曰：‘赐为人下而未知也。’孔子曰：‘为人下者乎，其犹土也：深扣之而得甘泉焉，树之而五谷蕃焉，草木殖焉，禽兽育焉，生则立焉，死则入焉，多其功而不息 < 德 >。③ 为人下者，其犹土也！’”④ 同时，该篇竹书与先秦儒家具有广泛的关联。例如，竹简

---

① 《荀子·非十二子》:“弟佗其冠，神禫其辞，禹行而舜趋，是子张氏之贱儒也。”《韩非子·显学》所说“儒分为八”有“子张氏之儒”。由此而言，子张氏之儒在荀子、韩非之前曾经门庭兴盛。这里所谓的“子张氏之儒”，指子张之后学，《忠信之道》很难说是子张本人的著作。黄君良说“《忠信之道》的作者应该是子张的门徒后学”，又说其制作时代在春秋、战国之际，则黄氏以该篇竹简成于子张弟子之手。鄙见则以为要晚得多，迟至战国中期。故对于该篇竹书的作者，本文使用《韩非子·显学》意义上的“子张氏之儒”的概念。黄说，见氏著:《〈忠信之道〉与战国时期的忠信思潮》,《管子学刊》2003 年第 3 期，第 38、41 页。

② 见氏文：《读楚简〈忠信之道〉及其它》，载《中国哲学》第二十辑，第 264 ~ 267 页。

③ 王先谦《集解》:“刘台拱曰：‘不息’,《韩诗外传》、《春秋繁露·山川颂》、《说苑·臣术》篇并作‘不言’。王引之曰：言与息，形声皆不相近。若本是言字，无缘误为息，息当为悳。悳，古德字。《系辞传》曰‘有功而不德’是也。《韩诗外传》、《春秋繁露》、《说苑》作‘不言’，意与‘不德’同。俗书‘悳’字作‘息’，形与‘息’相似而误。《大戴礼·公冠篇》‘靡不蒙悳’，今本误作‘靡不息’，是其证也。《家语·困誓》篇作‘多其功而不意’，王肃曰：‘功虽多而无所意也。’两‘意’字，亦‘悳’字之误。《家语》本于《荀子》，则《荀子》之本作‘悳’，明矣。《太平御览·地部二》正引作‘多其功而不德’。”见《诸子集成》(中华书局 1954 年版)，第 363 页。

④ 又如，竹简云：“口惠而实弗从，君子弗言尔。心疏而貌亲，君子弗申尔。”《礼记·表记》:“子曰：‘口惠而实不至，怨菑及其身。是故君子与其有诺责也，宁有已怨。’……子曰：‘君子不以色亲人。情疏而貌亲，在小人则穿窬之道也与！’”

云："君子如此，故不忘生，不背死也。"① 见《礼记·经解》、《大戴礼记·礼察》、《韩诗外传》卷三。②

其二，《忠信之道》特别强调"忠"、"信"的"诚"、"实"含义，并在此基础上同时强调了它们忠诚不渝、历久恒常的含义。竹简开篇就说："不讹（伪）不窑（谄），忠之至也。不欺弗智，

① "忘生倍死"，《汉书·礼乐志》、《论衡·薄葬》作"倍死忘先"。据此，王念孙谓"忘生"之"生"当作"先"，云："丧祭非所以事生，生当为先。"（转见朱彬《礼记训纂》卷26，中华书局1996年版，第739页）今以竹书《忠信之道》证之，其实"忘生"之说非误，反倒是汉人误"生"为"先"，而义理变得较为浅近。《荀子·礼论》："礼者，谨于治生死者也。生，人之始也；死，人之终也。终始俱善，人道毕矣。故君子敬始而慎终，终始如一，是君子之道，礼仪之文也。夫厚其生而薄其死，是敬其有知而慢其无知也，是奸人之道，而倍叛之心也。君子以倍叛之心接臧谷，犹且羞之，而况以事其所隆亲乎？故死之为道也，一而不可得再复也。臣之所以致重其君，子之所以致重其亲，于是尽矣。故事生不忠厚，不敬文，谓之野。送死不忠厚，不敬文，谓之瘠。君子贱野而羞瘠，故天子棺椁十重，诸侯五重，大夫三重，士再重，然后皆有衣衾多少厚薄之数，皆有翣蒌文章之等以敬饰之，使生死终始若一。一足以为人愿，是先王之道，忠臣孝子之极也。"《礼论》又说："礼有三本。天地者，生之本也；先祖者，类之本也；君师者，治之本也。无天地，恶生？无先祖，恶出？无君师，恶治？三者偏亡焉，无安人。故礼上事天，下事地，尊先祖而隆君师，是礼之三本也。""忘生倍死"与"生死终始若一"相对，由《荀》书来看，"忘生"非"忘先"之误，明矣。

② 又如，竹简云："忠之为道也，百工不楛，而人养皆足。"《荀子·王霸》："如是，则百工莫不忠信而不楛矣。……百工忠信而不楛，则器用巧便而财不匮矣。"这是两个显见的例子。黄君良还说：《忠信之道》"口惠而实弗从"、"心疏而貌亲"与《大戴礼记·文王官人》"扬言者寡信"、"诚忠必有可亲之色"相关；"忠信积而民弗亲信者，未之有也"与《大戴礼记·子张问入官》的"故非忠信，则无可以取亲于百姓矣"相近；"至信不负"与《缁衣》"信以结之则民不倍"，"大信不期"与《学记》"大信不约"相近。见氏著：《〈忠信之道〉与战国时期的忠信思潮》，载《管子学刊》2003年第3期，第35页。

信之至也。”“讹”，古“讹”字,①《说文》：“讹，讹（伪）言也。”② 即言语传闻不实之义。这里，“讹”当直接读为“伪”。③伪，虚华不实也。“窑”，李零读为“孚”,④ 疑非。刘钊读为“謟”,⑤ 可从。“窑”即“匋”字，“匋”即“陶”字。⑥ 陶（匋），在定纽幽部，“謟”在透纽幽部。定、透二纽同属舌音，故“陶”（匋）、“謟”二字可以相通。《荀子·荣辱》：“陶诞突盗。”王念孙《读书杂志》：“陶读为謟（音滔），謟诞双声字，謟亦诞也。《性恶》篇曰：‘其言也謟，其行也悖。’谓其言诞也，即上所谓‘饰邪说，文奸言’也。作陶者，借字耳。”⑦《说文》：“诞，词诞也。”言辞虚妄不实也。《说苑·尊贤》：“口锐者多诞而寡信。”在竹简中，“诞”是虚妄不实的引申义。“讹”与“謟”，意义相近。“不欺弗智”之“智”，当读如字，不读“知”。“智”，训智故之智，巧诈也。《淮南子·览冥》：“而智故消灭也。”高《注》：“智故，巧诈也。”同书《原道》：“不设智故。”高《注》：“智故，巧饰也。”“欺”、“智”义近。《说文》：“欺，诈也。”“不

---

① 《汉书·江充传》：“苟为奸讹，激怒圣朝，欲取必于万乘以复私怨。”颜师古《注》：“讹，古讹字也。”

② 王念孙说：“疑当作伪言也。《唐风》‘人之为言’，定本作‘伪言’。《笺》云：为，人为善言以称荐之，欲使见进用也。《小雅》‘民之讹言’，《笺》云：讹，伪也，人以伪言相陷人。按：为、伪、讹，古同、通用。《尚书》‘南讹’，《周礼注》、《汉书》皆作‘南伪’。”见氏著：《说文解字注》（上海古籍出版社 1988 年版），第 99 页。

③ “不讹（伪）不窑（謟），忠之至也”，是直接陈述“忠”的德行内涵的，因此“讹”、“窑”当是比较抽象的属性概念。下文又云：“君子其施也忠，故蛮亲附也；其言尔信，故亶而可受也。”仍是言、信相对，而忠主要是从施为上来说的，故“讹”、“诞”二字在此不当用本义。

④ 见氏著：《郭店楚简校读记》（北京大学 2002 年版），第 100 页。

⑤ 见氏著：《郭店楚简校释》（福建人民出版社 2005 年版），第 161 页。不过，刘钊将“謟”训为“疑”，疑非。

⑥ 《说文》缶部段《注》：“匋，今本作陶，陶行而匋废矣。”

⑦ 转见王先谦：《荀子集解》，第 37 页；又见王念孙：《读书杂志》（江苏古籍出版社 2000 年版），第 646 页。

讷不諂，忠之至也”，即是说不虚伪，不妄诞，这是忠之至极。“不欺弗智，信之至也”，即是说不欺骗，不巧诈，这是信之至极。从主观来看，竹简“忠”、“信”概念的根本含义就是要求君子在修身的过程中尽“诚”做“实”，做到言行、身心、意图与目的的真实一致。下文云：“口惠而实弗从，君子弗言尔；心疏［而貌］亲，君子弗申尔；故行而争悦民，君子弗由也。三者，忠人弗作，信人弗为也。”这是作者对“忠信”观念更为具体的论述。

竹简云：“太久而不渝，忠之至也。太古而睹常，信之至也。至忠无讷，至信不倍，夫此之谓也。”“古”，久也。《诗·大雅·绵》：“古公亶父。”毛传：“古，言久也。”《书·尧典》：“曰若稽古帝尧，曰放勋。”孙星衍云：“古，犹久也。”① “睹”，示也。《庄子·秋水》：“今我睹子之难穷也。”《释文》：“崔本作‘今睹我’，云：睹，示也。”《易传·文言》：“圣人作而万物覩。”《说文》“覩”为“睹”之古文。李鼎祚《周易集解》：“虞翻曰：覩，见也。……五动成离，日出照物皆相见，故曰‘圣人作而万物覩’也。陆绩曰：……故譬以圣人在天子之位，功成制作，万物咸见之矣。”“覩”训“见”，乃显现之义。《论语·泰伯》：“天下有道则见，无道则隐。”“隐”、“见”相对为义。其实“覩”训“示”，训“见”，其义一也。 “至忠无讷”之“讷”，即古“讹”字。“讹”，变化也。《尔雅·释言》：“讹，化也。”《诗·小雅·节南山》：“式讹尔心，以畜万邦。”郑《笺》：“讹，化也。”《书·尧典》：“平秩南讹。”孔安国《传》：“讹，化也。”“讹”与“渝”，意义正相通。“至忠无讹，至信无倍”的含义是什么呢？竹简说极其长久而不会改变，这是忠之至极；极其古远而见其恒常，这是信之至极。这就是“至忠而无改变，至信而无背离”的意思。这种恒一的观念，是建立在诚实的忠信含义之上的。

其三，这篇竹书更为特别的地方，是它将忠信之德与天地概念紧密关联起来，从而为该篇竹书建立了非常深厚的宇宙论思想背景。一方面，天地是忠信之德的宇宙论根源，前者为后者建立自然

① 见氏著：《尚书今古文注疏》（中华书局1986年版），第3页。

而应然的终极根据和原则；另一方面，天地也成为君子通过忠信的修为、化物活动，所企望达到的最高境界。竹简说老百姓对于君子的亲附、信赖，是通过君子“忠积”、“信积”的修养和为政活动来实现的。竹简云：“至忠如土，化物而不伐。至信如时，毕至而不结。”又说：“大忠不夺，大信不期。不夺而足养者，地也；不期而营者，天也。似天地者，忠信之谓此。”至忠、至信有如天地：如土化育万物而不自矜伐，如四时毕至而不相纠结；大忠无可褫夺，大信不需期约，如地无可褫夺而足养万物，如天不需期约而斡营众象。《易·系辞》“与天地相似，故不违”之说，与此相类似。不过，在竹简看来，君子肖似天地的根本原因乃在于忠信之德的进益，这一点与《系辞》根本不同。总之，将“忠信”二德在为政的路线上看作君子人格的根本基础，并认为至忠、至信具有天地一样的特性和功用，这是此篇竹书之所以在先秦儒家文献中尤为特出的根本原因。

其四，这篇竹书在论述忠信之“为道”而“成物”的过程中，不仅将忠信与仁义分别关联起来，而且认为前二者分别是后二者的实体与基础。这在先秦思想中也是较为特别的。竹简云：“忠，仁之实也。信，义之（基）也。”实，质体，实际内涵。亓，“期”之古文，见《说文》卷七月部。“信，义之期也”，刘钊云：“信是义的最高目标。”① 陈伟读“期”为“基”。② 陈说是。《大戴礼记·四代》：“圣，知之华也。知，仁之实也。仁，信之器也。信，义之重也。义，利之本也。”《潜夫论·务本》：“忠信谨慎，此德义之基也。”都是相似例证。将“忠”看作“仁”的质体或实际内涵，而将“信”看作是“义”之基础的观点，联系《论语》来看，这可能是子张氏之儒对孔子思想所做的一种转进或歧出。《论衡·问孔》篇云：

子张问：“令尹子文三仕为令尹，无喜色；三已之，无愠

① 见氏著：《郭店楚简校释》，第167页。

② 见氏著：《郭店竹书别释》（湖北教育出版社2002年版），第81页。

色。旧令尹之政，必以告新令尹。何如？”子曰：“忠矣。”曰：“仁矣乎？”曰：“未知（智），焉得仁？”① 子文曾举楚子玉代己位而伐宋，以百乘败而丧其众，不知（智）如此，安得为仁？

问曰：子文举子玉，不知人也。智与仁，不相干也。有不知之性，何妨为仁之行？五常之道，仁义礼智信也。五者各别，不相须而成。故有智人，有仁人者；有礼人，有义人者。人有信者未必智，智者未必仁，仁者未必礼，礼者未必义。子文智蔽于子玉，其仁何毁？谓仁，焉得不可？且忠者，厚也。厚人，仁矣。孔子曰：“观过，斯知仁矣。”② 子文有仁之实矣。孔子谓忠非仁，是谓父母非二亲，配匹非夫妇也。

“子张问”一段引文，见《论语·公冶长》篇。在子张与孔子的问答中，前者试图将“仁”与“忠”联系起来，③ 后者则力图将“忠”与“仁”分开。针对孔子的回答，王充作了诘责。从内容来看，上述引文对于竹简《忠信之道》所谓“忠，仁之实也”

① “未知”之“知”，王充读作“智”。何晏《论语集解》读“如”字，意义不同。

② 《论语·里仁》：“人之过也，各于其党。观过，斯知仁矣。”黄晖云：“君子过于爱，小人过于忍，故观其过，知其仁否。”（见氏撰：《论衡校释》第二册，中华书局，第408页）杨伯峻：“仁——同‘人’。《后汉书·吴佑传》引此文正作‘人’（武英殿本却又改作‘仁’，不可为据）。”（见氏译注：《论语译注》，中华书局1980年版，第37页。）依《论衡》来看，此字正当作“仁”。从《后汉书·吴佑传》的上下文来看，“人”亦可读为“仁”。

③ 子张重视“仁”的观念，又见《大戴礼记·卫将军文子》：“业功不伐，贵位不善，不侮可侮，不佚可佚，不敖无告，是颛孙之行也。孔子言之曰：其不伐，则犹可能也；其不弊百姓者，则仁也。诗云：‘恺悌君子，民之父母。’夫子以其仁为大也。”《论语·子张》：“子游曰：吾友张也，为难能也，然而未仁。曾子曰：堂堂乎张也，难与并为仁矣！”《卫将军文子》显然在此试图消减、掩盖子游和曾子对子张“未仁”的批评，而借孔子之口以达到“以其仁为大也”的目的。此所谓欲盖弥彰者也，盖此篇为“子张氏之儒”所作。

的话是一个绝佳的注脚。王充不同意孔子将“忠”与“仁”分开的观点，从子文忠厚之性而言，王充认为他正具有“仁之实”。这个“实”就是所谓的“忠”，“忠”与“仁”犹父母、夫妇具有相偶为二的关系。由此反思《忠信之道》的作者问题，这为“子张氏之儒所作”又提供了一条坚实的证据。《荀子·臣道》云：“若夫忠信端悫而不害伤，则无接而不然，是仁人之质也。忠信以为质，端悫以为统，礼义以为文，伦类以为理，喘而言，臑而动，而一可以为法则。”《大戴礼记·文王官人》有“伪爱以为忠”、“隐于仁质”的说法，这种以忠爱或忠信为仁人之质的看法，正是对竹书《忠信之道》相关思想的继承与发展，而战国晚期儒学当受到竹书的深刻影响。

顺便指出，竹书“成物”之说及对“诚”、“实”观念的强调，可能与《中庸》互有影响，但是由于二者的分线是如此明确，因此，很难将其也看作子思子的著作。相反，将孔子有关忠信之言“书诸绅”的子张及其后学，才最可能具备将“忠信”作为君子人格的基本德行和政治哲学基本原则的主观动机，从而创作出此篇《忠信之道》的文章来。①

四、孟子与荀子“忠”的观念

（一）孟子“忠”的观念

《孟子》一书，“忠”字凡八见。孟子对于“忠”的理解，与前人相比，大体相同。他一方面将其作为“人”所普遍必备的德

① “忠信”连用，《孟子》一书多见；“仁义忠信”连用，见《告子上》：“孟子曰：有天爵者，有人爵者。仁义忠信，乐善不倦，此天爵也。公卿大夫，此人爵也。”将“仁义忠信”连用，这在《论语》中是没有的。自春秋以来，“忠信”就一直是一个重要的政治哲学观念，而郭店竹简已将“忠”、“信”视为人的本性内涵，孟子不过继续沿袭这一路线，将其断为“天爵”而已。

行来理解，① 另一方面将其看作下民对长上的特殊德行，② 后一义在《孟子》书中是主要的。“忠信”连言在《孟子》中出现了四次，其中二次作“孝悌忠信”，一次作“仁义忠信”。特别是其将“忠信”与“孝悌”、“仁义”相连言的例子，③ 充分显示了“忠信”观念在当时的重要性和在儒家思想系统中整体的提高。孟子对于“忠”或“忠信”观念的理解，偶有值得注意的地方。其一，孟子将“忠信”与“仁义”并列，列入“天爵”的范畴，从人的自然本性上对于“忠信”观念作了更为深刻的哲学思考。《孟子·告子上》：“孟子曰：有天爵者，有人爵者。仁义忠信，乐善不倦，此天爵也。公卿大夫，此人爵也。”在孟子看来，仁义忠信是自然天赐的爵位，而公卿大夫乃人为设置的爵位。人为的爵位可以褫夺，天然的爵位则永生具备。可以推断，孟子实际上将“忠信”看作人性的必要内涵，也是人之所以为人的必要规定。顺便指出同书《滕文公上》所谓“教人以善谓之忠”的“忠”字义，也即是此“天爵”义的发用。其二，《孟子·离娄下》：“有人于此，其待我以横逆，则君子必自反也：‘我必不仁也，必无礼也。此物奚宜至哉！’其自反而仁矣，自反而有礼矣，其横逆由是也，君子必自反也：‘我必不忠。’自反而忠矣，其横逆由是也，君子曰：‘此亦妄人也已矣。’如此，则与禽兽奚择哉？于禽兽又何难焉？”道德自反，这是孟子一直所强调的；不过从实践结果而言，孟子认为

① 《告子上》：“仁义忠信，乐善不倦，此天爵也。”《滕文公》：“教人以善谓之忠。”

② 例见《尽心下》“居之似忠信”，《离娄下》“待先生如此其忠且敬也”等。后一例是在“曾子居武城”的故事中。“先生”指曾子，其时曾子为师，犹父兄也，故武城大夫待之以师礼，“如此其忠且敬也”。

③ 孟子将“忠信”与“孝悌”连言的例子，是从上下关系来说的。《梁惠王上》：“孟子对曰：地方百里而可以王。王如施仁政于民，省刑罚，薄税敛，深耕易耨，壮者以暇日修其孝悌忠信，入以事其父兄，出以事其长上，可使制梃，以挞秦楚之坚甲利兵矣。”《尽心上》：“公孙丑曰：《诗》曰‘不素餐兮’，君子之不耕而食，何也？孟子曰：君子居是国也，其君用之则安富尊荣，其子弟从之则孝悌忠信，‘不素餐兮’，孰大于是？”

“忠”更为深入实在，而超过了“仁”、“礼”。

（二）荀子论“忠”及“忠信”观念

《荀子》一书，“忠”字凡七十四见，“忠信”连言凡二十七见，但未见“忠恕”连言之例。① 荀子论“忠”及“忠信”的观念，主要表现在四个方面。其一，将“忠”或“忠信”看作伪善一面，而与情性之恶相对立。这一点，与《孟子》及郭店简《性自命出》等篇将“忠”或“忠信”看作人性内涵的观念，是不相同的。《性恶》云：

> （1）今人之性生而有好利焉，顺是，故争夺生而辞让亡焉。生而有疾恶焉，顺是，故残贼生而忠信亡焉。
>
> （2）尧问于舜曰：“人情何如？”舜对曰：“人情甚不美，又何问焉？妻子具而孝衰于亲，嗜欲得而信衰于友，爵禄盈而忠衰于君。人之情乎，人之情乎，甚不美！又何问焉？”

荀子对于“性”的理解与孟子不同，他是从自然之才质在人者的意义上来说的，② 这是“人性”概念在先秦的最基本的含义。而孟子则不仅于此，他将人与禽兽的道德性区别，也即“人之所以为人”在宇宙万物中的道德特殊性也放入此“才质”中来理解。荀子将人在宇宙中的道德特殊性不看作“自然之才质”的固有内涵，相反从现实的偏险悖乱之恶产生的根源来判定此“才质”的

---

① 《荀》书“恕”字实际上也仅出现五次，皆见于《法行》篇。《法行》篇云：“孔子曰：君子有三恕。有君不能事，有臣而求其使，非恕也。有亲不能报，有子而求其孝，非恕也。有兄不能敬，有弟而求其听令，非恕也。士明于此三恕，则可以端身矣。”由上反下而求诸己之谓“恕”。

② 从天道流行的角度来看，人性只是自然之才质。但是，从其“在人者”而言，则此自然之才质究竟是“在人者”，有其特殊性。先秦所有的思想家凡论述“人性”概念或主张的时候，都意识到了此一概念相对于禽兽诸物的特殊性问题，只不过不同的思想家所强调的内涵不同，故有所谓性恶、性善、有善有恶、无善无不善之说。

善恶问题，故在荀子那里必然主张性恶之说。很显然，从上引《性恶》文来看，“忠信”一方面对于荀子而言属于伪善的内涵，另一方面也可以看出，他是非常重视此一观念的。而荀子所有关于“忠信”的论述，都是从“伪善”之义而言的。

其二，荀子将“忠”或“忠信”看作君子修身或君上为政必备的德行来看待。从修身的角度来看，《修身》篇云：“体恭敬而心忠信，术礼义而情爱人，横行天下。虽困四夷，人莫不贵。”“体恭敬”，是从形貌、仪容举止而言；“心忠信”，是从心理活动来说的。在心、体之间，忠信的心理活动更为重要。《荣辱》篇云：“故君子者信矣，而亦欲人之信已也；忠矣，而亦欲人之亲已也。”竹简《忠信之道》云“忠积则可亲也，信积则可信也”，与此正相贯通。不过，荀子强调了修身的意图与结果的一致性，将“恕”隐括于“忠信”的内涵中。荀子还在《非相》篇中，将“忠”的活动看作“行仁”的表现，① 并从谦德的角度论述了“忠信”对于君子修身的重要性。② 这两点与竹简《忠信之道》的思想也是一致的。

从君上为政的角度来看，《荀子》一书有关“忠信”的论述较多，但大致可以概括为两点。第一，荀子将“忠信”作为为政之“道”和“大本”来看待，足见他对“忠信”观念的高度重视。《强国》篇云：“人之所好者，何也？曰：礼义辞让忠信是也。……故凡得胜者，必与人也；凡得人者，必与道也。道也者，何也？曰：礼义辞让忠信是也。”同篇又云：“故为人上者，必将

① 《荀子·非相》：“君子必辩。凡人莫不好言其所善，而君子为甚焉。是以小人辩言险，君子辩言仁也。言而非仁之中也，则其言不若其默也，其辩不若其呐也。言而仁之中也，则好言者上矣，不好言者下也。故仁言大矣，起于上，所以导于下，政令是也；起于下，所以忠于上，谋救是也。故君子之行仁也无厌。”

② 《荀子·哀公》篇云：“孔子对曰：所谓君子者，言忠信而心不德，仁义在身而色不伐，思虑明通而辞不争，故犹然如将可及者，君子也。”竹书《忠信之道》云：“至忠女（如）土，蝺（化）物而不伐。至信女（如）时，毕至而不结。”又云：“古（故）行而鯖（争）兑（悦）民，君子弗由也。”

慎（顺）礼义，务忠信，然后可。此君人者之大本也。"① 这与《性恶》篇以"礼义辞让忠信"为"伪善"，为"人"的道德本质性思想是完全一致的。第二，荀子多次说到仁人、圣人和人主"致忠信以爱之"的为政主张，一方面认为"忠信"是仁爱的基础，另一方面特别强调了"尽己"的功夫含义。例如《富国》篇云："故先王明礼义以壹之，致忠信以爱之，尚贤使能以次之，爵服庆赏以申重之，时其事、轻其任以调齐之，潢然兼覆之、养长之，如保赤子。"② "致忠信"之"致"，训"极"。《王霸》云："致忠信，箸仁义，足以竭人矣。"杨倞注："致，极也。"《尧问》篇又云："尧问于舜曰：'我欲致天下，为之奈何？'对曰：'执一无失，行微无怠，忠信无勧，而天下自来。执一如天地，行微如日月，忠诚盛于内，贲于外，形于四海，天下其在一隅邪？夫有何足致也！'"从"致忠信"、"忠信无勧"、"忠诚盛于内"来看，荀子在这里特别强调了"尽己"的功夫，此"尽己"的功夫正是致天下归顺的根本。同时，从所尽的对象来看，"忠信"观念对于荀子

---

① 《强国》又云："及都邑官府，其百吏肃然莫不恭俭、敦敬、忠信而不楛，古之吏也。"《议兵》云："故赏庆、刑罚、埶（诡）诈不足以尽人之力，致人之死。为人主上者也，其所以接下之百姓者，无礼义忠信，焉虑率用赏庆、刑罚、埶诈，除（险）阸其下，获其功用而已矣。"皆是以"忠信"为道本之义。

② 《王霸》篇云："汤武者循其道，行其义，兴天下同利，除天下同害，天下归之。故厚德音以先之，明礼义以道之，致忠信以爱之，赏贤使能以次之，爵服赏庆以申重之，时其事、经其任以调齐之，潢然兼覆之、养长之，如保赤子。"《议兵》篇云："故厚德音以先之，明礼义以道之，致忠信以爱之，尚贤使能以次之，爵服庆赏以申之，时其事、轻其任以调齐之，长养之，如保赤子。"与"致忠信以爱之"的主张相同类的，又见《儒效》篇："孙卿曰：其为人上也广大矣。志意定乎内，礼节修乎朝法，则度量正乎官，忠信爱利形乎下。行一不义，杀一无罪而得天下，不为也。此君子义信乎人矣。"《富国》："事成功立，上下俱富，而百姓皆爱其上，人归之如流水，亲之欢如父母，为之出死断亡而愉者，无它故焉，忠信调和均辨之至也。故君国长民者，欲趋时遂功，则和调累解，速乎急疾；忠信均辨，说乎赏庆矣，必先修正其在我者，然后徐责其在人者。"《富国》："仁人之用国，将修志意，正身行，伉隆高，致忠信，期（綦）文理，布衣紃屦之士诚是，则虽在穷阎漏屋，而王公不能与之争名。"

的政治哲学思想系统而言，确确实实是非常重要的。

其三，荀子还论述了“忠”与臣下的紧密关系，强化了“忠臣”的观念，但是他坚决反对和批判了“愚忠”的主张。这突出地表现在《臣道》等篇中。《臣道》云：①

(1) 人臣之论，有态臣者，又篡臣者，有功臣者，有圣臣者。内不足使一民，外不足使距难，百姓不亲，诸侯不信，然而巧敏佞说，善取宠乎上，是态臣者也。上不忠乎君，下善取誉乎民，不恤公道通义，朋党比周，以环主图私为务，是篡臣者也。内足使以一民，外足使以拒难，民亲之，士信之，上忠乎君，下爱百姓而不倦，是功臣者也。上则能尊君，下则能爱民，政令教化，刑下如影，应卒遇变，齐给如响，推类接誉以待无方，曲成制象，是圣臣者也。

(2) 从命而利君，谓之顺。从命而不利君，谓之谄。逆命而利君，谓之忠。逆命而不利君，谓之篡。不恤君之荣辱，不恤国之臧否，偷合苟容以持禄养交而已耳，谓之国贼。

(3) 恭敬而逊，听从而敏，不敢有以私决择也，不敢有以私取与也，以顺上为志，是事圣君之义也。忠信而不谀，谏诤而不谄，挢然刚折，端志而无倾侧之心，是案（焉）曰是，非案曰非，是事中君之义也。调而不流，柔而不屈，宽容而不乱，晓然以至道而无不调和也，而能化易，时关内之，是事暴君之义也。

(4) 事人而不顺者，不疾者也。疾而不顺者，不敬者也。敬而不顺者，不忠者也。忠而不顺者，无功者也。有功而不顺者，无德者也。故无德之为道也，伤疾、堕功、灭苦，故君子

① 下引文（2）与（4）紧密相关。“逆命而利君”之“忠”，是克就“下忠”而言的。引文（3）之“忠”，其含义亦复如是。由此可见，荀子对于“忠”的理解是持有底线的。这个底线一方面是要限制“从”对于“事君以忠”之“事者”的主体性的消解，另一方面则仍然显示出超越君主之上的国家、天下利益的至上性。

不为也。有大忠者，有次忠者，有下忠者，有国贼者。以德复（覆）君而化之，[1]大忠也。以德调君而辅之，次忠也。以是谏非而怒之，下忠也。不恤君之荣辱，不恤国之臧否，偷合苟容，以之持禄养交而已耳，国贼也。若周公之于成王也，可谓大忠矣。若管仲之于桓公，可谓次忠矣。若子胥之于夫差，可谓下忠矣。若曹触龙之于纣者，可谓国贼矣。

（5）若夫忠信端悫而不害伤，则无接而不然，是仁人之质也。忠信以为质，端悫以为统，礼义以为文，伦类以为理，喘而言，臑而动，而一可以为法则。

（6）通忠之顺，权险之平，祸乱之从声，三者，非明主莫之能知也。争然后善，戾然后功，出死无私，致忠而公，夫是之谓通忠之顺，信陵君似之矣。夺然后义，杀然后仁，上下易位然后贞，功参天地，泽被生民，夫是之谓权险之平，汤武是也。过而通情，和而无经，不恤是非，不论曲直，偷合苟容，迷乱狂生，夫是之谓祸乱之从声，飞廉、恶来是也。

《臣道》篇所反映的“忠”的内涵，主要有四点。第一，它特别强调臣下对于君上的“顺循”（“顺”而非“从”）之义，但是反对盲从，尤其是曲意奉从。如引文（4）云“事人而不顺者，不疾者也。疾而不顺者，不敬者也。敬而不顺者，不忠者也。忠而不顺者，无功者也。有功而不顺者，无德者也”，就是以“顺”为主线来理解臣道的。其云“敬而不顺者，不忠者也”，就是以是否顺循作为臣下对于君上是否忠诚的根据的。引文（2）对于“顺”、“从”作出了具体的规定，其说“从命而利君，谓之顺”，又云“逆命而利君，谓之忠”，可以看出，“从”对于荀子而言只是简单地听从、执行君命，而“顺”则非直截简单地俯首听命，后者更加强调是否“利君”的效果，因而不可避免地存在“从”与“不从”的利害选择问题，所以荀子说：“从命而不利君，谓之谄。逆

---

① 俞樾云：“《韩诗外传》‘复’作‘覆’，当从之。”王先谦云：“《群书治要》正作‘覆’。”参见王先谦：《荀子集解》卷9，载《诸子集成》第二册（中华书局1954年版），第168、169页。

命而利君，谓之忠。逆命而不利君，谓之篡。不恤君之荣辱，不恤国之臧否，偷合苟容以持禄养交而已耳，谓之国贼。”荀子的这种“逆命而利君，谓之忠”，从而反对盲从以及曲意奉从君命的忠臣观，在《荀》书中多有反映。例如《修身》篇就说“至忠为贼”，反对所谓极端的忠诚，反对愚忠。《子道》篇则更为突出，云：“故可以从而不从，是不子也。未可以从而从，是不衷也。明于从、不从之义，而能致恭敬、忠信、端悫以慎行之，则可谓大孝矣。传曰：从道不从君，从义不从父，此之谓也。”“衷”，谓内心。从与不从，一定要经过内心的反省，看所从之事、所从之命，是否符合“道”、“义”。“从道不从君，从义不从父”，这是儒家在忠诚观念上的究极之义。由此也可以看出，荀子以“顺”阐释“忠”的内涵，其实已经包含了对于“从命”的深度反省。第二，荀子提出了“大忠”、“次忠”、“下忠”、“国贼”的概念，对“忠”的实践主体作了四个层次的划分，从而对“忠”的含义做出了更多的揭示。在引文（1）中，荀子将臣下做了政治和道德上的判断，有所谓态臣、篡臣、功臣和圣臣的分别。而功臣与篡臣的最大差别，主要体现在是否忠君的问题上。引文（4）则更进一步，对于臣下之忠做了更为细致的条理。所谓“大忠”，是指臣下以德行之事报白于君，使其自化；所谓“次忠”，是指臣下以德行之事调和而补救君上之过；所谓“下忠”，是指臣下直接以是谏非，而激怒君上（从而使君有害贤之名）；所谓“国贼”，是指那些只考虑自己俸禄的多少、爵位的高低，而不关心君主的荣辱，国家之善否、安危的臣下。反过来说，对于不同气质、不同德行修养的君上，臣下也当有以不同层次之忠德与之相应对的问题。引文（3）就说臣下应当“以顺上为志”，这只是针对“圣君”而言的；对于“中君”，荀子则强调了刚直谏诤、端志无倾、尽是尽非的忠臣观。可以再次看出，荀子不但不提倡，甚至批判了臣下应当彻底消解自我，绝对服从君上意志和命令的愚忠观。① 第三，荀子提出了“忠

① 与此相关，荀子还论述了君上对于臣下是否圣明，从而影响自身和国家的命运的问题，如《臣道》云：“明主尚贤使能而飨其盛，暗主妒贤畏能而灭其功。罚其忠，赏其贼，夫是之谓至暗，桀纣所以灭也。”君主是否能够明察忠臣和贼臣的分别，关系到自身和国家的安危。

信”以为“仁人”之“质”的臣道观，这与竹简《忠信之道》“忠，仁之实也；信，义之基也”的说法是一致的，前面已经谈到。第四，《臣道》篇提出了“致忠而公”的忠臣观。引文（6）解释了“通忠之顺”的主张。何谓“通忠之顺”？杨倞《注》云：“忠有所雍塞，故通之，然而终归于顺也。”杨注有误。下文云：“争然后善，戾然后功，出死无私，致忠而公，夫是之谓通忠之顺，信陵君似之矣。”所谓“通”，是指臣下见君主之蔽塞，而对其命令加以谏诤和抗戾，以图矫拂、疏通其心意。而“通忠之顺”也就是说臣下应该疏通君主之蔽塞，将自身的安危和个人利益置之度外，极尽其忠诚，而达到公而忘私之地步的一种“顺”。《解蔽》篇云：“故群臣去忠而事私，百姓怨非而不用，贤良退处而隐逃，此其所以丧九牧之地，而虚宗庙之国也。”同样将“忠”、“私”对言，亦可见“公”是“忠”的一个必要内涵。而荀子“致忠而公”、“通忠之顺”的忠臣观，当然是对《左传》之“忠”观念的继承和发展。

必须指出的是，在君义臣忠的德位问题上，荀子虽然认为二者的关系是相互的，但是在较大程度上仍偏重于将“君义”看作“臣忠”的先决条件。《王霸》云：“人主不公，人臣不忠也；人主则外贤而偏举，人臣则争职而妒贤，是其所以不合之故也。人主胡不广焉？无恤亲疏，无偏贵贱，唯诚能之求。若是，则人臣轻职业让贤，而安随其后。”《君道》云：“故上好礼义，尚贤使能，无贪利之心，则下亦将綦辞让，致忠信，而谨于臣子矣。”同篇又云：“请问为人君？曰：以礼分施均徧（遍）而不偏。请问为人臣？曰：以礼待君，忠顺而不懈。请问为人父？曰：宽惠而有礼。请问为人子？曰：敬爱而致文。……其待上也忠顺而不懈，其使下也均徧而不偏。”君臣之位，各有其德。所谓“分施均遍而不偏”，也就是尚公而无偏私之义，属于“义”的范畴。君臣相待以礼，不过所施之礼及礼意各有分别，但概括说来仍然属于竹书《六德》篇所说的“君义臣忠”的主张。同时，荀子在此还突出了“君义”与“臣忠”具有先后之因果关系的一面，没有宣扬单面的“愚忠”

观，以牺牲臣子全副的身心与生命成就和满足君主的私欲。①

其四，荀子在《礼论》篇中从“礼”的角度对于“忠”及其与“孝”之关系的论述，值得充分注意。第一，《礼论》常将“忠臣”、“孝子”连言，② 在观念上直接体现了“忠”、“孝”二者的结合。这是先秦儒家在处理忠孝关系时的一个根本要点。同时，从根本上而言，这也是由儒家所默认的伦理普遍性及其将“心身”与“天下”或“天地”有机关联起来的宇宙观所决定的。第二，在礼的实践活动中，荀子特别突出“忠”的“诚”、“实”之义，将它看作实践礼的根基。当然，荀子也可能意识到，在践礼的活动中“忠”隐含了“尽”、“极”之义。如说“其忠至矣”，又说“忠信爱敬之至矣”，其用忠达到至极的地步，这与尽心、尽力的心理活动关系密切。③ 第三，所谓用“忠”，并使其达到至极的地步，在荀子看来，这在礼仪、礼节上面是有充分而适宜的表现的。④

五、二戴《礼记》“忠”的观念

（一）二戴《记》的来源、关系及其制作时代

《礼记》有《大戴礼记》与《小戴礼记》之分，后者通常直接

① 《大戴礼记·保傅》篇：“夫生进贤而退不肖，死且未止，又以尸谏，可谓忠不衰矣。”此谓史鳅之忠。又，上博楚简《鬼神》篇认为子胥为忠臣圣人。二者，皆非“愚忠”之例。因为史鳅、子胥皆以国家利益为最高目的。

② 如云：“礼者，谨于吉凶不相厌者也。纩听息之时，则夫忠臣、孝子亦知其闵已。”其他二例，见下。

③ 《荀子·礼论》：“曰远者可以至矣，百求可以得矣，百事可以成矣。其忠至矣，其节大矣，其文备矣，然后月朝卜，日月夕卜，宅然后葬也。”又云：“故人之欢欣和合之时，则夫忠臣孝子亦悍诡而有所至矣。……故曰祭者，志意思慕之情也，忠信爱敬之至矣，礼节文貌之盛矣。”

④ 如云：“故事生不忠厚，不敬文，谓之野。送死不忠厚，不敬文，谓之瘠。君子贱野而羞瘠，故天子棺椁十重，诸侯五重，大夫三重，士再重，然后皆有衣衾多少、厚薄之数，皆有翣蒌、文章之等以敬饰之，使生死终始若一。一足以为人愿，是先王之道，忠臣孝子之极也。”

称作《礼记》。一般认为《大戴记》为汉元帝时戴德所编，《小戴记》为其侄戴圣所编。《史记·儒林传》："诸学者多言《礼》，而鲁高堂生最本。《礼》故自孔子时，而其经不具。及至秦焚书，书散亡益多。于今独有《士礼》高堂生能言之，而鲁徐生善为容。孝文帝时，徐生以容为礼官大夫，传子至孙徐延、徐襄。襄，其天资善为容，不能通《礼经》；延颇能，未善也。……是后能言《礼》为容者，由徐氏焉。"《汉书·儒林传》所述与此同。① 司马迁云《礼经》在孔子之时已有所缺失，而非备具完全；在秦焚书之后，《礼经》及记说则散亡更多。汉初言《礼》，大抵出自高堂生和徐氏二人。司马迁在此的叙述还暗示了汉初言礼、说礼的学者众多，其时《礼记》之书多亡佚，故诸生常不免无据臆说或自创新说。《汉书·景十三王传》："献王所得书皆古文，先秦旧书，《周官》、《尚书》、《礼》、《礼记》、《孟子》、《老子》之属，皆经传说记，七十子之徒所论。"《汉书·艺文志》书类云："武帝末，鲁恭王坏孔子宅，欲以广其宫，而得古文《尚书》及《礼记》、《论语》、《孝经》凡数十篇，皆古文也。"景帝时献王所得古文《礼》、《礼记》，② 及武帝时鲁恭王所得古文《礼记》，当然都属于先秦旧籍，但是班氏没有具体说明它们的篇数。《艺文志》礼类云："《礼古经》五十六卷，《经》十七篇，（后氏、戴氏）《记》百三十一篇。（七十子后学者所记也。）"又云："汉兴，鲁高堂生传《士礼》十七篇。讫孝宣世，后仓最明。戴德、戴圣、庆普皆其弟子，三家立于学官。"《汉书·儒林传》："孟卿，东海人也。事萧奋，以授后仓、鲁闾丘卿。仓说《礼》数万言，号曰《后氏曲台记》，授沛闻人通汉子方、梁戴德延君、戴圣次君、沛庆普孝

---

① 《汉书·儒林传》："汉兴，鲁高堂生传《士礼》十七篇，而鲁徐生善为颂（容）。孝文时，徐生以颂为礼官大夫，传子至孙延、襄。襄，其资性善为颂，不能通经；延颇能，未善也。襄亦以颂为大夫，至广陵内史。延及徐氏弟子公户满意、桓生、单次皆为礼官大夫。而瑕邱萧奋以《礼》至淮阳太守。诸言《礼》为颂者由徐氏。"

② 景帝时献王所得古文《礼》、《礼记》的事件，《史记》未载。疑其时尚未传播开来，或献王所得古文尚未及藏于中秘。

公。孝公为东平太傅。德号大戴，为信都太傅。圣号小戴，以博士论石渠，至九江太守。由是《礼》有大戴、小戴、庆氏之学。”又云：“赞曰：自武帝立《五经》博士，开弟子员，设科射策，劝以官禄，讫于元始，百有余年……初，《书》唯有欧阳，《礼》后，《易》杨，《春秋》公羊而已。至孝宣世，复立大小夏侯《尚书》，大小戴《礼》，施、孟、梁丘《易》，谷梁《春秋》。”高堂生、后氏、戴氏，《礼经》皆传今文，所谓《仪礼》十七篇者。① 《记》以说经，“百三十一篇者”所谓“七十子后学者所记也”，西汉礼学当采说之。

不过，“百三十一篇”《记》出自何时，又是如何汇集起来的？《史》、《汉》未曾说明。至《隋书·经籍志》云：“汉初，河间献王又得仲尼弟子及后学者所记一百三十一篇献之，时亦无传之者。至刘向考校经籍，检得一百三十篇，向因第而叙之。而又得《明堂阴阳记》三十三篇，《孔子三朝记》七篇，《王史氏记》二十一篇，《乐记》二十三篇，凡五种，合二百十四篇。戴德删其繁重，合而记之，为八十五篇，谓之《大戴记》。而戴圣又删大戴之书，为四十六篇，谓之《小戴记》。汉末，马融遂传小戴之学。融又定《月令》一篇，《明堂位》一篇，《乐记》一篇，合四十九篇。”《隋志》将《礼记》“百三十一篇”看作河间献王所献，其说恐未的当，且有失据之嫌。《记》“百三十一篇”，其来源当有三，坏孔子宅所得、河间献王所献与夫相传未曾失之三者。“至刘向考校经籍，检得一百三十篇”之数，此“一百三十篇”与前述“一百三十一篇”的关系如何？“一百三十篇”疑即“百三十一篇”之讹，而《隋志》云河间献王献《记》“一百三十一篇”之说实无所据。《汉书·艺文志》云：“汉兴，改秦之败，大收篇籍，广开献书之路。迄孝武世，书缺简脱，礼坏乐崩。圣上喟然而称曰：‘朕甚闵

① 张舜徽云：“此书首三篇篇题，皆冠以‘士’字，故汉人即名之曰《士礼》。汉后学者，睹十七篇中有仪有礼，遂合称《仪礼》。名十七篇为《仪礼》，始见于《晋书·荀崧传》。今郑氏注本亦称《仪礼》者，乃后人所改题也。”见氏著：《汉书艺文志通释》（华中师范大学出版社 2004 年版），第 209 ~ 210 页。

焉!'于是建藏书之策，置写书之官，下及诸子传说，皆充秘府。成帝时，以书颇散亡，使谒者陈农求遗书于天下。诏光禄大夫刘向校经传诸子诗赋，步兵校尉任宏校兵书，太史令尹咸校数术，侍医李柱国校方技。① 每一书已，向辄条其篇目，撮其旨意，录而奏之。会向卒，哀帝复使向子侍中奉车都尉歆卒父业。歆于是总群书而奏其《七略》。故有《辑略》，有《六艺略》，有《诸子略》，有《诗赋略》，有《兵书略》，有《数术略》，有《方技略》。今删其要，以备篇籍。"从班固的叙述来看，《汉书·艺文志》本自刘向、刘歆父子等人的《七略》而已，不过"今删其要，以备篇籍"罢了。这样看来，《汉志》"《记》百三十一篇"的记载，本是《七略》旧说，因此刘向考校经籍，实得《礼记》类之篇目正是"百三十一篇"。此"百三十一篇"既为刘向考校经籍"检得"，则它们由"河间献王所献"之说就丧失了根据。因此，若班固《注》"七十子后学者所记也"是正确的，则所述"《记》百三十一篇"无疑都是先秦古书。而大小戴《礼记》虽绝大部分篇目可能采自它们，然而仍有少数篇目可考，确实另有来源，或出自秦至汉初之时。黄以周云："今大戴所存之记，亦多同于小戴，则小戴所取，未必尽是大戴所弃。且大小戴之记，亦非尽取诸百三十一篇之中。"张舜徽赞同黄说，而云："两戴所传之记，除取诸百三十一篇外，尚有取诸《明堂阴阳》三十三篇者，如《大戴记》之《盛德》及《小戴记》之《月令》、《明堂位》是也；有取诸《乐记》二十三篇者，如《小戴记》之《乐记》是也；有取诸《孔子三朝记》七篇者，仅《大戴记》之《千乘》、《四代》、《虞戴德》、《诰志》、《小辨》、《用兵》、《少闲》是也；有取诸《周书》者，如《大戴记》之《文王官人》，即《周书·官人解》也；有取诸道家者，如《大戴记》之《武王践祚》，即本之《太公阴谋》也；有取诸杂家者，如《小戴记》之《月令》，即本之《吕览》十二月纪之首章也。此类甚多，无烦悉数。可知两戴所传之记，来源甚广，初

---

① 颜师古《注》:"数术，占卜之书；方技，医药之书。"

非但取之百三十一篇也。”①

刘向《别录》云：“《古文记》二百四篇。”《汉书·艺文志》所载《记》百三十一篇，《明堂阴阳》三十三篇，《王氏史》二十一篇，王聘珍认为它们是“《礼记》之所由来”，同时认为它们都本于孔氏壁中，不过虽同为孔壁中书，然未必尽是先秦著作。他说：“然则汉惠四年以前，皆是藏书之日。而《古文记》二百四篇，亦非出于一时一人之手，若《礼察》、《保傅》诸记，乃楚汉间人所为，合于二百四篇之中，而为孔氏所藏。”② 顺便指出，刘向的《别录》是相对其所编《七略》而言的。《别录》载有小戴《礼记》四十九篇次第类别，推此，则郑玄所云八十五篇与四十九篇《记》分别为戴圣、戴德编辑的说法当是可靠的。③

至于二戴记的关系，《隋书·经籍志》：“《大戴礼记》十三卷，汉信都王太傅戴德撰”；“《礼记》二十卷，汉九江太守戴圣传，郑玄注”。《隋志》之说本据郑玄。孔颖达《礼记正义》引郑玄《六艺论》云：“戴德传《记》八十五篇，则《大戴礼》是也。戴圣传

---

① 见氏著：《汉书艺文志通释》，第210页。黄以周说，转见于该书同页。

② 王聘珍：《大戴礼记解诂自序》，载氏著、王文锦点校：《大戴礼记解诂》（中华书局1983年版）。《自序》载“或曰”云：“壁藏之书，当在先秦，今《礼察》、《保傅》篇中，皆有秦二世而亡之语，与贾谊《新书》同，得无大戴取于贾氏书乎？”王氏认为汉惠帝四年除挟书令之前，皆是藏书之日，故批评“或曰”的观点，认为“此贾书有取于古记，非古记有待于贾书也”。

③ 见孔颖达《曲礼疏》所引郑氏《六艺论》文，《隋书·经籍志》因袭之。今人洪业在《仪礼引得序》中说：“然则大戴并未尝纂集后汉所流行之《大戴礼》也。大戴不曾为之，小戴更何从而删之哉！”王文锦信其说，以为大小戴《记》是经过礼学家们不断的编辑，在东汉末最终形成的，“其实这两部书只可以说是挂着西汉礼学大师戴德、戴圣牌子的两部儒学数据杂编，它们既不是大戴、小戴所分别传习的《士礼》，也不是二戴各自附《士礼》而传习的‘记’的汇集本的原貌。”其说实失却考据。王说，载氏点校《大戴礼记解诂》所作之《前言》。洪业说，亦见此《前言》转引。不过王氏在《前言》中说《记》附《士礼》而行，又说当时礼家有各自汇集或选编之《记》本子，这些都是中肯的意见。

《记》四十九篇，则此《礼记》是也。”陆德明《经典释文·序录》引晋司空长史陈邵《周礼论序》云：“戴德删古礼二百四篇为八十五篇，谓之《大戴礼》，戴圣删《大戴礼》为四十九篇，是为小戴礼。”《隋志》从之。① 黄焯《汇校》：“臧云：按《曲礼正义》引郑康成《六艺论》云：戴德传记八十五篇，则《大戴记》是也；戴圣传《礼》四十九篇，则此《礼记》是也。然则大小戴《记》各自传述，非互相删并也。考《汉书·儒林传》大小戴及庆氏普皆后仓弟子，《后汉书·曹褒传》云：父充持庆氏礼，褒传《礼记》四十九篇教授诸生千余人，庆氏学遂行于世。然则庆普所传记亦四十九篇，与小戴同受于后仓本如是。《隋志》惑于陈邵之言，且云‘戴圣删大戴书四十六篇。汉末，马融足《月令》、《明堂位》、《乐记》三篇，合四十九篇’。此说甚谬，学者无为所惑也。”② 清人多同臧说，如朱彬云：“陆德明《经典释文序录》引陈邵《周礼论序》云‘戴德删古《礼》二百四十篇，谓之《大戴礼》；戴圣删《大戴礼》为四十九篇，是为《小戴礼》’。后儒翕然信之。然《大戴礼·哀公问》、《投壶》，《小戴记》亦列此二篇。它如《曾子大孝篇》见于《察义》，《诸侯釁庙》见于《杂记》，《朝事篇》自‘聘礼’至‘诸侯务焉’见于《聘义》，《本命篇》自‘有恩有义’至‘圣人因教以制节’见于《丧夫四制》，则非小戴删取大戴书甚明。孔冲远《乐记正义》亦云：‘按《别录》，《礼记》四十九篇，《乐记》第十九，则《乐记》十一篇在刘向前矣。’

---

① 《隋书·经籍志》：“汉初，河间献王又得仲尼弟子及后学者所记一百三十一篇献之，时亦无传之者。至刘向考校经籍，检得一百三十篇，向因第而叙之。而又得《明堂阴阳记》三十三篇，《孔子三朝记》七篇，《王史氏记》二十一篇，《乐记》二十三篇，凡五种，合二百十四篇。戴德删其繁重，合而记之，为八十五篇，谓之《大戴记》。而戴圣又删大戴之书，为四十六篇，谓之《小戴记》。汉末，马融遂传小戴之学。融又定《月令》一篇，《明堂位》一篇，《乐记》一篇，合四十九篇。”

② 转见黄焯：《经典释文汇校》（中华书局2006年版），第18～19页。

观此，则自汉以来，无谓小戴删取大戴以成书者。"① 王聘珍也批评道："《隋书·经籍志》谓戴圣删大戴之书为四十六篇，汉末马融足《月令》一篇，《明堂位》一篇，《乐记》一篇。其说颇为附会。盖因大戴八十五篇之书，始于三十九，终于八十一，其中又无四十三、四十四、四十五、六十一四篇，多出第七十三一篇。《隋志》又别出《夏小正》第四十七一篇，则存三十九而阙四十六，故支离其辞，以为小戴所取耳。岂知《月令》、《明堂位》，刘向《别录》并属《明堂阴阳》，固古文三十三篇之内者也。而《乐记疏》引刘向《别录》云：'《礼记》四十九篇，《乐记》第十九。'则《乐记》之入《礼记》，自刘向所见本已然矣，又何待于马融之足哉！且当时古本具在，大小戴同受业于后仓之门，小戴又何庸取大戴之书而删之！盖二家俱就《古文记》二百四篇中，各有去取，故有大戴取之，小戴亦取之，如《哀公问》、《投壶》等篇者也。"② 是则陈邵所云谬矣。而钱大昕所云"《记》百三十一篇"者"合大小戴所传而言也"的判断，③ 也是不正确的。

总之，大小戴《礼记》分别由戴德、戴圣根据古文《记》及秦汉间的记说辑录而成，二书所汇录篇目虽有重迭关系，然而各自分立；而那种以戴圣删取《大戴记》而成《小戴记》的看法，则是不可靠的。当然，二戴《记》在根本上是为《士礼》(《仪礼》)服务的，因而在其时具有较大程度的依附性，然它们实际上已经独立成书，刘向《别录》的记载即是证明。至于二戴《记》是否必定全部取材于"《古文记》二百四篇"或"《记》一百三十一篇"，清人已做了较为深入的考论。大体说来，二戴《记》大部分篇目

---

① 见氏文：《礼记训纂序》，载氏著：《礼记训纂》(中华书局 1996 年版)。张舜徽说同，云："至于两戴《记》重复之篇，如《大戴记·哀公问于孔子》，与《小戴记·哀公问》同；《大戴记·礼察》，与《小戴记·经解》略同；《大戴记·曾子大孝》，与《小戴记·祭义》同；《大戴记·诸侯衅庙》，与《小戴记·杂记》同；二记并有《投壶》，文亦略同。可知当日大小戴钞辑旧文，各采所需，本不以重见为嫌也。"见氏著：《汉书艺文志通释》，第 210 页。

② 见氏著：《大戴礼记解诂》之《自序》。

③ 钱氏认为《曲礼》、《檀弓》、《杂记》皆以简策重多，分为上下，《礼记》实止四十六篇。四十六与八十五之和，"正协百三十一篇之数"。

出自古文和孔壁中书，有一些作品从《子思子》、《公孙尼子》等书编入，然不乏秦至汉初的礼家著作。至于秦焚书及禁书令的作用，应当以辩证的历史观去加以看待，甚至于王聘珍关于《大戴礼记·礼察》、《保傅》篇制作时代的巧解也未必定是。不过，可以肯定《礼察》、《保傅》二篇非先秦之作，而是汉初的作品。又，《经典释文·叙录》："《礼记》者，本孔子门徒共撰所闻，以为此记。后人通儒，各有损益。故《中庸》是子思伋所作，《缁衣》是公孙尼子所制，郑玄云《月令》是吕不韦所撰，卢植云《王制》是汉时博士所为。"孔颖达《正义》："案《王制》之作，盖在秦汉之际。"《正义》云《月令》："本《吕氏春秋》十二月纪之首章也。以礼家好事抄合之，后人因题之名曰《礼记》，言周公所作。其中官名时事，多不合周法。"言秦朝时礼家抄合改易也。沈约说："《月令》取《吕氏春秋》，《中庸》、《表记》、《坊记》、《缁衣》皆取于《子思子》，《乐记》取《公孙尼子》。"① 而《吕氏春秋》属于杂家著作，也抄录了见于二戴《记》中的一些著作，如《吕览·孝行》篇大量抄录《礼记·祭义》、《大戴礼记·曾子大孝》文，就是一个很好的例子。在新近出土的楚竹书中，《缁衣》见于郭店简、上博简，《孔子闲居》见于上博简《民之父母》篇，上博简《内礼》有《大戴礼记·曾子立孝》的内容。② 综合看来，二戴《记》只有少数的篇目由秦至汉初的学者重新构造或编录，但绝大部分作品当出自先秦，其中少数作品的制作年代较早，在战国早期或中期偏早，多数作品则出现在战国中晚期。

（二）《小戴礼记》论"忠"及忠孝观念

《小戴礼记》共四十九篇，"忠"字凡三十见，"忠信"连言凡

---

① 《隋书·音乐志》。子思作《中庸》，本自《史记·孔子世家》。《缁衣》题名下，《经典释文》卷14："刘瓛云：公孙尼子所作也。"

② 见荆门市博物馆编：《郭店楚墓竹简》（文物出版社1998年版）；马承源主编：《上海博物馆藏战国楚竹书》第一、二、四册（上海古籍出版社2001、2002、2004年版）。郭店楚竹简出土于1993年冬，上博楚简于1994年春出现在香港文物市场。郭店简的抄写年代可能比上博简略早，约在耶诞前300年前后。

九见。《礼记》关于“忠”的字义，从臣下对君上而言，一般作“忠贞”、“专一”之义讲；从君上对下民的角度来说，则比较强调“尽己”、“真实”之义。例如《檀弓下》云：“（周丰曰）苟无礼义、忠信、诚悫之心以莅之，虽固结之，民其不解乎?”这里“忠信”与“诚悫”相属，其义有别。“诚”，与欺诈相对；“悫”，谨敬。“忠”虽与“诚”意义相关密切，但前者更加强调“尽己”而达到真真实实的状态。这个区别，联系《聘义》篇更为清楚：“孔子曰：夫昔者君子比德于玉焉：温润而泽，仁也；缜密以栗，知也；廉而不刿，义也；垂之如队，礼也；叩之，其声清越以长，其终诎然，乐也；瑕不掩瑜，瑜不掩瑕，忠也；孚尹旁达，信也；气如白虹，天也；精神见于山川，地也；圭璋特达，德也；天下莫不贵者，道也。诗云：‘言念君子，温其如玉。’故君子贵之也。”孔子在这里将玉的特征做了比喻性的说明。其所谓“瑕不掩瑜，瑜不掩瑕，忠也”，所强调的即是真真实实的意思；就人而言，就是要做到真实无欺，美恶互见，既不要刻意彰显其美好的一面，也不要故意隐匿其不好的一面。“忠”在此强调“尽实”之义。当然，孔门之“君子”是儒家所设定的理想人格，它既要承担起一般意义上之“人”的理想人格的建构，同时也为人是否能够作为人君或统治者奠定必要的合理性基础。《大学》云：“是故君子有大道，必忠信以得之，骄泰以失之。”《礼记》也将“忠”、“忠信”作为德性政治哲学的一个基本含义，这在战国中后期也是常见的。

《礼记》关于“忠”的观念，有许多突出要点与荀子的观点相同或一致。其一，《礼记》提出了“忠信，礼之本也”的观点。《礼器》篇最为显著：

> （1）先王之立礼也，有本有文。忠信，礼之本也。义理，礼之文也。无本不立，无文不行。礼也者，合于天时，设于地财，顺于鬼神，合于人心，理万物者也。
>
> （2）太庙之内，敬矣。君亲牵牲，大夫赞币而从。君亲制祭，夫人荐盎。君亲割牲，夫人荐酒，卿大夫从君命，妇从夫人。洞洞乎其敬也，属属乎其忠也，勿勿乎其欲其飨之也。

(3) 祀帝于郊，敬之至也。宗庙之祭，仁之至也。丧礼，忠之至也。备服器，仁之至也。宾客之用币，义之至也。故君子欲观仁义之道，礼其本也。君子曰："甘受和，白受采，忠信之人可以学礼。"苟无忠信之人，则礼不虚道。是以得其人之为贵也。

《礼器》等篇对于"礼"的高度重视，与荀子相同。① 这是战国后期出现的思想反动现象。《礼器》认为在实践祭祀之礼和哭踊袒袭之丧礼的过程中，"忠"是非常重要的，丧礼最能将子对父的忠爱表现到极致。② 该篇说"忠信之人，可以学礼"，"苟无忠信之人，则礼不虚道"，又说"忠信，礼之本也。义理，礼之文也"，将"忠信"之德对于"礼"之践行看得最为根本，可见"忠信"观念在当时之重要。顺便需要说明的是，引文中的"义理"，犹《孟子·告子上》"理义之悦我心"之"理义"一词。不过，既然《礼器》篇的作者说"义理，礼之文也"，又说"无文不行"，则此"义理"当合于荀子伪善之义，③ 非人之本性也。

---

① 其他，如《礼运》篇云："何谓人情？喜怒哀惧爱恶欲七者，弗学而能。何谓人义？父慈、子孝、兄良、弟悌、夫义、妇听、长惠、幼顺、君仁、臣忠十者，谓之人义。讲信修睦，谓之人利。争夺相杀，谓之人患。故圣人之所以治人七情，修十义，讲信修睦，尚辞让，去争夺，舍礼何以治之？饮食男女，人之大欲存焉。死亡贫苦，人之大恶存焉。故欲恶者，心之大端也。人藏其心，不可测度也；美恶皆在其心，不见其色也。欲一以穷之，舍礼何以哉？"《礼运》篇的作者谓"人情"、"人义"、"舍礼何以治之"的观点，对"礼"的意义同样高度重视，与荀子的观点最为接近。

② "忠"包含了"爱"的含义在内。竹简《忠信之道》、《荀子》诸篇将"忠"看作为"仁之实/质"，则亦不免包含了"爱"义。《礼记·王制》："凡听五刑之讼，必原父子之亲，立君臣之义以权之；意论轻重之序，慎测浅深之量以别之；悉其聪明，致其忠爱以尽之。疑狱泛与众共之，众疑赦之，必察小大之比以成之。"《荀》书有所谓"体恭敬而心忠信，术礼义而情爱人"、"致忠信以爱之"的说法，都说明"忠"之义与"爱"有关联。

③ 《荀子·大略》云："仁，爱也，故亲；义，理也，故行；礼，节也，故成。"此"义理"与《礼器》篇不同义。《荀》书实无《礼器》篇"义理"义之词。

其二，《礼记》一些篇目将“忠”德纳入“孝”德来理解，提出了“事君不忠，非孝也”和“忠臣以事其君，孝子以事其亲，其本一也”的观点。这些观点虽然与荀子较为切近，但是已经走到了极端。《礼记》云：

(1) 曾子曰：“孝子之养老也，乐其心，不违其志；乐其耳目，安其寝处，以其饮食忠养之。”——《内则》

(2) 唯圣人为能飨帝，孝子为能飨亲。飨者，乡也，乡之然后能飨焉。是故孝子临尸而不怍，君牵牲，夫人奠盎；君献尸，夫人荐豆；卿大夫相君，命妇相夫人。齐齐乎其敬也，愉愉乎其忠也，勿勿诸其欲其飨之也。文王之祭也，事死者如事生，思死者如不欲生，忌日必哀，称讳如见亲，祀之忠也。如见亲之所爱，如欲色然，其文王与！——《祭义》

(3) 曾子曰：“身也者，父母之遗体也。行父母之遗体，敢不敬乎？居处不庄，非孝也。事君不忠，非孝也。莅官不敬，非孝也。朋友不信，非孝也。战陈无勇，非孝也。五者不遂，裁及于亲，敢不敬乎？”亨孰膻芗，尝而荐之，非孝也，养也。君子之所谓孝也者，国人称愿，然曰：“幸哉！有子如此。”所谓孝也已。众之本教曰孝，其行曰养。养可能也，敬为难。敬可能也，安为难。安可能也，卒为难。父母既没，慎行其身，不遗父母恶名，可谓能终矣。——《祭义》

(4) 贤者之祭也，必受其福，非世所谓福也。福者，备也。备者，百顺之名也，无所不顺者之谓备。言内尽于己，而外顺于道也。忠臣以事其君，孝子以事其亲，其本一也。上则顺于鬼神，外则顺于君长，内则以孝于亲，如此之谓备。唯贤者能备，能备然后能祭。是故贤者之祭也，致其诚信与其忠敬，奉之以物，道之以礼，安之以乐，参之以时，明荐之而已矣，不求其为。此孝子之心也。——《祭统》

上述四条引文，谈论的无非是事亲与祭先的两类问题。这两类问题，当时都以“孝”德来加以对待和理解。引文（1）谈论孝子如何养老的问题，其中“以其饮食忠养之”之“忠”，兼有“尽己”和“诚实”二义。引文（2）谈到了祭祀之“忠”的内涵问题，又参见前引《礼器》文，主要是从主观的方面突出“尽己”之义。这两条引文，在思想史上较为普通，并不特殊，但是（3）、（4）两条引文的思想比较特别。引文（3）对于“养亲”与“行孝”加以区别，而对于“行孝”，它特别注重从“行身”的角度加以理解。首先，它引述曾子之言，将孝子之身看作父母之身的延长。既然对于父母应该行孝，则对于父母之遗体——己身也应该行孝。这样，将子对父的对象化活动转变为纯粹对自身生命的恭敬问题。不仅如此，而且由于人的存在具有社会性，因此，对于己身的行孝活动也就必然要求对于所有社会关系的负责和恭敬，而此一点正是引文（3）所着重关注的地方。应该说，这是儒家孝道思想所包含的必然之义，但是像本篇如此强调此一含义的，则非曾子弟子乐正子春一派的学者莫能为之。特别是文中说“事君不忠，非孝也”的论点，直接将“忠君”看作“孝”德的必然内涵，则在孟子之前无此说也，这甚至超出了荀子忠孝并立的观点。由此看来，《祭义》篇很可能为“乐正氏之儒”在战国末期的著作。① 引文（4）从祭祀的目的“受福”出发，通过义训的办法将“福”字训

① 《韩非子·显学》云“乐正氏之儒”为“儒分为八”之一派。乐正氏者，曾子弟子乐正子春，非指孟子弟子乐正克也。乐正子春，见《礼记·檀弓上》、《檀弓下》、《祭义》三篇。《祭义》云：“乐正子春下堂而伤其足，数月不出，犹有忧色。门弟子曰：‘夫子之足瘳矣，数月不出，犹有忧色，何也？’乐正子春曰：‘善！如尔之问也。善！如尔之问也。吾闻诸曾子，曾子闻诸夫子，曰：天之所生，地之所养，无人为大。父母全而生之，子全而归之，可谓孝矣。不亏其体，不辱其身，可谓全矣。故君子顷步而弗敢忘孝也。今予忘孝之道，予是以有忧色也。一举足而不敢忘父母，一出言而不敢忘父母。一举足而不敢忘父母，是故道而不径，舟而不游，不敢以先父母之遗体行殆。一出言而不敢忘父母，是故恶言不出于口，忿言不反于身。不辱其身，不羞其亲，可谓孝矣。’”乐正子春重视的正是“遗体”之“孝”的观念。曾子、乐正子春亦见《吕氏春秋·孝行》篇。该篇大部分抄录《礼记·祭义》文，从目的来看，仍属于改编之作。陈奇猷直接将《孝行》篇看作“乐正氏学派之著作”，这是失当的。陈说，见氏校注：《韩非子新校注》下册（上海古籍出版社 2000 年版），第 1127 页。

解为“备”，于“备”中突出“无所不顺”之义，并将“备”的概念看作忠臣、孝子之本，原则都是一样的。而此种忠臣观和祭祀活动中的忠敬观，显然过分显扬了“顺从”和“受福”的观念，①与荀子的忠孝观有所区别。② 顺便指出，引文（4）“不求其为”一句值得注意。《祭统》篇说贤者的祭祀能够将其诚信与忠敬充分表现出来，达到真实、自然的地步而“不求其为”。所谓“不求其为”，就是不寻求故意如此作为。郭店竹简《语丛一》第55～58简云：“为孝，此非孝也。为弟，此非弟也。不可为也，而不可不为也。为之，此非也；弗为，此非也。”③《语丛三》云：“父孝子爱，非有为也。”④《语丛》类竹简都是语摘类文献，此种“不可为”、“非有为”的思想来源较早，而《礼记·祭统》篇“不求其为”一句则很可能属于应用此种思维方式的结果。

其三，《礼记·儒行》篇将“忠信”看作儒者的必要德行，立身之本。《儒行》云：

> （1）孔子侍曰：“儒有席上之珍以待聘，夙夜强学以待问，怀忠信以待举，力行以待取，其自立有如此者。”
>
> （2）儒有不宝金玉，而忠信以为宝；不祈土地，立义以为土地；不祈多积，多文以为富。

---

① 《尚书·洪范》篇有“五福”的观念：“一曰寿，二曰富，三曰康宁，四曰攸（修）好德，五曰考终命。”“受福”一词，先秦故书多见，兹不征引。对于“福”的追求和承受，这是人类行为活动的一个重要目的。

② 《礼记·冠义》云：“故孝弟忠顺之行立，而后可以为人。可以为人，而后可以治人也。”此处的“忠”，强调“顺”的含义，但未作更为具体的论述。将“忠”解释为“顺”，亦见于《大戴礼记·朝事》：“古者圣王明义以别贵贱，以序尊卑，以体上下，然后民知尊君敬上，而忠顺之行备矣。”可知“忠”有“顺”的含义，是从“孝悌”观念引发出来的。

③ 荆门市博物馆编：《郭店楚墓竹简》（文物出版社1998年版），第195页。

④ 荆门市博物馆编：《郭店楚墓竹简》（文物出版社1998年版），第209页。

(3) 儒有忠信以为甲胄，礼义以为干橹，戴仁而行，抱义而处，虽有暴政，不更其所其自立，有如此者。

(4) 儒有博学而不穷，笃行而不倦，幽居而不淫，上通而不困；礼之以和为贵，忠信之美、优游之法；慕贤而容众，毁方而瓦合，其宽裕有如此者。

上面四条引文皆“忠信”连言，“忠”字没有单独出现。《儒行》篇在先秦著作中的意义在于它非常直接地反省到了“儒”这一身份自身，确定了“儒”的身份内涵乃在于以德行为核心的价值观。这种“自立如此”的意识问题，意义较为重大。孔子感叹于礼崩乐坏的现实，而试图重构“君子”，曾子及孟子则试图构造能够承担人类命运和社会责任的“士”的理想人格。从“君子”到“士”，体现了儒家对于作为“道德主体”之独立人格身份的自我觉醒，① 但是还没有反省到独立的“儒”这一身份自身。《儒行》篇反省到“儒”这一身份自身，而将“忠信”看作与“仁义”一样是“儒”得以“自立”的基本德行。这无论如何也同时表明，它是非常重视“忠信”的观念的。

顺便指出，《礼记·坊记》、《中庸》、《表记》、《缁衣》有关“忠”的文献有五条，都是从政治哲学，而且主要是从君民或上下关系而言的。就“忠”而言，它们虽然没有什么新意，但意味着

① 《大戴礼记·哀公问五义》对“士”与“君子”做了比较好的区别，可以参考。该篇云：“哀公曰：‘善！何如则可谓士矣？’孔子对曰：‘所谓士者，虽不能尽道术，必有所由焉。虽不能尽善尽美，必有所处焉。是故知不务多，而务审其所知。行不务多，而务审其所由。言不务多，而务审其所谓。知既知之，行既由之，言既顺之，若夫性命肌肤之不可易也，富贵不足以益，贫贱不足以损，若此则可谓士矣。’哀公曰：‘善！何如则可谓君子矣？’孔子对曰：‘所谓君子者，躬行忠信，其心不买；仁义在己，而不害不志；闻志广博，而色不伐；思虑明达，而辞不争。君子犹然如将可及也，而不可及也。如此，可谓君子矣。’”

四篇出自《子思子》的看法可能是正确的。①

（三）《大戴礼记》论“忠”及忠孝观念

《大戴礼记》“忠”字凡五十一见，“忠信”连言凡十五见。该书论“忠”的内涵主要表现在《文王官人》、《小辨》和曾子论孝诸篇。先看曾子论孝诸篇：

（1）曾子曰：忠者，其孝之本与！——《曾子本孝》

（2）曾子曰：君子立孝，其忠之用，礼之贵。故为人子而不能孝其父者，不敢言人父不能畜其子者。为人弟而不能承其兄者，不敢言人兄不能顺其弟者。为人臣而不能事其君者，不敢言人君不能使其臣者也。故与父言，言畜子；与子言，言孝父；与兄言，言顺弟；与弟言，言承兄；与君言，言使臣；与臣言，言事君。② 君子之孝也，忠爱以敬，反是乱也。尽力而有礼，庄敬而安之，微谏不倦，听从而不怠，欢欣忠信，咎故不生，可谓孝矣。尽力无礼，则小人也。致敬而不忠，则不入也。是故礼以将其力，敬以入其忠，饮食移味，居处温愉，著心于此，济其志也。……是故未有君而忠臣可知者，孝子之谓也。未有长而顺下可知者，弟弟之谓也。——《曾子立孝》

---

① 《礼记·坊记》：“子云：善则称君，过则称己，则民作忠。”《中庸》：“忠恕违道不远，施诸己而不愿，亦勿施于人。”《表记》：“子言之曰：后世虽有作者，虞舜弗可及也已矣。君天下，生无私，死不厚其子，子民如父母，有憯怛之爱，有忠利之教，亲而尊，安而敬，威而爱，富而有礼，惠而能散。其君子尊仁畏义，耻费轻实，忠而不犯，义而顺，文而静，宽而有辨。”同篇又云：“子曰：君子不以口誉人，则民作忠。故君子问人之寒，则衣之；问人之饥，则食之；称人之美，则爵之。”《缁衣》：“子曰：大臣不亲，百姓不宁，则忠敬不足，而富贵已过也。”四段引文，都出自孔子之言。四篇著作，在今传本《礼记》中前后相属。《史记·孔子世家》云“子思作《中庸》”，沈约云此四篇“皆取于《子思子》”的看法应当是可靠的。不过，《子思子》亦非成于一时一人之手，《坊记》以下四篇未可遽然肯定为同一时期的作品。

② 参见《仪礼·士相见礼》。

(3)（曾子曰）身者，亲之遗体也。行亲之遗体，敢不敬乎？故居处不庄，非孝也；事君不忠，非孝也；莅官不敬，非孝也；朋友不信，非孝也；战阵无勇，非孝也。五者不遂，灾及乎身，敢不敬乎？……夫仁者，仁此者也；义者，宜此者也；忠者，中此者也；信者，信此者也；礼者，体此者也；行者，行此者也；强者，强此者也。乐自顺此生，刑自反此作。夫孝者，天下之大经也。——《曾子大孝》

在《论语·学而》和《里仁》篇中，曾子曾谈及"忠信"和"忠恕"之道。曾子对于"忠"观念的重视，又见《泰伯》篇："曾子曰：可以托六尺之孤，可以寄百里之命，临大节而不可夺也，君子人与？君子人也！"曾子所云，无疑属于忠之事。在《论语·子张》篇中，曾子也有关于孝道的言论："吾闻诸夫子：孟庄子之孝也，其它可能也；其不改父之臣与父之政，是难能也。"《学而》篇云："曾子曰：慎终追远，民德归厚矣。""慎终追远"属于孝之事。《孟子》一书也分别谈到了曾子的"忠"、"孝"之事，他对"忠"、"孝"有分别的论述。至于曾子是否对"孝"、"忠"的关系做了比较深入的思考，《论》、《孟》并没有指明，但是可以看出，在《孟子》一书中曾子重孝的观念开始有所彰显。① 在《战国策》中，苏秦、苏代兄弟等人正式将"孝如曾参"作为

① 《孟子·滕文公上》："曾子曰：生，事之以礼；死，葬之以礼，祭之以礼，可谓孝矣。诸侯之礼，吾未之学也；虽然，吾尝闻之矣。三年之丧，齐疏之服，飦粥之食，自天子达于庶人，三代共之。"同书《尽心下》："曾皙嗜羊枣，而曾子不忍食羊枣。公孙丑问曰：'脍炙与羊枣孰美？'孟子曰：'脍炙哉！'公孙丑曰：'然则曾子何为食脍炙而不食羊枣？'曰：'脍炙所同也，羊枣所独也。讳名不讳姓，姓所同也，名所独也。'"

讥讽与批评的典型，① 而在战国中后期的子学著作中，曾子重孝之事也得到了大量而显著的论述，例见《庄子》外杂篇、《荀子》、《吕氏春秋》、《尸子》等。② 从《礼记》、《大戴礼记》的大量相关记述来看，曾子颇通礼道，对于孝道尤为注重。不过，综合诸子书考虑，二戴《记》中曾子关于"忠"、"孝"观念之关系的论述很可能产生于战国晚期偏早的时候。这与战国之"士"在作为国家与家庭身份认同之间的紧张关系，以及儒家对于忠臣与孝子张力关系的思考是密切联系在一起的。可以看出，将"忠"作为孝道之基础，或者以"孝"去主动容纳"忠"的观念，这既是儒家礼学

---

① 《战国策》卷29，《燕一》："武安君从齐来，而燕王不馆也。谓燕王曰：'臣，东周之鄙人也。……且臣之不信，是足下之福也。使臣信如尾生，廉如伯夷，孝如曾参，三者天下之高行也，而以事足下，可乎？'……苏秦曰：'且夫孝如曾参，义不离亲一夕宿于外，足下安得使之之齐？廉如伯夷，不取素飧，污武王之义而不臣，辞孤竹之君，饿而死于首阳之山。廉如此者，何肯步行数千里，而事弱燕之危主乎？信如尾生，期而不来，抱梁柱而死。信至如此，何肯扬燕秦之威于齐，而取大功乎哉？'"同书卷29，《燕一》又云："苏代谓燕昭王曰：今有人于此，孝如曾参、孝已，信如尾生高，高廉如鲍焦、史鰌，兼此三行以事王，奚如？王曰：如是足矣。对曰：足下以为足，则臣不事足下矣。臣且处无为之事，归耕乎周之上地，耕而食之，织而衣之。王曰：何故也？对曰：孝如曾参、孝已，则不过养其亲耳。信如尾生高，则不过不欺人耳。廉如鲍焦、史鰌，则不过不窃人之财耳。今臣为进取者也。臣以为廉不与身俱达，义不与生俱立。仁义者，自完之道也，非进取之术也。"

② 《庄子·寓言》："曾子再士而心再化，曰：'吾及亲仕，三釜而心乐；后士，三千钟而不洎，吾心悲。'弟子问于仲尼曰：'若参者，可谓无所县其罪乎？'曰：'既已县矣！夫无所县者，可以有哀乎？彼视三釜、三千钟，如观雀蚊虻相过乎前也。'"《荀子·大略》："曾子曰：孝子言为可闻，行为可见。言为可闻，所以说远也；行为可见，所以说近也。近者说则亲，远者说则附。亲近而附远，孝子之道也。"《吕览·劝学》："曾子曰：君子行于道路，其有父者可知也，其有师者可知也。夫无父而无师者，余若夫何哉？此言事师犹事父也。……颜回之于孔子也，犹曾参之事父也，古之贤者与！其尊师若此，故师尽智竭道以教。"同书《孝行》篇更是以曾子为行孝的典范与论孝之大师。《尸子·劝学》："是故曾子曰：父母爱之，喜而不忘；父母恶之，慎而无咎。然爱与恶，其于成孝而无择也。"《文选·恨赋》注引《尸子》："曾子每读丧礼，泣下沾衿。"丧礼，最能表现孝道。

隐含的一个艰难问题，也是战国紧张、迫促的形势使然。从现有的先秦数据来看，这个难题很可能是由曾子后学"乐正氏之儒"来完成的。不过，虽然曾子后学将"忠"的观念作为孝道的基础，但是它毕竟始终处于"孝"的范围之内，应该说"孝"高于"忠"的观念。不仅如此，该派儒家论"忠"并非仅仅局限于"忠臣"的意义之上，而是着重将它看作真实的、向内的，维持孝道的根本心理力量所在，因此，"忠臣"包含于且必须服从于"孝子"的概念。① 这与战国末期法家以"忠"高于"孝"，甚至否定"孝"的观念是有根本区别的。

上述引文（3），又见小戴《礼记·祭义》篇。《曾子本孝》是一篇很短的文章，全篇当然以曾子在开篇所言"忠者，其孝之本与"一句为主旨。王聘珍《解诂》引《说文》云："忠，敬也。"又引后周卢辩《注》云："敬父母之遗体，故跬步未敢忘其亲。"②从下文来看，此解是合乎文意的。所谓以"忠"为孝道的根本，是从看作父母之遗体的每个人自己的身体来说的。对于己身的忠敬，也就是对于父母之心和父子关系的关切。"遗体"的观念，正是引文（3）的思想。引文（3）一方面说"事君不忠，非孝也"，另一方面说"忠者，中此（孝）也"，可以看出"忠"在此是手段，而"孝"是目的，同时也意味着作者对"忠"、"孝"作了一致性的理解。从思想发展的角度来看，这是一种妥协与调和。可以追问的是：设若使这两个判断一定要产生冲突，而在它们之间必须分判出先后的顺序来的话，则无疑"孝"先于"忠"。所以《曾子大孝》说道："夫孝者，天下之大经也。"将"忠臣"看作"孝子"的延伸与内涵，亦见于《曾子立孝》："是故未有君而忠臣可

---

① 此派儒家可能是曾子后学"乐正氏之儒"。他们在论述了以"孝"容纳"忠"的观点的同时，又将孝道的践行转移到"父母之遗体"的处理上，也即是将孝道放在自己立身处世的实践中。《孝经》大概是此派儒家学者的著作。另外，《大戴礼记·卫将军文子》云："孔子曰：孝德之始也，弟德之序也，信德之厚也，忠德之正也，参也中夫四德者矣哉！以此称之也。"此篇以"孝""悌""忠""信"四德概括曾子，确实合乎"孝行派"或"乐正氏之儒"对于曾子的塑造。

② 王聘珍：《大戴礼记解诂》，第79页。

知者，孝子之谓也。未有长而顺下可知者，弟弟之谓也。”“孝子”在作者看来是天然的“忠臣”，因为前者可以演绎后者。引文（2）云：“君子立孝，其忠之用，礼之贵。”这是说君子要建立孝道，需向内用忠，在外践礼。立孝用忠的观念，与《本孝》篇“忠者，其孝之本与”的思想是一致的。实际上，在上述引文（2）中，“忠”除了有“敬”、“爱”的意思外，更加突出“中心”之义。“忠爱以敬”，王聘珍《解诂》：“忠爱，谓中心之爱。”“欢欣忠信”，《解诂》云：“欢欣忠信者，乐父母之从，益尽其中心之诚也。”“致敬而不忠”，《解诂》云：“不忠，谓敬不由中心也。”①“忠”由“中”达，这是“尽己”、“尽心”的功夫。当然，“忠”亦有“诚”、“实”之义，如曾子在《曾子制言中》云：“君子虽言不受，必忠，曰道；虽行不受，必忠，曰仁；虽谏不受，必忠，曰智。”“忠”之“由中心而达”与“诚”、“实”二义，在经过心性学的发展之后，其实可以相互融通，看作一体之二面。另外，“故为人子而不能孝其父者，不敢言人父不能畜其子者。……与臣言，言事君”这一段文本，其实就是讲的恕道。由此可见，在“忠”、“恕”不对言的情况之下，“忠”的概念是可以包含“恕”的概念的。

再看《小辨》篇对于“忠信”与“忠恕”的论述。《小辨》云：

> 公（鲁哀公）曰：“然则吾何学而可？”子曰：“礼乐而力，忠信其君（君，主也），② 其习可乎。”公曰：“多与我言忠信，而不可以入患。”子曰：“毋乃既明忠信之备，而口倦其君（君，心也），则不可而有；明忠信之备，而又能行之，则可立待也。君朝而行忠信，百官承事。忠满于中而发于外，

① 王聘珍：《大戴礼记解诂》，第81页。

② “礼乐而力”袭自《礼记·仲尼燕居》：“言而履之，礼也；行而乐之，乐也。君子力此二者。”“君”，主也。“忠信其君”即《论语》所谓“主忠信”之义。参见王聘珍：《大戴礼记解诂》，第207页。

刑于民而放于四海，天下其孰能患之?”公曰：“请学忠信之备。”子曰：“唯社稷之主，实知忠信。若丘也，缀学之徒，安知忠信?”公曰：“非吾子问之而焉也?”子三辞，将对，公曰：“强避!”子曰：“强侍。丘闻大道不隐，丘言之君，发之于朝，行之于国，一国之人莫不知，何一之强辟?丘闻之，忠有九知：知忠必知中，知忠必知恕，知恕必知外，知外必知德，知德必知政，知政必知官，知官必知事，知事必知患，知患必知备。若动而无备，患而弗知，死亡而弗知，安与知忠信?内思毕必（心）曰知中，① 中以应实曰知恕，内恕外度曰知外，外内参意曰知德，以柔政曰知政，正义辨方曰知官，官治物则曰知事，事戒不虞曰知备。毋患曰乐，乐义曰终。

所谓“小辨”，与“大道”、“通道”相对，其字面意思为小的辨析，具体指细小的言辞辨析（包括对言辞的细微辨析和对细小之言辞的辨析两面）。鲁哀公认为辨言与为政有关，故问孔子可否。孔子认为人君泥于“小辨”不可，因为“小辨破言，小言破义，小义破道。道小不通，通道必简”。《小辨》又云：“子曰：辨言之乐，不若治政之乐。辨言之乐不下席，治政之乐皇于四海。”从思想史的角度看，这种“不下席”的“辨言之乐”当发生在战国中后期，而且鲁哀公与孔子皆将其称之为“小辨”，则正与战国中后期流行的名辩思潮是相应的。故篇中鲁哀公与孔子的对话，乃作者假托之而已。又，文章实际上是从儒家政治哲学的角度对耽于私乐的无用之言辩(“小辨”) 展开批判的，从《荀子·正名》篇来判断，则它的制作年代或与《荀子》并时，或在其后。②

在经过孔子的批评后，哀公表示愿意学习治政之道，孔子说道：“礼乐而力，忠信其君，其习可乎!”力行礼乐和以忠信为主，

① 王聘珍《解诂》：“‘必’当为‘心’，形近讹也。”载《大戴礼记解诂》，第208页。

② 又，《小辨》云：“《尔雅》以观于古，足以辨言矣；传言以象，反舌皆至，可谓简矣。”《尔雅》一般认为成书于战国末期，则《小辨》篇当出其后矣。

是孔子给出的两个治政之道。上述引文主要是围绕后一观念展开的。对于“忠信其君”的观念，借孔子之口，《小辨》认为“忠信”是君主治政之本，而对于这个执政之本，君主若能知其备患而践行之的话，则可以利行国政。显然，作者在这里将“忠信其君”或“主忠信”的观念看作其政治哲学的基本原则。这是第一点。第二，作者对于这一观念特别强调“行”的观念。“行”，就是践行，这包括两个方面，即“忠满于中”的涵养、培植功夫与伦常日用、行政之践行。正如《小辨》云：“君朝而行忠信，百官承事。忠满于中而发于外，刑于民而放于四海，天下其孰能患之?”第三，在进一步讨论如何“学忠信之备”的问题上，作者突出强调了“忠”的观念，并将忠恕之道看作建立忠信观念的基础。文中所谓“忠有九知”，即指“知忠”的修养活动必然包涵知中、知恕、知外、知德、知政、知官、知事、知患和知备九者；也即是说，通过“知某必知某”的言说结构，“知忠”或“尽忠”的活动已经必要地涵括了“知中”、“知恕”、“知外”九者。后文云：“内思毕心曰知中，中以应实曰知恕。”通过内心的反省而能够做到尽心，这就叫做“知中”；心尽中正而能够与理义之实诚相应和,① 这就叫做“知恕”。② 无疑，《小辨》篇的忠道涵括了“尽己”和恕道之义，将“中心”的反省作用看作忠道的根源，而它

---

① “中以应实曰知恕”，王聘珍《解诂》：“实，诚也。恕者，忖度其义于人，必心诚求之。”中，心中；中，极也。此处的“恕”指经过“知中”的自尽反省活动而达到己心之真极，而以此心忖度他人他事，并达到与“实”相应和的心灵状态，则谓之“恕”。此种“实”可以是纯粹主观的，也可以是主观对于客观的反映，并在主观上被经验到或认识到的真实。王解，见氏撰：《大戴礼记解诂》，第208页。

② 《大戴礼记·子张问入官》：“（孔子曰）故君子欲言之见信也者，莫若先虚其内也；欲政之速行也者，莫若以身先之也；欲民之速服也者，莫若以道御之也。故不先以身，虽行必邻也矣；不以道御之，虽服必强矣。故非忠信，则无可以取亲于百姓矣；外内不相应，则无可以取信者矣。四者，治民之统也。”主要也是论述“忠信”观念，并认为取信于民本于用忠。引文以“先虚其内”、“外内相应”释“忠”的概念，与《小辨》有相似之处，但是其内外之义是在心内、身外和君民之间展开的，显然没有达到《小辨》篇的思考深度。

们也正是“知忠信”和备患为政的基础。总之，《大戴礼记·小辨》篇继承了《论语》的相关思想，从政治哲学的角度将孔子、曾子“主忠信”与“忠恕之道”两大主张融合起来，而发展了他们的观念。

最后看《文王官人》是如何论述“忠”的观念的。“忠”字在该篇中出现众多：

(1) 父子之间，观其孝慈也；兄弟之间，观其和友也；君臣之间，观其忠惠也；乡党之间，观其信惮也。

(2) 诚智，必有难尽之色；诚仁，必有可尊之色；诚勇，必有难慑之色；诚忠，必有可亲之色；诚口，必有难污之色；诚静，必有可信之色。

(3) 生民有阴阳，人有多隐其情，饰其伪，以赖于物，以攻其名也。有隐于仁质者，有隐于知理者，有隐于文艺者，有隐于廉勇者，有隐于忠孝者，有隐于交友者，如此者不可不察也。小施而好大得，小让而好大事，言愿（愿）以为质，伪爱以为忠，面宽而貌慈，假节以示之，（假节，假人质之节）故其行以攻其名：如此者，隐于仁质也。……自事其亲，好以告人，乞（亟）言劳醉（瘁）而面于敬爱，饰其见物，故得其名，名扬于外，不诚于内，伐名以事其亲戚，以故取利，分白其名以私其身：如此者，隐于忠孝者也。阴行以取名，（阴，阴窃，谓求诸人也。）比周以相誉，（迭相亲比，交相谈誉。）明知贤可以征，与左右不同而交，交必重已，（言知其贤而不与交，交必取其重己者也）心说之而身不近之，身近之而实不至，而欢忠不尽，欢忠尽见于众而貌克：如此者，隐于交友者也。此之谓观隐也。

(4) 言行不类，终始相悖，阴阳克易，外内不合，虽有隐节见行，曰非诚质者也。（隐节，隐于仁质之等。）其言甚忠，其行甚平，其志无私，施不在多，静而寡类，庄而安人，曰有行心者也。……忠爱以事其亲，欢欣以敬之，尽力而不面，敬以安人，以名故不生焉，曰忠孝者也。合志如同方，共其忧而任其难，行忠信而不相疑，迷隐远而不相舍，曰至友者也。……故事阻者不夷，畸鬼者不仁，面誉者不忠，饰貌者不情，隐节者不平，多私者不义，扬言者寡信，此之谓揆德。

(5) 是故隐节者可知，伪饰无情者可辨，质诚居善者可得，忠惠守义者可见也。

(6) 取直愍（闵）而忠正者,① ……直愍而忠正者，使是莅百官而察善否。

《大戴礼记·文王官人》，文与《周书·官人解》大同小异,② 内容为文王诰谕太师望关于论类取才之法的。此论类取才之法，即指“伦有七属，属有九用，用有六微（征）”三者，而“六征”为该篇文章论述的重心。上述引文，除引文（6）以外，余下皆在诰谕“六征”的文本中。“六征”，又以“观诚”为基础。由此而言，该篇之“忠”皆或多或少受到“诚”的规范。该篇不但“诚”字十七见，而且与“诚”相近（如情、质、实）或相对（如伪、诈）的词语多见，“诚”显然高于“忠”的概念，且比后者更为基础。如引文（2）出自“六征”之“观色”部分，上下文是这样说的：

四曰：民有五性,③ 喜怒欲惧忧也。喜气内畜，虽欲隐之，阳喜必见。怒气内畜，虽欲隐之，阳怒必见。欲气内畜，虽欲隐之，阳欲必见。惧气内畜，虽欲隐之，阳惧必见。忧悲

---

① 《四部丛刊》本卢注：“一作质。”王聘珍《解诂》读“愍”为“闵”，云“勉”也。载氏著：《大戴礼记解诂》，第 196 页。

② 王聘珍《解诂》：“此记者，纪录旧闻也。文与《周书·官人解》第五十八大同小异。《周书序》云：‘成王访周公以民事，周公陈六征以观察之，作《官人》。’据此，则事属成王信矣。《大戴礼记》作文王者，记者所闻异辞也。但如《周书》作‘周公曰亦有六征’云云，训体也。《大戴》作‘王曰呜呼’云云，诰体也。诰当为文王。”见氏撰：《大戴礼记解诂》，第 7 页。

③ “民有五性”，抱经堂本《逸周书·官人解》作“民有五气”。作“性”，作“气”，其义一也。郭店楚简《性自命出》：“喜怒哀悲之气，性也。”就其“自命出”或从才本而言，谓之“性”。

之气内畜，虽欲隐之，阳忧必见。五气诚于中，发形于外，民情不隐也。喜色由（油）然以生，怒色拂然以侮，欲色呕然以偷，惧色薄然以下，忧悲之色累然而静。诚智，必有难尽之色；诚仁，必有可尊之色；诚勇，必有难慑之色；诚忠，必有可亲之色；诚洁，必有难污之色；诚静，必有可信之色。质色皓然固以安，伪色缦然乱以烦，虽欲故（改）之中，① 色不听也。虽变可知，此之谓观色也。

这段文字，学者常引。它主要论述“观色”如何可能的根据问题。而对于这个“根据”，作者深入到人性（“民有五性，喜怒欲惧忧也”）与动养的情感之气来加以说明。其重心在于说明蓄养在内的情感之气与感动在外的貌色之间的关系。二者之间，在作者看来具有“必”的关系，因此，可以通过“观色”以察其“心中之诚”。② 在作者看来，智、仁、勇、忠、洁、静六者诚于中，则一定表现于在外之色貌上面。可以看出，修诚养气的过程中，“诚”确实比“忠”更为基础。这是第一点。

第二，该篇“忠”字的含义在不同的上下文中，具体说明并非完全一致。(1)、(5)、(6) 例之“忠”，皆是在君臣、上下政治关系层次来说的，着重强调忠贞、专一之义。③ 关于引文 (1)，卢《注》：“父慈子孝，兄友弟和，君惠臣忠也。”《解诂》：“聘珍谓：《广雅》云：‘惠，仁也。’《礼运》曰：‘君仁臣忠。’”④ 至

---

① 卢《注》：“言虽欲故隐之于中，而无奈色见于外。故子夏问孝，子曰‘色难’。是以君子戒慎，不失色于人。”（载《大戴礼记解诂》，第 192 页。）《逸周书·官人解》抱经堂本“故”作“改”。疑作“改”是。“改”、“故”形近，易致讹。

② 《庄子·徐无鬼》：“君若勿已矣，修胸中之诚，以应天地之情而勿撄。”“胸中之诚”的说法，是否受到《文王官人》的影响，不得而知。

③ 《大戴礼记·主言》：“上者，民之表也，表正则何物不正。是故君先立于仁，则大夫忠而士信，民敦，工璞（朴），商悫，女憧，妇空空，七者教之志也。”“忠”亦政治身份关系之忠诚、忠贞之义。

④ 《大戴礼记解诂》，第 188 页。

于引文（2），既然诚智、诚仁、诚勇、诚忠等连言，则“忠”与“诚”在含义上有所区别。“诚忠，必有可亲之色”，王聘珍《解诂》：“忠，爱也。”① （3）、（4）条引文“忠孝”之“忠”，从上下文来看，其实也主要侧重于“爱”之义。不过联系引文（3）“伪爱以为忠”与引文（4）“忠爱以事其亲”来看，“忠”实在不能摆脱“实”、“诚”的含义。引文（3）“欢忠不尽”，《解诂》：“忠，中心也。欢忠者，中心悦而诚服也。”② 引文（4）“其言甚忠”，《解诂》：“言忠者，言必由中也。”是又以“忠”为“中”、“中心”之义。其实，“忠”之爱、诚、中三义在儒家心理学或心性学中是相互关联在一起的。“忠”德从出现的春秋时期起即已被理解为一种对人伦关系作出反应的心理活动，《国语》甚至更加强调“心”的自我特性，则春秋时代除了代表政治、人际关系之“忠贞”、“忠诚”一义流行之外，它已在一定程度上肯定了“自中”、“中心”、“尽己”的含义。自心中出者必诚必实；自心中出者必能尽己，尽己以事亲则必爱必孝。儒家又将“忠爱”之义推之于政治统治上，如是出现了竹简《忠信之道》“忠积则可亲也，信积则可信也。忠信积而民弗亲信者，未之有也”和《礼记·缁衣》“大臣之不亲也，则忠敬不足，而富贵已过也”的论述。总之，“中心”成为理解“忠”之诸义的基础，而“忠”成为承担各种责任伦理的心理根源。进入战国时期，尤其如此。《说文》卷十：“忠，敬也。从心中声。”其实该字应当分析为“从心从中，中亦声”的形声兼会意字，才能够更好地体现其基本含义和春秋战国时期人们对于该观念的思考。《大戴礼记·文王官人》竟将“忠”字的诸种含义浓缩于上引（3）、（4）条短短的文本中，同时也深入地说明了这些含义具有相同的根源性和高度的关联性。

第三，从上引（3）、（4）条文本来看，“忠孝”多次连言，然而都是从“门内之治”，也即是从血缘关系而言的。虽然这与曾子学派对于“忠孝”的理解有一些共同的地方，但是毕竟与传统对

① 《大戴礼记解诂》，第192页。

② 《大戴礼记解诂》，第193页。

于“忠”、“孝”关系的一般性理解过于迥异。战国后期的学者一般将“忠孝”观念放在忠臣、孝子的关系上来讨论。疑《文王官人》的制作时代在战国末期，其循顺曾子后学的理解而将“忠孝”观念的含义推向了另外一个极端，对于当时在诸子之间普遍流行的“忠孝”观念来说是全然相反的。

六、先秦诸子“忠”的观念

（一）道家：《老》、《庄》的“忠”观念

老子是立足于传统含义之上来思考“忠”这一概念的。《老子》第十八章云：“大道废，有仁义。智慧出，有大伪。① 六亲不和，有孝慈。国家昏乱，有忠臣。”“忠臣”，竹简《老子》丙组作“正臣”，帛书两本皆作“贞臣”。②“贞”，正也，常训。“贞”，端母耕部；“正”，章母耕部。端、章同属舌音，“贞”、“正”亦通假。③ 疑王本将帛书本“贞”理解为“专贞”义，并改“贞”为“忠”字。第三十八章云：“故失道而后德，失德而后仁，失仁而后义，失义而后礼。夫礼者，忠信之薄，而乱之首。前识者，道之华，而愚之始。是以大丈夫处其厚，不居其薄；处其实，不居其华。故去彼取此。”从此章文本来看，礼与忠信相对而言，忠信是所谓厚实者，而礼是所谓浮薄者。老子从本失而乱生的角度批评了仁、义、礼三者，但并没有批评忠信之德，这表明他将忠信看作人更为根源、实在而必要的德行。

---

① “智慧出，有大伪”一句，郭店简本《老子》丙组无，帛书二本皆有。

② 参见荆门市博物馆编：《郭店楚墓竹简》（文物出版社 1998 年版），第 121 页。国家文物局古文献研究室编：《马王堆汉墓帛书［壹］》（文物出版社 1980 年版），第 11、96 页。

③ 《左传》昭公二十六年：“妻柔而正。”《晏子春秋·外篇七》“正”作“贞”。《老子》三十九章：“侯王得一以为天下贞。”帛书乙本“贞”作“正”。“贞”、“正”通假例，见高亨纂著、董治安整理：《古字通假会典》（齐鲁书社 1989 年版），第 60 页。

庄子及其后学对于“忠”或“忠信”、“忠孝”等观念的理解与态度，则多有不同。《庄子》内篇言“忠”仅见于《人间世》篇。该篇云：

> 天下有大戒二，其一命也，其一义也。子之爱亲，命也，不可解于心也。臣之事君，义也，无适而非君也，无所逃于天地之间。是之谓大戒。是以夫事其亲者，不择地而安之，孝之至也。夫事其君者，不择事而安之，忠之盛也。自事其心者，哀乐不易施乎前，知其不可奈何，而安之若命，德之至也。为人臣子者，固有所不得已，行事之情而忘其身，何暇至于悦生而恶死？夫子其行可矣，丘请复以所闻：“凡交近则必相靡以信，远则必忠之以言，言必或传之。夫传两喜两怒之言，天下之难者也。”

这段话对于“忠”的论述，包含两条语路，一条是从忠孝的角度而言，一条是从忠信的角度而言。“子之爱亲，命也”与“安之若命”的两“命”字，其义不同。前一“命”，形气自然之命；后一“命”，命运，盲目流行之命。庄子在这里将“孝”、“忠”并提，并以之为二大戒。从行为来看，有所谓的爱亲之命与事君之义，且二者分别是人子、人臣不可解和无所逃之事。既然忠孝之事不可解和无所逃，那么从心灵修养的角度来看，则应该免除因此可能产生的哀乐之累，达到“知其不可奈何，而安之若命”的地步。在此，庄子论“忠”的含义包含四点：其一，“忠”属于臣事君之德；其二，认为事君之义是普遍的，“无所逃于天地之间”，因此，“忠”也是人所无法摆脱的伦理责任；其三，在功夫上，宣扬“不择事而安之”的忠臣观；其四，从目的来看，庄子宣扬“安之若命”的忠臣观，乃是为了解除忠孝之事对于人子人臣可能产生的心理紧张，并进而解脱“悦生恶死”对于生命本来状态的倒置。如何可能做到“不择事而安之”？从具体方法而言，就是要做到“凡交近则必相靡以信，远则必忠之以言”，就是要进一步做到忠实信靠。而心安之“忠”，亦当与“远则必忠之以言”之“忠”义近，乃主要是忠实之义。也即是说，臣对君当然必须做到忠贞、专一，并且只有真正做到了忠实无欺，才可能达到“心安”的地步。对于这种建立在“实”义之上而以保身全生为根本目的的“忠”观，庄子后学也加以继承和肯定。如外篇《天地》云：“端正而不知以为义，相爱而不知以为仁，实而不知以为忠，当而不知以为信，蠢动而相使不以为赐，是故行而无迹，事而无传。孝子不谀其亲，忠臣不谄其君，臣子之盛也。亲之所言而然，所行而善，则世俗谓之不肖子。君之所言而然，所行而善，则世俗谓之不肖臣。——而未知此其必然邪？”《天地》篇的作者肯定了“实而不知”之“忠”，① 而讽刺、批评了由世俗标准所构造出来的不真不实的“忠”观念。

《庄子》外杂篇对于“忠”或“忠信”之德，一般也是从臣道而言的，但大体上持批判的态度。由世俗之教和“游居学者之所好”所主导的孝悌、仁义、忠信等价值观念，② 在庄子学派看来，其一，皆非所以为治之道，若以之为治则譬之犹“螳螂之怒臂以当车轶”，③ 而“皆自勉以役其德者也”；④ 其二，皆非所以养命活

① 与此“忠实”义相近之例，又见《缮性》：“夫德，和也；道，理也。德无不容，仁也；道无不理，义也。义明而物亲，忠也。中纯实而反乎情，乐也。”《让王》：“昔者神农之有天下也，时祀尽敬而不祈喜；其于人也，忠信尽治而无求焉。”

② 《庄子·刻意》：“语仁义、忠信、恭俭、推让，为修而已矣。此平世之士，教诲之人，游居学者之所好也。”《刻意》所评论的这类人，主要指儒家之士。《渔父》篇云：“子贡对曰：孔氏者，性服忠信，身行仁义，饰礼乐，选人伦，上以忠于世主，下以化于齐民，将以利天下，此孔氏之所治也。”所云更为直接、明白。

③ 《庄子·天地》：“吾谓鲁君曰：必服恭俭，拔出公忠之属而无阿私，民孰敢不辑？季彻局局然笑曰：若夫子之言于帝王之德，犹螳螂之怒臂以当车轶，则必不胜任矣。”这一思想源自《人间世》。

④ 《庄子·天运》：“夫德遗尧舜而不为也，利泽施于万世，天下莫知也。岂直太息而言仁孝乎哉？夫孝悌、仁忠、贞廉，此皆自勉以役其德者也，不足多也。”

身之道，如子胥沉江，比干剖心，“世谓忠臣也，然卒为天下笑”，① 而非所谓善者；② 其三，也未必是使君臣相信爱之道，如伍员、苌弘之忠未必见信，孝己、曾参之孝未必见爱，而适皆足成其忧悲。③

总之，从《庄子》内篇到外杂篇，庄子或庄子学派皆以“忠”为臣德。一方面，庄子认为既然臣以忠事君是天经地义而“无所逃于天地之间”的事情，那么从心灵修养上来说对忠孝之事就应该做到“安之若命”，不受到哀乐之情的烦扰，而在行为上做到“行事之情”，从而解脱悦生恶死对于生命的倒悬。应该说这是一种着重强调“实”义的“忠”观念。而对此种观念，庄子显然认为人们应该努力遵行之。另一方面，面对“忠”与其他价值观念一起日益异化为束缚人身心自由的桎梏，赡养性命的妨碍，庄子学派则对其作出了激烈的批判和无情的鞭笞。

（二）墨家：墨子及其后学“忠”的观念

墨子为战国早期人物。④《墨子·鲁问》篇记载了墨子的十大

---

① 《庄子·盗跖》：“介子推至忠也，自割其股以食文公。文公后背之，子推怒而去，抱木而燔死。尾生与女子期于梁下，女子不来，水至不去，抱梁柱而死。此四者无异于磔犬流豕，操瓢而乞者，皆离名轻死，不念本养寿命者也。世之所谓忠臣者，莫若王子比干、伍子胥。子胥沉江，比干剖心。此二子者，世谓忠臣也，然卒为天下笑。”

② 《庄子·至乐》：“列士为天下见善矣，未足以活身。吾未知善之诚善邪，诚不善邪？若以为善矣，不足活身；以为不善矣，足以活人。故曰：忠谏不听，蹲循勿争。故夫子胥争之以残其形，不争，名亦不成。诚有善无有哉？”

③ 《庄子·外物》：“人主莫不欲其臣之忠，而忠未必信。故伍员流于江，苌弘死于蜀，藏其血三年而化为碧。人亲莫不欲其子之孝，而孝未必爱。故孝己忧而曾参悲。”

④ 孙诒让根据《墨子》五十三篇书推校，认为：“墨子当与子思并时，而生年尚在其后。当生于周定王之初年，而卒于安王之季，盖八九十岁，亦寿考矣。”（见氏著：《墨子间诂·墨子后语上》，载《诸子集成》第四册，中华书局1954年版，第13页。）前此，《史记·孟子荀卿列传》：“盖墨翟，宋之大夫，善守御，为节用。或曰并孔子时，或曰在其后。”《史记索隐》引《别录》云：“在七十子之后。”《汉书·艺文志》云：“在孔子后。”《后汉书》卷59《张衡传》注引张衡《衡论》云：“班与墨翟并当子思时，出仲尼后。”

主张，关于《墨子》五十三篇，孙诒让说：“今书虽残缺，然自《尚贤》至《非命》三十篇，所论略备，足以尽其恉要矣。《经说》上下篇，与庄周所述惠施之论及公孙龙书相出入，似原出墨子，而诸巨子以其说缀益之。《备城门》以下十余篇，则又禽滑厘所受兵家之遗法，于墨学为别传。惟《修身》、《亲士》诸篇，谊正而文靡，校之他篇，殊不类。《当染》篇，又颇涉晚周之事，非墨子所得闻，亦皆后人以儒言缘饰之，非其本书也。”① 墨氏之学，盛行于战国中后期。②《庄子·天下》：“相里勤之弟子，五侯之徒，南方之墨者苦获、已齿、邓陵子之属，俱诵墨经，而倍谲不同，相谓别墨。”《韩非子·显学》：“自墨子之死也，有相里氏之墨，有相夫氏之墨，有邓陵氏之墨。故孔墨之后，儒分为八，墨离为三。取舍相反不同，而皆自谓真孔墨。”据此而观皆分为上、中、下的《尚贤》至《非命》诸篇，疑本为三墨之所传，特记述各有详略耳。自《经说》而至于《公输》之篇，当为墨子后学在战国中后期之作。

《墨子》一书言“忠”，有从伦理德位关系而言的，墨子就曾多次提到了君惠臣忠、父慈子孝的伦理德位关系；③ 有从个人德性修养的角度而言的，墨子将其应用于个人对他人应尽之责任上面。④ 就前者而言，“忠”无疑专属于臣德，而在此强调臣下对于君上的忠贞、专一之义；就后者而言，墨子将其看作每个人必须具备的品德，而突出“内心”、“尽己”之义，由此而言，君主对民、对国家也有尽忠的问题。诚然，前一义在《墨子》书中是主要的。

---

① 见氏著：《墨子间诂·自序》，载《诸子集成》第四册。

② 《孟子·滕文公下》说“杨朱、墨翟之言盈天下”，《庄子》对儒墨之言多有批评，《天下》篇之记述尤为详细，《荀子》多次评论了墨子，皆为其证。

③ 参见《墨子·兼爱中》、《兼爱下》、《非攻中》、《节葬下》、《天志中》、《天志下》、《明鬼下》、《非命上》、《非儒下》诸篇相关文本。

④ 《墨子·节用中》：“子墨子言曰：古者明王、圣人所以王天下、正诸侯者，彼其爱民谨忠，利民谨厚，忠信相连，又示之以利，是以终身不餍，殁世而不卷。”《非命上》：“是故子墨子言曰：今天下之士君子，忠实欲天下之富而恶其贫，欲天下之治而恶其乱，执有命者之言，不可不非，此天下之大害也。”

墨子后学言“忠”，大体着重于臣下对于君主的忠诚问题，但是他们显然反对将臣下作为主体之自我彻底加以消解，而完全听从君主命令的忠臣观。《鲁问》篇云：“鲁阳文君谓子墨子曰：有语我以忠臣者，令之俯则俯，令之仰则仰；处则静，呼则应，可谓忠臣乎？子墨子曰：令之俯则俯，令之仰则仰，是似景也。处则静，呼则应，是似响也。君将何得于景与响哉？若以翟之所谓忠臣者，上有过，则微之以谏。己有善，则访之上，而无敢以告外。匡其邪，而入其善。尚同而无下比，是以美善在上，而怨仇在下，安乐在上，而忧戚在臣。此翟之谓忠臣者也。”墨子主张“尚同”，依此而言似乎他主张臣下应该彻底消解自我，而绝对服从君主的号令。但是依照《鲁问》篇的叙述，墨子实际上坚决反对将臣下变成“令之俯则俯，令之仰则仰；处则静，呼则应”的若影若响之物的忠臣观。对于君主的过错，墨子主张“微之以谏”的温和忠臣观。此“微之以谏”，孙诒让云：“言伺君之闲而谏之也。”① 言对君主的过错，暗中施以规谏也。《经上》、《公输》篇所言之忠臣，其所谓的谏诤则显得较为激烈。《经上》：“忠以为利而强低也。”孙诒让《闲诂》云：“低，疑当为君。君与氏，篆书相似，因而致误。氏，复误为低耳。‘忠为利君’，与下文‘孝为利亲’文义正相对。《荀子·臣道》篇云：‘逆命而利君谓之忠。’又云：‘有能比智，力率群臣百吏而相与强君、挢君，君虽不安，不能不听，遂以解国之大患，除国之大害，成于尊君安国谓之辅。’案：此云‘强君’，与《荀子》义同。‘以为利’，即‘解大患，除大害，尊君安国’之事也。”② 《公输》篇借墨子之口批评公输般，云：“宋无罪而攻之，不可谓仁。知而不争，不可谓忠。争而不得，不可谓强。”二篇皆主张强君而谏的忠臣观。比较三篇的忠臣

---

① 见氏著：《墨子间诂》卷10，第285页，载《诸子集成》第四册。

② 见氏著：《墨子间诂》卷10，第191页，载《诸子集成》。又，《经说上》：“忠，不利弱子亥。”《间诂》云：“亥，疑当为孩。《说文》口部云：咳，小儿笑也；古文作孩。《明鬼下》篇云：贼，诛孩子。子亥，犹云孩子。弱子孩，谓小主也。言忠臣之强君，其迹若不利于小主，即《书·金縢》管叔流言，谓周公将不利于孺子之意。”见《墨子间诂》卷10，第204页。

观,《鲁问》篇“微之以谏”的观点,与墨子“尚同”的主张较为切近;而《经上》、《公输》篇强君而谏的忠臣观,则与墨子“兼爱”、“非攻”的主张相切近。这一方面体现了墨子思想内部的张力,另一方面其实也是对于战国中期君主权力日益强化的一种间接反映。

可以说,墨氏“忠”的观念,在上述方面与儒家相比其实基本相同。而真正使墨氏与传统或儒家“忠”的观念分裂开来的,乃是在继承忠孝观念的基础上,墨子要为其奠定一个在他看来更为普遍而真实的基础。在《兼爱》等篇中,墨子将“兼爱”看作忠孝观念的基本前提。① 而这一点,即在“仁爱”与“兼爱”的差别处,与儒墨的“忠”观念得以从根本上分裂开来。

(三)法家:商鞅、韩非子的“忠”及忠孝观念

在战国中晚期,国家与公族的权力、利益关系变得愈来愈紧密和统一,而公家和君主的地位也因此在整个国家的政治生活中日益上升,而变得更为重要。毫无疑问,此一时期的“忠”观念更加强调私对公、臣下对于君主的忠诚观。应该说,这一形势为法家“忠”观念的形成提供了必要的客观前提条件。

既然爵禄和权位的赋予、分配,在战国中期已经日益成为君主操控与垄断之物,那么臣下对于它们任何专擅的使用就有可能变为非法的。所以忠不忠的问题,也就演变为以国家和君主之利益的最大化为根本目标。《商君书·农战》篇云:“夫曲主虑私,非国利

① 《墨子·兼爱中》:“墨子言曰:今若国之与国之相攻,家之与家之相篡,人之与人之相贼,君臣不惠忠,父子不慈孝,兄弟不和调,则此天下之害也。……是故诸侯不相爱则必野战,家主不相爱则必相篡,人与人不相爱则必相贼,君臣不相爱则不惠忠,父子不相爱则不慈孝,兄弟不相爱则不和调。天下之人皆不相爱,强必执弱,富必侮贫,贵必敖贱,诈必欺愚。凡天下祸篡怨恨其所以起者,以不相爱生也。……然而,今天下之士君臣相爱则惠忠,父子相爱则慈孝,兄弟相爱则和调,天下之人皆相爱,强不执弱,众不劫寡,富不侮贫。……是故子墨子言曰:今天下之君子忠实欲天下之士富而恶其贫,欲天下之治而恶其乱,当兼相爱,交相利。此圣王之法,天下之治道也,不可不务为也。”

也，而为之者，以其爵禄也。下卖权，非忠臣也，而为之者，以末货也。”在商鞅的眼光中，臣下已经演变成为国家和君主的对立面，而必须以“法”、“刑”代替“礼”、“乐”来制约和赏罚他们。同时，“民”的地位得到一定程度的提升，而所谓的“忠臣”也被用来指称那些在耕战方面建功立业之人。① 很显然，儒家所强调的道德性意涵及传统的德报思想在法家的“忠”观念中得到了较大程度的清洗和剔除。如《赏刑》篇说：“所谓一刑无等级，自卿、相、将军以至大夫、庶人，有不从王令，犯国禁，乱上制者，罪死不赦。有功于前，有败于后，不为损刑；有善于前，有过于后，不为亏法。忠臣孝子有过，必以其数断；守法守职之吏有不行王法者，罪死不赦，刑及三族。”这种“一刑无等级”、有过即断于法的思想，必然得出“忠臣孝子有过，必以其数断”的观点。可以看出，法家在社会伦理建构方面虽然并不必定排斥忠孝的观念，但是一定要求“法”凌驾于它们之上而成为其主宰。② 而即使在忠孝之间，对于法家而言，前者受到了更多的强调。《书策》篇更为明显地说道：“故曰仁者能仁于人，而不能使人；仁义者能爱于人，而不能使人相爱。是以知仁义之不足以治天下也。圣人有必信之性，又有使天下不得不信之法。所谓义者，为人臣忠，为人子孝，少长有礼，男女有别。非其义也，饿不苟食，死不苟生，此乃有法之常也。圣王者不贵义而贵法，法必明，令必行，则已矣。”这种“不贵义而贵法”的观念，是法家思想的根底。

韩非子是法家思想的集大成者。他将商鞅所主张的“法”，申不害所主张的“术”，慎到所主张的“势”三者综合起来，认为它

---

① 《商君书·修权》：“故立法明分，中程者赏之，毁公者诛之。赏诛之法不失其议，故民不争。不以其劳，则忠臣不进。行赏贱禄不称其功，则战士不用。凡人臣之事君也，多以主所好事君。”

② 《商君书·慎法》：“使民之所苦者，无耕；危者，无战。二者，孝子难以为其亲，忠臣难以为其君。今欲驱其众民，与之孝子忠臣之所难，臣以为非劫以刑而驱以赏莫可。”以刑赏二柄作为驱民强国的根本方法，并以其为孝子伺亲、忠臣事君的基础，这正是法家的思想要点。

们不可偏废，都是君主实现其有效统治，使国家变得强盛的手段。① 韩非子的“忠”观念继承商鞅而来，但在内容上更为复杂、丰富。

其一，韩非认为忠臣必须以强国尊主为根本目的和尺度。这一点，《韩非子·奸劫弑臣》说得非常明白：“汤得伊尹，以百里之地立为天子；桓公得管仲，立为五霸主，九合诸侯，一匡天下；孝公得商君，地以广，兵以强。故有忠臣者，外无敌国之患，内无乱臣之忧，长安于天下，而名垂后世，所谓忠臣也。若夫豫让为智伯臣也，上不能说人主使之明法术、度数之理，以避祸难之患，下不能领御其众，以安其国。及襄子之杀智伯也，豫让乃自黔劓，败其形容，以为智伯报襄子之仇。是虽有残形杀身以为人主之名，而实无益于智伯，若秋毫之末。此吾之所下也，而世主以为忠而高之。古有伯夷叔齐者，武王让以天下而弗受，二人饿死首阳之陵。若此臣者，不畏重诛，不利重赏，不可以罚禁也，不可以赏使也，此之谓无益之臣也。吾所少而去也，而世主之所多而求也。”在这里，韩非子批判了传统的“忠”观念，而树立了利主的价值标准。而其有关“小忠”、“大忠”之辩，认为“行小忠”乃“大忠之贼”，② 以及在公私之辩上，韩非子批评了“群臣持禄養交，行私

---

① 《韩非子·定法》：“今申不害言术，而公孙鞅为法。术者，因任而授官，循名而责实，操杀生之柄，课群臣之能者也，此人主之所执也。法者，宪令著于官府，刑罚必于民心，赏存乎慎法，而罚加乎奸令者也。此臣之所师也。君无术则弊于上，臣无法则乱于下，此不可一无，皆帝王之具也。”

② 《韩非子·十过》云：“十过：一曰行小忠，则大忠之贼也。……奚谓小忠？昔者楚王共与晋厉公战于鄢陵，楚师败，而共王伤其目。酣战之时，司马子反渴而求饮，竖谷阳操觞酒而进之，子反曰：‘嘻，退酒也。’子反受而饮之。子反之为人也，嗜酒而甘之，弗能绝于口而醉。战既罢，共王欲复战，令人召司马子反，司马子反辞以心疾。共王驾而自往，入其幄中，闻酒臭而还曰：‘今日之战，不谷亲伤。所恃者，司马也，而司马又醉如此，是亡楚国之社稷，而不言吾众也。不谷无复战矣。’于是还师而去，斩司马子反以为大戮。故竖谷阳之进酒，不以仇子反也，其心忠爱之，而适足以杀之。故曰行小忠，则大忠之贼也。”此则故事，又见《饰邪》篇。

道而不效公忠”的观点,① 在根本上也是为了维护主上的安全和利益的。

其二，韩非子提出“主明臣忠”的主张，认为人主的察识能力与臣下的忠行之间是有关系的。这方面的论述较为多见，如《韩非子·人主》:“昔关龙逢说桀而伤其四肢，王子比干谏纣而剖其心，子胥忠直夫差而诛于属镂。此三子者，为人臣非不忠，而说非不当也，然不免于死亡之患者，主不察贤智之言，而蔽愚不肖之患也。”在韩非子的心目中，“君主”显然是其思想设计的中心。而他对于不明之主，也做出了较为强烈的批评与反思。②

其三，韩非子一方面认为“忠言拂耳”是必要的，但是另一方面又认为“诈说逆法，倍主强谏”非“忠”，因此，臣下对于君上的谏诤是有一定限度的。《韩非子·外储说左上》云:“夫良药苦于口，而智者劝而饮之，知其入而已己疾也。忠言拂于耳，而明

---

① 《韩非子·三守》:“然则群臣莫敢忠主忧国，以争社稷之利害。人主虽贤，不能独计，而人臣有不敢忠主，则国为亡国矣。此谓国无臣。国无臣者，岂郎中虚而朝臣少哉？群臣持禄養交，行私道而不效公忠，此谓明劫。”又如《内储说下》云:“君臣之利异，故人臣莫忠。故臣利立而主利灭。是以奸臣者，召敌兵以内除，举外事以眩主，苟成其私利，不顾国患。其说在卫人之夫妻祷祝也。”

② 如《韩非子·难言》云:“宓子贱、西门豹不斗而死人手，董安于死而陈于市，宰予不免于田常，范睢折胁于魏。此十数人者，皆世之仁贤忠良、有道术之士也，不幸而遇悖乱暗惑之主而死。然则，虽贤圣不能逃死亡、避戮辱者，何也？则愚者难说也。”《三守》云:“然则端言直道之人不得见，而忠直日疏。”《十过》云:“八曰：过而不听于忠臣，而独行其意，则灭高名，为人笑之始也。……奚谓过而不听于忠臣？昔者齐桓公九合诸侯，一匡天下，为五伯长，管仲佐之。……故桓公之兵横行天下，为五伯长，卒见弑于其臣，而灭高名，为天下笑者，何也？不用管仲之过也。故曰过而不听于忠臣，独行其意，则灭其高名，为人笑之始也。”《难四》云:“臣之忠诈，在君所行也。君明而严，则群臣忠。君懦而暗，则群臣诈。知微之谓明，无赦之谓严。不知齐之巧臣而诛鲁之成乱，不亦妄乎!”同篇又云:“且君明而严，则群臣忠。阳虎为乱于鲁，不成，而走入齐。而不诛，是承为乱也。”

主听之，知其可以致功也。"① 这里认为忠谏之道是必要的。《有度》云："今夫轻爵禄，易去亡，以择其主，臣不谓廉。诈说逆法，倍主强谏，臣不谓忠。行惠施利，收下为名，臣不谓仁。离俗隐居，而以作非上，臣不谓义。外使诸侯，内耗其国，伺其危险之陂以恐其主，曰交非我不亲，怨非我不解，而主乃信之，以国听之，卑主之名以显其身，毁国之厚以利其家，臣不谓智。"在此，韩非子认为，臣下有意超越一定的界限而凌驾于君主之上，拂逆主上的威严而强行进谏的，并非所谓的忠臣。因此，臣下的谏诤行为也必须以尊主为根本目的，并以"法"设定臣下谏议活动的限度。而这一点，与荀子所说的忠臣观并不相同。

其四，韩非子将"法术"看作"忠"的基础，将赏罚"二柄"看作驱使臣下尽忠的根本方法。②《韩非子·南面》云："人臣者，非名誉请谒无以进取，非背法专制无以为威，非假于忠信无以不禁。三者，惛主坏法之资也。人主使人臣，虽有智能，不得背法而专制；虽有贤行，不得踰功而先劳；虽有忠信，不得释法而不禁。此之谓明法。"《饰邪》篇云："古者先王尽力于亲民，加事于明法。彼法明则忠臣劝，罚必则邪臣止。忠劝邪止而地广主尊者，秦是也。群臣朋党比周以隐正道、行私曲，而地削主卑者，山东是也。"韩非子认为只有"法"才是立国之本，而反对以"礼"作为基础。其"忠"的观念亦复如此。在《解老》篇中，他借用《老子》的话说："夫礼者，忠信之薄也，而乱之首乎！"韩非认为"礼"不是"忠信"的实际表达，也不是强国尊主的基础；在他看来，"法"才是最为重要的。对于臣下是否忠诚，必须以"法"为依据，以赏罚二柄为手段，使忠臣得赏，奸臣得罚，如此方可以强国利主。如《解老》篇云："事上不忠，轻犯禁令，则刑法之爪角

---

① 《韩非子·安危》："闻古扁鹊之治其病也，以刀刺骨。圣人之救危国也，以忠拂耳。刺骨，故小痛在体，而长利在身。拂耳，故小逆在心，而久福在国。"

② 韩非子继承了荀子性恶的人性论主张，认为人主必须通过赏罚二柄利用之。《韩非子·八经》云："凡治天下，必因人情。人情者有好恶，故赏罚可用。赏罚可用，则禁令可立而治道具矣。"

害之。"《难四》云:"此无赦之实也,则诛阳虎,所以使群臣忠也。"

其五,韩非子继承了传统的忠孝观念,但其立场是法家的。他认为"尽力守法,专心事主者为忠臣",这与儒家的忠臣观大异。《韩非子·忠孝》云:

(1) 天下皆以孝悌忠顺之道为是也,而莫知察孝悌忠顺之道而审行之,是以天下乱。皆以尧舜之道为是而法之,是以有弑君,有曲于父。尧、舜、汤、武或反君臣之义,乱后世之教者也。尧为人君而君其臣,舜为人臣而臣其君,汤武为人臣而弑其主、刑其尸,而天下誉之。此天下所以至今不治者也。夫所谓明君者,能畜其臣者也。所谓贤臣者,能明法辟、治官职,以戴其君者也。……臣之所闻曰:"臣事君,子事父,妻事夫,三者顺则天下治,三者逆则天下乱,此天下之常道也,明王贤臣而弗易也。"则人主虽不肖,臣不敢侵也。……是废常、上贤则乱,舍法、任智则危。故曰:上法而不上贤。

(2)《记》曰:"舜见瞽瞍,其容造焉。孔子曰:当是时也,危哉,天下岌岌!有道者,父固不得而子,君固不得而臣也。"① 臣曰:孔子本未知孝悌忠顺之道也。然则有道者,进

---

① 参见《孟子·万章上》:"(咸丘蒙问曰)语云:盛德之士,君不得而臣,父不得而子。舜南面而立,尧帅诸侯北面而朝之,瞽瞍亦北面而朝之。舜见瞽瞍,其容有蹙。孔子曰:于斯时也,天下殆哉,岌岌乎!不识此语诚然乎哉?"《墨子·非儒》云:"孔丘与其门弟子闲坐,曰:夫舜见瞽瞍蹴然,此时天下圾乎!"陈奇猷《校注》云:"此下所引见《孟子·万章篇》,则所谓记者,《孟子》书也。……疑别本《论语》有孔子之言。"(见氏著:《韩非子新校注》下册,上海古籍出版社2000年,第1155页)陈氏以《韩非子·忠孝》之"记"为《孟子》书,及以"孔子曰"为《论语》中之孔子言,皆臆说求新也。不过,孟子将咸丘蒙所引"语云"贬斥为"此非君子之言也,齐东野人之语也",亦恐过激之辞。疑咸丘蒙所引"语云",殆为儒家者言。

不得为主臣，退不得为父子耶?① 父之所以欲有贤子者，家贫则富之，父苦则乐之。君之所以欲有贤臣者，国乱则治之，主卑则尊之。今有贤子而不为父，则父之处家也苦。有贤臣而不为君，则君之处位也危。然则父有贤子，君有贤臣，适足以为害耳，岂得利焉哉！所谓忠臣，不危其君；孝子，不非其亲。今舜以贤取君之国，而汤武以义放弑其君，此皆以贤而危主者也。

(3) 臣以为人生必事君养亲，事君养亲不可以恬淡。之人必以言论忠信法术，言论忠信法术不可以恍惚。恍惚之言，恬淡之学，天下之惑术也。孝子之事父也，非竞取父之家也；忠臣之事君也，非竞取君之国也。夫为人子而常誉他人之亲曰："某子之亲，夜寝早起，强力生财以养子孙臣妾。"是诽谤其亲者也。为人臣常誉先王之德厚而愿之，诽谤其君者也。非其亲者，知谓不孝；而非其君者，天下此贤之，此所以乱也。故人臣毋称尧舜之贤，毋誉汤武之伐，毋言烈士之高，尽力守法，专心于事主者为忠臣。

从上述三条引文可知，韩非子确实并不反对忠顺孝悌的观念，毋宁说他正是要站在法家的立场上来推原什么是真正的忠顺孝悌之道的。他既不同意"恍惚之言，恬淡之学"的道家学说对于忠孝法术观念的彻底否定，也不同意儒家学者对于忠孝观念所作的既有理解。在他看来，"父之所以欲有贤子者，家贫则富之，父苦则乐之。君之所以欲有贤臣者，国乱则治之，主卑则尊之"，也即是说在父子、君臣的伦理关系中，臣子之贤适得以成就君父之所乐所愿，"所谓忠臣，不危其君；孝子，不非其亲"。否则，像儒家所宣扬的"有道者，父固不得而子，君固不得而臣也"的主张，就

① 王先慎曰："乾道本两'不'字下皆无'得'字。卢文弨云'得'字脱，张凌本有。先慎按，有'得'字是，今据补。'臣主'当作'主臣'，言进不得为主之臣，退不得为父之子也。"见氏著：《韩非子集解》卷20，载《诸子集成》第五册（中华书局1954年版），第359页。

不是本来的、真正的“孝悌忠顺之道”，而人们“贤尧、舜、汤、武而是烈士”的观点就是“天下之乱术也”。① 很显然，在“忠”、“孝”观念的含义里面，韩非子认为本来就已经包含了君臣、父子定位不移、不可变异的思想。他引述“所闻”云：“臣事君，子事父，妻事夫，三者顺则天下治，三者逆则天下乱，此天下之常道也，明王贤臣而弗易也。”应该说这是“三纲”思想的雏形。而其所谓“所闻”，鄙意以为大概闻之于荀子。与孟子相比，荀子尚礼法，几乎不言“革命”的观念。与荀子相比，韩非子重法而轻礼，认为“尽力守法，专心于事主者为忠臣”。可以看出，“守法”与“事主”是韩非子忠臣观的枢纽。在《外储说右下》中，他甚至说：“治强生于法，弱乱生于阿。君明于此，则正赏罚，非仁下也。爵禄生于功，诛罚生于罪。臣明于此，则尽死力而非忠君也。君通于不仁，臣通于不忠，则可以王矣。”在韩非子看来，与“仁”、“忠”相比，“法”与“赏罚”才是治乱、强弱之本。②

（四）道法之士：《管子》“忠”的观念

《管子》一书，前人多有评论。《史记·管晏列传正义》：“《七略》云《管子》十八篇，在法家。”《汉书·艺文志》则将之列入“道家”之部。叶适云：“《管子》非一人之笔，亦非一时之书，莫知谁所为。以其言毛嫱西施、吴王好剑推之，当是春秋末年。……而此书方为申韩之先驱，斯鞅之初觉，民罹其祸，而不蒙其福也。哀哉！”黄震《日钞》曰：“《管子》书，不知谁所集。乃庞杂重复，似不出一人之手。《心术》、《内业》等篇，皆影附道家

---

① 《韩非子·忠孝》。

② 《韩非子·六反》：“霸王者，人主之大利也。人主挟大利以听治，故其任官者当能，其赏罚无私。使士民明焉，尽力致死，则功伐可立而爵禄可致，爵禄致而富贵之业成矣。富贵者，人臣之大利也。人臣挟大利以从事，故其行危至死，其力尽而不望。此谓君不仁，臣不忠，则不可以霸王矣。”“不可以霸王”之“不”字，顾广圻曰衍文。见王先慎：《韩非子集解》卷18，第320页。陈奇猷云：“盖君不仁则罚当其罪，故人不怨；因功得赏，非以忠而得赐，故不德君也。”其意是。见氏著：《韩非子新校注》，第1008页。

以为高。《侈靡》、《宙合》等篇，皆刻斲隐语以为怪，《管子》责实之政，安有虚浮之语？《牧民》篇最简明，其要曰：‘仓廪实则知礼节，衣食足则知荣辱’，‘礼义廉耻，国之四维。四维不张，国乃灭亡’。此《管子》正经之纲也。苟得王者之心以行之，虽历世可以无弊。秦汉以来，未有能践其实者也。其说岂不简明？《大匡》篇，管子行事之日，聚见此书，其次第皆可按而考，然其说似粉饰之以夸功。若《轻重》篇，要皆多为之术以成其私，琐屑甚矣，未必皆《管子》之真。”① 明末，赵用贤云：“及余读是书，而深惟其故，然后知王者之法，莫备于周公，而善变周公之法者，莫精于管子。……诸侯不服，吾可以战。诸侯宾服，吾可以行仁义。盖周公之法。……昔者苏轼氏盖论仲之变法而曰：‘王者之兵，非以求胜，故其法繁而曲。霸者之兵，求以决胜，故其法简而直。’然则谓仲之用法异于周公之意，则可，而谓其法之尽诡于周公，则不可。……世之谭者曰：‘帝降而亡，王降而霸。自仲之说行，一变而入于夸诈之习，其末极于秦鞅。尽去先王之籍，而流毒天下。’遂以管商为功利之首。夫商君惨礉少恩，卒受恶名于秦。而仲之政，饰四维，固六亲。其论《白心》、《内业》，不可谓无窥于圣人之道，而徒以刀锯绳民如商君者。故虽吾夫子，亦且大其功，而以如其仁归之。奈何跻鞅于仲也。余惧夫读是书者，不揆其修政立事之原，而徒辱之以权谋功利，使管子之善用周公者，其道不明于天下也。故为之梓其书，而复论著其大略于篇首云。”② 简而言之，《管子》这部书非一时一人所作，乃汇聚齐地士人著作的集合。其所包含的诸子思想较为复杂，少数篇章的著作年代可能早至战国早期，但绝大部分篇目当作于战国中后期。③

---

① 所引叶水心、黄震之说，参见戴望：《管子校正·管子文评》，载《诸子集成》第五册（中华书局1954年版）。

② 参见戴望：《管子校正·管子书序》，载《诸子集成》第五册（中华书局1954年版）。

③ 从学派思想来看，《管子》一书包含了战国中后期的道家思想、阴阳家的刑德思想和法家思想等；从文体来看，《牧民解》等篇正合于战国后期的风潮。今人一般也认为该书作于战国中后期，较符合实际。

《管子》一书“忠”观念的含义颇为复杂，有些篇目的思想要点相差较大，学派属性不同。在《管子》中，“忠”既是臣德，也可能为君德。如《幼官》云：“身仁行义，服忠用信，则王。”《霸形》云：“近者示之以忠信，远者示之以礼仪。行此数年而民归之如流水。”这是以“忠”为君德之例。如《形势解》云：“惠者，主之高行也。慈者，父母之高行也。忠者，臣之高行也。孝者，子妇之高行也。”①《版法解》云：“使君德臣忠，父慈子孝，兄爱弟敬，礼义章明。如此，故近者亲之，远者归之。”这是以“忠”为臣德之例。而《五辅》、《小匡》等篇既将“忠”看作君上之德，也同时看作臣下之德。《小匡》云：“宽惠爱民，臣不如也。”又云：“桓公知天下小国诸侯之多与己也，于是又大施忠焉。”《五辅》云：“待以忠爱而民可使亲。”又云：“为人君者中正而无私，为人臣者忠信而不党。”这些例子，都属于从传统伦理化的政治立场来展开论述的。与《左传》、《国语》相比，并没有特别之处，而先秦儒家也是加以肯定和继承的。②

《管子》部分篇目，受到了法家思想的严重影响。其论“忠”，亦复如是。《法法》篇云：“凡人君之所以为君者，势也。故人君失势，则臣制之矣。势在下，则君制于臣矣。势在上，则臣制于君矣。故君臣之易位，势在下也。在臣期年，臣虽不忠，君不能夺也。在子期年，子虽不孝，父不能服也。故《春秋》之记臣有弑其君，子有弑其父者矣。”这里，“忠”虽是臣德的必要内涵，但已不是处理政治关系最为重要的因素了。《法法》篇强调了“势”（权势）的重要性，认为失势期年，“臣虽不忠，君不能夺也”。有了“势”，君主的发号施令才能得到根本的保障，才可能进忠臣而去奸臣。《君臣》上下篇特别强调了“法”的重要性。《君臣上》云：“人啬夫成教，吏啬夫成律。之后，则虽有敦悫忠信者不得善

---

① 《形势解》又云：“为主而惠，为父母而慈，为臣下而忠，为子妇而孝。四者，人之高行也。”

② 《管子》书因托之于齐桓公、管仲君臣所作，为霸者事业服务，因而与儒家的立场当然又有一定的距离。

也，而戏豫怠傲者不得败也。如此，则人君之事究矣。”在这里，“成教”、“成律”被看得比个人德性的修养更为重要，而相对轻视敦悫忠信之德对于为政的作用。该篇作者认为，如果君主“常惠于赏而不忍于刑”的话，就会导致“国无法”的严重后果。因此，以赏刑并用来保证“法制有常”的政治建设，同时也是君主进纳忠臣的基础。臣下对于君主而言，也应该以“法”为基础。《君臣下》云：“能据法而不阿，上以匡主之过，下以振民之病者，忠臣之所行也。”何谓“忠臣”？忠臣就是“能据法而不阿”之人。《明法解》更进一步，云：“凡所谓忠臣者，务明法术，日夜佐主，明于度数之理，以治天下者也。”法家观念在此表现得更为突出。不过，《管子》与秦国所主张的法家观念并不完全相同，一方面它不太强调“术”，另一方面容纳了更多的儒家及其他诸子思想因素。从总体上看来，《法法》等篇的法家气质比较温和。

《形势解》、《枢言》诸篇受到道家学说的严重影响。《形势解》云：“道者，所以变化身而之正理者也。故道在身，则言自顺，行自正，事君自忠，事父自孝，遇人自理。故曰‘道之所设，身之化也’。”《形势解》继承了传统的伦理观念，而以“道”为修行实践的本源。① 作者认为，“道”可以变化身体而使人践行“正理”。因此，只要修道而获之在身，则诸种事情会自然而然地发生，如“事君自忠，事父自孝”。《枢言》篇云：“日益之而患少者

① 《形势解》云：“道行则君臣亲，父子安，诸生育。故明主之务，务在行道，不顾小物。”又云：“道者，扶持众物，使得生育，而各终其性命者也。故或以治乡，或以治国，或以治天下。故曰：道之所言者一也，而用之者异。……故有道则民归之，无道则民去之。故曰：道往者，其人莫来；道来者，其人莫往。”又云：“天之道，满而不溢，盛而不衰。明主法象天道，故贵而不骄，富而不奢。行理而不堕，故能长守贵富，久有天下而不失也。故曰：持满者与天。”又云：“主有天道，以御其民，则民一心而奉其上。故能贵富而久王天下。失天之道，则民离叛而听从，故主危而不得久王天下。故曰：欲王天下，而失天之道，天下不可得而王也。”又云：“行天道，出公理，则远者自亲。废天道，行私为，则子母相怨。故曰：天道之极，远者自亲；人事之起，近亲造怨。”毫无疑问，此篇为稷下黄老道家著作。

惟忠，日损之而患多者惟欲。多忠少欲，智也，为人臣者之广道也。为人臣者非有功劳于国也，家富而国贫，为人臣者之大罪也。为人臣者非有功劳于国也，爵尊而主卑，为人臣者之大罪也。无功劳于国而贵富者，其唯尚贤乎！众人之用其心也，爱者憎之始也，德者怨之本也。其事亲也，妻子具则孝衰矣。其事君也，有好业，家室富足，则行衰矣；爵禄满，则忠衰矣。唯贤者不然。”① 《枢言》主要受到儒、道两家的影响。② 作者在这里将“忠”、“欲”二者对置，认为人臣之道应该“多忠少欲”，否则，流于人心之私欲，就会“孝衰”、“行衰”、“忠衰”矣。因此，在修身上“少欲”乃是“多忠”的前提。

总之，《管子》一书继承了传统“忠”的观念，作为君德而言，乃衷心、真实之义；作为臣德而言，它兼具政治关系和伦理关系两个层面，都是指臣下对君上的忠诚、忠贞之义，但是“忠”、“孝”二者在这里并没有呈现出强烈的冲突关系。不过，像《法法》等篇重视“法”、“势”观念，并以此对“忠”的观念作了一定程度的限制，而所谓“忠臣”乃“据法而不阿”、“务明法术，日夜佐主，明于度数之理，以治天下”之人。因此，政治既非是礼乐化的，也非是伦理化或道德化的实践活动。法家更强调君上对于臣下有效的权势逼迫和赏罚控制，于是法家虽然要求臣下对于君主的绝对服从，然而“忠”并不能超越“法”所给出的坚硬界限。简而言之，“忠”就是为了臣下的“守法”，就是服从君主无上的权势。《法法》等篇即打上了这一烙印。而像《形势解》等篇，则强调“道”的自然性。若能修道在身，则“事君自忠”。《枢言》

---

① 《荀子·性恶》：“尧问于舜曰：‘人情何如?’舜对曰：‘人情甚不美，又何问焉？妻子具而孝衰于亲，嗜欲得而信衰于友，爵禄盈而忠衰于君。人之情乎！人之情乎！甚不美，又何问焉？唯贤者为不然。”与此类似。大概《枢言》之作与《性恶》篇同时。荀子与战国后期的齐学、稷下学互相影响，这里疑《枢言》抄自《性恶》。而“少欲”的思想疑源自老子。

② “日益之而患少者惟忠，日损之而患多者惟欲”，疑模仿《老子》四十八章文：“为学日益，为道日损。损之又损，以至于无为。”而“少欲”，正是《老子》书中的一个重要观念。

篇要求臣下在少欲的同时，“为忠日益”。这主要是从修身的角度提出来的，仍可能属于道家性质的“忠”观念。

（五）杂家：《吕氏春秋》的“忠”及忠孝观念

《吕氏春秋》作于战国末季，是一部试图全面统一当时思想，特别是政治思想的著作。而其最为常用的方法之一，就是大量抄录、杂糅和整合诸子的文献，因此，这部书从一个角度来看在思想上比较杂乱，但从另一个方面来看则较为平衡、调和。这种结果，当然是与该书的编纂者们对于诸子思想采取政治实用主义的权择、利用立场密切相关的。

其一，该书突出了“忠”观念的政治含义，强调臣下对于君上的忠贞。毫无疑问，“忠”的“忠贞”、“服从”含义在战国末季的时代是不可能不得到强调的，① 然而《吕览》与法家的“忠”观念毕竟有较大的分别。《不苟》篇云：“贤者之事也，虽贵不苟为，虽听不自阿，必中理然后动，必当义然后举。此忠臣之行也，贤主之所说，而不肖主虽不肖其说，非恶其声也。”这里将“理”、“义”看作忠行的标准，② 而与过分强调“事君”、“尊主”的法家

---

① 《吕览·至忠》篇举出了申公子培和文挚两个极端的忠臣例子。又，《忠廉》篇云：“若此人也，有势则必不自私矣，处官则必不为污矣，将众则必不挠北矣。忠臣亦然，苟便于主，利于国，无敢辞违，杀身出生以殉之。……今有臣若此，不可不存。于是复立卫于楚丘。弘演可谓忠矣，杀身出生以殉其君。非徒殉其君也，又令卫之宗庙复立，祭祀不绝，可谓有功矣。”《务本》：“古之事君者，必先服能然后任，必反情然后受。主虽过与，臣不徒取。《大雅》曰：‘上帝临汝，无贰尔心。’以言忠臣之行也。”《权勋》：“为人臣不忠贞，罪也。”

② 《吕览·劝学》：“先王之教，莫荣于孝，莫显于忠。忠孝，人君、人亲之所甚欲也。显荣，人子、人臣之所甚愿也。然而人君、人亲不得其所欲，人子、人臣不得其所愿，此生于不知理义。”《离俗览》：“世之所不足者，理义也。所有余者，妄苟也。民之情贵所不足，贱所有余。……然而以理义斲削，神农皇帝犹有可非，微独舜汤。”“理义”，又见《孟子·告子上》，孟子曰：“心之所同然者何也？谓理也，义也。圣人先得我心之所同然耳。故理义之悦我心，犹刍豢之悦我口。”《吕览》采用“理义”，大概源于此。

观念是相背离的。①

其二，虽然《吕览》有所谓“至忠”的观念，强调臣对君忠诚的无私性，然而这并不意味着臣对君没有任何谏难、批评，或者认为君主永远只可能是正确的一方，而臣下永远只可能属于错误的一方。《勿躬》云：“蚤入晏出，犯君颜色，进谏必忠，不辟死亡，不重贵富，臣不如东郭牙，请置以为大谏臣。”②《达郁》：“故圣王之贵豪士与忠臣也，为其敢直言而决郁塞也。”《恃君》云：“置君非以阿君也，置天子非以阿天子也，置官长非以阿官长也。德衰世乱，然后天子利天下，③ 国君利国，官长利官，此国所以递兴递废也，乱难之所以时作也。故忠臣廉士，内之则谏其君之过也，外之则死人臣之义。”《吕览》反复肯定了“谏诤”之义，而以之为忠臣的必要内涵。特别是《恃君》篇所云在观念上深有反省，将天子、国君和官长职位之设都平等地置放在大公无私的共同原则上面，从而为谏诤之道提供了一个牢固而正当的政治哲学基础。④ 另

---

① 又，《恃君》篇认为“置君非以阿君也，置天子非以阿天子也，置官长非以阿官长也”，又认为“天子利天下，国君利国，官长利官”，在作者看来，天子与君之设，非为一人、一家之利欲，乃是为了天下、国家。因此，臣对君之忠从终极目的上来说指向天下、国家之利。《过理》篇：“赵盾骤谏而不听，公恶之，乃使沮麛。沮麛见之不忍贼，曰：不忘恭敬，民之主也。贼民之主，不忠。弃君之命，不信。有一于此，不若死。乃触廷槐而死。”这直接继承了《左传》、《国语》的传统，否定了绝对的忠君观念。另外，《适威》篇云：“古之君民者，仁义以治之，爱利以安之，忠信以导之，务除其灾，思致其福。”这种将“忠信”看作君德的观念，也是《左》、《国》和儒家所固有的，但这在《吕览》中只是个别例子。

② 参见《管子·小匡》。

③ 高诱《注》：“幼奉长，卑事尊，强不得凌弱，众不得暴寡，以此利之。”毕沅曰：“卢云：‘注非是。利天下，言以天下为己利也。古之圣王有天下而不与，后世则以天下为己利，故有兴有废，而乱难时作。如此，方与下文意相承接。’”转见王利器：《吕氏春秋注疏》(巴蜀书社 2002 年版)，第 2436 页。

④ 又，《吕览·骄恣》：“故忠臣之谏者亦从人之，不可不慎，此得失之本也。”《贵当》：“观人主也，其朝臣多贤，左右多忠；主有失，皆交争证谏。如此者，国日安，主日尊，天下日服。此所谓吉主也。”《乐成》：“知而弗言，是不忠也。”皆为其例。

外，《至忠》篇云："至忠逆于耳，倒于心，非贤主，其孰能听之?故贤主之所说，不肖主之所诛也。"又云："夫忠于治世易，忠于浊世难。"《慎人》云："信贤而任之，君之明也。让贤而下之，臣之忠也。"《必己》云："人主莫不欲其臣之忠，而忠未必信。"①《勿躬》云："壅塞之任，不在臣下，在于人主。尧舜之臣不独义，汤禹之臣不独忠，得其数也。桀纣之臣不独鄙，幽厉之臣不独辟，失其理也。"② 可以看出，《吕览》并不单纯宣扬臣忠的观念，同时也强调了君贤主明的思想。忠臣不得其死，乃由于君主的不贤不明所造成的。毫无疑问，《吕览》对于暗主做了比较直率的批评。又，《吕览》认为忠君有愚智，即大忠、小忠的分别，认为"小忠，大忠之贼"，所以应当取大忠而去小忠。《权勋》云："利不可两，忠不可兼。不去小利，则大利不得；不去小忠，则大忠不至。故小利，大利之残也；小忠，大忠之贼也。圣人去小取大。"并举竖阳谷向司马子反进酒之例以作证明。这则议论和故事又见《左传》成公十六年、《国语》卷十七《楚语上》、《韩非子·十过》及《饰邪》，实为当时臣道之通识。

其三，在战国中后期，忠孝观念及君统与宗统之间实际上出现了非常严重的冲突，《吕览》试图重新统一二者，在君统与宗统之间达成协调。《吕览·孝行》云：

> 凡为天下、治国家，必务本而后末。所谓本者，非耕耘种殖之谓，务其人也。（务犹求也）务其人，非贫而富之，寡而众之，务其本也。务本莫贵于孝。人主孝，则名章荣，下服听，天下誉。人臣孝，则事君忠，处官廉，临难死。士民孝，则耕芸疾，守战固，不罢北。夫孝，三皇五帝之本务，而万事之纪也。夫执一术而百善至，百邪去，天下从者，其惟孝

---

① 又见《庄子·外物》。

② 又，《吕览·慎人》云："信贤而任之，君之明也；让贤而下之，臣之忠也。君为明君，臣为忠臣。彼信贤，境内将服，敌国且畏，夫谁暇笑哉？"

也。……曾子曰："身者，父母之遗体也。行父母之遗体，敢不敬乎？居处不庄，非孝也。事君不忠，非孝也。莅官不敬，非孝也。朋友不笃，非孝也。战阵无勇，非孝也。五行不遂，灾及乎亲，敢不敬乎？"《商书》曰："刑三百，罪莫重于不孝。"

在法家思想系统中，"忠"高于"孝"，而君统高于宗统，商鞅、韩非并以"法"、"势"作为治理天下、国家的基础，而以"二柄"为根本方法。《吕氏春秋》注意对各种思想和主张做平衡的处理，一方面并不轻视法家思想，另一方面又充分肯定传统的孝悌观念。《孝行》认为天子治理天下、君主治理国家的根本在于务孝，所谓"务本莫贵于孝"，并说："人主孝，则名章荣，下服听，天下誉。人臣孝，则事君忠，处官廉，临难死。士民孝，则耕芸疾，守战固，不罢北。"对于作者而言，"孝"具有根源性和普遍性，而"忠"则被看作一个支流性和特殊性的概念；前者是后者的基础，而后者则是由前者生发和支配的。毫无疑问，"孝"在此远远高于"忠"的观念。不过，《孝行》篇又引述曾子之话，云"事君不忠，非孝也"，则是有意将"忠"、"孝"及君统与宗统之间的紧张关系加以消解，但同时表明了作者试图在"忠"、"孝"之间建立强制性的平衡与统一关系。由《礼记·祭义》、《大戴礼记·曾子大孝》二篇可知，这种忠孝观念很可能是继承了曾子后学孝行学派的主张。①

然而无可否认的是，在特定情况下"忠""孝"之间毕竟存在

① 《孝行》所引曾子语，见《礼记·祭义》、《大戴礼记·曾子大孝》。而导源孝行派的观念基础，乃是曾子所云"身者，父母之遗体也。行父母之遗体，敢不敬乎"的思想。《吕览》亦加以继承。《精通》篇云："故父母之于子也，子之于父母也，一体而两分，同气而异息，若草莽之有华实也，若树木之有根心也，虽异处而相通，隐志相及，痛疾相救，忧思相感，生则相欢，死则相哀，此之谓骨肉之亲。神出于忠，而应乎心，两精相得，岂待言哉？"

强烈的冲突。如何处理二者之间的冲突？从先秦相关案例来看，皆以“直”（或“义”）作为基本原则。①《吕览·高义》篇所记石渚纵父之罪而自愿伏法自杀的事件，又见《史记·循吏列传》、《韩诗外传》二、《新序·节士》篇，② 乃是一个极端的例子。该篇云：

荆昭王之时，有士焉，曰石渚。其为人也，公直无私。王使为政，道有杀人者，石渚追之，则其父也。还车而反，立于廷曰：“杀人者，仆之父也。以父行法，不忍。阿有罪，废国法，不可。失法伏罪，人臣之义也。”于是乎伏斧锧，请死于王。王曰：“追而不及，岂必伏罪哉？子复事矣。”石渚辞曰：“不私其亲，不可谓孝子。事君枉法，不可谓忠臣。君令赦

---

① 《论语·子路》：“叶公语孔子曰：‘吾党有直躬者，其父攘羊，而子证之。’孔子曰：‘吾党之直者异于是，父为子隐，子为父隐，直在其中矣。’”《白虎通·谏诤》：“所以为君隐恶何？君至尊，故设辅弼，置谏官，本不当有遗失。《论语》曰：‘陈思败问：昭公知礼乎？孔子曰：知礼。’此为君隐也。君所以不为臣隐何？以为君之与臣，无适无莫，义之与比。为赏一善而众臣劝，罚一恶而众臣惧。若为卑隐，为不可殆也。……君不为臣隐，父独为子隐何？以为父子一体而分，荣耻相及。故《论语》曰：‘父为子隐，子为父隐，直在其中矣。’兄弟相为隐乎？曰：然。与父子同义。故周公诛四国，常以禄甫为主也。朋友相为隐者，人本接朋结友，为欲立身扬名也。朋友之道四焉，通财不在其中。近则正之，远则称之，乐则思之，患则死之。夫妻相为隐乎？《传》曰：‘曾子去妻，黎蒸不熟。’问曰：妇有七出，不蒸亦预乎？曰：吾闻之也，绝交令可友，弃妻令可嫁也。黎蒸不熟而已，何问其故乎？此为隐之也。”毫无疑问，“直”是绝对的、原则性的，而“隐”则是具体而有条件的。

② 《史记·循吏列传》：“石奢者，楚昭王相也。坚直廉正，无所阿避。行县，道有杀人者，相追之，乃其父也。纵其父而还，自系焉。使人言之王曰：‘杀人者，臣之父也。夫以父立政，不孝也；废法纵罪，非忠也。臣罪当死。’王曰：‘追而不及，不当伏罪，子其治事矣。’石奢曰：‘不私其父，非孝子也；不奉主法，非忠臣也。王赦其罪，上惠也；伏诛而死，臣职也。’遂不受命，自刎而死。”《韩诗外传》卷二评论石奢“其为人也公而好直”，《新序·节士》云“其为人也，公正而好义”，且以“义”、“直”互训。

之，上之惠也。不敢废法，臣之行也。”不去斧锧，殁头乎王廷。正法枉必死，① 父犯法而不忍，王赦之而不肯，石渚之为人臣也，可谓忠且孝矣。

何谓直义之士？《高义》篇认为即是忠孝两全之士。在这个例子中，肩负王命的石渚在一次视察公事的途中正赶上一桩杀人案件，然而不幸的是杀人犯竟然是自己的亲生父亲。在此种情况下，石渚应该怎样处理作为杀人犯的父亲？是徇私废法，纵舍杀人犯的父亲呢，还是忍私贵公，将其缉拿归案呢？而无论采取哪一种处理办法，石渚都将陷于“忠”、“孝”不可两立的绝对冲突之中，除非自己作为此二种观念各自在其理想形态中相冲突的牺牲品，从而将自身推向死亡的绝境，才能够释解作为传统伦理人内心深处的此种高度恐慌与紧张，并最终解决这一内在的矛盾。非常吊诡的是，即使正义之士（忠孝两全的直士）最终成为“忠”、“孝”观念相冲突的牺牲品，但是“正义”本身却没有通过牺牲者所谓完满的正义行为而得到彻底、毫无隐曲的伸张，因为石渚的纵舍行为致使其作为杀人犯的父亲毕竟暂时，甚至可能终生逃脱了法律应当的惩罚。这则故事，与《孟子·尽心上》所设定瞽瞍杀人，大舜“窃负而逃”，② 及《左传》叔向论数其弟叔鱼之罪

① “正法”，谓直当之刑法。“正法枉必死”，谓直当之刑法受到枉曲，枉曲者必当死罪也。《韩诗外传》二：“君子闻之曰：‘贞夫法哉，石先生乎！孔子曰：子为父隐，父为子隐，直在其中矣。《诗》曰：彼己之子，邦之司直。石先生之谓也。’”己，其之假。《周书·谥法》：“不隐无屈曰贞。”“贞夫法哉，石先生乎”，这是称赞石奢（渚）于法贞直，无隐无曲。

② 《孟子·尽心上》：“桃应问曰：‘舜为天子，皋陶为士，瞽瞍杀人，则如之何？’孟子曰：‘执之而已矣。’‘然则舜不禁与？’曰：‘夫舜恶得而禁之？夫有所受之也。’‘然则舜如之何？’曰：‘舜视弃天下，犹弃敝屣也。窃负而逃，遵海滨而处，终身欣然，乐而忘天下。’”

的例子，① 在所面对的问题和原则上大致是相同的，但是由于不同例子中伦理人的关系及其担当的角色不同，因而解决的方法和结局就有所差别。

同属于《吕览》一书的《去私》篇的思想，与《高义》篇不同。该篇先引孔子之言夸赞祁黄羊，曰："善哉，祁黄羊之论也！外举不避仇，内举不避子，祈黄羊可谓公矣。"紧接着又云：

> 墨者有巨子腹䵍居秦，其子杀人，秦惠王曰："先生之年长矣，非有他子也，寡人已令吏弗诛矣。先生之以此听寡人也。"腹䵍对曰："墨者之法曰：杀人者死，伤人者刑。此所以禁杀伤人也。夫禁杀伤人者，天下之大义也。王虽为之赐，而令吏弗诛，腹䵍不可不行墨者之法。"不许惠王，而遂杀之。子，人之所私也。忍所私以行大义，巨子可谓公矣。

这个在秦惠王看来最应该容隐的案例（儒家的看法也是如此），可是在墨家巨子腹䵍看来却必须亲自将其子正法。对于此种做法，吕不韦等人不仅未加责难，反而给予称赞，而谓之为"至公"。可以看出，墨者在此坚持了"直"（"义"）的普遍性，而反对了容隐的特殊性。不过，从保持"忠"、"孝"之间必要的平衡关系来看，"忠"观念的绝对化，却未必是幸事：一切断于法的结

---

① 《左传》昭公十四年："晋邢侯与雍子争鄐田，久而无成。士景伯如楚，叔鱼摄理。韩宣子命断旧狱，罪在雍子。雍子纳其女于叔鱼，叔鱼蔽罪邢侯。邢侯怒，杀叔鱼与雍子于朝。宣子问其罪于叔向。叔向曰：'三人同罪，施生戮死可也。雍子自知其罪，而赂以买直，鲋也鬻狱，邢侯专杀，其罪一也。己恶而掠美为昏，贪以败官为墨，杀人不忌为贼。《夏书》曰：昏、墨、贼，杀。皋陶之刑也。请从之。'乃施邢侯，而尸雍子与叔鱼于市。仲尼曰：'叔向，古之遗直也。治国制刑，不隐于亲。三数叔鱼之恶，不为末减，曰义也夫，可谓直矣。平丘之会，数其贿也，以宽卫国，晋不为暴。归鲁季孙，称其诈也，以宽鲁国，晋不为虐。邢侯之狱，言其贪也，以正刑书，晋不为颇。三言而除三恶，加三利，杀亲益荣，犹义也夫。'"叔向在这里已被要求站在君主、国家的立场上论数其弟之罪。

果，使“孝”可能丧失其合理性，从而使政治活动自身内在地也丧失其必要的社会和伦理的制衡因素，并导致君主地位的极端权威化，严重地压抑人们生存的空间和自由，反过来可能导致政权的危机和社会的动乱。为什么法家、墨者、《吕览》的相关主张会导致中国君主的专制、集权，乃至政权的危机和社会的动乱呢？其原因在于，无论是法家的以法为至上，墨者“杀人者死，伤人者刑”，还是《吕览》所谓的“至公”观念，其本身就预先设置了一个超越于“法”之外且作为“法”之实践所服务的终极目标——“君位”，垄断权源的家天下的“君位”。因此，法家、墨者所坚持的普遍性，乃只是一人之外且一人之下的普遍性，同时，这当然也是一种最为畸形、最为隐蔽的特殊性。毫无疑问，此种“法”的观念以及寄生于其上的“忠”的观念，正是构造与成就千年君主专制、集权的主要推动力之一。① 汉代以秦亡为鉴，吸取传统和儒家重孝的思想，建立了忠孝并重、以忠统孝和忠大于孝的观念，这其实是以儒家孝行派的思想为基础，而扬弃了先秦诸子的忠孝观念，从而为二千余年的中国封建社会在忠孝和君统、宗统之间制定了一个比较稳定的平衡结构。

七、小结：先秦儒家与诸子“忠”观念的开展

《左传》本为史书，不过既然是为孔子所编述之《春秋》经作传，且其作者又相传与孔子彼此尊尚，② 则该书在编写之初已烙上了儒家的思想印痕，应当没有太大的疑问。《国语》一书，据各国

---

① 当然，实际的君臣与社会关系，永远只可能是非常综合、复杂的。各种思想、政治与社会力量相抗衡的结果，只可能导致统治阶级在思想上采取集体的政治实用主义路线，而在西汉时期最终调和与定制出君主中央集权社会所需要的意识形态的基本框架——“三纲五常”。

② 《论语·公冶长》：“子曰：巧言，令色，足恭，左丘明耻之，丘亦耻之。匿怨而友其人，左丘明耻之，丘亦耻之。”而《左传》多引“仲尼曰”、“孔子曰”评论事义、是非，足见其作者于时人中最为推重孔子。

旧史集成，与《左传》的材料、观点互为补充和印证。《左》、《国》在完成其作为“历史的”史料价值的主要目标的同时，也达成了与某些儒家观念，特别是《论语》所反映的孔门师徒的观念的一致性。

《左传》、《国语》“忠”的观念，是在当时天下纷争和邦国内部激烈的权力斗争的政治背景下展开的，因此，其目标自然首先指向保卫“邦国”(“社稷”)、“人民”的安全，其次才是处理君臣、上下关系的利益问题。对于贵族而言，不管是其对于社稷的尽忠，还是臣下对于主上的忠诚，都特别强调关系化的政治身份认同的一面。《左传》言“忠”，在反复宣扬“事君尽忠”的观念，将“忠”看作臣德之一的同时，在一定程度上将所忠的对象指向一国的君主。从这个意义上而言，春秋时代实际上已经具备了“忠君”的观念。但是，此“忠君”的观念由于是通过臣下忠于“君事”、“君命”之活动来践行的，因此，“忠”主要落实在臣下对于“君事”、“君命”的关注与考虑上面。从保存社稷和家国的目的性而言，这里就容许臣下对于这些“事”“命”是否合理、合法展开必要的反省。实际上，臣对于“民”之忠，也即是对整个贵族共同体的忠诚才是第一位的。当君与民、邦国或者社稷的利益发生冲突的时候，“忠”最终指向了后者：从政治化的伦理角色而言，臣下应当忠诚于君上，但是从君臣关系赖以存在的基础及其服务的目的来看，则君主的地位无疑低于邦国、社稷和人民。或者说，君主只是保护宗族利益和邦国强盛的一个必要手段。因此，《左传》、《国语》都强调了君主对于国家、社稷、人民的忠诚问题。与此密切关联的是，在霸道横行和国际关系十分复杂的春秋时代，邦国的整体利益得到突出的强调，私家与邦国之间的权利斗争必须严格地限定在一个必要的范围之内，否则，可能危及邦国的整体安全，乃至遭受灭亡命运。于是，《左传》提出了“以私害公，非忠也”及“公家之利，知无不为，忠也”的主张，认为“忠”与“公”在价值上具有同一性。可以看出，春秋时代正是形成“国家至上”观念的时代，而“忠于国家”，乃至“忠于公家”的观念，① 无论对于当时的封建制社会还是此后的君主专制社会，都有至为根本、深远的影响。

《国语》与《左传》一样，反复申述了“忠于职守”的观点，② 并且君对民或上对下之“忠”观念得到了更为有利的强调。而这种忠于邦国的观念，也因此给臣民和君主的身份都打上了深深的烙印。不过，需要指出的是，此种忠诚观虽然对于此后（特别是汉代以后）的儒家在身份认同问题上给予了一定的影响，但是从根本而言，主要是对于国家意识的一种直接反映，而着重代表了统治集团的利益。以孔子为代表的先秦儒家则大体上属于天下主义，而超越了狭隘的国族主义观念。

《左传》、《国语》言“忠”，亦注重从德性和内在的方面加以论说。尤其是后者，不但说明了“忠”与该字从“心”、从“中”的深入关系，实现了理解路线的转向，而且为儒家从内在主义的角度理解该观念提供了原初的契机和根据。《国语》虽然没有“恕”字，但是其观念内涵实际上在多处文本中已经被包含在“忠”之中。从原文及韦《解》来看，“恕”道的力量根源正在于尽己之“忠”，因此，“忠”道内在地包涵了“恕”道。《左传》“恕”字用例数见，皆将其作为施为活动的自我省察准则来加以应用，但是

---

① “邦国”与“公家”概念是有区别的：“公家”相对于“私家”而言，从正常秩序来看，“公家”当统率“私家”；而“邦国”则是包括“公家”与“私家”等集团构成的权、利共同体。从常态而言，忠于公家也就是忠于邦国，这是此后攫取国家权力的最高统治者或集团（家天下或私天下者）所一直乐意宣扬的；在非常时期，“革命”的合理性则将此种政治忠诚观彻底打碎和抛弃。

② 宾口富士雄将“忠”之“尽职”义看作是战国时期乃至荀子的时候才产生出来的，这是不正确的。《荀子·王霸》篇“百工莫不忠信而不楛”一句，源自郭店竹书《忠信之道》；在郭店竹书《六德》篇中，有六位、六职、六德的划分，尽管该篇将“臣忠”与“事人”之职相应，但也着重是从“职守”的意义上来说的。《左》、《国》以“尽职”言“忠”者，例子多见。宾口观点，转见佐藤将之：《无“忠信”的国家不能生存：春秋战国时代早期“忠”和“忠信”概念的意义》，出土简帛文献与古代学术国际研讨会（台北：政治大学，2005 年 12 月上旬）论文。

没有作出更为明确的解释。另外，这些用例几乎与“君子”人格相关，而且其中最为重要的两则文本就是直接由孔子加以评说的。在《论语》中，“恕”是孔子师弟所创造与关注的一个非常重要的概念，而且具有非常经典和深刻的解释。综合《国语》、《左传》和《论语》的文本情况来看，大概在孔子之前作为概念形式存在的“恕”可能还没有正式产生，而是隐括在“忠”的观念内涵之中。正是由于孔子的发明和创造，该观念才得以在根本上从“忠”中释解出来，成为一个流行于孔子师徒之间的重要概念。

《左传》、《国语》“忠信”连言之例较多，包含了政治与德行两个方面的论说，但前者是主要的。而二书将“忠信”看作治国为政之本的思想，则深深地影响了战国诸子和时君世主的统治观念。“孝”是一个形成历史更为悠久的概念，在《左》、《国》中有非常多的论述。由于邦国安全的问题在春秋时期变得日益突出和重要，导致君主和公族的地位也不断上升，并加剧了君统与宗统的分裂。而从“邦国”的身份认同衍生出来的“忠”观念在不断受到强调的同时，也不断与国家的合法代表——“国君”发生同一性的紧密关联，从而逐渐发生“忠于”对象的转移。因此，“忠”与“孝”之间的紧张性也随之得以较为复杂地展开。不过从总体上来说，在春秋时期“孝”在力量上仍然超过了“忠”，仍是整个社会的根基。这里，最著名的莫过于晋太子申生自杀和伍子胥为父复仇的例子，从中仍可以看出“孝”的基础性作用。对于孔子师徒而言，更是如此。比如在《论语·为政》篇中，孔子认为君上的孝慈正是臣下为忠的前提（“孝慈则忠”），甚至直接将孝悌之道看作是为政的基础和本身（“书云：‘孝乎惟孝，友于兄弟，施于有政。’是亦为政”）。其弟子有子更将“孝悌”看作实践仁道的根本。而当“忠”“孝”发生尖锐冲突的时候，孔子虽然站在“直”的原则上来加以权衡，但是从《子路》篇对于直躬证父的案例所作的“父为子隐，子为父隐，直在其中矣”的评论来看，他显然将“父子相隐”肯定为“直”的一种直接表达形式。因此，父子相亲的孝慈之道在孔子思想中具有一定的优先性和特殊性。然而，为什么孔子要肯定它的优先性和特殊性呢？因为在当时它是表达

“直”道的现实基础。

与《左传》、《国语》从反映政治现实的角度凸显政治关系中的“邦国”或“社稷”的地位不同，以孔子为代表的儒家则站在德性主义与天下主义的立场上，对当时礼崩乐坏的现实作出了强烈的批判，而呈现出对于“人”和“人伦”的一般意义世界的高度关注。① 在《论语》中，仁、礼、天、智、德等概念成为孔子师弟关注的重心，“忠”则明显放在其次的位置上。孔子一方面将“忠”的观念从政治关系的立场转进到道德主义的立场上来评判政治活动自身，另一方面他所提出的“主忠信”和“与人忠”的观点，则不仅摆脱了政治关系的语路，而且直接将其作为修身与伦理实践的基本原则，并着重思考了“人”自身的价值意义问题。君臣关系本来是一种政治关系，但是孔子特别强调其伦理关系的一面，并将“君使臣以礼”看作“臣事君以忠”的必要条件，与后世片面的忠臣观迥然不同。另外，孔子师徒将“恕”的观念从“忠”中释解和凸显出来，更加强化了“忠”的“尽己”之义。

到了战国时期，战争的发动已经不再需要“尊王攘夷”之类口号的掩饰，“兼并”本身已经成为发动战争最为正当而直接的理由与目的，所以邦国的安危成为一国君臣更加忧心挂怀的头等政治大事。面对这一头等重要的政治大事，整个统治集团不得不让渡私家的利益而将君主推向集权的道路，并将邦国与公族的利益统一化，这样，效忠君主的忠臣观也就必然地被凸显出来。儒家面对此

① 从政治关系的角度来看，“天下”的观念得到突出，孟子“民贵，君轻，社稷次之”的主张将“民”的地位放在“社稷”之前凸显出来，这是儒家理想区别于政治现实的重要特征之一。《孟子·尽心下》：“孟子曰：民为贵，社稷次之，君为轻。是故得乎丘民而为天子，得乎天子为诸侯，得乎诸侯为大夫，诸侯危社稷则变置。牺牲既成，粢盛既絜，祭祀以时，然而旱干水溢则变置社稷。”《离娄上》：“孟子曰：三代之得天下也以仁，其失天下也以不仁，国之所以废兴存亡者亦然。天子不仁，不保四海。诸侯不仁，不保社稷。卿大夫不仁，不保宗庙。士庶人不仁，不保四体。今恶死亡而乐不仁，是由恶醉而强酒。”《尽心上》：“孟子曰：有事君人者，事是君则为容悦者也。有安社稷臣者，以安社稷为悦者也。有天民者，达可行于天下，而后行之者也。有大人者，正己而物正者也。”

种忠臣观，从一开始起就采取怀疑和批评的态度，即使是到了战国晚期流行的荀子学派和儒家孝行派，在宣扬“忠”“孝”一致性观念的同时也仍然拒绝将臣下之自我加以消解，而投注到毫无原则地服从君主的权威之中。

郭店儒简属于战国早中期的著作。竹简《六德》篇有“臣忠”的说法，这是从“六位”的伦常关系中来说的，它更加深入、系统地将政治的问题转化为伦常和德行的问题来处理，而且“忠”的重点仍然放在“尽职事君”的含义上面。由于君权的集中和加强，因而主张绝对效忠君主的忠臣观得到了宣扬，但是儒家基于“义”的立场则断然予以否定。在竹简《鲁穆公问子思》篇中，子思持“恒称其君之恶”和“为义而远禄爵”的忠臣观。此种价值观后来被孟子所继承和发扬。在《性自命出》和《语丛》等篇中，“忠”被看作是“由中出者”和包含在“性”中的内涵之一，也即是说它被看作人的内在本性之一。此种观点，后来亦被孟子所继承。在《唐虞之道》篇中，作者将仁孝看作臣忠的根源，而这一点将先秦儒家处理“忠”“孝”关系的出发点充分显示出来。《忠信之道》从宇宙、天地意识的角度来思考忠信之道对于为政者的重要政治意义，是一篇比较特出的文章。而由“忠者，仁之实；信者，义之基”的观点来看，作者在突出忠信观念的同时也表明了它们是仁义观念的演绎。总体说来，郭店儒简所言“忠”的内涵比较复杂，是战国中后期同一观念的思想前导。

孟子对于“忠”的观念在含义上并无多少创造，不过在《孟子·告子上》中将“仁义忠信”看作“天爵”，表明对他而言，“忠信”与“仁义”一样不是外在的，而是人性的必要内涵。《荀子》一书非常重视“忠”及“忠信”的观念。与孟子迥异的是，荀子将“忠”或“忠信”看作伪善的一面，而与情性之恶相对而言。在此基础上，荀子将“忠”或“忠信”之德的获得看作修身或心理活动的结果，同时将其与“礼义”、“辞让”观念一起看作为政之“道”或“大本”。的确，荀子宣扬了“忠臣”观念，并将其与“孝子”并提，但是这一方面是君统与父统之间的张力运动使然，另一方面也是儒学在战国中后期必须面对的问题。从《礼论》篇来看，"忠"、"孝"在荀子"礼"的观念中获得统一，前者被看作实践后者的动力根源，而更加强调"尽实"、"尽诚"之义。大概在战国中后期之际，"顺"成为"忠"最为显著的含义之一，这在《荀子》一书中也得到了充分的体现。"顺"，可能原本是"孝"的固有含义，但是随着国家和君主地位的不断上升，作为臣德之"忠"不得不接纳由"孝"之"从"而派生出来的此一内涵，并在战国中后期之际被凸显出来。虽然如此，荀子反对盲从的愚忠和曲意奉承的伪忠，批判了那种主张臣下应当彻底消解自我而绝对服从君上意志和命令的忠臣观。对于荀子而言，对父之"从"与对君之"顺"仍然是分开的，并认为在事父事君的过程中，儒家最基本的"道"、"义"原则是不可抛弃的。

大小戴《礼记》大部分著作可能与荀子并时或稍后，有许多"忠"的观念与后者相近或一致。《礼记·礼器》篇从礼之践行的角度提出了"忠信，礼之本也"的主张，不过其所谓"忠"强调了"尽己爱亲"之义。《礼记·祭义》、《祭统》则将"忠"纳入"孝"德之中来理解，提出了"事君不忠，非孝也"和"忠臣以事其君，孝子以事其亲，其本一也"的主张。显然，在忠孝关系的理解上已超过了荀子，走到了先秦儒家思考相关问题的极端。而由于此种忠孝观过分显扬了"顺从"和"受福"的观念，与荀子的忠孝观自然是有重要区别的。这个区别，其实也是孝行学派与荀子学派的区别。

二戴《礼记》都非常注重处理"忠"、"孝"的问题，但是《大戴记》对于二者关系的理解与《小戴记》并不完全一致。《大戴记·曾子大孝》篇虽然提出了"事君不忠，非孝也"的观点，但是将事君之"忠"放在事父之"孝"的问题上来解决，而认为"忠者，中此（孝）者也"，则更加强化了"孝"观念的优先性问题，《曾子立孝》篇甚至提出了"未有君而忠臣可知者，孝子之谓也"和"忠者，其孝之本与"的观点，已将"忠"的含义从政治关系的角度转入心理根源的层次上来论述其与"孝"的关系。因此，为"忠"同时也是行"孝"。这无疑是一种内在主义的思考进路，而将尽内心之忠爱、诚实之义强调出来。《大戴礼记·小辨》、

《文王官人》二篇也同样是从内在主义的角度来理解“忠”的观念的。《小辨》篇的“忠”道涵括了“尽己”和“恕”的观念，将“中心”的反省作用看作“忠”道的根源，而作为为政基础的核心观念“忠信”则是建立在修身主义的“忠恕”观念之上的。《文王官人》“忠”的观念虽然比较复杂，但同样主要是从“中”、“心”的角度来思考的。该篇“忠孝”多次连言，然而都是着重从“门内之治”，也即是从血缘关系的角度而言的，这与“乐正氏之儒”的思路是一致的。不过，必须指出，这种将战国中后期凸显的忠孝问题转化为主要从心理根源的角度来加以理解的观点，其实已经严重地脱离了当时主流意识对于此一问题的基本约定，而走入了一种相对封闭、孤立的儒家内在主义的言说思路，同时也顽固地表明了儒家所坚持的某种一贯立场。转入汉代，非常吊诡的是，它却奇迹般地重新变为中国传统社会处理忠孝问题的基本路线。

总之，从语义来看，“忠”的诸种含义其实在春秋时代都已隐含或具备了。“忠”在开始的时候着重于政治关系的层面，因此，它不可避免地首先具有忠诚、忠贞、从一、服从之义。但是，臣下对于邦国或者君主的忠诚又往往是从职事方面而言的，因此，“忠”有时强调“尽己”的含义。这是一个方面。另一方面，由于无论是“忠诚”还是“尽己”，其含义都与实践主体的内在心灵世界密切相关，因此，“忠”在究极上是指内心达到实诚的一种心理状态。高田真治认为春秋时期的“忠”是“真心无妄”或“尽真心”之义，这个看法是正确的。① 从观念变迁的层次来看，“忠

① 转见佐藤将之：《无“忠信”的国家不能生存：春秋战国时代早期“忠”和“忠信”概念的意义》，出土简帛文献与古代学术国际研讨会（台北：政治大学，2005 年 12 月上旬）论文，第 2 页。原见高田真治：《先秦思想中的“忠”》，载氏著：《东洋思潮研究》（东京：春秋社，1944 年）。不过高田认为“忠”演变为具有“对主上之忠诚”的含义与当时国家观念的形成息息相关的观点，并不是很恰当的。春秋时代“忠”已具有“对主上之忠诚”的含义，只不过在所忠的对象脉络里是从属于君臣对于邦国、社稷之忠诚的。新型国家形态的产生，实际上是以王权的严重动摇和霸权的兴起为背景的，齐桓公称霸标志着春秋时代新型国家观念的形成；战国时代，国家观念有所变化，君主及公家的地位得到进一步的抬升。就鄙见看来，“忠”的“对主上之忠诚”含义在战国中后期得到强化和突出，很可能与当时君权高涨的现实密切相关。

于”的对象未必总是就臣对君而言，其实《左传》、《国语》更加强调君对社稷、邦国的忠诚。儒家继承这一思想传统，将“忠”的观念推进到君对民应尽的政治责任上面。不过，随着“君主”地位的上升及其与“国家”之同一性关系的不断强化，在战国中后期臣下对君主效忠的观念日益成为社会、政治的主流意识。面对这一主流意识，儒家当然会受到一定程度的影响，但始终保持了批判的态度和必要的距离。“忠”、“孝”作为人伦关系中的两大观念，在春秋时期早已被建立起来，但是，当时并没有产生深度的紧张关系。战国时期，特别是战国中期之后，“忠”“孝”之间的冲突已经成为一个普遍的问题。由于在政治层面上“忠”观念的重要性日益突出，它就必然要求相对于“孝”观念的优先性，并让后者屈从、服务于前者，而“孝”观念本来所具备的顺从、恭敬的含义则被转移和植入到前者的意涵结构之中。面对此种情形，儒家一直反对消解臣下自我价值的忠臣观，并始终坚持“孝”对于“忠”观念的优先性。从子思、孟子对于“义”的坚持，以及荀子将“道”、“义”看作忠臣孝子最为基本的判断标准来看，先秦儒家自始至终关注自身对于整个社会和天下所承担的最深层次的一般责任问题。不仅如此，在儒家看来，人们对于政治责任的承担其实与其德性的修养密切相关。作为政治活动之基本原则的“忠信”观念，也同时被人们从德性的角度来加以理解。在这一理解中，“孝”观念本来所包涵的慈爱之义，也通过“忠”之“中心”的结构性认识而被转入、深化于其内涵之中。春秋后期或战国初期的文本已经反映了“忠”观念此一含义的转进。包括孔子在内的儒家，更为关注“忠”观念的自我反省性问题，他们不仅将其看作政治的，同时在根本上更将其看作德性伦理的。与政治的面向相关，儒家坚持了君对臣民的忠爱、忠亲之义。与德性伦理的面向相关，儒家坚持忠信对于“人”的一般价值和意义所在：从郭店儒简到孟子，“忠信”被看作人性的内涵，荀子则将其认作“人”后天的本质属性。当然，在孟荀之间，“忠信”的归属出现了根本的转向。与“忠信”可以被看作人性内涵的观点不同，“忠恕”从一开始就是从心理修养活动的意义上来说的。孔子及其弟子将“恕”的观念从“忠”中阐扬出来，为儒家通过内在心灵的反省活动而絜矩外在世界建立了基本的原则。大约在战国中后期之交，“忠”道作为恕道之心理基础和根源的看法被儒家后学清晰地反省出来。

道家的鼻祖老子以忠信之德为人厚实的根源，而对于传统的仁、义、礼观念则有所批评。庄子或庄子学派对于世俗及儒墨诸派的忠臣观具有比较深入的批判，不过《庄子》内篇与外杂篇的批评理路有所不同。内篇《人间世》认为忠孝之事是“无所逃于天地之间”的“大戒”，对此人们应当做到“安之若命”的境地。庄子的哲学是以养生逍遥为主旨的，对于忠孝之事做到“安之若命”的境地，就是为了解脱哀乐之情的烦扰和解除悦生恶死对于生命的倒悬。外杂篇则与内篇所提出的“不择事而安之”的忠臣观不同，面对儒墨等学派所主张的价值观念日益异化成为束缚人们身心自由的桎梏和赡养性命的巨大障碍，庄子后学认为忠信、孝悌、仁义等观念皆非所以为治、养命活身和使君臣相信爱之道，因而对其作出了强烈的批判和无情的鞭挞。

墨家大体上继承了春秋时期的忠臣观。墨子虽然主张“尚同”，但是反对将臣下之自我加以彻底消解，而主张“微之以谏”的忠臣观。墨子后学《鲁问》篇继承了此一思想，坚决反对将臣下变成“令之俯则俯，令之仰则仰；处则静，呼则应”的如影如响之物。《墨子·经上》和《公输》篇则主张强君而谏的忠臣观，与墨子及《鲁问》篇的主张有所区别。而墨家将“兼爱”看作忠孝观念的基本前提，与儒家以“仁爱”为普遍原则的观点，这是根本不同的。

战国中晚期，国家与公族的权力、利益关系变得愈来愈紧密和统一，而公家和君主的地位也因此在整个国家的政治生活中日益上升，而变得更为重要。此一时期的“忠”观念也更加强调私对公、臣下对于君主的忠诚观。法家顺应形势，将国家和君主利益的最大化作为判断忠臣的根本标准，主张君主以“法”、“刑”代替“礼”、“乐”来赏罚和制约臣下，并提出了“忠臣孝子有过，必以其数断”和“不贵义而贵法”的新观点，对儒家和传统的忠孝观念作出了空前的批判。韩非子继承了商鞅“法”的思想，将其与申不害的“术”和慎到的“势”结合起来，认为三者不可偏废，都是君主实现其有效统治，使国家变得强盛的手段。在此基础上，韩非子明确提出了以强国尊主为根本目的的忠臣观。他认为“法术”是“忠”的基础，“赏罚”二柄是驱使臣下尽忠的根本手段。同时，韩非子一方面认为臣下对于君主的“忠言”是必要的，但是另一方面又认为“诈说逆法，倍主强谏”非“忠”。这与荀子的忠臣观明显不同。法家并不一般地反对忠顺孝悌之道的伦理道德，韩非子既不同意道家学说对于忠孝法术观念的彻底否定，也不同意儒家学者对于忠孝观念的既有理解。相反，他甚至将臣对君之“忠”、子对父之“孝”定位不移，认为“所谓忠臣，不危其君；孝子，不非其亲”，从而萌生了“三纲”思想的雏形。与荀子相比，韩非子重法而轻礼，认为“尽力守法，专心于事主者为忠臣”，毫无疑问，“守法”与“事主”是其忠臣观的核心。

《管子》一书的“忠”观念的含义比较复杂。多数篇目所言之“忠”，与《左传》、《国语》及儒家的观点相同。“忠”作为君德而言，乃衷心、真实之义；作为臣德而言，都是指臣下对君上的忠诚、忠贞之义；而“忠”、“孝”二者在这里并没有呈现出强烈的冲突关系。《法法》等篇受到法家比较明显的影响，重视“法”、“势”的观念，并以此对“忠”作了一定程度的限制，而所谓“忠臣”是指那些“据法而不阿”、“务明法术，日夜佐主，明于度数之理，以治天下”之人。从目的而言，“守法”的“忠臣”，就是为了服从君主至尊至上的权势。《法法》等篇即打上了这一烙印。而像《形势解》等篇，则强调“道”的自然性。若能修道在身，则“事君自忠”。《枢言》篇则要求臣下在少欲的同时，“为忠日益”，也很可能属于道家性质的“忠”观念。相对于《老》、《庄》而言，这是一种新的观点。

战国末期，先秦学术最为繁昌，也最为复杂。“忠君”的观念得到了空前的强调和突出，但是也同时危及整个社会秩序的基本稳定。《吕氏春秋》是一部作于战国末季而试图综合和统一当时思想的著作，其中自然存在不少相互矛盾之处。《不苟》篇强调臣下对于君上的忠贞之义，但与法家的观点有所分别，而将“礼”、“义”

看作是忠行的标准；特别是《恃君》篇将天子、国君和官长职位的设置，都平等地放置在大公无私的共同原则之下来加以考虑，从而为谏诤之道提供了一个牢固而正当的政治哲学基础。在思考"忠""孝"关系的问题上，《吕氏春秋》注意对各种思想和主张的平衡处理，一方面并不轻视法家思想，另一方面又充分肯定传统的孝悌观念。例如《孝行》篇认为"忠"是由"孝"产生的，而"孝"具有根源性和普遍性，认为"人臣孝，则事君忠"。毫无疑问，这一直是儒家所坚持的观念。不过，《孝行》篇又赞同曾子"事君不忠，非孝也"的主张，则是有意将"忠"、"孝"及君统与宗统之间的紧张关系加以消解，试图将二者统一起来。对于在特定的条件之下忠孝之间存在的非此即彼的激烈冲突，《高义》篇举出春秋末期石渚杀身以殉忠孝的做法，并加以大力称赞，认为他真正做到了为人子和为人臣所应当遵行的"直义"原则。以"直义"的原则来处理忠孝之间的激烈矛盾，这是继承了孔子等人的思想。《去私》篇与《高义》不同，吕不韦等人赞成"至公"的观念，在称赞墨者腹䵍坚持了"直义"的普遍性的同时，又将亲亲容隐的原则特殊化和自私化，因而实际上贬低了"孝"的观念，而将"忠"绝对化了。

《荀子》、《韩非子》、《吕氏春秋》和大小戴《礼记》有关"忠"、"孝"两个观念之间持论的复杂性和歧异性，一方面正反映了这两个观念对于中国传统政治与社会的重要性，另一方面也反映了它们之间关系的复杂性和对立性。法家的思想及其寄生于其上的"忠"的观念为君主专制、集权提供了重要的推动力量，但是凌驾于"法"和臣民之上的"君位"却很容易诱发整个国家政权的危机和社会秩序的混乱。汉代以秦亡为鉴，在强化中央集权的同时，重新吸取儒家重孝的观念，建立了"忠""孝"并重、以"忠"统"孝"和"忠"大于"孝"的观念。汉代儒学以儒家孝行派的思想为基础，扬弃了先秦诸子的忠孝主张，从而为中国二千余年的传统社会在政治和伦理上建立了一个比较稳定的平衡结构。

附记：这篇文章的写作，原因有二。其一，"忠"概念或观念的含义长期受到舆论无意或有意的讹舛和扭曲，时至于今情况也没有多少改变。鄙人希望通过此文的撰述，对舆论有所纠正，对学界有所裨益。其二，扶桑及西洋学者对于此一观念的论研较多，且用心端实。《诗》云“嘤其鸣矣，求其友声”，希望对这些“友声”有所响应影随的同时，也能够自得究竟。

拙文未草之前，先览佐藤教授之大文；将且卒稿之际，又蒙杨华兄示赐大文一过。在此一并表示感谢。

这篇文章的前半部分，笔之于去岁八月中下旬；余下部分，又先后于今年二月中下旬及五月中下旬续写之。全部文字都是藉助假期及言教之暇来完成的。

嗟乎！当今之世，师儒有不役彼饮食之谋欤？而世俗之所谓君子、大人者，率多肆志于忧贫而不忧道者矣！

——西历二零零七年五月二十八日黄陂丁四新识于雄楚珞桂

说“谪”*

——兼论汉代政治谴告理论的民间基础

◎杨　华

“谪”字，在中国古代有两种用法：

第一，谴责、责罚，用作动词。谪、讁、讃、责，字异义同。古籍中常见的“谪戍”、“谪居”、“谪边”、“谪奴”、“七科谪”等，意即指此。

第二，罪愆、罪过、殃咎，用作名词。《国语·周语下》：“国将无咎，其君在会，步言视听，必皆无谪，则可以知德矣。”韦昭注：“谪，谴也。”高邮王氏父子改训为“罪愆”①。俞樾按：“无谪，犹无咎也。”②

讨论“谪”字及其应用，目的并非限于训诂，它还关乎中国古代之迷信巫术、宗教信仰，乃至政治哲学。以下先从出土材料展开。

---

* 本文为教育部人文社科研究基地重大课题“出土简帛与中国古代礼制研究”（05JJD770015）的阶段性研究成果。

① 王引之：《经义述闻·国语上·无谪》，江苏古籍出版社 1985 年版，第 483～484 页。

② 《群经平议·春秋外传国语一》。

一、出土材料中的“谴谪”迷信

在古文字中，谪可通“啻”。《说文·言部》：“讁，罚也。从言，啻声。”《说文·言部》：“谴，谪问也。”在甲骨、金文等古文字材料中，“啻”字一般读作“帝”、“嫡”、“禘”、“敌”等，目前还没有见到读作“谪”的。但是，在近年楚地出土的简帛文献中却屡有所见：

1. 云梦秦简《日书》

《日书》乙种《见人》：

> 子以东吉，北得，西闻言，〔南〕凶（凶）。朝启夕闭，朝兆不得，昼夕得。以入，见疾。以有疾，辰（辰）少翏（瘳），午大翏（瘳），死生在申，黑肉从北方来，把者黑色，外鬼父葉（世）为姓（眚），高王父谴適（谪），豕☐（简157～158）①

该篇《日书》的内容，主要记载“某某为眚（即生灾为祟）”之事。这里的祟源，大多为死去的鬼魂，如外鬼、中鬼、王父、高王父、巫等等。在同篇《日书》的其他简文中，“高王父谴谪”又作“高王父谴眚”（简168中）、“高王父为眚”（简178），显然，“谪”与“眚”意思相同，都指作祟为害。所谓“高王父谴谪”，意即死去的高祖责罚活人②，化作（或附于）某种阴鬼来作祟，导致活人生病。这里的“谪”，都如前文所言，用作名词，意为责罚。同篇中的所有祟源都应当作如此理解：

---

① 睡虎地秦墓竹简整理小组：《睡虎地秦墓竹简》，文物出版社2001年版，第244～246页。

② 《释名》：“王，往也，家中所归往也。”《礼记·曲礼》：“孙可以为王父尸。”高王父、王父，皆指死去之高祖、祖父。

“外鬼父世为眚”(简158),即父辈中的“外鬼”返回人间作祟。

“中鬼见社为眚”(简164),即“中鬼”返回人间附着在社庙中作祟。

“外鬼兄世为眚”(简170),即兄辈中的“外鬼”返回人间作祟。

“母世外死为眚”(简172),即母辈中的“外死”者返回人间作祟。

“王父谴牲为眚”(简174),即死去的祖父返回人间附着在牲畜上作祟①。

“外鬼父世见而欲,巫为眚”(简176),即父辈中“外鬼”现身而索要东西,附着在巫身上作祟。

“母世见之为眚”(简180),即母辈中的死者返回人间作祟。

至于死去的鬼魂为什么要返回人间责罚活人，理由可能多种多样，上引简176之“外鬼父世见而欲”，便是其中一种，即死鬼对于人间有所需求。

这种鬼魂谴谪的巫术理念，与云梦秦简《日书》甲种《病》所载的原理相同。在《病》篇中，“甲乙有疾，父母为祟”、“丙丁有疾，王父为祟”、“戊己有疾，巫堪行，王母为祟”、“庚辛有疾，外鬼殇死为祟”、“壬癸有疾，毋逢人，外鬼为祟”，一看即知，这些为祟者都是死去的阴间鬼魂，他们作祟的结果是让活人病魔缠身。

同墓所出《日书》甲种《啻》篇，对此种阴鬼谴谪也有所反映：

春三月,啻(谪)为室申,剽卯,杀辰,四废庚辛。(简96正壹)

① 原整理者读为“王父谴,牲为眚”,不妥。

夏三月，啻（谪）为室寅，剽午，杀未，四废壬癸。（简 97 正壹）

秋三月，啻（谪）为室巳，剽酉，杀戌，四废甲乙。（简 98 正壹）

冬三月，啻（谪）为室辰，剽子，杀丑，四废丙丁。（简 99 正壹）①

"啻"之篇名，整理者写作"帝"。其他各家说法不一。饶宗颐先生认为，当读为"適"，"啻（適）为室，犹言适宜为室"。刘信芳先生认为，"啻为室"即"止为室"。刘乐贤先生肯定整理者的释读，认为当读作"帝"，为"帝为室日"之省，王子今先生亦主此说②。但是，"帝"在这里究竟是什么意思呢？刘乐贤先生认为，凡"帝为室日"，都是不能建房的禁忌日。然而传世文献中没有此类记载，他根据《日书》甲书《门》篇"正月不可垣，神以治室"（简 148）的材料，指出："当时的数术家们大概相信，上帝或神建房子的那一天，凡民是不能建房子的。"③

笔者认为，刘乐贤先生的解释犹有未洽，如果说神在春天正月建房而导致凡人不能动土，那么，为什么《啻》篇中另外三个季节——夏季、秋季和冬季也有不能建房的禁忌日呢？个人认为，所谓"神以治室"的"治"，应当训作"乱"，这是训诂学上常见的反训，勿须赘言。神在四季中的某些固定的日子（春申、夏午、秋酉、冬丑）会来扰乱居室，为祟作恶，害死室主及其家人、牲畜，故而要避忌之。

前来作祟的"啻"究竟是什么呢？联系到前引《日书》乙种《见人》篇中的阴魂谴谪迷信，个人觉得，此处之"啻"也应当读

① 《云梦睡虎地秦简》，第 195 页。

② 相关学术前史，见王子今《睡虎地秦简日书甲种疏证》，湖北教育出版社 2003 年版，第 212～213 页。

③ 刘乐贤：《睡虎地秦简日书研究》，文津出版社 1994 年版，第 126～127 页。

作“谪”，即“谪为室”，指鬼魂返回人间进行谪罚、不能筑室之日。

鬼魂谪罚人间而禁忌筑室的迷信，在王充的《论衡》中正有所载，《讕时篇》：“世俗起土兴功，岁月有所食，所食之地，必有死者。”在对这种现象及其厌胜巫术进行揭露之后，王充说：“鬼神罪过人，犹县官谪罚民也。”可见，民间禁忌在某日造房筑室，正是害怕鬼神来谪罚生人。

2. 孔家坡汉简《日书》

……辛间。大父患①。(《有疾》，简 347 壹)

辰有疾，四日小间，七日大间。患大父。戊辰暮食有疾，黄色死。(《死》，简 356 壹)

巳有疾，三日小间，九日大间。患高姑姊□。己巳有疾，黄色死。(《死》，简 357 壹)②

由以上可知，简文中所谓的“患”，指大父（祖父）、高姑姊（高祖之姊妹）等鬼魂在阴间作祟，他们成为疾病致死的祟源。这与上引睡虎地《日书》中“王父”、“母世”之类的阴鬼作祟，原理完全相同，只不过睡简《日书》中更强调了这些鬼魂返阳时所附着的对象而已。

3. 汉代买地券

汉代的买地券，实则是对于阴宅鬼魂的文告。其中常见有关于“谪”和“解谪”的用语，例如：

光和二年十月辛未朔三日癸酉告墓上墓下、中央主土，敢告墓伯、魂门亭长、墓主、墓皇、墓臽、青骨死人：王当、弟伎偷及父元兴等从河南□□□□□子孙等买谷郏亭部三陌西

---

① 此字写作桊，整理者读作“患”，颇疑此字即是“祟”字。

② 湖北省文物考古研究所、随州市考古队：《随州孔家坡汉墓简牍》，文物出版社 2006 年版，第 171～172 页。

> 袁田十亩以为宅，贾直钱万钱，即日毕。田有丈尺，券书明白，故立四角封界，至九天上、九地下，死人归蒿里，地下□□何□姓□□□，佑富贵，利子孙。王当、当弟伎偷及父元兴等当来入葬，无得辛劳苛募，勿繇使，无责生人父母兄弟妻子家室。生人无责，各令死者无適负。即欲有所为，待焦大豆生，铅券华荣，鸡子之鸣，乃与□神相听，何以为真，铅券尺六为真，千秋万岁后，无死者，如律令。(《东汉光和二年王当买地券》)①

> 天地［使者，谨以］杨氏［之冢镇安］隐冢墓。［谨］以铅人金玉，为死者解適，生人除罪过。瓶到令母人为安宗君，自食地下租岁二千万。后世子子孙孙士宦位至［封］公侯，富贵将相不［绝］，移墓□□当用［者如］律令。(《灵宝张湾汉墓》M5：2、12、14、35)②

吴荣曾先生在《镇墓文中所见到的东汉道巫关系》一文中把它们称为“镇墓文”，并指出“解適”的性质是：

> 所谓解適，即解除罪谪之意。《汉书·陈胜传》“適戍之众”，颜注：“適读曰谪，谓罪罚而行也。”可知解適之適，乃谪之假借。谪是罪过或惩罚之意。③

根据吴先生的判断，解除罪谪均是针对死者而言——因为汉人忌讳动土，认为葬死者于某地便得罪了当地的地下神祇，于是死者家属就设法为死者解除罪谪，以免其在阴间被罚服苦役。吴先生的判断

---

① 《洛阳东汉光和二年王当墓发掘简报》，《文物》1980年第6期。张传玺《中国历代契约汇编考释》对原报告释文略作补正，北京大学出版社1995年版，第52页。

② 《灵宝张湾汉墓》，《文物》1975年第11期。张湾几座汉墓中买地券的内容基本相同，偶有略异，如有时写作“除罪过”，有时写作“解罪过”，有时写作“立代生人除罪过”。

③ 吴荣曾：《镇墓文中所见到的东汉道巫关系》，《文物》1981年第3期。

无疑是有道理的，在其他买地券中，也确实多有“为生人除殃，为死人解適（谪）”的句子①。

但是，在另外一些买地券文中，可以看到，“解谪”明显不仅仅针对死者，还有针对生人的意味。例如：上引王当买地券中，就明确写着“无责生人父母兄弟妻子家室”。东汉延熹四年（161年）的钟仲游妻买地券，在叙述死者时籍、下葬时间、墓地四至，并告知地下神灵之后，也说：“自今以后，不得干□［扰］生人。”② 另外，《贞松堂集古遗文》所著录的几条买地券，也明确写道：

> 故为丹书铁券，□及解適，千秋万岁，莫来相索。
>
> 死生异处，不得相防。（《刘伯平镇墓券》）③
>
> 生人属西长安，死人属东大山。④

所谓“相索”、“相防”，就是要用阳间与阴间的隔防，让死者不得再返回阳间来叨扰生者、追索债务。

基于以上，个人认为，所谓“解適（谪）”，一方面在于解除地下土神对于死者来动土之“谪”，另一方面还在于解除死者返回阳间作祟于生者之“谪”。后者与云梦秦简《日书》中的“遣啻（谪）”、“啻（谪）为室”是一回事。

---

① 如：“立冢莫之□，为生人除殃，为死人解適”（邹安《艺术丛编》第二册）。转引自上引吴荣曾先生文。

② 此句原有阙文，本文释读参照了《贞松堂集古遗文》卷15、仁井田陞《中国法制史研究（土地法·取引法）》（东京大学出版会1980年版，第449页）、吴天颖《汉代买地券考》（《考古学报》1982年第1期）等。

③ 《贞松堂集古遗文》卷15。

④ 熹平四年胥文台陶瓶文，转引自刘屹：《敬天与崇道：中国经教道教形成的思想史背景》，中华书局2005年版，第86页。刘著亦认为，券文强调生人与死者各归其所，各安其乡，自兹以后，互不往来，“这主要是怕死者从地下回到人间会殃及生人”。

4. 东汉《序宁祷券》

香港中文大学文物馆收藏的14枚祷神简牍，系妇人序宁生病及死后其家属为之祷神的记录，时间是东汉建初四年（79年）。有不少学者曾做过研究，笔者称之为《序宁祷券》①。简文中有一个基本的句式：

> 皇男、皇妇为序宁所祷某某神灵，皆序宁持去。天公所对，生人不负责（债），死人毋適（谪），券书明白。

其中"生人不负责，死人毋適"之句，几乎在所有的简文中（简226、228、229、231、233、234、235、236、237、238、239）均如此作。② 那么这两句是什么意思呢？

以往的研究者（如连劭名、陈松长、夏德安诸先生）都认为：所谓"生人无责（债）"，是指阳世生人与阴司官吏鬼神之间无债务纠纷；所谓"死人无適（谪）"，指为死人解除罪谪，使之不受谪罚。③ 这些解释，基本都源于吴荣曾先生对于"解適"的理解（参前文所引）。但是有一个问题应当追问：《序宁祷券》并非买地券，它是死者生前病中、初死和死后四次祭祷鬼神的祷祠记录，所祷祠的对象也不是墓地的地下土神（尤其是病中所祷神灵）。所以，这时候的"適（谪）"，自然也不可能是由于动土而造成的墓下神祇对死者的责罚。

这样，"死人无適（谪）"还是有些费解。所幸相同格式的另一支简文，写作"死者不厚適（谪），生者无责（债）"（简227）。关于"厚適（谪）"，诸家均无详解，夏德安先生理解为"严重的

---

① 参拙文《〈序宁祷券〉集释》，载丁四新主编：《楚地简帛思想研究（三）》，湖北教育出版社2007年版。另载拙著《新出简帛与礼制研究》，台湾古籍出版社2007年版，第283～304页。

② 只有两支简文稍有变化，写作"生人不负责，死人不负適"（简230）、"生者毋责，死者无適"（简232）。

③ 相关学术前史，见前引拙文。

惩罚”　（heavily penalized）。① 笔者认为，这里的“厚”通作“後”。“厚”与“後”、“后”通假，文献屡见，《战国策·东周策》：“收周最以为後行。”《史记·孟尝君列传》“後”作“厚”②。简中的“不厚谪”，就是“不後谪”。联系到《序宁祷券》是在死者病重、弥留和死后的祷祠记录，这里的“不後谪”应当是对死者本人而言，意思是说，其亲属已采取各类巫术为之祷祠多种神灵，请求死者死后不要再返回阳间谪罚生人。在这个意义上说，“生者无责（债）”，既是对各类神灵的无欠债，也是对死去亲人的无欠债。

以上理解，正可与秦简《日书》和汉代买地券的说法相通。这种死者返回人间谪罚生人的迷信，在其他出土材料也偶有所见，请看下面的几条材料。

5. 望山楚简

☒南方又（有）敚（祟）与啻＝见（简77）

“啻”写作重文，商承祚先生早先释作“害”③。望山简的整理者在注释中指出，可读为“南方又（有）敚（祟）与啻（谪），啻（谪）见……”④。但“谪见”，究竟是何种意思，整理者未作详解。

后来，袁国华先生认为该字当是从“帝”省从“口”的“啻”字。他认为字右下的“＝”不是重文符号，应为合文符，“啻＝”当读为“青帝”。青帝为五帝之一，属于东方之神，因东方为春，

---

① Donald Harper（夏德安），Contracts with the spirit world in Han common religion：the Xuning prayer and sacrifice documents of A. D. 79，*Cahiers d'Extrême-Asie* 14（2004），pp. 243.

② 高亨：《古字通假会典》，齐鲁书社 1997 年版，第 324 ~ 325 页。

③ 商承祚：《战国楚竹简汇编》，齐鲁书社 1995 年版，第 249 页。

④ 湖北省文物考古研究所、北京大学中文系：《望山楚简》，中华书局 1995 年版，第 98 页，注 69。湖北省文物考古研究所：《江陵望山沙冢楚墓》，文物出版社 1996 年版，第 265 页，注 69。

故又为春神，再结合《楚辞》等文献记载，袁文认为它是“五行与五帝相配”的确证①。袁先生此说，似有不妥，简文已明言南方有祟，而青帝属于东方，二者矛盾。

个人以为，此字还是如整理者所读，理解为“谪”，所谓“南方有祟与谪，谪见（现）”，意思是在南方有祟和谪鬼出现，同样指阴间鬼魂返阳作祟。

6. 新蔡楚简

> ▨吝（文）君与啻（谪），□解于仌（太），遯（迻）其疋祱（说）。八月壬午之日荐仌（太）（简甲三 300、307）②
>
> ▨酉之日祭之，大牖（牢）馈之于黄李。占之：吉。啻（谪）□▨（简甲三 304）
>
> ▨为之啻（谪），㠯（以）微剸尹骖与▨（简甲三 356）

在甲三 300、307 中，与之共同受祷的文君，为墓主的祖先人鬼，所以，如果将“啻”读作“帝”，无论理解为天地神还是方位神，放在这里都有所不类。比较好的理解，是将“啻”解释为与文君并列的人格神，他与文君之鬼一同返阳作祟。至于阴鬼返回阳间责罚生人的理由，多是为自己索要贡品，例如同墓所出简乙四 143：“▨思为之求四骍牺▨”，这与前引云梦《日书》中的“外鬼父世见而欲”（简 176），可以互相发明。关于阴鬼向阳间索要物品的内容，在传世文献中不乏记载，如《左传·宣公四年》载，子文担心子越会为若敖氏带来灭族之灾，说：“鬼犹求食，若敖氏之鬼不其馁而！”楚人认为祖先鬼神会向人间索要饮食，后人一旦灭族，祖先便失祭而致饿。

---

① 袁国华：《江陵望山简“青帝”考释》，载《华学》第五辑，第 140～142 页。许道胜：《望山楚简研究述评》，《楚文化论集》第六集，湖北教育出版社 2005 年版，第 406～425 页。

② 细审“啻”字之后，有一墨点，表示顿句，而从字句来看，“解”字前应还有一字，墨迹尚见，但其字已不识，整理者未释之。

上引新蔡简中，另外两处写作“啻”的内容（简甲三304、356），作“帝”、“敌”理解都有所不通，似乎都可读作“谪”。

另外，还有一些早期的简文材料可能也与谴谪迷信有关，例如，九店M56《日书》简102:“……丙戌、□己，啻龙（?）之。”此处的“啻”，可能也读作“谪”，但还有待于更多的出土材料佐证。

二、传世文献所见神灵对人间的谴谪

以上所见先秦两汉时期鬼魂返阳谪罚活人的现象，在先秦时期不乏史载。今略举二例：

例一，相传周宣王杀杜伯而不辜，后三年，宣王会诸侯田于圃，日中，冤死的杜伯起于道左，乘白马素车，衣朱衣，冠朱冠，操朱弓朱矢射宣王，宣王中心折脊而死。①

例二，《左传·昭公七年》载，郑国的伯有死后几年，其鬼魂现于郑，郑人皆惊惧而逃，此前有人梦见伯有著甲而行，说：“壬子，余将杀带（驷带）也；明年壬寅，余又将杀段（公孙段）也。”到壬子、壬寅之日，其仇人驷带、公孙段果然死去。于是郑人更加恐惧，子产赶紧立了伯有之子良止为大夫，这才平息此事，子产谓之“鬼有所归，乃不为厉”。有人怀疑，伯有是否能返回人间做鬼为害，子产作了肯定的回答：

> 能。人生始化曰魄，既生魂，阳曰魂。用物精多，则魂魄强，是以有精爽至于神明，匹夫匹妇强死，其魂魄犹能凭依于人，以为淫厉。况良霄（即伯有——引者）……其用物也弘矣，其取精也多矣，所凭厚矣，而强死，能为鬼，不亦宜乎！

由子产的答语可知，当时人相信未得善终的“强死”之鬼能够

---

① 杜伯受戮，又见于《竹书纪年》。杜伯鬼魂复仇之事，详《墨子·明鬼》及其他文献。

“凭依于人”①，通过他生前的“用物”来作祟为害。这与前节所揭出土材料中的鬼魂“谴谪”可以互相印证。

冤死的“不辜”之鬼返回人间作祟，先秦文献中多有记载，以《墨子·明鬼》中最为集中。这种迷信，恐怕上溯很早，有学者已指出，近年殷墟花园庄东地发现的甲骨文表明，商代的“子”家族相信，死者有作祟于生者的能力，因此，要举行针对作祟者的禳祓之祭②。

鬼魂返回人间来作祟，其谴谪的对象不限于单个的个人，有时扩延及整个国家和地域。周惠王十五年（前 662 年），有神降于莘，周王问其故，内史过分析说：国之将兴时，天下安康，民神无怨，于是神明就会降临，旨在“观其德而均布福焉”；相反，当国之将亡时，民神怨痛，百姓贰志，这时神明也会降临，旨在“观其苛慝而降之祸”。所以，“或见神以兴，亦或以亡”，他举例说：

> 昔夏之兴也，融降于崇山，其亡也，回禄信于聆隧；商之兴也，梼杌次于丕山，其亡也，夷羊在牧；周之兴也，鸑鷟鸣于岐山，其衰也，杜伯射王于鄗。是皆神明之志也。③

内史过继而分析说，现在神降于莘，正是尧的不肖子丹朱之神附于虢公，故而虢国不久便被晋所灭。

中国古代的鬼神，向来具有两面性，一是佑人以福，一是罚人以祸。内史过的这段论述，将鬼神的福祸之赐与现世政治的清浊联系起来，赋予其道德关怀和政治意味。

如果从国家兴亡的角度来看，鬼神的显现有两种征象：一是人

---

① “强死”之说，在楚地卜筮祭祷简中已有反映，如天星观简中有“思攻解于不辜与强死者”。说详裘锡圭《释“弘”“强”》，收入氏著《古文字论集》，中华书局 1992 年版。

② 刘源：《殷墟花园庄东地甲骨文所见禳祓之祭考》，王建生、朱歧祥主编：《花园庄东地甲骨论丛》，台湾圣环图书有限股份公司（台北县板桥市），2006 年版。

③ 《国语·周语上·内史过论神》。

格神的降临，国之将兴必有神降临，国之将亡亦有神降临；二是自然神的异动，例如，《国语·周语》载，周幽王二年（前780年），三川皆震，伯阳父曰："周将亡矣。昔伊、洛竭而夏亡，河竭而商亡。"值得注意的是，此种自然神的异动，也称为"谴谪"。

例如，《左传·昭公七年》："国无政，不用善，则自取谪于日月之灾。"杜注："谪，谴也。"《左传·昭公三十一年》载，十二月辛亥朔当夜赵简子梦童子裸而歌，旦而日食，史墨占曰："庚午之日，日始有谪。"杜注："谪，变气也。"天通过变气，来责罚人君之殃咎。《礼记·昏义》："男教不修，阳事不得，谪见于天，日为之食。妇顺不修，阴事不得，谪见于天，月为之食。"人间阴阳不调，天必谪罚之，而彰以日月之食、山川之变。

新近出土的《上博简》（五）之《竞建内之》篇记载，齐国出现日食，齐桓公君臣针对之展开一番问答：

> 公问二大夫："日之食也，曷为？"（简1）……鲍叔牙答曰："害将来，将有兵，有忧于公身。"公曰："然则可敚欤？"隰朋答曰："公身（简5）为亡道，不践于善而说敚之，可乎？"①

桓公欲通过"敚（说）"的巫术来解除日食天谴，但大臣们认为，不行善而仅仅指望巫术，将会无济于事。

汉代常见的谴告迷信，就是神对人的责罚。例如，文帝二年（前178年）十一月晦日适逢日食，便下诏称："十一月晦，日有食之，適见于天，灾孰大焉。"注谓："適读曰谪。"② 汉成帝建始三年（前30年）十二月朔日遇日蚀，夜中未央宫又遇地震，于是下诏称："人君不德，谪见天地，灾异屡发，以告不治。"③ 东汉光

① 此处的缀读，参考陈剑：《谈谈上博（五）的竹简分篇、拼合与编联问题》，简帛网2006年2月19日。

② 《汉书·文帝纪》。《风俗通义》卷2作"谪见天地，灾及万民"。

③ 《汉书·成帝纪》。

武帝建武七年（31年）晦日遇日食，也曾下诏："吾德薄致灾，谪见日月，战栗恐惧，夫何言哉。今方念愆，庶消厥咎。"注曰："谪，责也。"① 类似例子不胜枚举。

这里有一个理论前提必须解释，那就是，历来的统治者都认为，自己的祖先之神与天地之神是合一的，他们可以将二者打通视之，正如盘庚迁殷时所谓"先王有服，恪谨天命"②。统治者认为其祖先已被赋予"天命"，他们在阴间与天地诸神可以互通，这也是各类君王之政权合法性的理论基础。于是"天谴"就是"鬼谪"，便对自己更具有震慑力了。

有了以上背景，再来看董仲舒等儒家精英所宣扬的天谴理论，便很容易理解：

> 灾者，天之谴也，异者，天之威也。谴之而不知，乃畏之以威。《诗》云："畏天之威。"殆此谓也。凡灾异之本，尽生于国家之失。国家之失乃始萌芽，而天出灾害以谴告之；谴告之而不知变，乃见怪异以惊骇之；惊骇之尚不知畏恐，其殃咎乃至。③

董氏这段话的逻辑，与周惠王时期内史过的逻辑基本一致，都是将德政与神告相联系，只不过前者重视自然神（天地山川），后者重视人格神（善恶之鬼）。

王充对这种谴告理论的内在逻辑有所揭露，他说：

> 论灾异，谓古之人君为政失道，天用灾异谴告之也。灾异非一，复以寒温之效。人君用刑非时则寒，施赏违节则温。天神谴告人君，犹人君责怒臣下也。故楚庄王曰："天不下灾

① 《后汉书·光武帝下》。

② 《尚书·盘庚》。

③ 《春秋繁露·必仁且知》。

异，天其忘予乎?”①

谴告理论认为，对于鬼神的谴谪之罚，通过谨修德政、虔敬祭祀，可得蠲免。《后汉书·五行志·旱》:“延熹元年六月旱。”注引《京房占》:“其救也，贳谪罚，行宽大，惠兆民，劳功吏，赐鳏寡，禀不足。”同书《五行志·疫》载，延光四年（125年）冬京城大疫，张衡上书:“凡有大祀，小有不蠲，犹为谴谪，况以大秽，用礼郊庙?”两汉及以后各代，这种思路得到光大，鬼神的谴谪成为制约皇权的要素之一，呈现出儒家思想积极性的一面。对此不乏研究，于兹不赘。

三、道教中的谴谪迷信

先秦以来的谴谪迷信被汉代道教吸收，是无疑之事。例如，道教《三尸中经》谓:

> 死后魂升于天，魄入于地，唯三尸游走，名之曰鬼。四时八节企其祭祀，祭祀既不精，即为祸患，万病竞作，伐人性命。②

毋庸置疑，“魂归于天，魄归于地”,③ 与先秦以来传统的魂魄二元论直接相关。值得注意的是，鬼魂之欲，得不到满足，即会为害阳间，作祟致人生病或夺其性命，此种迷信，显然又与本文前揭之楚秦简文所载，一脉相承。

以下要揭示的是，佛教传入之前，在道教中体现的因果报应理论，也根源于原始的谴谪迷信:

---

① 《论衡·谴告》。

② 张君房:《云笈七籤》卷81《三尸中经》，李永晟点校本，中华书局2003年版，第1854页。

③ 《礼记·郊特牲》:“魂气归于天，形魄归于地。”

其一，“天谪”（针对生者）。《太平经·某诀》载，当天师被问及音乐除灾的问题时，天师答道：“吾不敢有可匿也，匿之恐得天责，使吾久被重谪，无益于吾天年。”① 可知，天谪对于道教乃是一种至大的责罚。《云笈七籤》载，有个叫许季山的人久病不愈，忽有神降，告诉他的“祸祟所从”，原来是许氏此前为父报仇时，曾杀客于道，被杀者至阴间后，“上诉天府，以此病谪汝也”，此神仙还告以“冥理难欺”云云。②

在此故事中，许氏之受谪罚，主观上是被许氏杀死的冤魂在阴间作祟，但直接的施谪者却是“天”或“天帝”，这与本文前揭楚秦简文中由祖先人鬼直接返阳“谴谪”，已有所不同。

其二，“承负”（针对生者）。汉代道教的“承负”教理，见于《太平经》，如《解师策书诀》载：

> 承者为前，负者为后。承者，乃谓先人本承天心而行，小小失之，不自知，用日积久，相聚为多，今后生人反无辜蒙其过谪，连传被其灾，故前为承，后为负也。负者，流灾亦不由一人之治，比连不平，前后更相负，故名之为负。负者，乃先人负于后生者也；病更相承负也，言灾害未能善绝也。③

意谓今生之灾祸由前人之罪过所致，后人必然承负先祖所行的罪责。这是一种中国固有的因果报应理论——从后代的角度来说是“承”，从先人的角度来说是“负”④。正由于此，道教的功能在于为人解除承负，求得平安。

同样，经文中的“今后生人反无辜蒙其过谪”，与本文前揭买地券中“为生者除殃”是一回事。但它也不是由死去的阴鬼直接

---

① 王明：《太平经合校》，中华书局1960年版，第635页。

② 《云笈七籤》卷110《张巨君》，李永晟点校本，中华书局2003年版，第2405～2406页。另，《太平广记》卷34引《洞仙传》亦有此故事。

③ 《太平经合校》，第70页。

④ 卿希泰主编：《中国道教》第二册，知识出版社1994年版，第324～326页。

返阳施谪，而是由另一个看不见的主宰者（阴间天庭）来执行之。

其三，“冥谪”（针对阴间）。道教中，阴间天庭对于死者有审刑判狱的功能，根据其在阳间之为善为恶，来判定其在阴间地位尊卑和生活优劣。《三尸中经》引《太上律科》：

> 庚申日，北帝开诸罪门，通诸鬼神诉讼，群魔并集，以司天下兆人及诸异类善恶之业，随其功过多少，赏劳谪过，毫分不遗。①

所谓“赏劳谪过”，指对由生人死的鬼魂加以考核，据其在生前之为善为恶，来论赏或行罚。《史记·秦始皇本纪》载秦始皇上泰山封禅立石，张守节《正义》谓：

> 道书《福地记》云：“泰山高四千九百丈二尺，周回二千里。多芝草玉石，长津甘泉，仙人室。又有地狱六，曰鬼神之府，从西上，下有洞天，周回三千里，鬼神考谪之府。”

可知泰山既是天堂仙境，又是阴间考谪鬼神的地狱，在那里对死者生前功过善恶加以考课，作恶者必受其谪，这种谪罚之苦，在六朝的志怪小说《幽明录》（《隋书》及两《唐书》署刘义庆撰）中有所揭示。《幽明录》中描写一个叫赵泰的人，他因冥界官吏的不小心，而被误抓到冥界，巡游了一趟地狱，此次巡游，他见识了地狱中的福舍、开光大舍、百里城、受变形城等去处，其间有各种死鬼受着不同程度的苦难，对其中一处的描述是：

> 又见地城，广有五千余步，名为地中罚，谪者不堪苦痛，男女五六万，皆裸形无服，饮困相扶，见泰（指该篇主人公赵泰——引者注）叩头啼哭。

---

① 《云笈七籤》，第1855页。

这些受谪罚之鬼皆啼泣悔言："生时不作善，今堕在此处。"《幽明录》的这条材料，一般认为与佛教之因果轮回观念有关①，但是早期佛教在地狱观念和身后世界的设计上，借用中国传统迷信和道教格局，亦是常见之事②，故引用于此。

宋人张方平曾上书，谏议止兵："变故百出，皆由用兵。至于兴事首议之人，冥谪尤重。"③ 是说生前作恶，死后在阴间亦必受苦难，此谓"冥谪"。

其四，"谪仙"（针对仙界）。

道教除了关注死后的阴间鬼魂世界，还关注灵魂升天后的神仙世界。道教认为，在仙界也有一套严整的等级秩序，各任仙职。仙界诸仙，也会犯错，由此得咎者便会遭到谪罚，其谪罚的方法之一，便是削去仙籍，永远或暂时贬谪为凡人。

例如，《云笈七籤》载，许碏自称"我天仙也，方在昆仑就宴，失仪见谪"，后果然升云而去。④ 又如，民女黄观福，平时多有异感，一日忽投水而亡，后化作彩云告父母称自己本为上清侍女，"有小过谪在人间，年限既毕，复归上天"⑤ 等等。

类似故事不胜枚举。另如《云笈七籤》中的阳平治⑥、《广异

---

① 竹田晃：《六朝志怪小说中因果报应观的渗透》，《中日学者中国学论文集——中岛敏夫教授汉学研究五十年志念文集》，复旦大学出版社2006年版，第574～587页。

② 关于这一现象，论者甚夥。例如，汉唐之间关于死后归往之地的认识，从"泰山"转变为"东海"，便是佛教、道教和中国本土迷信混合的结果。参刘安志：《吐鲁番所出衣物疏研究二题》，武汉大学中国三至九世纪研究所编《魏晋南北朝隋唐史资料》第二十二辑，武汉大学文科学报编辑部2005年版。

③ 毕沅：《续资治通鉴》，卷76。

④ 《云笈七籤》卷113下，第2490页。

⑤ 《云笈七籤》卷116，第2562页。

⑥ 此谪仙谓："我阳平洞中仙人耳，因有小过，谪于人间，不久当去。"《云笈七籤》卷116，第2563～2564页。

记》中的李仙人①、《仙传拾遗》中的万宝常②等等。这些故事都有一个特点，谪仙之事不能外泄，一旦外泄，当事者必受天谪。

后来，“谪仙”又演变为对人的美称，这是后话。

四、小结

以上讨论表明，政治谴告理论之所以在汉代产生，并对历代政治生活产生如此深刻的影响，是因为它具有相当深厚的民间基础和历史渊源。自先秦以来，中国人便认为，人死之后，其阴魂可以返回阳间作祟，是谓“谴谪”。这种谴谪迷信，在近年出土的楚秦简牍中有集中反映。

传世文献说明，天神地祇（自然神）的动向与人间政治之清浊息息相关。通过时变灾异而实现的政治谴告，与冥间阴魂（人格神）对人间的祟祸谴谪，是基于同样的内在逻辑，因而也具有同样的震慑力量。

汉代以降，道教吸收了传统的谴谪迷信，在天谪、承负、冥谪和谪仙等道教的因果报应理论中，此种迷信得到充分反映。

附记：本文曾在“第15届国际中国哲学大会”（2007年6月26日，武汉大学）上宣读。最近公布的上海博物馆藏战国楚简第六册《景公瘧》中有“勿（物）而祟者也，非为美玉肴牲也”（简9）之句③，梁静君将“勿”读作“物”，认为其意思是，上

---

① 《广异记·李仙人》：“洛阳高五娘者，美于色，再嫁李仙人。李仙人即天上谪仙也。”

② 《太平广记》卷1引《仙传拾遗》载，万宝常谓邻人曰：“吾偶自仙宫谪于人世，即将去矣。”旬日，不知所之。

③ 马承源主编：《上海博物馆藏上海楚竹书（六）》，上海古籍出版社2007年版。整理者原作“勿而未”，何有祖君改释为“勿（物）而祟”，《读〈上博六〉札记》，简帛网2007年7月9日。

天先考察世人的德行，然后决定是否降祟①。陈伟先生进一步指出，这里的“物”是指鬼魅精怪，该句意为：“鬼神作祟，不是为了索取祭品，而是显示上天的谴戒。”② 这与本文上揭《左传·昭公七年》强死之鬼通过“用物”返阳作祟为害、云梦《日书》中鬼魂“见（现）而欲”的说法，可以互相参证。

① 梁静：《〈景公瘧〉与〈晏子春秋〉的对比研究》，简帛网 2007 年 7 月 28 日。

② 陈伟：《〈景公瘧〉9 号简中的“物”应指鬼神》，简帛网 2007 年 7 月 29 日。

诸子学衡

学鉴

孟子游仕履历考

◎程水金

一、问题的提出

孟子出游，始自何国，其游历路线如何，乃古今学人一大讼案。司马迁云："道既通，游事齐宣王，宣王不能用。适梁，梁惠王不果所言，则见以为迂远而阔于事情。"是孟子始游于齐宣王，然后适梁见梁惠王。但据《孟子》书所记之顺序，孟子乃先见梁惠王，再见梁襄王，然后见齐宣王。清人崔东璧曰："《孟子·梁惠王篇》皆以时之先后为序，而至梁在篇首，见襄王后乃次之以齐宣，则是见梁惠在先，见齐宣在后也。即以《史记》之文论之，周显王三十三年乙酉，孟子至梁，后二十三年齐始取燕，当是时梁惠王卒已久矣，然则孟子去齐以后必无复有适梁之事。"① 是先齐后梁，抑先梁后齐，则《史记》与《孟子》相抵牾。

又，据近人钱穆考证，孟子于齐威王时即已游齐，当代学者亦

① 崔述：《孟子事实录》卷上，顾颉刚编《崔东璧遗书》，上海古籍出版社 1983 年版，第 414 页。

多从其说。然今人冯铁流作《孟子游历诸国考》，认为钱氏“孟子于齐威王时已游齐”之说不可信，孟子出游，首先到魏，离魏而后游齐，事齐宣王。理由是《梁惠王》篇直接出现“齐宣王”之名者凡十一章，而《尽心》、《离娄》、《万章》各篇亦皆云“齐宣王”，而“齐威王”之名却未始一见。① 是孟子之游仕履历，古今学者，聚讼纷纭，由此可见一斑。

清人焦循博涉经史，摭拾群言，撰《孟子正义》。其用力之勤劬，其创获之丰赡，有清一代治《孟子》者，无出其右。然焦氏曰“孟子有不可详者三”，而“孟子出游”，亦赫然在其“不可详”之目。焦氏曰：“孟子出游，赵（岐）氏以为先齐后梁，说者又以为先梁后齐，或以梁惠王有后元，或以为孟子先事齐宣，后事齐湣。考之《国策》、《史记》诸书，参差错杂，殊难画一。今撰《正义》，惟主赵氏，而众说异同，亦略存录，以备参考而已，实未易折衷也。至居邹、葬鲁、之滕、过薛、游宋、往任，其先后岁月，或据七篇虚辞，以测实迹，彼此各一是非，多不足采。”② 焦氏治学专门，深知个中甘苦，所言诚为不易之至论。

二、孟子见梁惠王以前游历路线

不过，孟子游仕履历，虽其详情无由考实，但大段经历或可推明。而史之确有其文可考者二事，尤可据以决其大致行踪：其一，齐封田婴于薛及城薛，既见于《竹书纪年》，亦见于《孟子》之书，其不容别解之事也。以此事为坐标，则孟子早年出游之踪迹可推测而知之。其二，齐人伐燕，既见于《孟子》，亦见于战国文献及出土器物，此亦不容别解之事。以此事为坐标，则孟子晚年游仕之迹，亦可推而知之。而各家之说，由此二事，亦可稍稍折衷焉。至于其间或偶尔或多次，穿插往来于邹、鲁、任、薛诸地，无关乎

① 参见冯铁流：《先秦诸子学派源流考》，重庆出版社2005年版，第1~23页。

② 焦循：《孟子正义》卷30，中华书局1987年版，第1048页。

孟子人品之清浊，略之而不计，亦未为大妨。

《竹书纪年》梁惠王后元十三年载："四月，齐威王封田婴于薛。十月，齐城薛。"① 其时为周显王四十七年，据今人谱定的战国大事年表，其时为齐威王三十五年，西历纪元乃前322年。② 而《孟子·梁惠王下》曰：

> 滕文公问曰："齐人将筑薛，吾甚恐，如之何则可？"孟子对曰："昔者大王居邠，狄人侵之，去，之岐山之下居焉。非择而取之，不得已也。苟为善，后世子孙必有王者矣。君子创业垂统，为可继也。若夫成功，则天也。君如彼何哉？强为善而已矣。"

《战国策·齐策一》亦载"齐将封田婴于薛"，而楚怀王"闻之大怒，将伐齐"。钱穆认为，《齐策》之"封薛"与滕文公所谓"将筑薛"，即《竹书纪年》梁惠王后元十三年"四月，齐威王封田婴于薛。十月，齐城薛"之事。钱氏曰："薛南近楚，齐以封婴而居之犹如往者楚之城陈、蔡、不羹而窥北方也。故滕人闻之而惧，楚人闻之而怒。"③ 而今人冯铁流引《左传》庄公二十八年"凡邑有宗庙先君之主曰'都'，无曰'邑'。邑曰'筑'，都曰'城'"为说，认为《竹书纪年》之"城薛"与滕文公所言之"筑薛"，"不是同一回事"。冯氏曰：

> 《纪年》所说"齐城薛"一事，指田婴既受封，筑一城于薛为其都，故称"城薛"，此为公元前322年事。而《梁惠王下篇》滕文公甚感恐慌之"齐人将筑薛"，则指薛都之郊，或

① 司马贞：《史记·孟尝君列传·索隐》，参见王国维：《古本竹书纪辑校》，辽宁教育出版社1997年版，第30页。

② 参见杨宽：《战国史》附录三《战国大事年表》，上海人民出版社1998年版，第711页；方诗铭：《中国历史纪年表·战国纪年表》，上海辞书出版社1980年版，第28～29页。

③ 钱穆：《先秦诸子系年》卷3，中华书局1985年版，第342～343页。

接近滕边境之处，又拟为一邑筑城为守。因其非都，故曰“筑薛”，不曰“城薛”。①

冯氏所引，为《左传》作者解经之“凡例”，其与《春秋》本文左支右绌，不能相掩者，比比皆是，前人早有定评。② 是《春秋》、《左传》之用字，既不能整齐划一，而冯氏又以《竹书纪年》之用字比同于《孟子》，实在失之草率。殊不知，“城薛”与“筑薛”，不过是文言与口语之别。《孟子》所记为当时口语，滕文公言“筑薛”，即记之以“筑薛”；而《竹书纪年》乃国史，语言典雅，故写作“城薛”，实与《孟子》之“筑薛”并无本质不同。又，《诗·小雅·出车》“天子命我，城彼朔方”，郑氏曰：“戍役筑垒而美其将率自此出征也。”孔颖达亦曰：“知为筑垒者，以军之所处而城之，唯有垒耳。”又曰：“‘城’是‘筑’之别名。《春秋》筑都邑皆谓之‘城’，《左传》曰‘邑曰筑，都曰城’是也。③《春秋》别大小之例，故‘城’、‘筑’异文。散则‘城’、‘筑’通，故此筑军垒亦谓之‘城’也。”④ 按孔氏既谓“《春秋》筑都邑皆谓之‘城’”，又引《左传》“邑曰筑，都曰城”为证，其说不免自相抵牾。然孔氏谓“‘城’是‘筑’之别名”，“散则‘城’、‘筑’通”，尚不失为通达之论。因此，“城”之与“筑”，对文则异，散文则通。而滕文公之言“筑薛”，显为“散文”而非“对文”，何以知《孟子》之“筑薛”必非《竹书纪年》之“城薛”邪？且也，“齐威王封田婴于薛”及“筑薛”之时，滕方依楚为大

---

① 冯铁流：《先秦诸子学派源流考》，重庆出版社 2005 年版，第 13 页。

② 参见拙著《中国早期文化意识的嬗变——先秦散文发展线索探寻》第一卷第八章第二节之相关论述，武汉大学出版社 2003 年版，第 381 ~ 385 页；或 2005 年重印本，第 349 ~ 352 页。

③ 按孔氏此说不免含混，《春秋》载鲁国筑都邑凡二十四次，惟庄公二十八年之郿书曰“筑郿”，其他皆书曰“城×”或“城×及×”。参见杨伯峻：《春秋左传注》，中华书局 1990 年版，第 243 页。

④ 孔颖达：《毛诗正义》卷 9 ~ 卷 4，阮元校刻《十三经注疏》本，中华书局 1980 年版，第 416 页。

援，故对此事同时作出反应。滕文公乃小国之君，为之而“恐”；楚怀王乃大国之君，为之而“怒”，不其宜乎？冯氏既于文献之性质及其用字之法漫无区别，又昧于古人行文习惯，谓《纪年》之“城薛”与《孟子》之“筑薛”不是“同一回事”，其说殊不足信。

准此，则西历纪元前322年，梁惠王后元十三年，齐威王三十五年，孟子在滕，与滕文公相值。而《滕文公上》自首章至第四章，皆记孟子与滕文公之事。由其所记之事，大抵可考见孟子当时之行踪。其首章曰：

> 滕文公为世子，将之楚，过宋而见孟子。孟子道性善，言必称尧、舜。世子自楚反，复见孟子。

次章曰：

> 滕定公薨。世子谓然友曰：“昔者孟子尝与我言于宋，于心终不忘。今也不幸至于大故，吾欲使子问于孟子，然后行事。”然友之邹，问于孟子。

三章曰：

> 滕文公问为国。孟子曰：“民事不可缓也。”

又使毕战问井地，孟子曰：

> 子之君将行仁政，选择而使子，子必勉之！

四章曰：

> 有为神农之言者许行，自楚之滕，踵门而告文公曰：“远方之人闻君行仁政，愿受一廛而为氓。”文公与之处。其徒数十人，皆衣褐，捆屦、织席以为食。陈良之徒陈相与其弟辛负

> 耒耜而自宋之滕，曰："闻君行圣人之政，是亦圣人也，愿为圣人氓。"陈相见许行而大悦，尽弃其学而学焉。陈相见孟子，道许行之言曰："滕君则诚贤君也。虽然，未闻道也。贤者与民并耕而食，饔飧而治。今也滕有仓禀府库，则是厉民而以自养也，恶得贤？"

首章言"滕文公为世子，将之楚，过宋而见孟子"，又言"世子自楚反，复见孟子"，是滕文公为世子时，孟子在宋，故其往返于楚，皆见孟子于宋，是孟子在宋，非一日也。又次章言"滕定公薨"，世子使然友"问于孟子，然后行事"，而"然友之邹，问于孟子"，则此时孟子已由宋返邹。至于第三、四两章，则为滕文公即位之后，孟子在滕而以国事相问。是以齐威王三十五年，田婴将筑薛之时，孟子在滕。且在滕之前，又有在宋与在邹的经历，可谓皎然明白。

又《公孙丑下》载：

> 陈臻问曰："前日于齐，王馈兼金一百而不受；于宋，馈七十镒而受；于薛，馈五十镒而受。前日之不受是，则今日之受非也；今日之受是，则前日之不受非也。夫子必居一于此矣。"孟子曰："皆是也。当在宋也，予将有远行，行者必以赆；辞曰：'馈赆。'予何为不受？当在薛也，予有戒心；辞曰：'闻戒，故为兵馈之。'予何为不受？若于齐，则未有处也。无处而馈之，是货之也。焉有君子而可以货取乎？"

清人崔述《孟子事实录》曰："《兼金章》以在齐为'前日'，在宋、薛为'今日'，则是至宋至薛亦在孟子去齐后也。《滕文章》孟子在宋，《滕定章》孟子在邹，皆滕文未即位时事，则是孟子去齐之后先至宋而后归邹，而后至滕也。"① 又，近人钱穆亦据此而

① 崔述：《孟子事实录》卷下，顾颉刚编《崔东璧遗书》，上海古籍出版社1983年版，第428～429页。

推之曰："孟子至滕，即在滕定公卒岁。明年，孟子尚在滕，则为滕文公元年。今姑假定是年即梁惠王后元十三年，四月田婴封薛，十月城薛。文公'如之何'之问，在四月后，十月前。而孟子游梁，则在惠王后元十五年。是孟子在滕，先后有三年之久。方其去宋，固已有远行之志，而在滕淹留有如是之久者，亦滕文之贤有以使之然矣。"① 因此，由上述诸事，则孟子至梁之前的游历先后及其路线，大抵可定：

齐——宋——薛——邹——滕——梁

孟子游梁之前，既有齐、宋、薛、滕诸国之游，而孟子仕于滕，又在游齐与游宋之后，据齐威王封田婴于薛及城薛的时间可知，孟子在仕滕之前，于齐威王之世即已游齐，是无可疑者。

三、《孟子》七篇何以绝不提及"威王"

据晚近学者所考，齐威王公元前356年至前320年在位，凡三十七年。而"孟子究以何时来齐，以何时去，则书缺有间"，固然"无可详说"；然其事之尤不可解者，据钱穆推测，"孟子当威王世，留齐至少亦得十八年"之久。② 当然，"当威王之世"，孟子"留齐"是否"得十八年"，虽难以确证，但其游于齐威王之世则无可怀疑。然则正如冯铁流所言，何以《孟子》七篇绝不提及"威王"一词？则孟子于齐威王之时，果何为邪？是乃难解之迷！

冯氏的质疑虽然有力，但并不能成为孟子于齐威王世未入齐的证据。我们知道，《孟子》既非编年记事之书，又成于孟子垂暮之年，非唯弟子之参与其事者或多晚生后辈；即如孟子本人，亦年事已高，其追记平生之事，未必无略前详后之可能。再则，《孟子》之书，思想统一，风格一致，显然为其思想成熟以后的文字，决非拉杂兼载之流可比。其编纂之初，是否立有某种去取原则或者编写凡例，不得而知，亦不便于悬揣。要之，在大事张扬某些"光辉

① 钱穆：《先秦诸子系年》卷3，中华书局1985年版，第348～349页。
② 钱穆：《先秦诸子系年》卷3，中华书局1985年版，第316页。

历史”的同时，竟至于有意无意之间，屏蔽了某些另外的事实，亦非完全不可能。学者如能以今知古，则思过其半。否则，“尽信书，则不如无书”，① 是读《孟子》其书而反见讥于孟子其人者也。因此，《孟子》书之所有者，可据之以断其必有；《孟子》书之所无，则万不可据之以断其必无。

孟子之不名齐威王，虽然颇为难解，但并非无迹可求。窃以为，孟子与齐国稷下学宫之微妙关系，以及其时齐国的用事之臣乃邹忌之徒，可能是问题的症结所在。

考齐威王之世，齐国用事之臣，前期乃邹忌，后期乃田婴。而田婴用事之时，孟子或者早已离开了齐国。由齐威王封田婴于薛而孟子在滕，以及在滕之前又有宋、薛之游与居邹的行踪，不难推知。

关于邹忌其人，《战国策》载有一则广为人知的故事，谓邹忌朝服衣冠，窥镜自照，然后问其妻、妾及其有所相求的客人：“我孰与城北徐公美?”三人皆答“徐公不及君之美”。邹忌因而悟及“王之蔽甚矣”：“宫妇左右莫不私王，朝廷之臣莫不畏王，四境之内莫不有求于王。”乃以此事为例，讽劝齐威王破除壅蔽，广为纳谏。据《国策》所载，“令初下，群臣进谏，门庭若市。数月之后，时时而间进。期年之后，虽欲言，无可进者”。而燕、赵、韩、魏等国“闻之”，亦“皆朝于齐”。邹忌的讽谏，似乎收到了莫大的效果。②《国策》之文，叙述生动，委曲有致，邹忌也由此而赚得了忠直善谏的美名，流传于千古。至于其为人之阴险狡诈的另一面，则为其令闻所掩，也就鲜为人知了。

据《史记·田敬仲完世家》所载，邹忌乃因懂音乐、善鼓琴而博得齐威王的欢心以发迹。其文曰：

> 邹忌子以鼓琴见威王，威王悦而舍之右室。须臾，王鼓琴，邹忌子推户入曰：“善哉鼓琴！”王勃然不说，去琴按剑

① 《孟子·尽心下》。

② 事载《战国策·齐策一》。

曰："夫子见容未察，何以知其善也？"邹忌子曰："夫大弦浊以春温者，君也；小弦廉折以清者，相也；攫之深，醳之愉者，政令也；钧谐以鸣，大小相益，回邪而不相害者，四时也；吾是以知其善也。"王曰："善语音。"邹忌子曰："何独语音，夫治国家而弭人民皆在其中。"王又勃然不说曰："若夫语五音之纪，信未有如夫子者也。若夫治国家而弭人民，又何为乎丝桐之间？"邹忌子曰："夫大弦浊以春温者，君也；小弦廉折以清者，相也；攫之深而舍之愉者，政令也；钧谐以鸣，大小相益，回邪而不相害者，四时也。夫复而不乱者，所以治昌也；连而径者，所以存亡也；故曰：琴音调而天下治。夫治国家而弭人民者，无若乎五音者。"王曰："善。"邹忌子见三月而受相印。①

邹忌之生平及其身世，书缺有间，不得而知。但由"鼓琴见威王"及其善于察颜观色把握时机的言说技巧以观之，其人大抵亦如张仪、苏秦之流，出身卑微，但善于揣摩人主心态，习于口舌，乃纵横策士一类人物。这类人物，虽然小有整军或治国之才，但往往小人得志，见利忘义，且心气狭猛，难于容人。因此，此类人物，大抵一面巧言令色，处心积虑，结固君主之宠，以期把持政柄；另一面又鸠集同类，结成私党，尽力打击排挤异己之同僚。邹忌其人，正是这类上以狡慧结媚君主之宠，下以奸诈挤兑干城之能臣的阴险人物。

邹忌结媚君主，大抵以其知音善鼓琴的小技，投合威王之所好，以固君臣之欢。"以鼓琴见威王，威王悦而舍之右室"，这就为进一步密切接近威王，取得了便利条件。因而于威王鼓琴之际，"推户"而入，并借此机会，由鼓琴而引向"治国"，也就情有可原了。不过，问题的关键并不在于"以鼓琴见威王"这事件的本身，而在于邹忌实在是以鼓琴为接近威王的手段与捷径，其真正目的，乃在行政治干谒。从这个角度来看，说他工于心计，巧于投

① 司马迁：《史记》卷46，中华书局1982年版，第1889页。

机，善于言辞，十足一个“佞才”，似乎一点也不冤枉他。当然，话也得往回说，即使是“佞才”，也无可厚非。孔子不也曾经感叹：“不有祝鮀之佞而有宋朝之美，难乎免于今之世矣！”① 然而，邹忌其人，不仅有祝鮀之“佞才”，亦有宋朝之“令色”。其人“修八尺有余，形貌昳丽”，敢以“城北徐公，齐国之美丽者也”自比，则邹忌为齐威王所亲爱，不仅由其知音鼓琴之艺，犹以其“形貌昳丽”之色。② 而人臣既能以色艺结媚于君主，则君臣之交当然也就非同寻常了。加之其人又有以小喻大，铨才讽说之能，故以“窥镜”自照而入朝讽谏，威王果能从其说。于是，以“修八尺有余，形貌昳丽”之“令色”，及工于心计、善于言辞之“佞才”，再加之以能知音善鼓琴而与君主相同的好尚，三者相须，足以结成牢不可破的君臣之欢！纵有翻云覆雨，假公济私，一般正身立朝之臣，焉能以“疏”间“亲”？

如果说，邹忌以“佞才”与“令色”结媚于齐威王，因而能够长期把持齐国之政柄，其说可能推论多于实证，即使这种推论合乎情理，接近事实，也多多少少难免“深文周纳”、“罗织虚构”之嫌。那么，说邹忌心气狭猛，不能容人，构陷挤兑同朝之能臣，则载籍斑斑，信而有征，决不容任何开脱。《齐策》“成侯邹忌为齐相章”曰：

> 成侯邹忌为齐相，田忌为将，不相说。公孙閈谓邹忌曰：“公何不为王谋伐魏？胜，则是君之谋也，君可以有功；战不

---

① 《论语·雍也》。

② 古代君主好男色，喜朝臣形貌姣好者，最为著名的，莫过于楚灵王。《墨子·兼爱中》曰：“楚灵王好士细要，故灵王之臣皆以一饭为节，胁息然后带，扶墙然后起，比期年，朝有黧黑之色。”此事不仅见于《墨子》，《荀子》、《韩非子》、《淮南子》均有记载。至于以形貌美好见爱于人主而身至通显者，更是不乏其例。《汉书》卷六十六载：车千秋长八尺余，体貌甚丽，武帝见而说之，立拜千秋为大鸿胪。数月，遂代刘屈氂为丞相，封富民侯。千秋无他材能术学，又无伐阅功劳，旬月取宰相封侯，世未尝有也。则邹忌之得意于齐威王，其发迹之暴，或有似于汉武帝之于车千秋欤？

胜，田忌不进，战而不死，曲挠而诛。”邹忌以为然，乃说王而使田忌伐魏。田忌三战三胜，邹忌以告公孙閈。公孙閈乃使人操十金而往卜于市，曰：“我田忌之人也，吾三战而三胜，声威天下，欲为大事，亦吉否？”卜者出，因令人捕为人卜者，亦验其辞于王前。田忌遂走。①

又“田忌亡齐而之楚章”曰：

田忌亡齐而之楚，邹忌代之相齐，恐田忌欲以楚权复于齐。杜赫曰：“臣请为君留之楚。”谓楚王曰：“邹忌所以不善楚者，恐田忌之以楚权复于齐也。王不如封田忌于江南，以示田忌之不返齐也，邹忌必以齐厚事楚。田忌亡人也，而得封，必德王；若复于齐，必以齐厚事楚。此用二忌之道也。”楚果封之于江南。②

齐威王时代，齐、魏之间发生过两次大的战争：一是齐威王三年至四年（公元前354年～前353年）的桂陵之战，齐军“一举解赵之围而收弊于魏”；二是齐威王十五年至十六年（前342年～前341年）“取庞涓而擒太子申”的马陵之战。这两次大战，齐国参战的主将都是田忌。③ 而且，后来齐宣王六年（前314年）的燕齐战争，田忌也是主要决策人物之一。可见田忌乃齐国名将，且出身田氏家族，在齐国也算是勋戚重臣。然而，“邹忌为齐相，田忌为将”，却“不相说”。

出身卑微的臣相与功勋卓著的战将之间，关系紧张，这是战国时代常有的现象，不足为奇。如，年代稍后于邹忌与田忌，赵惠文王（前298～前266年在位）时期，赵国上卿蔺相如与良将廉颇，即是其例。《史记·廉颇蔺相如列传》曰：

---

① 何建章：《战国策注释》卷8，中华书局1990年版，第310页。

② 何建章：《战国策注释》卷8，中华书局1990年版，第314页。

③ 参见杨宽：《战国史》，上海人民出版社1998年版，第341～346页。

> 廉颇者，赵之良将也。赵惠文王十六年，廉颇为赵将伐齐，大破之，取阳晋，拜为上卿，以勇气闻于诸侯。蔺相如者，赵人也，为赵宦者令缪贤舍人。

然而，蔺相如出使秦国“完璧归赵”，于渑池之会，亦以智勇与气节“廷叱”秦王，“辱其群臣”，力挫秦昭王的强权外交。于是赵惠文王“以相如功大，拜为上卿，位在廉颇之右”。廉颇则因此而大为不满，曰：“我为赵将，有攻城野战之大功，而蔺相如徒以口舌为劳，而位居我上，且相如素贱人，吾羞，不忍为之下。”且扬言，“我见相如，必辱之”。因此，廉蔺将相之间，似有剑拔弩张之势。然而，“相如闻，不肯与会。相如每朝时，常称病，不欲与廉颇争列。已而相如出，望见廉颇，相如引车避匿”。① 蔺相如之所以如此，并非“恐惧”廉颇，而是“先国家之急而后私仇”，以大局为重。蔺相如心胸宽阔，豁达大度，感动了廉颇，“卒相与欢，为刎颈之交”，终于化解了将相之间势如剑拔弩张、一触即发的“两虎共斗”。而“强秦之所以不敢加兵于赵者”，乃有良将与贤相不计个人恩怨，抛弃前嫌，和衷共济之故也。

廉颇与蔺相如的矛盾，同邹忌与田忌的“不相说”，有着惊人的相似，然而，其最终的结局，却不啻霄壤。可以说，蔺相如处理矛盾的方法，足以使邹忌相形见绌，甚至无地自容。首先，邹忌并没有像蔺相如那样宽阔的胸怀，豁达的气度。不仅没有主动设法化解将相矛盾，反而变本加厉，采纳挑拨离间的小人公孙闬的阴谋，“说王而使田忌伐魏”，乃借以陷害田忌。“胜，则是君之谋也，君可以有功；战不胜，田忌不进，战而不死，曲挠而诛。”② 战争胜利了，自己可以贪谋划之功；战争失败了，委之他人而代以受过。

---

① 司马迁：《史记》卷 81，中华书局 1982 年版，第 2439～2443 页。

② 今人何建章曰：“疑‘田忌不进战’是旁注误入正文者。”见何氏《战国策注释》卷 8，中华书局 1990 年版，第 310 页。按，“田忌不进”与“战而不死”，总为“战不胜”。“不进”，乃绕行避敌，与“曲”字相应；“战而不死”，乃战败而逃，与“挠”字相应；二者皆为死罪，故曰：“曲挠而诛。”是五字非衍文，何说非是。

其居心何其阴狠，又何其歹毒！然而，偏偏事与愿违，田忌“三战而三胜”，致使邹忌陷害田忌的阴谋破产落空。但是，邹忌其人，目的未达，决不罢休，必欲置田忌于死地而后快。于是，又与公孙闬合谋，使出更为阴险的手段，企图借刀杀人。“公孙闬乃使人操十金而往卜于市”，对卖卜者曰：“我田忌之人也，吾三战而三胜，声威天下，欲为大事，亦吉否?”事后即派人捉拿卖卜者，送往齐威王亲临按验，笔录口供，签字画押。邹忌伪造田忌居功自傲，欲反齐国的罪证，陷害田忌；而田忌亦欲辩无辞，只好逃离齐国，以免杀身之祸了。① 然而，田忌出奔到楚国之后，邹忌仍然担心他会借助楚国的力量再度回国，又使说客杜赫之流设法让楚国“封之于江南”。从此，邹忌就可以在齐国拥君自重，放胆而为，高枕无忧了。

田忌之亡齐奔楚，在马陵之战以后，其时乃齐威王十六年(前 341 年)。据《田敬仲完世家》所载，齐宣王二年（前 318 年)，“召田忌复故位”。则田忌亡齐奔楚，长达二十余年！而田忌出奔之前后，其时孟子大可能正在齐国。②《尽心下》载：

> 孟子曰：“不仁哉梁惠王也！仁者以其所爱及其所不爱，不仁者以其所不爱及其所爱。”公孙丑问曰：“何谓也?”“梁惠王以土地之故，糜烂其民而战之，大败。将复之，恐不能胜，故驱其所爱子弟以殉之，是之谓以其所不爱及其所爱也。”

“大败，将复之，恐不能胜，故驱其所爱子弟以殉之”，正是由桂陵之战到马陵之战的过程。“驱其所爱子弟以殉之”，即指马陵之

① 据《史记·田敬仲完世家》所载，田忌闻之此事，“因率其徒袭攻临淄，求成侯，不胜而犇”。

② 如果以孟子生于周安王十三年（前 389 年)，至齐威王十六年（前 341 年)，孟子年四十八或四十九。又，如果孟子四十以后始游于齐，当齐威王十年(前 347 年）左右，则正是邹忌发迹且当路于齐之时。

役魏太子申被擒之事。钱穆曰："此其语似发于梁败马陵之际。公孙丑齐人，盖其时孟子已游齐，而丑方及门，故记其一时之问答云尔。"① 不过，从"梁王"之号看来，此系事后之追改，因其时梁惠王尚未称王。但孟子言之所以如此剀切，大抵因为其时正在齐国，亲眼目睹了其事，钱氏所言，并非无理。果如此，则田忌之亡齐奔楚的全过程，孟子当亦心知肚明。

邹忌这类卑鄙龌龊，自衒自媒，善于夤缘攀附，得志便猖狂的小人，当然为孟子所不齿。② 因此，《孟子》书中决不可能留下直接抨击邹忌其人的确凿证据。不过，《离娄下》"齐人有一妻一妾"的记述，却颇可玩索。其文曰：

> 齐人有一妻一妾而处室者。其良人出，则必餍酒肉而后反。其妻问所与饮食者，则尽富贵也。其妻告其妾曰："良人出，则必餍酒肉而后反，问其与饮食者，尽富贵也，而未尝有显者来，吾将瞯良人之所之也。"蚤起，施从良人之所之，遍国中无与立谈者。卒之东郭墦间，之祭者乞其余，不足，又顾而之他，此其为餍足之道也。其妻归，告其妾，曰："良人者，所仰望而终身也，今若此。"与其妾讪其良人，而相泣于中庭，而良人未之知也，施施从外来，骄其妻妾。由君子观之，则人之所以求富贵利达者，其妻妾不羞也而不相泣者，几希矣。

---

① 钱穆：《先秦诸子系年》卷3，中华书局1985年版，第316页。

② 钱穆以为，孟子过薛而受薛君五十镒之馈，此薛君即成侯邹忌（见《先秦诸子系年》卷3，第345页）。此说容有可商。《史记·田敬仲完世家》载齐威王封邹忌以下邳，号曰成侯。《史记·鲁世家》索隐引《竹书纪年》曰："梁惠王三十一年下邳迁于薛。"又《孟尝君列传》正义引《纪年》曰："梁惠王三十年下邳迁于薛，改名徐州。""三十"下夺"一"字。则邹忌封下邳而迁于薛之"薛"，既已"改名徐州"，则不得又名"薛"。孟子去齐游于宋而后之薛，则孟子所游之"薛"，非邹忌之改名为"徐州"之"薛"明矣。尤其田婴封薛之时，邹忌尚在，齐威王不得无故夺邹忌之薛而封之田婴，此必不然之事也。钱氏之说未安。

大可不必用时下“红学家”刮垢求瘢的“索隐”方法，于故事的“齐人”及其“一妻一妾”大做文章，认为这就是孟子讽刺邹忌之流的影射文字。然而，“施施从外来，骄其妻妾”，与“鼓琴见威王”而后踌躇满志，得意忘形，“窥镜”自恋，以为美于城北徐公，有什么本质的区别！至于“人之所以求富贵利达者，其妻妾不羞也而不相泣者，几希矣”，邹忌之流，夤缘攀附，自衒自媒，“以求富贵利达”，不正是令其妻妾蒙“羞”而“泣”的可耻行径么！所不同的是，其“妻妾”永远也不会知道，其“良人”邹忌“求富贵利达”之“乞墦”丑态而已！

孟子四十以后始游于齐国，大抵或在齐威王十年（前 347 年）前后，其时邹忌之流早已当路于齐。且不闻孟子有知音善鼓琴的“特殊爱好”，① 好音的齐威王岂能特别召见孟子？即使孟子亦能知音善鼓琴，孟子又岂能如张仪、公孙衍之徒以“妾妇之道”事君，又岂能如邹忌之流“钻穴隙相窥”以“求富贵利达”哉？②由此可知，孟子于齐威王时游齐，并未得到齐威王的特别礼遇。孟子既不遇于齐威王，《孟子》其书何有“威王”之号？

四、孟子游于稷下考

值得注意的是，孟子既不遇于齐威王，倘如钱穆所言，孟子处齐“得十八年”之久，又不列于稷下学宫，则孟子处齐如此其久，果何所为邪？

---

① 《梁惠王下》载齐宣王见孟子于雪宫，问孟子曰：“贤者亦有此乐乎？”可知孟子对音乐并没有特别的兴趣。

② 《滕文公下》：景春曰：“公孙衍、张仪岂不诚大丈夫哉？一怒而诸侯惧，安居而天下熄。”孟子曰：“是焉得为大丈夫乎？”大丈夫当“得志，与民由之；不得志，独行其道”；而公孙衍、张仪之流“以顺为正者，妾妇之道也”。又，周霄问曰：“古之君子仕乎？”孟子曰：“古之人未尝不欲仕也，又恶不由其道。不由其道而往者，与钻穴隙之类也。”“丈夫生而愿为之有室”，然“不待父母之命、媒妁之言，钻穴隙相窥，逾墙相从，则父母国人皆贱之”。故孟子“恶不由其道”而仕也。

就齐国之情势而论，孟子于齐威王之世游齐，并非如钱氏所言，处齐能“得十八年”之久。如前所述，倘若孟子生于周安王十三年（前389年），且四十以后，始携老母出游于齐，则齐威王十年（前347年），孟子乃四十四岁。如孟子以此时来齐，则邹忌早已为齐国之相。至马陵之战以后，田忌亡齐奔楚，则邹忌在齐国已成炙手可热之势。又据孟子在齐宣王时代对燕齐之战的态度与匡章及田忌一致，则孟子与田忌，亦如匡章，其关系较近。则孟子极有可能于田忌奔楚之后不久，便离开了齐国。如果田忌奔楚在齐威王十七年或十八年，则孟子去齐，亦当在齐威王十八年或十九年。是孟子在齐，最多不过十年。

当然，孟子于齐威王之时处齐十年，其为期亦不短暂。但孟子既不遇于齐威王，又不齿于邹忌之徒；而据钱穆之论，孟子亦不列名于齐国之稷下学宫，则孟子于齐威王之世游齐，且亦得十年之久，果何所事事？是亦不可不加辩白。钱氏曰：

> 孟子游齐，历威、宣二世，正当稷下盛时，而孟子似不伍于稷下。《盐铁论·论儒篇》：“齐宣王褒儒尊学，孟轲、淳于髡之徒，受上大夫之禄，不任职而论国事。盖齐稷下先生千有余人。”是以孟轲、淳于髡同为稷下侪偶也。余考其说似颇误。虽《史记》与《孟子》书均无明文以证其非，而可推迹以求者。

钱氏又曰：

> 徐干《中论·亡国篇》：“齐桓公立稷下之官，孟轲之徒皆游齐。”亦与《盐铁论》同。桓公之卒，孟子年不过三十，谓其已游齐，亦恐不然。

钱氏胪列三证，以证成“孟子不列稷下”之说。其一，《史记·孟荀列传》言“自如淳于髡以下，皆命曰列大夫”，然“不数孟子”；其二，《史记·田敬仲完世家》列举“稷下闻人”，邹衍、淳于髡、田骈、接予、慎到、环渊之徒皆与之，亦“独无孟子”；其三，孟子与淳于髡等稷下先生“出处行谊之不同”，此亦孟子不列稷下学宫之证。①

按谓“孟子游齐，历威、宣二世，正当稷下盛时”，此言是也。然谓孟子“历威、宣二世”而皆“不伍于稷下”，则失之于笼统。齐宣王之世，孟子在齐为卿，当然“不伍于稷下”。然谓齐威王之世，孟子亦“不伍于稷下”，则恐钱氏未之深考耳。《公孙丑下》：

> 孟子谓蚳蛙曰：“子之辞灵丘而请士师，似也，为其可以言也。今既数月矣，未可以言与?”蚳蛙谏于王而不用，致为臣而去。齐人曰：“所以为蚳蛙则善矣，所以自为则吾不知也。”公都子以告。曰：“吾闻之也，有官守者，不得其职则去；有言责者，不得其言则去。我无官守，我无言责也，则吾进退，岂不绰绰然有余裕哉?”

赵氏注：“孟子言人臣居官，不得守其职，谏正君不见纳者，皆当致仕而去。今我居师宾之位，进退自由，岂不绰绰乎。”由于“孟子为卿于齐，出吊于滕”，紧承此章之后，故赵氏以为此亦“孟子为卿于齐”之事。殊不知，孟子“出吊于滕”，据明人季本《孟子事迹图谱》说，乃吊滕文公之丧。季氏曰：“其与王驩使滕，为文公之丧也。非大国之君，无使贵卿及介往吊之礼。此固重文公之贤，而隆其数，亦孟子欲亲往吊，以尽存没始终之大礼也。”② 是孟子“为卿于齐”，乃在齐宣王之世。且孟子于宣王时“为卿于齐”，是否即无官无职之“师宾之位”，亦赵氏揣测之辞，难以确证。

《田敬仲完世家》曰：“宣王喜文学游说之士，自如驺衍、淳

---

① 参见钱穆：《先秦诸子系年》卷3，中华书局1985年版，第235～237页。

② 朱彝尊：《经义考》卷236，中华书局1998年版，第1197页。

于髡、田骈、接予、慎到、环渊之徒七十六人，皆赐列第，为上大夫，不治而议论。是以齐稷下学士复盛，且数百千人。”裴骃《集解》引刘向《别录》曰：“齐有稷门，城门也。谈说之士期会于稷下也。”① “赐列第”，即《孟荀列传》“为开第康庄之衢，高门大屋尊宠之”之谓。“为上大夫”，即爵比上大夫，乃稷下学士之俸禄也。“不治而议论”，即无具体之官守政务，徒以议论政事，臧否人物而已。② 且其议论与臧否，亦不必虑其后果，承担政治风险。因而稷下学士尤可海阔天空，无所羁勒，肆意侈说，《孟荀列传》所谓“谈天衍，雕龙奭”之辈，即是其例。而孟子此言“我无官守，我无言责”，正是“不治而议论”的别一种说法！且“孟子谓蚳蛙”云云，乃议论政事，臧否人物之实例也。而赵氏以为“无官守，无言责”，“不治而议论”，即为“师宾之位”；果如此，齐王为稷下先生开列弟于“康衢”，“高门大屋”以“尊宠之”，使之“不治而议论”，则稷下先生人人皆齐王之“师宾”，又岂独孟子为然！

孟子于齐威王之世游稷下，由此章以齐人语告孟子之公都子其人，亦可得其旁证。

考《孟子》七篇，有关公都子的记述凡七次。由《离娄》篇“匡章通国皆称不孝”章，可定其人乃孟子游齐威王时从学弟子。

钱穆虽然认为孟子“不伍于稷下”，但考证“孟子在齐威王时先已游齐”，却甚为有力。其最重要的证据，就是《离娄下》公都子质疑孟子与匡章的交往一章。《孟子》之文曰：

> 公都子曰：“匡章，通国皆称不孝焉。夫子与之游，又从而礼貌之，敢问何也？”孟子曰：“世俗所谓不孝者五……章子有一于是乎？夫章子，子父责善而不相遇也。……夫章子，岂不欲有夫妻子母之属哉？为得罪于父，不得近，出妻屏子，

① 司马迁：《史记》卷46，中华书局1982年版，第1895页。

② 刘向《新序·杂事二》曰：“齐有稷下先生，喜议政事。邹忌既为齐相，稷下先生淳于髡之属七十二人，皆轻邹忌。”即是其证。

终身不养焉。其设心以为不若是，是则罪之大者，是则章子已矣。”

“通国皆称”匡章为“不孝”，其本事原委，《战国策·齐策》言之较详：

秦假道韩、魏以攻齐，齐威王使章子将而应之。与秦交和而舍，使者数相往来。章子为变其徽章，以杂秦军。……有司请曰：“言章子之叛者，异人同辞，王何不发将而击之？”王曰：“此不叛寡人明矣，曷为而击之！”顷间，言齐兵大胜，秦军大败。于是，秦王拜西藩之臣而谢于齐。左右曰：“何以知之？”曰：“章子之母启，得罪其父，其父杀之而埋之马栈之下。吾使者章子将也，勉之曰：‘夫子之强，全兵而还，必更葬将军之母。’对曰：‘臣非不能更葬先妾也。臣之母启得罪臣之父。① 臣之父未教而死。夫不得父之教而更葬母，是欺死父也。故不敢。’夫为人子而不欺死父，岂为人臣欺生君哉？”②

据此，公都子所谓“通国皆称”匡章“不孝”，乃匡章之母为其父所杀，埋于马栈之下，而匡章不为改葬之事。钱氏曰：

公都子之问，孟子之答，其事当尚在章子将兵胜秦之前。通国皆称不孝者，为其母葬马栈之下，而章子不为更葬也。黜妻屏子，终身不养者，孟子据其前以为言，非要其终以言之也。……自章子胜秦归，威王既明称其不欺死父，又必为之更葬其死母，而章子益见亲重于齐，不应通国犹称其不孝。意其

① 按“先妾”、“母启”，皆君前称名之例，匡章之母乃其父之妾，故亦于君前妾称之。此尊君之义也。

② 何建章：《战国策注释》卷8，中华书局1990年版，第318～319页。

时从游而礼貌之者必多矣，公都子亦何疑于孟子而有此问?①

钱氏推断，孟、公师徒之问答，必在匡章将兵胜秦之前，以证孟子曾游于齐威王之世，其说至为精审。则公都子乃从学于孟子游齐威王之时，亦无可怀疑。

上文既已说过，稷下学者之事业，既“无官守”，亦“无言责”，乃“不治而议论”，故其人可以海阔天空，无所羁勒，肆意侈说。因此，齐人颂之曰：“谈天衍、雕龙奭、炙毂过髡。”裴骃《史记集解》引刘向《别录》云：“驺衍之所言五德终始，天地广大，尽言天事，故曰‘谈天’。驺奭修衍之文，饰若雕龙文，故曰‘雕龙’。”又引《别录》“过”字作“輠”曰：“輠者，车之盛膏器也。炙之虽尽，犹有余流者。言淳于髡智不尽如炙輠也。左思《齐都赋》注曰：‘言其多智难尽，如炙膏过之有润泽也。’”② 可见稷下先生多放言高论，游谈无实，“迂远而阔于事情”，故“王公大人初见其术，惧然顾化，其后不能行之”。③ 而孟子“道性善，言必称尧舜”，亦稷下先生之侪偶也。滕文公为世子时去楚国办外交，往返途经于宋而见孟子；孟子亦与之高谈心性，“言必称尧舜”。大抵其时孟子离开齐国未久，故放言高论之稷下积习依然未改。

公都子从学于孟子，既在齐威王之世，则孟子游于稷下，由公都子其时所问于孟子者，即可按迹而求。《告子上》载公都子三事，依次录之于此。其一：

> 孟季子问公都子曰：“何以谓义内也?”曰：“行吾敬，故谓之内也。”“乡人长于伯兄一岁，则谁敬?”曰：“敬兄。”“酌则谁先?”曰：“先酌乡人。”“所敬在此，所长在彼，果在外非由内也。”公都子不能答，以告孟子。

① 钱穆：《先秦诸子系年》卷3，中华书局1985年版，第316页。
② 司马迁：《史记》卷74，中华书局1982年版，第2348页。
③ 司马迁：《史记》卷74，中华书局1982年版，第2344页。

其二：

公都子曰："告子曰：'性无善无不善也。'或曰：'性可以为善，可以为不善。是故文、武兴则民好善，幽、厉兴则民好暴。'或曰：'有性善，有性不善。是故以尧为君而有象，以瞽瞍为父而有舜，以纣为兄之子且以为君而有微子启、王子比干。'今曰'性善'，然则彼皆非欤？"孟子曰："乃若其情，则可以为善矣，乃所谓善也。若夫为不善，非才之罪也……"

其三：

公都子问曰："钧是人也，或为大人，或为小人，何也？"孟子曰："从其大体为大人，从其小体为小人。"曰："钧是人也，或从其大体，或从其小体，何也？"曰："耳目之官不思，而蔽于物。物交物，则引之而已矣。心之官则思，思则得之，不思则不得也。此天之所与我者。先立乎其大者，则其小者不能夺也。此为大人而已矣。"

其一，论"义"在内与在外之别；其二，论"性"善还是不善；其三，论"大人""从其大体"而"立心"。可见，公都子所问，皆为人心与人性之高言大论，与稷下学士俨然同风，显然为其学术环境濡染所致，其所关注之问题亦同。尤其第二则，公都子引"告子曰"，又引"或曰"云云，皆为人性善与不善之论。则其时告子当亦游学于稷下，与孟子相值。孟子主张"性善"，而告子主张人性无善无不善，谓人之性"犹湍水也，决诸东方则东流，决诸西方则西流。人性之无分于善不善也，犹水之无分于东西也"。① 是孟子论争的直接对手，就是告子。又，公都子称之为告子，且不称"或人"之名，则"或人"不为稷下学士，为孟子所不识，其分别甚明。

---

① 《孟子·告子上》。

此外，《滕文公下》载公都子曰："外人皆称夫子好辩，敢问何也？"孟子曰："予岂好辩哉？予不得已也。""外人"者何？孟子及孟子门徒之外的相关人士也。"好辩"者何？稷下之风气如此，而孟子尤擅斯道而已。

以公都子所问之事与孟子之思想行宜，相互参证，则孟子于齐威王之世游于稷下学宫，可确定无疑矣。①

至于钱氏以孟子高谈"仕义"，恶"处士横议"，不欲宣王"中国而授室，养弟子以万钟"，与淳于髡"出处行宜之不同"，以证孟子"不伍于稷下"，则又似是而非之论。

首先，孟子于齐威王、齐宣王两次游齐，前者为稷下先生，后者乃"为卿于齐"，则孟子所谓"此一时，彼一时也"。② 孟子高谈"仕义"，不欲宣王"中国而授室"，乃齐宣王之世，"为卿于齐"之时也。而恶"处士横议"，乃齐威王之世为稷下先生之时也。且恶"处士横议"，非恶其"议"，而恶其"议"之"横"也。如杨氏"为我"，墨氏"兼爱"，子莫"执中"，孟季子之"义外"，告子之"性无善无不善"，皆是孟子以为"议"之"横"者也，故孟子恶之。而孟子"道性善，言必称尧舜"，高谈"仁心"与"仁政"，又何尝非"议"！

至于孟子与淳于髡之流不相能，当另有原因，不能援之以证孟子"不伍于稷下"。

考淳于髡其人，《孟子荀卿列传》曰：

> 淳于髡，齐人也。博闻强记，学无所主。其谏说，慕晏婴

---

① 1982年山东淄博召开稷下学讨论会，不少学者对钱穆"孟子不伍于稷下"之说持不同意见。白奚先生著《稷下学研究》，复申钱氏之说；然白先生又从多方面论证了孟子心性学说与齐稷下学宫的思想关系。参见《稷下学研究》，三联书店1998年版，第161～184页。

② 《孟子·公孙丑下》。

之为人也，然而承意观色为务。①

又，《滑稽列传》曰：

> 淳于髡者，齐之赘婿也。长不满七尺，滑稽多辩，数使诸侯，未尝屈辱。

是淳于髡之流，乃“齐之赘婿”，髡钳之奴耳。② 虽“博闻强记”，但“学无所主”；以“承意观色”游于诸侯，又以“滑稽多辩”闻于当世。齐人之颂曰“炙毂过髡”，即其人“滑稽多辩”油嘴滑舌之写照。又，《田敬仲完世家》载邹忌以鼓琴见齐威王，三月而受相印。淳于髡乃见邹忌，出而“面其仆”曰：“是人者，吾语之微言五，其应我若响之应声，是人必封不久矣。”于是，“居朞年”，齐威王果封邹忌于下邳，“号曰成侯”。

无论就其“赘婿”的出身，还是就其“滑稽”的人品，抑或就其“学无所主”的浅薄，淳于髡之流，决不能与孟子相颉颃。

① 近人钱穆曰：“史载髡以承意观色为务，其见惠王，初值献马者，终又值献谣者。髡滑稽自喜，谣人之与善马，盖出髡之隐谋，预嘱其到时而献，若阳货瞰孔子出而馈以蒸豚也。乃惠王惊叹以为圣人，与语三日三夜无倦，而欲以卿相位之，此异乎孟子‘何必曰利’，与惠王‘愿安承教’之意矣。否则殆出于后人妄谭，髡虽善察颜色，不能精明至此。”见钱氏《先秦诸子系年》卷3，中华书局1985年版，第359～360页。按钱氏推测，淳于髡事先设下献马、献谣圈套，诳骗梁惠王，虽无明据，亦颇合情理。

② 司马贞《滑稽列传索隐》云：“赘婿，女之夫也。比于子，如人疣赘，是余剩之物也。”钱穆曰：“赘婿盖家奴也。《汉书·严助传》：‘民待卖爵赘子以接衣食。’如淳注：‘淮南俗卖子与人作奴婢，名曰赘子。三年不能赎，遂为奴婢。《淮南·本经》赘妻鬻子是也。’钱大昕曰：‘赘而不赎，主家以女匹之，则谓之赘婿。’余谓赘婿者，主家以女奴相配，其实奴也，非其婿也。……赘婿为家奴，故髡钳。淳于髡，赘婿也，其后贵显，人乃曰彼固髡也而髡呼之。髡滑稽玩世，则亦以髡自呼耳。然则淳于髡之名髡，犹英布之姓黥矣。……髡以赘婿小人，而名冠稷下，尊驾公卿，亦当时世变一显例哉。”见钱氏：《先秦诸子系年》卷3，中华书局1985年版，第363～364页。

且趋风于邹忌之徒，尤为孟子所不耻。因此，孟子与淳于髡，虽同处于稷下，甚至均到过梁国，见过梁惠王，但因其行宜作派殊为不同，二人并不相能。《孟子》所载二人交相辩难，彼此讥讽，即是其证。《离娄上》：

> 淳于髡曰："男女授受不亲，礼与？"孟子曰："礼也。"曰："嫂溺，则援之以手乎？"曰："嫂溺不援，是豺狼也。男女授受不亲，礼也。嫂溺，援之以手者，权也。"曰："今天下溺矣，夫子之不援，何也？"曰："天下溺，援之以道。嫂溺，援之以手。子欲手援天下乎？"

《告子下》：

> 淳于髡曰："先名实者，为人也；后名实者，自为也。夫子在三卿之中，名实未加于上下而去之，仁者固如此乎？"孟子曰："居下位，不以贤事不肖者，伯夷也。五就汤，五就桀者，伊尹也。不恶汙君，不辞小官者，柳下惠也。三子者不同道，其趋一也。""一者何也？"曰："仁也。君子亦仁而已矣，何必同？"曰："鲁缪公之时，公仪子为政，子柳、子思为臣，鲁之削也滋甚。若是乎贤者之无益于国也！"曰："虞不用百里奚而亡，秦缪公用之而霸。不用贤则亡，削何可得欤？"曰："昔者王豹处于淇，而河西善讴。绵驹处于高唐，而齐右善歌。华周、杞梁之妻善哭其夫而变国俗。有诸内必形诸外，为其事而无其功者，髡未尝睹之也。是故无贤者也，有则髡必识之。"曰："孔子为鲁司寇，不用，从而祭，燔肉不至，不税冕而行。不知者以为为肉也，其知者以为为无礼也。乃孔子则欲以微罪行，不欲为苟去。君子之所为，众人固不识也。"

阎若璩《四书释地又续》曰："孟子与淳于髡问答仅两章。后章是去齐之后，不待言。前章似相值于梁惠王朝。何则？《魏世家》明云：卑辞厚币以招贤者，邹衍、淳于髡、孟轲皆至梁。"① 而钱穆以为，"淳于髡诘孟子天下溺而不援"，不必如阎氏说，"定为在梁相值之言"，当是两人同在齐威王时所语。②

按钱氏所言甚确。淳于髡诘孟子："今天下溺矣，夫子之不援，何也？"此讥孟子不见用于齐威王，而徒居稷下"不治而议论"而已。孟子答之曰："天下溺，援之以道。""不治而议论"，"道性善，言必称尧舜"，即"援之以道"。而淳于髡之流，"学无所主"，无救世济民之"道"，徒以倡优"滑稽"之态，取悦于人主而已。纵其"多辩"善讽，亦不过徒以"手援天下"，是以孟子反唇相讥，曰："嫂溺，援之以手。子欲手援天下乎？"

《告子下》"名实"章乃孟子辞齐卿而归，淳于髡讥讽孟子之语。阎、钱二氏皆无异议，是也。淳于髡讥孟子"在三卿之中，名实未加于上下而去之"，又讥孟子无贤者之业绩可见之于人，言下之意，乃嘲讽孟子并非贤人。而孟子曰："君子之所为，众人固不识也。"意即，以你淳于髡之平庸与浅薄，岂能窥测圣人的思想深度；以你淳于髡鄙陋的心智，不过徒知事物的外表而已，岂能真知事情的本相。齐王之不用贤，岂非无贤邪！③

因此，我们认为，孟子与淳于髡之不相能，只能归结于二者人格特征与思想水平的差异，与是否稷下先生没有直接关系。正如当今之世，同为某大学某系教授，或方正贤达，道德文章可为世范；或卑污猥琐，人品学识皆不足以为人师表。

综上所述，孟子早年游于齐威王之世，为稷下先生，既"无官守"，亦"无言责"，其身份乃"不治而议论"，仍然是以授徒讲学为事的学者。其"道性善，言必称尧舜"，即孟子居稷下学宫时

① 阎若璩：《四书释地又续》，光绪十八年上海古香阁校印《皇清经解》本，第20页。

② 钱穆：《先秦诸子系年》卷3，中华书局1985年版，第235页。

③ 钱穆曰："孟子对淳于髡曰：'君子之所为，小人固不知。'小人者，特斥其为髡钳奴也。"见钱氏《先秦诸子系年》卷3，中华书局1985年版，第364页。按原文乃"众人固不识"，赵注亦曰："众人固不能知君子之所为，谓髡不能知贤者之志。"不过，"众人"者，语气虽较缓，但讥讽之意犹在焉。

阐述的主要思想学说。

五、宋、滕之游

孟子平生大抵以授徒讲学为主，四十以前居邹如此，四十以后游齐居稷下亦是如此；离齐之后，游于宋、滕诸国仍然无不如此。但孟子似乎始终在寻求着其思想学说得以付诸现实的机会。

孟子游宋，在去齐之后，这是无庸置疑的。但孟子游宋，究在何时？且宋之在位者究为何君？皆不可得而详定。据《滕文公下》万章“宋，小国也，今将行王政”之说，则孟子游宋，当在宋偃称王之前。然宋偃称王之年，又无从确考。《史记·六国年表》载“宋君偃元年”在周显王四十一年（前328年），又载“宋自立为王”在周慎靓王三年（前318年）。而近人钱穆则认为，“《世家》云‘君偃十一年自立为王’，则为周显王四十一年。《年表》于是年载宋君偃元年。盖宋偃亦如梁惠成、秦惠文之例，于称王之翌年更元，而《史》遂误以称王之元为始立之元也”。且钱氏又据《战国策·宋策》及《韩非子·说林下》相关记载，认为宋君偃或为少主，即位尚不满十龄，由太后及大尹主政用事，故孟子至宋，谓戴不胜曰：“子欲子之王善欤？我明告子。子以薛居州，善士也，使之居于王所。一薛居州，其如宋王何？”时王年尚幼，故戴不胜为之进贤傅，孟子亦以幼子学语为譬。且孟子在宋，与其臣如戴不胜、戴盈之皆有问答交际，独不见与宋王语。而万章之问亦曰：“宋，小国也，今将行王政”，不明指宋偃为说，知其时宋君偃年尚幼，殆未亲政。① 然近人冯铁流则不同意钱氏“周显王四十一年（前328年）宋偃称王”之说，认为钱氏考证宋国历代君主在位之年数，可信性不大。因为“经过一百几十年的各宋君在位年数的累积，再加上资料不足处凭推想作补充”，而其所列宋君“在位年数，来源既杂，且有的可信性很低”，如此“推算出宋王偃称王之

① 钱穆：《先秦诸子系年》卷3，中华书局1985年版，第274页。

年为公元前328年，实难期望其可信性更在《史记》之上”。① 而明人季本则以为，孟子游宋当有两次，其一在宋君剔成之世，其一在宋偃称王之时。《尽心上》与宋勾践言“尊德乐义”，《滕文公下》与戴盈之论“关市之征”，皆在宋君剔成之世。而与戴不胜语“以薛居州居于王所”，则在宋偃称王之时。② 诸家之说，樊然淆乱，无所适从。

平心而论，钱氏之说虽然出于推论者较多，但有理有据者亦不在少。而冯氏专与钱氏立异，仅以宋偃称王为“诸侯国际间一件大事，《秦记》应当有记载”为由，便轻信《史记·六国年表》无误，其证据并不比钱氏有力。③ 至于季本以为孟子两次游宋，则纯为臆测之辞，亦不足凭信。因此，与不得已，宋偃称王，则钱氏周显王四十一年（前328）之说或庶几近之。而孟子游宋，大抵稍前于此时。

孟子去宋之后游滕，乃在滕文公之世。滕文公为世子时即笃信孟子之学，即位后，为其父滕定公行三年之丧。又聘孟子于国，助其推行“仁政”，也似乎颇有效果。于是，有“远方之人闻君行仁政，愿受一廛而为氓”。④

然而，无论宋国抑或滕国，皆“泗上十二诸侯”之一，小国寡民，难于有所作为。且介乎齐、楚大国之间，常怀灭国之虞。在

① 冯铁流：《先秦诸子学派源流考》，重庆出版社2005年版，第15页。

② 季本：《孟子事迹图谱》，引自朱彝尊：《经义考》卷236，中华书局1998年版，第1196页。

③ 参见冯铁流：《先秦诸子学派源流考》，重庆出版社2005年版，第15页。按《史记·六国年表》魏惠王三十六年改元称一年，误为哀王，又无襄王之世；而齐国脱田侯剡之世，田桓公少十二年，齐威王又少一年。（参见杨宽《战国大事年表中有关年代的考订》，《战国史》附录三，第728页）司马迁《六国年表》乃据《秦纪》而谱成，魏、齐世次错舛如此其甚；而宋国纪年附见于田齐，田齐世次之乖舛紊乱又有甚于魏国，则宋国之纪年焉可信据？而“宋，小国也”，迁都于彭城，不过“泗上十二诸侯”之一，何以知《秦纪》必载？且也，如《六国年表》无误，学者岂宁殚精竭虑，为之钩深致远？又何以居无事不惮烦而勤为考订邪？是必知冯氏之言谬矣！

④ 《孟子·滕文公上》载具有农家思想的许行之言。

宋，其弟子万章问："宋，小国也，今将行王政，齐楚恶而伐之，则如之何?"① 在滕，滕文公亦反复问及此事。一则曰："滕，小国也，间於齐、楚。事齐乎？事楚乎?" 再则曰："滕，小国也。竭力以事大国，则不得免焉，如之何则可?" 三则曰："齐人将筑薛，吾甚恐，如之何则可?"② 小邦弱主，国运悬于强敌蚕食之口，朝不保夕，其忐忑不安，忧心悄悄之情见乎辞矣。然而，"是谋"也，亦非孟子"所能及"。故孟子答滕文公，一则曰："凿斯池也，筑斯城也，与民守之，效死而民弗去，则是可为也。" 再则曰："君如彼何哉？强为善而已矣。" 甚至等而下之者，劝其仿效周太王"去邠，逾梁山，邑于岐山之下居焉"，即迁到地广人稀的地方去谋生存图发展。至于弟子万章问"小国"之宋，"将行王政"，"齐楚恶而伐之则如之何"，孟子则答以"不行王政云尔。苟行王政，四海之内皆举首而望之，欲以为君，齐楚虽大，何畏焉?" 显然，孟子所言，只是"行王政"的期望值，并非"齐楚恶而伐之则如之何"的准确答案。

因此，孟子将"行王政"的希望，始终寄托在齐、梁大国，良有以也。

六、适梁与去梁

《史记·魏世家》惠王三十五年载："惠王数被于军旅，卑礼厚币以招贤者。邹衍、淳于髡、孟轲皆至梁。"《六国年表》亦系此事于魏惠王三十五年。清人崔述《孟子事实录》卷上曰："《史记》此文载于《魏世家》惠王三十五年，以《年表》考之，乃周显王之三十三年乙酉（即前336年）也。余按《史记》，惠王在位三十六年而卒；子襄王立，在位十六年卒。襄王元年，乃周显王三十五年丁亥（即前334年），'与诸侯会徐州，相王也，追尊父惠王为王'。是丁亥以前梁未称王也。而孟子之见梁惠王，乃云'王

① 《孟子·滕文公下》。
② 《孟子·梁惠王下》。

何必曰利'，'王好战，请以战喻'，'王往而征之，夫谁与王敌'，惠王果未称王，孟子何由预称之曰'王'乎？又按《史记》，梁予秦河西地在襄王五年，尽入上郡于秦在襄王七年，楚败魏襄陵在襄王十二年，皆惠王身后事。而惠王之告孟子乃云'西丧地于秦七百里，南辱于楚'，未来之事，惠王何由预知之而预言之乎？按：杜预《左传后序》云：'古书《纪年篇》，惠王三十六年改元；从一年始，至十六年而称惠成王卒。即惠王也。疑《史记》误分惠成之世以为后王年也。'然则《史记》所称'徐州相王'者即惠王，非襄王矣；所称襄王之元年即惠王之后元年，而予河西，入上郡，败于襄陵皆惠王时事，非襄王时事矣。盖惠王本称魏侯，既僭称王，则是年乃称王之始年，故不称三十七年而称元年。《史记》不知惠王改元之故，但见其于三十六年之后又书元年，遂误以为襄王之元年耳。然则孟子之至梁，不在惠王三十五年，而在后元十二年襄陵既败之后，则孟子与惠王之所云者无一语不符矣。孟子与齐宣问答甚多而与梁惠殊少，在梁亦无他事，则孟子居梁盖不久也。然犹见襄王而后去，则孟子之至梁当在惠王之卒前一二年，辛丑壬寅两岁之中，于《年表》，则周慎靓王之元年二年也（即前320年，前319年）。"① 又清人江永《群经补义》亦曰："孟子见梁惠王当在周慎靓王元年辛丑，是年为惠王后元之十五年。至次年壬寅，惠王卒，子襄王立，孟子一见即去梁矣。……盖惠王卑礼厚币以招贤在后元之末年，而《史记》误谓在惠王即位之三十五年也。此年尚未称王，孟子何得称之为王？"② 崔、江二氏所言极是。近人钱穆从江氏之说，定孟子至梁乃在周慎靓王元年。且更谓"梁惠王后元十三年，张仪相魏，惠施避之楚。公孙衍与张仪不善，令人说韩公叔以图秦弃仪收韩相衍，公叔从之。衍相魏，仪复去相秦。至魏襄王元年，五国约击秦，公孙衍实与其谋。景春问孟子：'公孙衍张仪岂不诚丈夫哉'，正当其时。"又曰："按《年表》，孟

---

① 顾颉刚：《崔东壁遗书》，上海古籍出版社 1983 年版，第 413 页。

② 江永：《群经补义》卷 4，光绪十八年上海古香阁校印《皇清经解》本，第 11 页。

子至梁书于惠王三十五年，盖是后元十五年，而史公误后元谓襄王，乃移之三十五年耳。今推《年表》致误之迹，依江说，定孟子至梁在慎靓王元年也。"①

梁惠王后元十五年（前320年），孟子到达大梁，见梁惠王。梁惠王曰："叟！不远千里而来，亦将有以利吾国乎？"孟子对曰："王！何必曰利？亦有仁义而已矣。"大抵梁惠王因"东败于齐，长子死焉；西丧地于秦七百里；南辱于楚"，意在雪耻，对孟子"省刑罚，薄税敛，深耕易耨"的"仁政"之说，② 兴趣不大。而孟子在梁虽急于谋求任职，期望有所作为，但既不愿以"钻穴隙相窥，逾墙相从"之道求仕，因而在梁并未任职。魏人周霄曰："晋国，亦仕国也，未尝闻仕如此其急。仕如此其急也，君子之难仕，何也？"③ 由此可见，孟子在梁国实处于进之而无缘，退之而不甘的尴尬之势。至第二年夏秋之际，"卑礼厚币以招贤者"的梁惠王寿终正寝，梁襄王立。孟子见之，出而语人曰"望之不似人君，就之不见所畏"，毫无人君气度，于是不待梁襄王逾年改元即离开了魏国，再度来到齐国。

七、第二次游齐

孟子离开大梁（今河南开封），东北上，自范邑（今河南范县东南）东行，途经平陆（今山东汶上县），跋涉千余里，前往齐都临淄（今山东淄博）。由于早在威王之世，孟子已有游稷下学宫的经历，孟子至齐，很受新朝君臣的礼遇。在平陆，"储子为相，以币交"，孟子"受之而不报"。④ 至齐都，储子又传达齐宣王之旨，曰："王使人瞯夫子，果有以异于人乎？"孟子曰："何以异于人

---

① 钱穆：《先秦诸子系年》卷3，中华书局1985年版，第355～356页。
② 《孟子·梁惠王上》。
③ 《孟子·滕文公下》。
④ 《孟子·告子下》。

哉？尧、舜与人同耳。”①可见，孟子再度至齐，颇有人望，与齐威王时之境遇大不一样。

孟子来齐之后，其时大抵邹忌已死，② 齐宣王召回流亡在楚国长达二十余年的名将田忌。而早年于齐威王世即已订交的匡章，这时仍然在齐国做将军。或者是因了储子、田忌、匡章等人的合力举荐，加之孟子在滕国“行仁政”，已颇有国际声望，而齐宣王“使人瞷夫子”，或者对孟子颇为赏识，齐宣王乃加孟子以卿相之位。弟子公孙丑也为此而高兴，问孟子曰：“夫子当路于齐，管仲、晏子之功，可复许乎？”孟子却讥讪公孙丑曰：“子诚齐人也，知管仲、晏子而已矣！”认为“当今之时，万乘之国行仁政，民之悦之，犹解倒悬也。故事半古之人，功必倍之，惟此时为然”。③ 看来，孟子似乎信心十足，以为“管、晏之功”亦莫过尔尔，徒使齐国为霸主而已。当今之齐，乃“万乘之国”，既非小国寡民之宋、滕可比，亦非复当年齐桓公、齐景公之齐矣。的确，若能以当今之齐——“万乘之国”而“行仁政”，“保民而王”，则天下“莫之能御也”。④ 岂唯管、晏之功，徒为霸主哉！故曰：“事半古之人，功必倍之，惟此时为然。”

孟子在齐国为卿，除却与齐宣王讲授“仁政”学说，“格君心

---

① 《孟子·离娄下》。

② 《田敬仲完世家》载齐宣王二年，魏伐赵，赵与韩亲，共击魏。赵不利，战于南梁。宣王召田忌复故位。韩氏请救于齐，宣王召大臣而谋曰：“蚤救孰与晚救?”邹忌子曰：“不如勿救。”田忌曰：“弗救，则韩且折而入于魏，不如蚤救之。”司马贞《索隐》云：“此云邹忌者，王劭云：‘此时邹忌死已四年，又齐威时未称王，故《战国策》谓之田侯。今此以田侯为宣王，又横称邹忌，皆谬矣。’”按，王劭所言，当有所本，齐宣王之世，田忌当不能与邹忌同朝议事。近人钱穆认为，邹忌之死，可能在齐宣王元年，故田忌于宣王二年复召，自应在邹忌之后。见钱氏《先秦诸子系年》卷3，中华书局1985年版，第262页。钱说有理，可从。

③ 《孟子·公孙丑上》。

④ 《孟子·梁惠王上》。

之非”以外,①大抵也还担任了某些政务性工作。如《公孙丑下》曰:

> 孟子之平陆,谓其大夫曰:“子之持戟之士,一日而三失伍,则去之否乎?”曰:“不待三。”“然则子之失伍也亦多矣。凶年饥岁,子之民,老羸转于沟壑,壮者散而之四方者,几千人矣。”曰:“此非距心之所得为也。”曰:“今有受人之牛羊而为之牧之者,则必为之求牧与刍矣。求牧与刍而不得,则反诸其人乎?抑亦立而视其死与?”曰:“此则距心之罪也。”他日,见于王曰:“王之为都者,臣知五人焉。知其罪者惟孔距心。”为王诵之。王曰:“此则寡人之罪也。”

“孟子之平陆”,大可能是专程到齐国的某些下都,考察任职大夫的治理情况。除平陆大夫孔距心之外,亦考察了其他都邑大夫四人。孟子谓“王之为都者,臣知五人焉。知其罪者惟孔距心”,则齐国下都的政治状况普遍不太令人满意,且仅平陆大夫孔距心还能意识到自己没有尽到“为都者”应尽的职责。回到齐都,孟子一一“为王诵之”,齐王也因此而自责,曰:“此则寡人之罪也。”

不过,虽然齐国的政治状况不太理想,但齐宣王的态度却比较诚恳。对于孟子的仁政学说,亦尚有尝试的热情。如,孟子讲到“仁政”的实际效果,谓:“今王发政施仁,使天下仕者皆欲立于王之朝,耕者皆欲耕于王之野,商贾皆欲藏于王之市,行旅皆欲出于王之途,天下之欲疾其君者,皆欲赴诉于王。其若是,孰能御之?”齐宣王似乎跃跃欲试,对孟子曰:“吾惛,不能进于是矣。愿夫子辅吾志,明以教我。我虽不敏,请尝试之。”②由此可见,齐宣王对孟子是比较敬重的。

---

① 《孟子·离娄上》:孟子曰:“人不足与适也,政不足与间也。唯大人为能格君心之非。君仁,莫不仁;君义,莫不义;君正,莫不正。一正君而国定矣。”

② 《孟子·梁惠王上》。

由于君臣之间关系较为融洽，因而齐宣王敢于对孟子袒露心扉，不讳言“寡人之疾”。一则曰：“寡人好勇”，再则曰：“寡人好货”，三则曰：“寡人好色。”且虽然脸上露着羞愧的神情，亦能坦诚地告诉孟子，曰：“寡人非能好先王之乐也，直好世俗之乐耳。”① 而孟子对齐宣王，亦近乎耳提面命，直言不讳。如《梁惠王下》：

> 孟子谓齐宣王曰：“王之臣，有讬其妻子于其友，而之楚游者，比其反也，则冻馁其妻子，则如之何？”王曰：“弃之。”曰：“士师不能治士，则如之何？”王曰：“已之。”曰：“四境之内不治，则如之何？”王顾左右而言他。

我疑心，这则谈话，或者是孟子考察了齐国五座下都的政治状况之后，与齐宣王反映下情之前的开场白。因此，“孟子之平陆”章所谓“为王诵之”，大可能就是此章之后的直接目的。而齐宣王亦有所悟及，故其文有“此则寡人之罪也”之语。而尤其值得注意的是，“王顾左右而言他”，足见孟子于宣王之前，谈锋犀利，咄咄逼人，有使齐宣王忸怩不能言者。又，《梁惠王下》亦载：

> 齐宣王问曰：“汤放桀，武王伐纣，有诸？”孟子对曰：“于传有之。”曰：“臣弑其君，可乎？”曰：“贼仁者谓之‘贼’，贼义者谓之‘残’。残贼之人，谓之‘一夫’。闻诛一夫纣矣，未闻弑君也。”

此可与《万章下》“齐宣王问卿”章合看。其文曰：

> 齐宣王问卿。孟子曰：“王何卿之问也？”王曰：“卿不同乎？”曰：“不同。有贵戚之卿，有异姓之卿。”王曰：“请问贵戚之卿。”曰：“君有大过则谏，反覆之而不听，则易位。”

---

①《孟子·梁惠王下》。

王勃然变乎色。曰："王勿异也。王问臣，臣不敢不以正对。"王色定，然后请问异姓之卿。曰："君有过则谏，反覆之而不听，则去。"

由这两章文字可见，孟子于齐宣王，谈话实在不避人君之忌。一则曰"闻诛一夫纣矣，未闻弑君"；再则曰"君有大过则谏，反覆之而不听，则易位"。其危言耸听，以至于齐宣王"勃然变乎色"，足以见"唯大人能格君心之非"。

八、孟子与燕齐之战

孟子在齐，所做的一项重要工作，就是参与了齐宣王六年（前314年）燕齐战争的重大军事谋划。然而，正是这次战争，齐宣王没有很好贯彻孟子"仁政"的思想路线，结果则是齐国由胜而败，从而也导致了孟子与齐宣王之间君臣关系的破裂。

燕齐战争的起因，《战国策》叙述甚为明晰。《燕策一》曰：

燕哙三年（前318年），与楚、三晋攻秦，不胜而还。子之相燕，贵重主断，苏代为齐使于燕，燕王问之曰："齐宣王何如？"对曰："必不霸。"燕王曰："何也？"对曰："不信其臣。"苏代欲以激燕王以厚任子之也。于是燕王大信子之。子之因遗苏代百金，听其所使。

鹿毛寿谓燕王曰："不如以国让子之。人谓尧贤者，以其让天下于许由，由必不受，有让天下之名，实不失天下。今王以国让相子之，子之必不敢受，是王与尧同行也。"燕王因举国属子之，子之大重。

或曰："禹授益，而以启为吏，及老，而以启为不足任天下，传之益也。启与支党攻益，而夺之天下，是禹名传天下于益，其实令启自取之。今王言属国子之，而吏无非太子人者，是名属子之，而太子用事。"王因收印，自三百石吏而效之子之。子之南面行王事，而哙老不听政，顾为臣，国事皆决子之。

子之三年（前315年），燕国大乱，百姓恫怨。将军市被、太子平谋，将攻子之。储子谓齐宣王："因而仆之，破燕必矣。"王因令人谓太子平曰："寡人闻太子之义，将废私而立公，饬君臣之义，正父子之位。寡人之国小，不足先后。虽然，则唯太子所以令之。"

太子因数党聚众，将军市被围公宫，攻子之，不克；将军市被及百姓乃反攻。太子平、将军市被死已殉。① 国构难数月，死者数万众，燕人恫怨，百姓离意。

孟轲谓齐宣王曰："今伐燕，此文、武之时，不可失也。"王因令章子将五都之兵，以因北地之众以伐燕。士卒不战，城门不闭，燕王哙死。齐大胜燕，子之亡。二年，燕人立公子平，是为燕昭王。②

---

① 钱穆曰："太子因数党聚众"一节，"词气支离多误衍"，当为"太子平因数（《史记·燕世家》作'要'）党聚众，[及]（此处当漏夺一'及'字）将军市被围公宫，攻子之，不克。百姓反攻太子平，将军市被死已（《燕世家》作'以'）殉，国（《燕世家》作'因'）构难数月"。盖太子平及将军市被始终共事，并及于难。今《史记》、《国策》此节文均误，遂谓市被反攻太子平，而市被又反见杀，于事势情理均难通。见钱氏《先秦诸子系年》卷3，第386页。又杨宽曰：《战国策·燕策一》及《史记·燕世家》："太子因要（结）党聚众，将军市被围公宫，攻子之，不克。将军市被及百姓反攻，太子平、将军市被死，以徇。"其中"将军市被及"五字为衍文。这时太子平已战死，《燕世家·索隐》引《竹书纪年》曰"子之杀公子平"，《燕世家·集解》、《索隐》引《六国年表》都作"君哙及太子、相子之皆死"。今本脱"太子"两字。见杨宽《战国史》，上海人民出版社1998年版，第175页。

② 何建章：《战国策注释》卷29，中华书局1990年版，第1104～1105页。又钱穆曰："燕人立公子平，是为燕昭王"，实为立"公子职"之字误。说见《先秦诸子系年》卷3，第368页。又杨宽亦曰：《赵世家》："赵武灵王十一年，王召公子职于韩，立以为燕王，使乐池送之。"《集解》引徐广曰："《纪年》亦云尔。"《索隐》又曰："《纪年》之书，其说又同。"《六国年表·集解》引徐广曰："《纪年》云：赵立燕公子职。"可知《竹书纪年》记燕昭王是燕公子职而不是太子平，近年出土的燕国兵器有作"郾（燕）王戠（古"职"字）"的，足见燕昭王确是名职。见杨氏《战国史》，第175页。

《史记·燕世家》所述与此大同，不赘引。《策》文详细叙述了燕国大乱的经过，并特别交待了孟子谓齐宣王“今伐燕，此文、武之时，不可失也”之说，可见，孟子确曾支持并策划了这场重大战争。

燕王哙与子之的“禅让”闹剧，是否即杨宽所认为的，“这也是具有政治改革性质的”事件，或可进一步商量。但子之其人乃一利欲熏心之徒，惯于玩弄阴谋权术，日以思独揽燕国大权为事，见诸载籍者，斑斑可寻。《韩非子·内储说上·七术》云：“子之相燕，坐而佯言曰：‘走出门者何，白马也?’左右皆言不见，有一人走追之，报曰：‘有。’子之以此知左右之不诚信。”此韩非子所谓“倒言”之术，用以测试臣下是否与己同心或者立异。然子之“佯言”者，本无有之事，正直的左右大臣当然要“皆言不见”了。而子之居然以为左右皆“不诚信”，显然是把顺逆饰非、为虎作伥当做“诚信”的标尺。而燕国这起“禅让”事件，也完全是子之一手策划的政治闹剧。他首先通过其私交策士苏代，“激燕王以厚任子之”，且“遗苏代百金”而“听其所使”。鹿毛寿以尧“有让天下之名”诱使燕王“以国让子之”；“或人”又以“禹名传天下于益，其实令启自取之”而微讽燕王哙收回群臣印玺，“自三百石吏而效之子之”。这一切，皆由苏代在暗中以重金收买其人而为之。燕王哙则一概昧而不知，乃使“子之南面行王事”，而他自己则“不听政，顾为臣”，因而“国事皆决子之”。① 于是，“子之三年”，“百姓恫怨”，太子平与将军市被联手讨伐子之，终于引发了燕国的内乱，且“构难数月”，以至于“死者数万众”。

在这种历史背景下，孟子劝齐宣王出兵伐燕，以“解民于倒悬”，也就完全可以理解了。其时，齐国大夫沈同曾以个人身份问过孟子：“燕可伐与?”孟子答曰：“可。子哙不得与人燕，子之不

---

① 宋人鲍彪曰：“王哙，七国之愚主也，惑苏代之浅说，贪尧之名，恶禹之实，自令身死国破，盖无足算”，又引吕氏《大事记》曰：“之、哙安知所谓尧、舜者哉?彼子之之徒，借是名以篡国。子哙特为说客所愚耳。”（见《战国策》卷29，上海古籍出版社1985年版，第1061页）按鲍氏之说极是。

得受燕于子哙。有仕于此，而子悦之，不告于王而私与之吾子之禄爵；夫士也，亦无王命而私受之于子，则可乎？何以异于是？”①是孟子对燕哙让国，态度极为鲜明；其伐燕主张，亦极为坚决。当然，当时主战派的代表人物还有老将军田忌。《齐策二》载田臣思曰：“子哙与子之国，百姓不戴，诸侯弗与。秦伐韩，楚、赵必救之，是天以燕赐我也。”田臣思即田忌，又名田居思、田巨思、田期思。②“居”、“巨”、“期”皆与“忌”字一声之转，“臣”当为“巨”字之讹。而传世之《陈璋壶》铭文所谓“陈旻再立事岁”，即指田忌于齐宣王二年回到齐国之后重新执政之年。“陈旻”即田忌。不过，田忌之主张“攻燕”，与孟子之主张“伐燕”，其目的与意涵皆有所不同。田忌乃以为“天以燕赐我”，而孟子则是要求齐王“一怒而安天下之民”。③ 是所谓“狂者东走，逐者亦东走，其东走则同，其所以东走则异”也，二者决不能相提并论，等量其观！④

在孟子、田忌等人支持下，齐宣王决定“起兵攻燕”。果不其

---

① 《孟子·公孙丑下》。

② 司马贞《史记·田敬仲完世家·索隐》云：“田臣思，《战国策》作‘田期思’，《纪年》谓之徐州子期，盖田忌也。”近人缪文远据此以为田忌又有“徐州子期”之名。见氏著《战国策考辨》，中华书局 1984 年版，第 85 ~ 88 页。按，《田敬仲完世家》云：“齐威王封邹忌以下邳，号曰成侯。”又《鲁世家·索隐》引《竹书纪年》曰：“梁惠王三十一年，下邳迁于薛，改名曰徐州。”则《纪年》所谓“徐州子期”，当为邹忌，而非田忌。《索隐》误也。说见钱穆《先秦诸子系年》卷 3，中华书局 1985 年版，第 345 页。田忌、邹忌，皆名“忌”，皆与“期”字通转。

③ 《孟子·梁惠王下》。

④ 吾友武汉大学历史系教授杨华博士有《孟子与齐燕战争——兼论〈孟子〉相关篇章的文本编年》一文，对孟子在燕齐战争中的态度与目的作了相当令人信服的论述，文载《中国哲学史》2001 年第 3 期。本人有关孟子与燕齐战争的论述，于杨说多有参考，特此申明，以示不敢掠美。不过，不无遗憾的是，杨博士未能细心区别孟子与田忌等主战派人物的战争目的，以为“在主战派中，储子为宣王之相，匡章为军事主帅，而他们又都与孟子有着相当程度的交往，这恐怕不能算作偶然”。以个人私交来判断孟子对待燕齐战争的思想与立场，不免失之庸俗与肤浅，以致于厚诬圣人！

然，当匡章率“五都之兵，以因北地之众”攻打燕国时，饱受战乱之苦的燕国军民完全不加抵抗，反而大开城门，迎接齐军入城。因此，由于燕国“士卒不战，城门不闭”，齐军便“三十日而举燕国”，或曰“五旬而举之”。① 齐国大获全胜。是以《孟子·梁惠王下》曰：

> 齐人伐燕，胜之。宣王问曰：“或谓寡人勿取，或谓寡人取之。以万乘之国伐万乘之国，五旬而举之，人力不至于此。不取，必有天殃。取之，何如？”孟子对曰：“取之而燕民悦，则取之。古之人有行之者，武王是也。取之而燕民不悦，则勿取。古之人有行之者，文王是也。以万乘之国伐万乘之国，箪食壶浆以迎王师，岂有他哉？避水火也。如水益深，如火益热，亦运而已矣。”

“以万乘之国伐万乘之国，箪食壶浆以迎王师”，燕国军民对齐国军队的友好态度，于斯可见一斑。

对于齐国之所以能够在如此短暂的时间之内一举败燕，孟子曾经有过深刻的思考与总结。《公孙丑下》载：

> 孟子曰：“天时不如地利，地利不如人和。三里之城，七里之郭，环而攻之而不胜。夫环而攻之，必有得天时者矣，然而不胜者，是天时不如地利也。城非不高也，池非不深也，兵革非不坚利也，米粟非不多也，委而去之，是地利不如人和也。故曰：域民不以封疆之界，固国不以山谿之险，威天下不以兵革之利。得道者多助，失道者寡助。寡助之至，亲戚畔之；多助之至，天下顺之。以天下之所顺，攻亲戚之所畔，故君子有不战，战必胜矣。”②

---

① 《战国策·齐策二》。

② 吾友杨华教授以此章的文本背景为燕齐战争，其说甚是。见上揭《孟子与燕齐战争》一文。

“天时不如地利，地利不如人和”；“得道者多助，失道者寡助。寡助之至，亲戚畔之；多助之至，天下顺之。以天下之所顺，攻亲戚之所畔，故君子有不战，战必胜矣”。因此，“以万乘之国伐万乘之国，五旬而举之”，并非天助，而在于民心的向背，是“得道”与“失道”之别也。可齐宣王并不明白这个道理，乃曰“人为不至于此”，又曰“不取，必有天殃”。

此外，对于燕国的战后处理问题，孟子的态度仍然是十分明朗的：“取”与“不取”，皆取决于燕民的“悦”与“不悦”。“箪食壶浆以迎王师，岂有它哉？避水火也”，由于燕国的统治虐民太甚，因而燕民畔其国而迎齐军。但是，如果燕国之民觉得在齐国的统治下灾难更加深重，“如水益深，如火益热”，比起燕国的统治者又有过之而无不及，那么，被齐国统治，对他们来说，就不过是才离狼窝，又进虎口。或者退一步说，也仍然是赶走了属猴的，又迎来了姓猢的。故曰：“亦运而已矣。”① 由此可见，孟子对于燕国的战后处理，已经开始感觉到忧虑了。

事实上，孟子的忧虑并非空穴来风，战争的善后处理，的确不是按照孟子所预期的目标推进，而是在田忌、匡章等人的具体实施过程中，彻底改变了孟子“诛其君而吊其民”的战争初衷。或者说，齐宣王的开战目的，一开始就可能与孟子根本不同。《梁惠王下》孟子与齐宣王这则对话，透露着若干消息：

> 齐人伐燕，取之。诸侯将谋救燕。宣王曰：“诸侯多谋伐寡人者，何以待之？”孟子对曰：“臣闻七十里为政于天下者，汤是也。未闻以千里畏人者也。《书》曰：‘汤一征，自葛始。’天下信之。东面而征，西夷怨；南面而征，北狄怨，

① 杨伯峻曰：“亦，只也。运，转也。朱熹解为‘民将转而望救于他人’，与‘亦’和‘而已矣’所表达的语气不合，恐未当。”杨氏译为：“如果他们的灾难更加深了，那只是统治者由燕转为齐罢了。”见杨伯峻：《孟子译注》，中华书局1960年版，第44～45页。按杨氏理解甚确，兹绎述如此。

曰：'奚为后我？'民望之，若大旱之望云霓也。归市者不止，耕者不变，诛其君而吊其民，若时雨降，民大悦。《书》曰：'徯我后，后来其苏。'今燕虐其民，王往而征之，民以为将拯己于水火之中也，箪食壶浆以迎王师。若杀其父兄，系累其子弟，毁其宗庙，迁其重器，如之何其可也？天下固畏齐之强也，今又倍地而不行仁政，是动天下之兵也。王速出令，反其旄倪，止其重器，谋于燕众，置君而后去之，则犹可及止也。"

其始也，"燕虐其民，王往而征之，民以为将拯己于水火之中也，箪食壶浆以迎王师"。然而，齐国军队人燕之后的行为，却使燕民"后来其苏"的七彩美梦彻底幻灭。衷心希望"救民于水火"，因而"士卒不战，城门不闭"，可迎来的却是"杀其父兄，系累其子弟，毁其宗庙，迁其重器"的杀戮与劫掠。① 不仅如此，还要强占其土地，虐使其人民，"倍地而不行仁政"。② 齐国由"得道"而"失道"，于是天下汹汹，兴兵动武，要来讨伐齐国的"倍地"兼并了。鉴于这种"诸侯多谋伐齐救燕"的危急局面，孟子重新建言："王速出令，反其旄倪，止其重器，谋于燕众，置君而后去之，则犹可及止也。"意即您还是赶紧发布命令：遣返俘虏而来的燕国老老少少，制止抢运掳掠的燕国宝器，再与燕国民众代表诚恳协商，物色一位燕国人做君主，然后撤离燕国本土。要使各路诸侯停止兴兵动武，只有这样做，还来得及。

然而，齐宣王再一次无视孟子正确明智的战略决策，没有采取及时撤离燕国本土，遣返俘虏，制止抢运宝器的紧急措施。燕人不

---

① 1982年江苏盱眙出土的具有燕文化特征的圆壶，其圈足外刻铭文二十九字，与流入美国Pennsylvania大学博物馆之传世《陈璋方壶》铭文完全一致。而圆壶圈足内原有铭文二至四字，但被锐器细加錾戳而不存。圈足外刻铭文，具有齐国风格。据"陈璋内伐匽亳邦之获"的铭文内容，知此器即此次燕齐战争中齐国将领于燕国掳掠所得之器。

② 吾友杨华博士认为，齐国在占领燕国的三四年时间之内，对燕国采取军事管制，并没有立燕人为君主。因此，战争的性质就是赤裸裸的兼并。

堪忍受齐人的暴虐，终于重新“畔”齐，而齐国也为此付出了沉重的代价。齐宣王八年（前312年），秦、魏、韩三国联军在濮水之上（齐、卫交界处，在今河南濮阳县南）击败齐军，致使“赘子死，章子走”。① 而就在齐国攻破燕国之后不久，赵武灵王将在韩国充当人质的燕国公子职立为燕王，且于齐宣王九年，派乐池送往燕国，是为燕昭王。② 于是，长达四年之久的燕齐战争，终于以齐国的最后失败而宣告结束。

孟子最初本是支持燕齐战争的，以为“此文、武之时”，劝说齐宣王出兵。然而，随着事态的发展，战争并没有按照孟子所预期的目标或者既定思路推进，战争的性质也从“救民于水火”一变而为残暴与掠夺，以至于最后以失败而告终，这大概是孟子所始料未及的。燕齐战争的过程及其结果，如此令人失望，反倒不如当初就不该发动这场战争。因此，当事后有人问及孟子是否“劝齐伐燕”，孟子就要矢口否认此事了：

> 或问曰：“劝齐伐燕，有诸？”孟子曰：“未也。沈同问‘燕可伐与’，吾应之曰‘可’。彼然而伐之也。彼如曰：‘孰可以伐之？’则将应之曰：‘为天吏，则可以伐之。’今有杀人者，或问之曰：‘人可杀与？’则将应之曰：‘可。’彼如曰：‘孰可以杀之？’则将应之曰：‘为士师，则可以杀之。’今以燕伐燕，何为劝之哉？”③

元人吴师道作《战国策鲍注补正》，于《燕策一》“孟子谓齐宣王曰：今伐燕，此文、武之时，不可失也”下曰：“此当时所谓孟子劝齐伐燕者也。使无《孟子》之书，则人将此言之信乎？要之圣

① 《战国策·齐策六》。

② 《史记·赵世家》：“齐破燕，燕相子之为君，君反为臣。（赵武灵王）十一年，王召公子职于韩，立以为燕王，使乐池送之。”而《燕王职戈》及一些铭“职”的燕器出土，证明《赵世家》的说法是对的，燕昭王为公子职而非太子平。

③ 《孟子·公孙丑下》。

贤决无是事也。推此，则凡后世之诬罔圣贤而无征者可知。”① 吴氏不信《战国策》所载孟子“劝齐伐燕”之说，以为“后世之诬罔圣贤而无征”。其所谓“使无《孟子》之书，则人将此言之信乎”，根据大抵就是“或问曰：劝齐伐燕，有诸？孟子曰：未也”这则文字。

然而，吴氏护圣卫道之苦心，诚可鉴诸日月，但不无遗憾的是，吴氏仅知二五，不知一十，并未细读《孟子》之书，难免不顾事实，徒以意气相争。

孟子事先劝齐伐燕，事后又答或人之问曰“未也”，个中原委，清人焦里堂作《孟子正义》，言之最得其情。焦氏曰：

> 燕哙之事，君臣易位，其乱极矣。观燕民箪食壶浆，以迎齐师，则燕民望救，如望云霓矣。例以孔子沐浴而朝，则为齐赞画出师，固孟子之心也。而不遽发者，特以据权主事别自有人，万一齐师既出，未必终其拯救之心，将有如储子之“破燕必矣”。田臣思云“天以燕赐我”者，溯厥所由，倡谋有在，形迹已著，分辨未能。迨至沈同私问，未必非阴承王旨，将假大贤一语，以为戡克借端。斯时孟子岂不知之？阻之非拯乱之心，详之失进言之体，第以“可”应之，言子哙、子之当伐，诚立言之当矣。自是匡章将五都之兵，因北地之众，士卒不战，城门不闭，虽汤武之举，诚未过此，所谓“齐人伐燕胜之”也。是时宣王以齐师之出，端由孟子，故质之以诸臣之议，告之以“天与”之机，孟子是时，慨然陈文王、武王之事，戒之以益深、益热之虞，是即明告以“天吏”之为，与所以可伐之故，使宣王是时听而从之，则以德行仁之道，于齐见之。而劝齐伐燕之策，孟子亦何不可当之乎？乃庙毁器迁，诸侯兵动，王又咨焉，孟子是时，固又反复详明，陈其利害。显告以“王速出令，反旄倪，止重器，谋于燕众，为之置君”，则仍“天吏”之所为也。乃至王终不悟，而诸侯之谋

---

① 刘向：《战国策》卷 29，上海古籍出版社 1985 年版，第 1061 页。

> 定，燕人立太子平，此王所以惭也。而时人不知，仍以劝伐之谋，惟孟子当之。此孟子所以以“天吏”明之，而以为燕伐燕也。盖沈同之私问，在未伐燕之先，斯时诚无容阻而绝之。既两对宣王之问，则燕所以可伐，所以须为“天吏”，孟子非不脓脓言之。而时人劝齐伐燕之疑，则在取燕之后。方伐燕，未取燕，王师也，拯民水火也，非燕伐燕也，可劝也。既取燕，则水益深也，火益热也，是乃燕伐燕也，不可劝也。至于以燕伐燕，而以劝齐疑孟子，孟子所不受矣。①

焦氏之说，曲体其情，原心论事，洗刷孟子之蒙冤，开释或人之疑窦，其有功于圣贤不浅矣。“伐燕”之“可劝”，在“救民于水火”而“解民于倒悬”；“伐燕”之“不可劝”，在“以燕伐燕”若“以暴易暴”也。然据“以燕伐燕”而“以暴易暴”之后果，怀疑孟子“救民于水火”而“解民于倒悬”之初衷，以使圣贤蒙冤含垢，是则“孟子所不受”也。焦氏之论，可谓“了解之同情”，精矣，审矣。

九、离齐归邹

燕齐战争虽然结束了，但蒙在孟子心中的战争阴影并未立刻消除。齐宣王虽然因为齐国的失败而“甚惭于孟子”，但在陈贾“仁、智，周公未之尽也，而况于王乎”的开导与慰藉之下，似乎也就渐渐地忘却了。然而，孟子对于齐宣王一错再错，文过饰非的愚蠢行为却大为不满。孟子曰：“古之君子，过则改之；今之君子，过则顺之。古之君子，其过也，如日月之食，民皆见之，及其更也，民皆仰之；今之君子，岂徒顺之，又从为之辞。”② 因此，自燕齐之战以后，孟子与齐宣王之间，本来就有些不太愉快的君臣关系，终于走向了彻底破裂。

---

① 焦循：《孟子正义》卷9，中华书局1987年版，第290~291页。

② 《孟子·公孙丑下》。

孟子来齐之初，齐宣王对孟子比较尊重，也曾为孟子的“仁政”学说所歆动，君臣之间也算融洽。但由于孟子常常在大庭广众之下“格君心之非”，而时致“王顾左右而言他”的不堪与尴尬。这种情形屡屡发生，久而久之，必然会引起齐宣王的大为不快。虽然出于尊敬，齐宣王不便当众发作，但疏远甚至于逃避，终究是孟子必然要碰到的软钉子。《告子上》载：

> 孟子曰：“无或乎王之不智也。虽有天下易生之物也，一日暴之，十日寒之，未有能生者也。吾见亦罕矣，吾退而寒之者至矣，吾如有萌焉何哉？”

齐宣王不仅不主动召见孟子，甚至孟子欲来朝见，齐宣王也称疾罢朝，不愿与孟子接触。《公孙丑下》“孟子将朝王”，就是君臣之间玩的一次老鼠与猫的游戏！其文曰：

> 孟子将朝王，王使人来曰：“寡人如就见者也，有寒疾，不可以风。朝，将视朝，不识可使寡人得见乎？”对曰：“不幸而有疾，不能造朝。”明日，出吊于东郭氏。公孙丑曰：“昔者辞以病，今日吊，或者不可乎？”曰：“昔者疾，今日愈，如之何不吊？”王使人问疾，医来。孟仲子对曰：“昔者有王命，有采薪之忧，不能造朝。今病小愈，趋造于朝，我不识能至否乎？”使数人要于路，曰：“请必无归而造于朝！”不得已而之景丑氏宿焉。

孟子将朝王，齐宣王以打算亲来拜望而因风寒之疾不能出门为借口，不愿朝见。又对孟子说：如果您老人家来上朝，“寡人”还是会支撑病体勉强上朝的，不知是否肯亲自来朝，能让“寡人”见见您老人家？齐宣王并不高明的谎言，孟子岂难识破！于是以其人之道，还治其人之身，让使者传话：不巧得很，我今天也小有不适，不能上朝。第二天，孟子又带领门徒，大张声势，去东郭氏吊丧。公孙丑不知老师葫芦里卖的什么药，问：昨天说有病不能上朝，今天又去东郭氏吊丧，这不是明摆着要人用“欺君”来治您的罪么？齐宣王于孟子行踪亦知根知底，只是心照不宣。又派御医来治病，诊断真假。真病，便是君主体恤臣子；假病，便是获取罪证。齐宣王这一招也委实厉害，孟家老二慌了神，连忙一面敷衍来探病的御医，一面又赶紧派人去堵住孟子，叫他不要回家，赶快去上朝。不得已，孟子只好逃到景丑家去借宿。于是，景丑批评孟子：

> 礼曰：“父召，无诺；君命召，不俟驾。”固将朝也，闻王命而遂不果，宜与夫礼若不相似然。

景丑的意思是说，“按礼节，父亲叫你去，连答应一声的工夫也没有，你得起身就走；国君命令你去，你也应该不等车驾好就得提前动身。你倒好，本来是准备去朝见的，可一听王的话，反而不去了，这似乎未免有些不太合乎礼节了罢”。当然，孟子也有孟子的道理，孟子曰：

> 岂谓是与？曾子曰：“晋楚之富，不可及也。彼以其富，我以吾仁；彼以其爵，我以吾义。吾何慊乎哉？”夫岂不义而曾子言之？是或一道也。天下有达尊三：爵一，齿一，德一。朝廷莫如爵，乡党莫如齿，辅世长民莫如德。恶得有其一以慢其二哉？故将大有为之君，必有所不召之臣，欲有谋焉，则就之。其尊德乐道，不如是不足以有为也。故汤之于伊尹，学焉而后臣之，故不劳而王；桓公之于管仲，学焉而后臣之，故不劳而霸。今天下地醜德齐，莫能相尚，无他，好臣其所教，而不好臣其所受教。汤之于伊尹，桓公之于管仲，则不敢召。管仲且犹不可召，而况不为管仲者乎？

孟子以为，这并非君召臣往的一般礼节，而是事关君王能否礼贤下士的态度。就像曾子所说的，晋国、楚国的财富，我是不能达到的，但他有他的财富与爵禄，我却有我的仁义与气节，我凭什么比他差？如果这话没有道理，曾子怎么会这样说呢？我今天之所以不去朝见，也与曾子这话的道理一样！你想想看，通天下有三样东西是最值得尊重的，一是有爵位者，二是年长者，三是有德行者。朝廷尊爵，乡党尚齿，至于要治理国家与教育人民，那就非得依靠有德行的圣贤不可。怎么能以王者之尊，轻慢年长之尊与德行之尊呢？因此，如果是大有作为的君主，必然有他所不能召见的臣子，倘要与之商量大事，必须亲自往见。王者没有这种尊德乐道的精神与气度，是不可能有所作为的。所以，商汤对于伊尹，先向他学习，然后以他为臣，这样，他毫不费力就得了天下；齐桓公对于管仲，也是先向他学习，然后以他为臣，这样，齐桓公也毫不费力就当了天下的霸主。当今之势，天下之所以各国的地盘都不相上下，各国的政治状况也不分轩轾，谁也不比谁强多少，这没有别的原因，就因为各国君主只喜欢使用唯唯诺诺、百依百顺的臣子，不喜欢使用能为他出谋划策并有所规正的贤人。商汤不敢召见伊尹，桓公不敢召见管仲。管仲尚且不能召而见之，更何况其德行又在管仲之上呢？

孟子特立傲岸如此，君臣关系的进一步恶化，也就势所难免了。于是，孟子决定离开齐国，只是因为关注着燕齐战争的缘故，没有立刻辞职，但事先却辞去了十万锺的俸禄。① 待到燕齐战争结束，孟子就决定正式辞职，“致为臣而归”了。

当孟子辞职去齐归邹之前，齐宣王来见孟子，希望他能继续留在齐国，以便于自己可以时常亲往垂询。这当然是孟子十分期待的。但齐宣王并非真心挽留孟子，而是派人辗转给孟子传话，“欲中国而授孟子室，养弟子以万钟”。实是打算让孟子再度以稷下先生的身份居留在齐国。这种“下乔木而入于幽谷”的逗留方式，当然是孟子不愿接受的。孟子说：是希望让我富起来吗？我辞去了十万钟的俸禄再来接受这万钟的恩赐，就是为了富起来吗？而且，

---

① 《孟子·公孙丑下》：孟子去齐，居休。公孙丑问曰：“仕而不受禄，古之道乎？”曰：“非也。于崇，吾得见王，退而有去志，不欲变，故不受也。继而有师命，不可以请。久于齐，非我志也。”

这齐国的俸禄，我也算是“受”够了，如果还要继续“受”下去，那就形同“求龙断而登之，以左右望而罔市利”的“贱丈夫”了。①

孟子离开齐都之时，速度比较缓慢，走了三天，才到达昼地，这是邻近都城临淄西南通往邹国方向的齐国下邑。其行动之所以如此迟滞，是希望齐宣王有所悔改，派人追他回去。恰在这时，有人出于对孟子的尊敬，赶往昼地想替齐宣王留住孟子。座谈之际，孟子并不答理，只是“隐几而卧”。其人很不高兴，以为自己恭恭敬敬，一片苦心，匆匆赶来挽留孟子，孟子却如此倨傲，竟然拒绝了他的一番好意。孟子则明白告诉他：你既然想让我留在齐国，可是，你却不去劝说齐王应该尊敬贤者，反来责备我对你轻慢。既然你要为我这个老头子考虑，怎么就想不到鲁缪公是如何对待子思的呢？这究竟是你没有为我作想，还是我没有接受你的一番好意？②由此看来，此人匆忙赶来挽留孟子，只是出于他个人的一番敬意，根本不是奉齐宣王之命而来。事已至此，对于齐国，对于齐王，孟子还有什么值得留恋的？

孟子去齐而归，舆论对孟子似乎多有非议。前引淳于髡所谓“夫子在三卿之中，名实未加于上下而去之，仁者固如此乎”，其讥讽孟子位在三卿而无所建树，自不待言。又，《公孙丑下》又有名尹士者，亦在背后议论孟子。其文曰：

> 孟子去齐。尹士语人曰：“不识王之不可以为汤武，则是不明也；识其不可，然且至，则是干泽也。千里而见王，不遇故去，三宿而后出昼，是何濡滞也？士则兹不悦。”

---

① 见《孟子·公孙丑下》“孟子致为臣而归”章。

② 《孟子·公孙丑下》：孟子去齐，宿于昼，有欲为王留行者。坐而言，不应，隐几而卧。客不悦曰：“弟子齐宿而后敢言，夫子卧而不听，请勿复敢见矣！”曰：“坐，我明语子：昔者鲁缪公无人乎子思之侧，则不能安子思；泄柳、申详无人乎缪公之侧，则不能安其身。子为长者虑而不及子思，子绝长者乎，长者绝子乎？”

尹士以为，孟子不远千里，从大梁来到齐国，只是为了贪图爵禄与富贵。由于私欲没有得到满足，就要离开，走的时候，还如此恋恋不舍，三天才走了几十里地。这种行为，我尹某人是不大喜欢的。话传到孟子这里，孟子作了一番解释，道出了一位志士仁人救世济民的苦心！孟子曰：

> 夫尹士恶知予哉？千里而见王，是予所欲也。不遇故去，岂予所欲哉？予不得已也。予三宿而出昼，于予心犹以为速，王庶几改之！王如改诸，则必反予。夫出昼，而王不予追也，予然后浩然有归志。予虽然，岂舍王哉！王由足用为善，王如用予，则岂徒齐民安？天下之民举安。王庶几改之！予日望之！予岂若是小丈夫然哉？谏于其君而不受，则怒，悻悻然见于其面，去则穷日之力而后宿哉？

"千里而见王"，并非"干泽"求富贵；"不遇"而"故去"，亦其"不得已"。"三宿而出昼"，其私心"犹以为速"。及至昼地，齐王并未派人来追回，也就无所留恋放开脚步回家了。其所以于齐国、于齐王如此徘徊瞻顾，依依不舍，何哉？徒为安"齐民"乃至安"天下之民"耳。岂如心胸狭猛、气量短小的"小丈夫"，一谏其君而不受，便悻悻然怒不可遏，负气而去，且尽其全力而狂奔，以至日暮途穷而后止邪？尹士听了这番话，才知自己先前的议论，不过是以小人之心揣度君子之腹而已。故尹士自责曰："士诚小人也。"

当然，毋庸讳言，孟子离开齐国，心情也是十分郁闷的，脸色也似乎比较阴沉。归途中，其弟子充虞问曰：

> 夫子若有不豫色然。前日虞闻诸夫子曰："君子不怨天，不尤人。"

孟子曰：

> 彼一时，此一时也。五百年必有王者兴，其间必有名世

者。由周而来，七百有余岁矣。以其数，则过矣；以其时考之，则可矣。夫天未欲平治天下也，如欲平治天下，当今之世，舍我其谁也？吾何为不豫哉？

“彼一时，此一时也”，孟子在一般情况下，是“不怨天”也“不尤人”的。但此时此刻，天下之民未安，黎民百姓仍然生活在水深火热之中，而自己再也没有机会救世济民了，因此，不免多多少少有些黯然神伤。而根据历史的运演规律，是“五百年必有王者兴”的，其间也会产生伟大的人物，来拯救这个世界。且自从周朝开国以来，至今已有七百多年了，“五百”之数，早就是超过的。而当今这个时代，也是可以产生伟大人物的。“王者之不作，未有疏于此时者也；民之憔悴于虐政，未有甚于此时者也。饥者易为食，渴者易为饮”；“当今之时，万乘之国行仁政，民之悦之，犹解倒悬也”。① 然而，老天爷大概是不愿意天下太平罢，如果老天爷真的想让天下太平，那么，这个能让天下太平的伟大人物，当今之世，除了我，还能是谁！想到这一点，我还有什么不高兴的呢？

孟子回到故国，已是垂暮之年，乃与弟子万章之徒“序《诗》、《书》，述仲尼之意，作《孟子》七篇”，终老于邹国。

十、结　语

综上所述，孟子游仕于诸侯，以游滕为界，可分前后两个时期。前期以齐国稷下学宫为依托，主要以聚徒讲学为事，其“道性善，言必称尧舜”的“心性”学说，就是这个时期在不断与稷下学者相辩论的过程中逐步形成的。自游滕之后，孟子乃努力宣传与实践其“仁政”学说。在此期间，辅助滕文公推行“仁政”，是孟子政治学说的初步尝试。而第二次游齐，处三卿之位，是孟子直接践行其思想学说的黄金时段；同时，也是其思想学说被残酷的现实撞成齑粉，其“仁政”梦想被罪恶的战争摧毁破灭的终结时期。

① 《孟子·公孙丑上》。

简论《齐物论》多元主义的真理观与包容主义的价值观

◎吴根友

一、《齐物论》的主旨分析

关于《齐物论》一篇的主旨，历来共有三种说法。一说是“齐论”，二说是“齐物”，三说是既“齐物”，又“齐论”。“齐论”派约从郭象始，直到清人王夫之，皆持齐“物论”之说。如郭象庄子注云：“夫自是而非彼，美己而恶人，物莫不皆然。[然]故是非虽异而彼我均也。”宋人林希逸云：“物论者，人物之论也，犹言众论也。齐者，一也，欲合众论而为一也。战国之世，学问不同，更相是非，故庄子以为不若是非两忘而归之自然。此其立名之意也。天籁、地籁、人籁，就声上起譬喻也。”清人王夫之云：“当时之为论者伙矣，而尤盛者儒墨也：相竞于是非而不相下，唯知有己，而立彼以为耦，疲役而不知归。其始也，要以言道，亦莫非道也。其既也，论兴而气激，激于气以引其知，泛滥而不止，则勿论其当道否，而要为物论。”

何为“物论”呢？王夫之认为：“物论者，形开而接物以相构者也，弗能齐也。使以道济之，则又入其中而与相刃。唯任其不齐，而听其自已；其知所自兴，知其所自息，皆假生人之气相吹而巧为变，则见其不足与辨，而包含于未始有之中，以听化声之风济而反于虚，则无不齐矣。”最后是：“不立一我之量，以生相对之耦，而恶有不是之物论乎？”（《庄子解》卷2）

持“齐物”之见，首推章太炎。太炎先生不仅从“齐物”的角度，而且引进佛教的众生平等的观念解释《齐物论》一文的主旨。他说：“齐物者（齐物属读旧训皆同，王安石、吕惠卿始以物论属读。不悟是篇先说丧我，终明物化，泯绝彼此，排遣是非，非专为统一异论而作也。应从旧读。因物各付物，所以为齐，故与许行齐物不同。）一往平等之谈，详其实义，非独等视有情，无所优劣，盖离言说相，离名字相，离心缘相，毕竟平等，乃合《齐物》之义。次即《般若》所云，字平等性，语平等性也。”①

持“齐物”又“齐论”观点的有：

晚清王先谦云：“天下之物之言，皆可齐一视之，不必致辩，守道而已。”②

今人陈鼓应认为：“《齐物论》篇，主旨是肯定一切人与物的独特意义内容及其价值。齐物论，包括齐、物论（即人物之论平等观）与齐物、论（即申论万物平等观）。”③

台湾学者叶海烟从生命哲学的进路出发，对《齐物论》一文的主旨作了如下的概括。他说：“庄子对人世的批判，做得最彻底的是对吾人‘自我’之批判，包括对吾人自我之意识、知见、情欲及自我与此世的诸多缠缚的批判，这在《齐物论》篇有淋漓尽致地挥洒。物及物论是人世的主要内容，齐物以至于齐物论，即是经由客观批判以展现形上思考，终于使生命与道冥合。庄子思想的真自由在此全盘展露，而生命亦经此思想之自由，终获致实质的解放，其间同时满布平等精神，以作自由之保障，而平等精神在批判

---

① 《中国现代学术经典·章太炎卷》，《齐物论释定本》。

② 《庄子集解》见《诸子集成》三，中华书局1954年版，第6页。

③ 《庄子今注今译》，中华书局1983年版，第32页。

行动展开之际即不断为回返生命自身的自知之明所体现。”①

综合前贤与时贤的观点，依据我个人对《齐物论》的阅读理解，认定该文的主旨在于：通过“任物”达到“任论”。在“照之以天”、“休乎天钧”、“和之以天倪”等超越“边见”的真理性认识境界上，重估人间的是非、美丑之见和万物自身的价值。下面就通过对《齐物论》一文结构的分析，重新揭示其基本哲学思想。②

二、《齐物论》的结构与基本思想

相对于《逍遥游》篇而言，《齐物论》一文的结构更为复杂。根据我个人的阅读理解，文章可以分成三大部分，第一部分从开头到“虽有神禹，且不能知，吾独且奈何哉？”一语处止。

这一部分又可以分成三个意义群。第一个意义群从开头到“怒者其谁”止，主要讨论“心可以使死灰乎”的问题。南郭子綦认为是可以的，那就是人要做到“吾丧我”，不以“成心”待物，正如“天籁”③之声一样。人籁是比竹之声，地籁是众窍之声，而天籁则是“夫吹万不同，而使其自已也”。何谓“天籁”？郭象在

---

① 叶海烟：《庄子的生命哲学》，东大图书公司印行1980年版，第37页。

② 近些年来，大陆学者有关庄子研究的著作层出不穷，有关《齐物论》主题思想的论述也是新见迭出，兹不繁引。此处仅引陈少明《〈齐物论〉及其影响》一书的观点作为代表。陈少明认为，《齐物论》一文可以分为齐物论、齐万物、齐物我三个层次。“齐物论是对各种思想学说进行一种认识论意义上的哲学批判，重点不在是非标准，而是对有是非本身正当性的质疑。齐万物则是从要求人的世界观转变的角度，放弃任何自我中心的态度，看待万有的自然性与自足，把是非转化成有无问题，具有从认识论向本体论过渡的意味。齐物我是前二者的深入，它所涉及的心物关系不是认识论而是生存论问题，本体论上化有为无，就是表现在生存论上的丧我与无为，这是为另一种生活与思想方式提供一种信念基础。”见氏著第31页，北京大学出版社2004年版。

③ 有关“天籁”一词的辩证，可以参见程水金《‘天籁’解》一文。程氏认为，“天籁”实即人。古今注“天籁”，惟明代憨山德清和尚“若天籁，乃人人说话”一语独得正解。见《学鉴》第一辑，武汉大学出版社2007年版。本文暂取传统注家之解释。

此句下注云："此天籁者，岂复别有一物哉？即众窍比竹之属接乎有生之类，会而共成一天耳。……故天者，万物之总名也。莫适为天，谁主役物乎？故物各自生无所出焉，此天道也。"在郭象注的基础上，成玄英疏进一步将"天籁"解释为自然而然，而非别有一物。"夫天者，万物之总名，自然之别称，岂苍苍之谓哉？故夫天籁者，岂别有一物邪？即比竹众窍接乎有生之类是尔。……是以郭注云自己而然则谓之天然。故以天然言之者，所以明其自然也。而吹万不同，且风唯一体，窍则万殊，虽复大小不同，而各称所受，咸率自知，岂赖他哉？此天籁也。"可见，人如何能够做不以己心裁量万物，而任之自然，则可以使心如死灰，意识中的主体之"我"就可以丧。后来佛教哲学一再强调要"破我执"，实与庄子"丧我"思想有相通之处。

第二个意义群从"大知闲闲"起到"旦暮得此，其所由以生乎"止。此意义群主要揭示世俗界的人们各以成心相处，故相互争斗不已。庄子将人们沉沦于世俗争斗之心称之为"近死之心，莫使复阳也"。因为这种"争斗之心"使人远离大道，而远离大道之心不是"近死之心"，又是何心呢？

第三个意义群从"非彼无我"起到"虽有神禹，且不能知，吾独且奈何哉"一语处止。主要探讨"真宰"和人生的真谛。在庄子看来，物皆相对而存在。无彼即无我，无我亦无彼，在彼我之间，并没有一个驱使者存在。但是似乎还是有一个看不见的"真宰"存在于其间，而人独不见耳。正如人体与人的内脏一样，相互之间并没有所谓的君臣，但还是有一个不可见的"真君"。如果人不能洞察这一"真君"的存在，则人生就会陷入"苶然疲役而不知其所归"的精神流浪的境地，就会出现"其形化，其心与之然"的真正死亡的境地。所以，人应该寻求"真君"或"真宰"，而不能独师其"成心"。因为，有"成心"即有是非之见，破除"成心"，则可以扫除"物论"。

因此，第一部分，主要提倡师法"天籁"，"任物自性"，泯灭"成心"，从而扫除各种"物论"。

第二大部分从"夫言非吹也"到"此之谓葆光"一句止。这一部分主要讨论各家各派学说的相对性，彼是的相对性与互通性。从物的角度看，一切都是相对的。只有从道的角度，才能泯灭人们之间的是非之争。这一大部分可以分为四个意义群。

第一个意义群从“夫言非吹也”到“欲是其所非，而非其所是，则莫若以明”句止。这一个意义群主要讨论各家之“言”的相对性，“言”所阐述的是非观皆有其理论的预设，不像大块之气，吹万不同，而咸其自取，因而也不可能像小鸟之音，天然而无成见。言之是非是因为各家之偏见而引起的。要消除偏见，则不如“以道观之”，故庄子说“莫若以明”。

第二个意义群从“物无非彼，物无非是”起，到“是亦一无穷，非亦一无穷也。故曰：莫若以明”句止。这一意义群主要说明彼和是（此）的相对性。从认识主体的角度看，任何一物既可以称之为“彼”，也可以称之为“此”，这完全取决于物与主体的空间和时间的距离而言。从彼的角度则看不到“彼”本身，从“是”的角度也看不到“是”本身。只有从“彼”的角度才看到“是”，从“是”的角度看到“彼”，故“彼出于是，是出于彼”。彼是方生；“无彼则无是，无是则无彼”。故彼与是“方生方死”。方者，旁也，并也。正因为万物皆相伴而生，故持“彼是此非”之说，皆是一偏之见，未得道之大全。故庄子说：“圣人不由，而照之以天。”又说：“彼是莫得其偶，谓之道枢。枢始得环中，以应无穷。”

第三个意义群从“以指喻指之非指”到“是之谓两行”句止。此意义群通过对以公孙龙子为代表的“指物论”思想的批评，表达了庄子的概念辩证法思想。公孙龙在《指物》篇中说，“物莫非指，而指非指”。在《白马》篇又说：“白马非马。”庄子在此批评了公孙龙子的观点。他认为，与其用指来说明指不是指，不如用非指来说明指不是指；用具象的马（白马）来说明具体的马不是抽象的马，不如用非马来说明马不是马。因为在庄子看来，天地不过一指，万物不过一马，皆是指认与命名的结果。按照郭象的解释，如果我们仅认为自己的说法是正确的，别人的说法是错误的，如我将甲物指认为狗，而他人将甲物指认为猫。从我的角度看，他人将甲物指认为猫的指称就是“非指”，这样的“非指”当然就不能用来指认甲物，所以这一“非指”就不是关于甲物的“指”。这便是庄子所谓的“以非指喻指之非指”。同样，用白马来说明任何一种颜色的马不是抽象的马，不如用牛、羊、猪等“非马”来说明马之名不是马之实更容易让人理解。因为，当甲称此物为马时，乙可以称此物为牛，丙可以称此物为羊。故我们观念中的“马”之名并不就是实实在在的“马”。因为，万物之名皆因人的称谓而起，而用白马来说明具象的马不是抽象的马，容易引起人们认识上的错觉，使人在常识上不能接受。

庄子在此提出了自己的是非观：“可乎可，不可乎不可”，“然于然，不然于不然”。因为“物固有所可”，不能用甲物之然、之可去否定乙物之然、之可，所以从道的角度看，“莛与楹，厉与西施，恢恑憰怪，道通为一”。庄子的这一是非观，不是相对主义，而是透视主义（Perspective Doctrine）的或曰理解主义的。因为他肯定有然、有可，只是反对人们以己之然、之可反对他人之然、之可。他的是非观是建立在道的基础之上的。如果人们硬是要以己之是非统一他人之是非，在庄子看来，就是“劳神明以为一”。而“劳神明以为一”，就是将人们看作是猴子，玩朝三暮四的把戏。由此，庄子提出了自己的判别是非的标准：“是以圣人和是以是非，而休乎天钧。”这一是非标准就叫做“两行”。这显然是一种多元主义的是非观。

第四个意义群是从“古之人其知有所至矣”起到“此之谓葆光”（第二部分的结尾）。这一意义群主要讨论“知”（通“智”），类似西方哲学中的形而上学（Metaphysics）问题的三重境界和“知”的标准问题。在庄子看来，“知”有四重境界：

最高境界：有以为未始有物者；

第二层境界：以为有物矣，而未始有封也；

第三层境界：以为有封焉，而未始有是非也；

最低的境界：是非之彰也。（道之所以亏也。）

而“道”的圆满性之所以亏损，是因为人们的价值取向的不同所导致的，也即是庄子所说的“爱之所以成”。所以昭氏的鼓琴，惠施的善辩，都是各得一偏之见，虽有所成，而亦有所亏。不要夸大他们的“所成”的一面，而也要看到其不足的一面。从道的完满性标准来看，他们的“所成之技”皆有其不足。因此，庄子又以“滑凝之耀”一词来评价人在技的层面所获得的成就，肯定了“不用之用”的价值：“为是不用而寓诸庸。”这就叫做“以明”。

为了破除人们囿于自己的“是非之畛”，庄子从宇宙起源论和存在论两个维度，揭示了语言的悖论。如果我们说“有一个开始”，那么我们可以进一步地向前追索：有一个“未始有始”的起点。我们还可以向前追索：有一个连“未始有始”也不存在的更早的起点。由此而形成无穷的退缩。如果我们说有一个“有”，我们就可以进一步地说，有一个“无”，再进一步说，有一个连“无”也没有的存在状态。而无论我们说的是“有始”还是“无始”，有“有”还是有“无”，但既然已经进入了语言的境界，就不能简单地说它是“无”。但我们讨论的对象又不是真正实在的“存在”，因而也不能简单地说是“有”。宇宙中万物的大小、寿命的长短都是相对的，没有绝对的大，也没有绝对的小。从道的角度看，大小长短都是开放的，故曰：“道未始有封”。而人们通过语言所表达的是非标准是没有恒常性的，故曰：“言未始有常。”概而言之，人类的是非畛域有八大类：左右，伦义，分辩，竞争。左右表示方位，伦义表示事物的理则与适宜性。“伦者，理也。义者，宜也。分者，类也。辩者，别也。”人与物，分也。黑人、白人、黄人；牛、马、羊，别也。又，马者，类也。白、黄、黑，雌、雄，大、小，肥瘠马，别也。“竞者，对逐也；争者，对辩也。”这便是所谓的“八德”。从道的角度看，圣人对分与辩采取兼收并蓄的态度，故曰：“圣人怀之。”

庄子最后的结论是：“夫大道不称，大辩不言，大仁不仁，大廉不（嗛），大勇不忮。”知（此处作为认识的结果，通“智慧”、“洞见”）的最高境界是：“故知止其所不知，至矣。”苏格拉底说，“我自知我无知”。老子说，“知不知，上。不知知，病”。孔子说，“知之为知之，不知为不知，是知也”。由此可见，古代圣贤都以认识到人的局限性作为“知”的最高境界。人只有时时警醒自己的无知状态，才能从内心里保持一种谦逊、宽容的态度。无知与傲慢是许多错误的直接根源，也是许多无谓的“是非之争”产生的根源。庄子将“不言之辩，不道之道”，称之为“天府”：“注焉而不满，酌焉而不竭。”而这正是“道”的胸怀。

第三部分则从“故昔者尧问于舜曰”到结尾，主要由一则重言、三则寓言和一段卮言构成。这一部分揭示“物论”所坚持的是非观具有相对性，只有从“天倪”的动态角度来判定“物论”之是非。最后，通过“庄周梦蝶”的美妙故事揭示了“物化”的道理，并以“物化”的可能性再一次喻证“物论”是非标准的相对性。

第一则“重言”是尧与舜的对话。尧想讨伐宗脍国，因为这边远小国不从王化而心中不快。舜则奉承地说，十日并出，万物皆照。尧之德光胜过十日并照，哪里还能容忍宗脍国自行其是呢？“重言”暗藏着对舜的批评意思——即舜肯定了尧人为的“齐物”行为。紧接此“重言”后面的是啮缺与王倪的对话，讨论物之“正处”和是非的标准问题，王倪对于人是否能知与不知的认识能力，甚至对于认识能力是否有知觉的反思能力都持一种不确定的态度，最后以一种“透视论”（Perspective）的观点，对人类文明的所谓真理标准提出了挑战：民居潮湿之地“腰疾偏死”，而泥鳅则不然；人居于树枝的顶端则惴惴不安，而猿猴则不然，三者之间，谁的所居之地为标准的可居之地呢？人以牛羊猪狗之肉为美味，麋鹿以草料为美味，蜈蚣以蛇为美味，猫头鹰以老鼠为美味，这四种动物之间的口味哪一个是标准的口味呢？毛嫱、丽姬，是人所公认的美女，可是鸟儿、鱼儿、麋鹿们却不以为然，那么在人与物之间，谁所选定的美色可以作为共通的标准呢？由此类推，庄子得出这样的结论：仁义之端，是非之涂，是一笔糊涂账，谁能将其间的真正对错区别开来呢？啮缺与王倪的对话，正是对舜的观点的否定。

瞿鹊子与长梧子的对话，我将其视为寓言。这则寓言的结构非常复杂，寓言中又包含着寓言。然其中心意思很明确，即人世间的一切是非标准都不具有普遍性，仅仅能适用其所使用的对象。所以，当瞿鹊子问长梧子道：孔子否定了这样的观点：圣人不从事具体的事务，不就利，不违害，不喜求，不缘道……那么你长梧子又以为这样的观点是对还是错呢？长梧子认为，孔子根本就不知道何者为对，何者为错。他说出了更为摸不着头脑的话："圣人旁日月，挟宇宙，为其吻合，置其滑涽，以隶相尊，……参万岁而一成纯。"显然，这种观点是破除了任何差异。不仅如此，长梧子更进一步地连生死的界限也打破了："予恶乎知说生之非惑邪？予恶乎知恶死之非溺丧而不知归者邪？"人生在世，所是所非，又何尝不是一场梦呢？而当我们在说这是不是一场所梦的当儿，是不是也是梦中说梦呢？这便是人生的"吊诡"——亦即常说的"悖论"。最后，长梧子又说出一大通"卮言"，对各种"物论"的评价标准问题进行反思，暗示了"物论"之间无法评判的道理：在你与我之间辩论，找来第三者评判，你用A代表，我用B代表，第三者用Z代表，其结果就会出现如下几种情况：

当Z同于A，则Z＝A，Z不能评判B；

当Z同于B，则Z＝B，Z不能评判A；

当Z既同于A，又同于B，则Z＝A，Z＝B，也不能评判A与B；

当Z既不同于A，又不同于B，则Z≠A，Z≠B，其结果是既不能评判A，也不能评判B。最终是：你、我、他三者之间，孰是孰非，皆不相知。所以，我们只能是"和之以天倪，因之以曼衍"。因物之是而是之，因物之非而非之，"然其然，不然其不然，忘年忘义，振于无境"，而最终是寄寓于无境之中，从"任物之是非"达到"任论之是非"。

这则寓言里还包含了一则寓言：即罔两与影子的对话。罔两批评影子没有特操，随物而行止。影子则回答道，这是因为他本来就没有独立性的缘故。而他所依赖的对象其本身又是不确定的，如蛇蜕皮，蝉蜕壳，既然蛇蝉本身都在变化不定，为何要影子保持特操呢？

最后一则寓言是耳熟能详的故事，即庄子梦蝶，它以文学的形式揭示了物物之间可以转化的可能性，从而揭示了物物之间的差异可齐等，而关于“物论”的不同亦可齐等的道理。

三、《齐物论》与多元主义的真理观和包容主义的价值观

在思想史上，庄子常常被误认为是怀疑主义者、相对主义者。何谓怀疑主义？按照《西方哲学英汉对照辞典》的说法，“怀疑主义是以任何方式在现象和判断中提出对反的能力”。它可以分为古典的怀疑主义和现代的怀疑主义。古典的怀疑主义以古希腊的皮浪为代表，所以又称怀疑主义为“皮浪主义”。皮浪的基本观点是：“没有任何东西可以担保我们理解的事物就如它们的实际所是。因此，最好的办法是对判断采取悬置的态度，以获得宁静的状态。”皮浪不仅否定知识，而且也否定信仰。因此，古典的怀疑主义主要是一种生活哲学。现代的怀疑主义只是对知识的可靠性提出挑战。当然，在道德哲学领域，现代的怀疑主义者否认有任何客观的价值。但在哲学史上，怀疑主义作为一种否定性的哲学观点对于促进人们的思考有重大的作用。而哲学史正是在很大的程度上通过对怀疑主义观点的克服来增强哲学家处理问题的能力，促使哲学问题表达的公式化。

何谓相对主义？按照1980年版《辞海》的解释，相对主义即是“片面夸大事物和认识的相对性的唯心主义和形而上学的观点。它片面夸大事物性质的相对性，抹杀其确定的客观性，取消事物之间的界限，从而根本否定事物的客观存在。它还片面夸大认识的相对性，把相对和绝对完全割裂开来，否认相对中有绝对，否认客观的是非标准，主张‘彼亦一是非，此亦一是非’”。又引证列宁的观点道：“把相对主义作为认识论的基础，就必然使自己陷入绝对的怀疑论、不可知论和诡辩，就是陷入主观主义。”① 该辞典认为，

① 《列宁选集》第2卷，人民出版社1972年版，第136页。

“相对主义的代表人物有中国战国时的庄子、古希腊的克拉底鲁、十九世纪奥地利的马赫”。

通过第二部分的分析，我们可以看到，庄子在《齐物论》一文中虽然否定了各家各派的片面真理观及其价值标准，但并没有否定一切真理和价值。他所推崇的“天籁”，所要寻找的“真宰”，“莫若以明”或曰“以明”的真理观，“道通为一”、“休乎天钧”、“和之以天倪”的兼容并包的多元真理标准等，无一不表明庄子并不是我们想象意义上的怀疑主义和相对主义者。庄子是有自己的是非观的，而且庄子也有自己的真理与价值评价的标准的。其最高的标准就是“道”，就是“天钧”、“天倪”。他要因物之是而是之，因物之非而非之，肯定物皆有所是，皆有所然，亦皆有所非，皆有所不然。这正是一种全面的、重视客观性和万物自身内在特质的真理观。这种真理观我将其视之为“多元主义”的真理观。由其真理观而引申出的乃是包容主义而非独断论的价值观，蕴含着对自由价值的肯定。

“多元主义”的真理观不同于相对主义的真理观。首先，它认为有真理。其次，它认为真理不是唯一的，有多种真理。再次，这种真理不依赖于各具片面性的万物对某一物的认识，而是一物从大全之道处获得的自身的规定性，它有“是其所是”的质的规定性。

包容主义的价值观是建立在多元主义真理观基础上的。因为万物皆从大全之道处获得了自身的质的规定性，因而无论大小短长，皆不因为它在与万物的比较中而丧失自己与他物平等的价值。在道的面前，万物皆具有“等值性”。庄子在《齐物论》中所暗示的这种真理观与价值观，在《秋水》篇则以理论的方式表现出来了。

“北海若曰：以道观之，物无贵贱；以物观之，自贵而相贱。以俗观之，贵贱不在己。以差观之，因其所大而大之，则万物莫不大；因其所小而小之，万物莫不小。知天地之为稊米也，知毫末之为丘山也，则差数睹矣。以功观之，因其所有而有之，则万物莫不有。在其所无而无之，则万物莫不无。知东西之相反，而不可以相无，则功分定矣。以趣观之，因其所然而然之，则万物莫不然。因其所非而非之，则万物莫不非。知尧桀之自然而相非，则趣操睹矣。”

为了方便起见，我用图示法将这种理论形式的“多元真理观”表现出来。线上层是以道观之，属形上部分，线下层是各种不同的观法，属形下部分：

以道观之，物无贵贱。（庄子理想的价值观）

---

1. 以物观之 2. 以俗观之 3. 以差观之 4. 以功观之 5. 以趣观之（庄子对世人价值观的分类表述）

横线下面的5种角度的观法，都只能是各得物之一偏，如若各是其是而非人之是，则物不相通而“物论”纷纷，莫衷一是。这好像盲人摸象一般，真正的大象既在各个盲人所是其是的争论之中，又在他们的争论之外。“以道观之”是不是从整体的角度来观察事物的观点呢？我们如何来理解“以道观之”，对此还可以有不同的说法，但有一点是肯定的，即庄子绝不是没有自己是非观的。而《齐物论》既不是要用一个外在于万物的标准来使万物齐等，也不是要在诸“物论”之外再立一“物论”而使之成为评价诸物论的是非，而是要在“任物”的前提下达到“任论”，在承认自然而然的“道”或曰“天”的前提下，让万物自在的存在、生长。这里包含了“任自然”与“天真”的思想内容。后来荀子批评庄子“蔽于天而不知人”，确是抓住了庄子思想的特点，但也正因为庄子以自然或曰天然来反对礼教文明里的等级制度和当时各家各派的是非之争，在“道”或曰“天”的视野里，肯定万物皆有其自身的价值。因此，《齐物论》一文的确包含了万物价值齐等的思想。章太炎先生在《齐物论释定本》中说：“齐物者，一往平等之谈。”的确是一种合理的现代解释。

四、"莫若以明"、"振于无竟"、"物化"
——《齐物论》中一些具有争议的短语、词汇的再诠释

"莫若以明"在《齐物论》中共出现两次：第一次从"道恶乎隐而有真伪"一句起，到"故有儒墨之是非，以是其所非而非其所是。欲是其所非而非其所是，则莫若以明"。

第二次从"物无非彼，物无非是"一句起，到"是亦一无穷，非亦一无穷也。故曰莫若以明"。

又，与"莫若以明"类似的句子还有：庄子批评惠子时说："彼非所明而明之，故以坚白之昧终。""是故滑疑之耀，圣人之所图也。为是不用而寓诸用，此之谓以明。"

由上所引可以看出："莫若以明"一词的关键在于"以明"。而"以明"的意思，庄子自己的解释是"不用之中寄寓着用"。

对于"莫若以明"的解释，历来皆不同。

郭象的解释是："夫有是有非者，儒墨之所是也；无是无非者，儒墨之所非也。今欲是儒墨之所非而非儒墨之所是者，乃欲明无是无非也。欲明无是无非，则莫若还儒墨反覆相明。反覆相明则所是者非是，而所非者非非矣。非非则无非；非是则无是。"成玄英疏基本上与郭象的解释相同。而郭庆藩引其家世父之言说："莫若以明者，还以彼是之所明互取以相证也。"

宋人林希逸对两处"莫若以明"的解释是：第一处的解释是："若欲一定是非，则须是归之自然之天理方可。明者，天理也。故曰莫若以明。"第二处的解释是："是亦无穷，非亦无穷者，言听其自然也。如此则为自然之天理，故曰莫若以明。"

清人王夫之解释为："莫若以明者，皆非有明也。间间闲闲之知，争小大于一曲之慧者也。滑疑之耀，寓庸而无是非，无成亏，此则一知之所知而为真知。然后可谓之以明。"①

---

① 王夫之：《庄子解》卷2内篇《齐物论》，中华书局1964年版，第21页。

清人王先谦认为："莫若以明者，言莫若即以本然之明照之。"

近人唐君毅说："去其成心而使人我意通之道，庄子即名之曰'以明'。"

今人劳思光说："庄子认为儒墨各囿于成见。而欲破除彼等之成见，则唯有以虚静之心观照。"

今人陈天启说："莫若以明，谓不如超出彼此是否之上，而以大道兼明之。"

陈鼓应在综合了王先谦、唐君毅、劳思光、陈启天等诸人之说后，认为"莫若以明"即是"不如用明静之心去观照"。① 他认同了劳思光的观点。

任继愈先生认为，"庄子在这里讲的'莫若以明'就是'莫能以明'。庄子以取消回答作为答案，以否认认识作为认识"。② 对于这一观点，涂光社给予了否定。而涂光社在对"以明"作了比较详细的分析论证之后，认为"以明"的指向是"本我的生体验，指向超然凡俗的原初的浑成之'道'"。③

以上所解，基本上都是以庄解庄。在我看来，如果从思想史的角度来解释"莫若以明"，可能会更清楚地看出"莫若以明"的意思。在老子的哲学思想中，"明"是一个重要的认识论概念。老子说："知常曰明"。（16 章）何谓"常"呢？老子说："归根曰静，是谓复命，复命曰常。"而"复命"即是"归于道"的意思。可见，"明"就是人得道之后的智慧状态。这是"明"这个概念在道家思想中最原初的意思。《老子》第五十二章说："见小曰明，守柔曰强。用其光，复归其明，无遗身殃，是为习常。"为什么说"见小曰明"呢？因为在老子看来，"道"既可名之为大，又可以名之为小，而道是"视之不见名曰夷"。因此，"明"是人见道后的智慧状态。在"见道"之后有法道。遵守道的运行法则，叫做

① 陈鼓应：《庄子今注今译》，中华书局 1983 年版，第 53 页。

② 任继愈主编：《中国哲学史》（一卷），人民出版社 1979 年版，第 161 页，注释 1。

③ 涂光社：《庄子范畴心解》，中国社会科学出版社 2003 年版，第 122 页。

"袭明"，如老子说："圣人是以圣人常善救人故无弃人；常善救物，故无弃物，是谓袭明。"（27章）"袭明"即是遵守"明"，也就是遵守道的要求。

除此之外，"明"还有不自以为是，深刻了解自己局限的意思，如老子说："不自见故明。"（22章）"自知者明。"这是知道、见道的另一种表达而已。

总括老子哲学中"明"的概念，基本意思有三点：一是知道，二是遵守道，三是知彼知己，不师成心、前识，以道为师。

除了老子之外，作为一个认识论概念，"明"在儒家、法家和墨家的思想中也是一个重要概念。《论语·颜渊》第六章有"子张问明"一事。孔子回答道："浸润之谮，肤受之诉，不行焉，可谓明也已矣。浸润之谮，肤受之诉，不行焉，可谓远也已矣。"这意思是说，像水逐渐渗透的那样谮言，像切肤之痛那样的诉冤，在他的面前都行不通，这可以算作是明察了。像水逐渐渗透的那样谮言，像切肤之痛那样的诉冤，在他的面前都行不通，可以算作是见识深远了。可见，孔子所讲的"明"，是对事物、事情真相的深入细致地把握。《管子·宙合》篇云："见察谓之明。"《墨子·经上》有"（知），明也"。《经说》云："（知）也者，以其知论物而其知之也著，若明。"对于"知"字，注释墨家的不同作者解释不尽相同，此处不去细辩。但有一点是肯定的，即墨家所讲的"知"，就是指通过心而认识事物的理性认识活动。《经说》中"以其知论物而其知之也著，若明"之"明"，就是对事物的全面了解，不陷于一偏的意思。俗话说："偏听则暗，兼听则明"。就是如此意思。然而，儒家、法家与墨家所讲的"明"都是通过理智的方式获得对事物的全面了解与把握的意思。而老子与庄子所讲的"明"则是依据"道"而对事物有一个全面性的了解。特别是庄子讲的"为是不用寓诸用，此之谓以明"。更体现了庄子将"不用"与"用"统一起来，如追求"无用之用"等。这与海德格尔将非真理纳入真理的范畴之中，在思维方式上有异曲同工之妙。大樗、大瓠从世俗功利的角度看是"无用"的，但如果从庄子的角度看，却有另一种"用"，其他事物莫不如是，皆有"用"与"不用"的两面性。物之“有用”与“无用”，问题的关键不在于物，而在于人如何去认识物的价值。人如果能发掘物隐藏在“无用”背后的“用”，则对物的认识就达到了“明”境界。由此，我们也可以说，庄子讲的“明”更着重从主体的角度反省人的认识偏差，力求跳出人的主体偏见，要求从物自身的角度考察物与人的关系。用佛教的观点看，是要对事物作“如实观”。从认识的目的看，与儒、法、墨三家把握事情真相的追求是一致的。其不同之处在于：庄子通过对认识主体成见、成心的反省与批判的方式进入对事物真相和价值的把握，不仅是一认识论意义上的主客观相符的问题，还包含有人如何通过消除文化、习俗偏见而从物自身的角度发现“物”对于人的全面意义的思想。因此，庄子哲学中“明”的概念，在后面一层意思上丰富了先秦哲学中“明”的概念内涵。因此，《齐物论》中“明”这一概念颇类似今日哲学所讲的“智慧”。

不过，庄子所说的“为是不用而寓诸用，此之谓以明”一语，并不是对“以明”的定义，而是对“以明”的举例性解释。这是我要提醒大家的。

综上所论，我认为林希逸、王先谦、唐君毅、陈天启等人对庄子哲学中“以明”的解释更能抓住根本。所谓“莫若以明”，即是听任于道和天，也即是庄子自己说的“和之以天倪”，“休乎天钧”，任物之自然，则万物自是其是，自可其可，而诸家“物论”的是非可以休矣。

如果从现代西方哲学的角度来看，我认为，“莫若以明”与海德格尔所说的“让存在者成其所是”有某种共通性。海德格尔认为，“‘真理’并不是正确命题的标志，并不是由某个人类‘主体’对一个‘客体’所说出的、并且在某个地方——我们不知道在哪个域——‘有效’的命题的标志；不如说，‘真理’乃是存在者之解蔽，通过这种解蔽，一种敞开状态才成其为本质”①。庄子反对人们各执一偏，以其所是而非人之所是，主张从道的角度来观照物

① 海德格尔：《论真理的本质》，《路标》，孙周兴译，商务印书馆 2000 年版，第 219 页。

之所可与所然，使人从自己所执的遮蔽状态中解放出来，使万物的存在——或曰所有的“存在者整体自行地揭示为自然”，而这里所说的“自然”，即是指“存在者之为存在者整体，而且是在涌现着的在场”① 的状态，“去蔽”即类似于“莫若以明”。

“忘年忘义，振于无竟”。这一句表达了庄子要求解脱人间“是非”之论束缚的理想。“忘年忘义，振于无竟，故寓诸无竟。”郭象对于这一句的解释是：“夫忘年，故玄同死生；忘义，故弥贯是非。是非死生荡而为一，斯至理也。至理畅于无极，故寄之者不得有穷也。”很显然，郭象将“振于无竟”解释为“游于无穷”。成玄英疏与郭象的观点基本相同，说道：“振，畅也；竟，穷也。”并进一步疏解道：“既而生死是非荡而为一，故能通畅妙理，洞照无穷，寄言无穷，亦无无穷之可畅，斯又遣于无极者也。”王夫之认为，“生死忘而忘年，是非忘而忘义。无要归之旨以为究竟，则槁木死灰固无妨于曼衍”。② 很显然，王夫之将“振于无竟”解释为“无要归之旨以为究竟”，将“竟”解释为“究竟”，是从“物论”的角度来解释的。

宋人林希逸认为，“振于无竟”，即“振动鼓舞于无物之境。此‘振’字，便是逍遥之竟”。

郭庆藩引崔氏本注：“竟作境。”又，清人释德清云：“无竟者，乃绝疆界之境。即大道之实际，所言广莫之乡，旷垠之野，皆无竟之义。”

今人涂光社认为，“振于无竟”一语中的“无竟”二字，“竟”与“境”同，“无竟”即是“虚无境界”。③ 这种解释显然未达庄子之意。

综上所述，我个人倾向于将“无竟”解释为无畛域，无各种人间伦理规范束缚的自然境界。前面曾经提到过“八畛”——左

① 海德格尔：《论真理的本质》，《路标》，孙周兴译，商务印书馆 2000 年版，第 218 ~ 219 页。

② 王夫之：《庄子解》，第 28 页。

③ 涂光社：《庄子范畴心解》，第 69 页。

右、伦义、分辩、竞争。又说过圣人“参万岁而一成纯”。特别是在第一部分对人生“与物相刃相靡”状态的悲叹，均体现了庄子对人世间各种束缚的不满。所以，“振于无竟”也就是要人们从人世间的各种学派与人为的畛域中跳出来，在自然的状态——其实是理想的自由状态中让身心俱为饱满，充满活力。“振”可以理解为“奋起”。所以，“振于无竟”也即是从自由的天地里奋起，不让各种束缚把人生纠缠得死死的。

“物化”。“物化”一词在庄子著作中多次出现，其意义不尽相同。作为名词的“物化”主要出现在《齐物论》、《天道》、《刻意》三篇之中。《齐物论》篇将庄子与蝴蝶之间的相互转化称之为“物化”，显然是以寓言故事解释了“物化”概念的内涵。① 而其他篇章中则是对“物化”概念的运用。在《天道》与《刻意》篇中，“物化”一词皆与死亡有关。《天道》篇云：“知天乐者，其生也天行，其死也物化。静而与阴同德，动而与阳同波。”《刻意》篇说：“圣人之生也天行，其死也物化。静而与阴同德，动而与阳同波。”

作为动词的“物化”，主要出现《人间世》、《天地》、《知北游》、《达生》、《则阳》诸篇。《人间世》篇说：“夫徇耳目内通，而外于心知，鬼神将来舍，而况人乎！是万物之化也，禹舜之所纽也，伏羲几蘧之所行终，而况散焉者乎！”这段话的意思是说，如果人能使自己的耳目向内通达于灵府而让产生分别的心知排除干净，鬼神都会来依附于他，更何况是人呢？这便是万物被感化的意思，是禹舜治世之关键，伏羲、几蘧终身所依赖的原则，更何况普

① 美国学者爱莲心（Robert E. Allinson）在其著作《向往心灵转化的庄子——内篇分析》中，将《庄子》一书的中心目标定为“自我转化”，并认为“物化”一词的英译中将中文“物”字译成英文的复数 things，是有哲学深意的，表明“一个人从梦中醒来时，其视野也发生了转化”。“觉醒的过程，是以万物的本来面目看待万物的关键。这就是真正的‘物化’，是在我们对之恰当地理解之中的‘物化’。”分别见于氏著中文版第 42、103 页，周炽成译，江苏人民出版社 2004 年版。吴案，爱氏之说，可备一说。此为西方汉学界从他们的文化背景出发，对庄子思想的一种解读，可以拓宽我们对庄子思想及其关键词理解的思路。

通的人呢?

《天地》篇说:“天地虽大,其化均也。万物虽多,其治一也。……故曰:古之畜天下者,无欲而天下足,无为而万物化,渊静而百姓定。”郭象对“天地虽大,其化均也”两句话的解释是:“均于不为而自化也。”这一解释可以说既符合老子“侯王若能守道,万物将自化”的观点,也符合庄子的思想。

还是在《天地》篇,尧向许由请教,请他评价一下啮缺是不是可以“配天”?许由的回答是不可以,因为“啮缺之为人也,聪明睿知,给数以敏,其性过人。……方且四顾而物应,方且应众宜,方且与物化而未始有恒。夫何足以配天?”郭象对此句中的“与物化”的解释是:“将遂使后世与物相逐而不能自得于内。”成玄英疏曰:“将我已知施与物众,令庶物从化,物既失之,我亦未得也。”

《知北游》篇,老聃教诲孔子说道:“昭昭生于冥冥,有伦生于无形,精神生于道,形本生于精,而万物以形相生。”又说:“人生天地之间,若白驹之过隙,忽然而已,注然勃然,莫不出焉;油然漻然,莫不入焉,已而化生,又化而死,生物哀之,人类悲之。”

《则阳》篇说:“冉相氏得其环中以随成,与物无终无始,无几无时。日与物化者,一不化者也,阖尝舍之!夫师天而不得师天,与物皆殉,其以为事也,若之何?”此句中的“日与物化者,一不化者也”郭象的解释是:“日与物化,故常无我。常无我,故常不化也。”成玄英疏曰:“顺于日新与物俱化者,动而常寂,故凝寂一道,嶤然不化。”

由上面所举例证可以看出,“物化”和“与物化”有“物自化”和与物同化,没有自己真宰的意思。庄子从价值上肯定“万物自化”,有时又否定人在形体上与物俱化,没有真宰的一面,但有时又肯定与物迁移而不“自师成心”的行为。

另外,《达生》篇的“与物化”一词的意思与上面所举稍有不同。在该篇中,庄子说:“工倕旋而盖规矩,指与物化而不以心稽,故其灵台一而不桎。”“工倕”乃是传说中尧时的能工巧匠,

“旋”，指画圆，“盖规矩”，任规矩的意思。以“工倕”之巧，画圆时也任规矩而不用自己的主观之心，故尔能做到与物同化，而无所桎梏。这里显然肯定与物同化而不自师成心的一面。

综上所述，“物化”一词中的“化”字，在《庄子》文本中既有“转化”、“变化”之意，又有“物自化”、“使物化”和“与物俱化”等多重意思。在物的自我转化意义上，“物化”是一个中性词，主要是揭示“万物以不同形而相禅”① 的特征。《逍遥游》中的“鲲化为鹏”的故事，便是例证。在批评“形与物化而心与之然”的时候，“与物化”则是否定意思，与《齐物论》中所批评的“与物相刃相靡”的行为一致，但在论述不师其成心而与物迁移的意义上说，“与物化”则是正面意义的。联系《齐物论》篇的主旨，我认为，“庄周梦蝶”故事中的“物化”一词是中性的，主要是揭示“物以不同形相禅”的道理，从而破除人们执著于此物与彼物的差异的观点，有齐彼此之意。

① 庄子:《寓言》。

从“无之以为用”到“无用之用乃为大用”

——试论老、庄哲学的价值发现及其当代启示意义

◎吴根友

在日常生活经验层面，说“有”容易说“无”难，说“实在的东西”有用容易接受，说“无用的东西”有用难以接受，说“无用之用乃为大用”，更令人难以接受。然而，在两千多年前，中国道家哲学的创始人老子和重要的阐发者庄子，却以特殊的哲学眼光发现了“无”的价值和“无用之用”的价值，从而将人们的价值视野从有形的存在延伸到无形的世界，从被给定的日常习俗的“有用”视野里延伸到一个被人忽视的“无用之用”的陌生价值世界，从而拓宽了中国人的价值视野。这一特殊的价值视野对于过分重视实利化眼前利益的现代人而言，则别有一番启示意义。

一、“无之以为用”——老子的价值发现及其对价值视域的拓展

在王弼本《老子》中，“无”字出现很多次，但作为表述没有具体实在内容的存在状态的名词之“无”，却并不多见。大多数情况下，该书中“无”字是作为动词或形容词来使用的。

作为动词的“无”，意思指“没有”、“不要做”、“不”等，如“无名天地之始”（1章）。“常使民无知无欲”（3章）。“及其无身，吾有何患？”（13章）“载营魄抱一，能无离乎？”

作为形容词的“无”，如与“知”、“味”等名词结合，构成了无知、无味等新的概念，与“为”、“执”等动词结合构成“无执”、“无为”一词，则又表达了新的意思，如“无执故无失”。（64章）“处无为之事，行不言之教。”（2章）此时“无”字与其它词合成而构成了双音节名词，其意义性质已经发生变化，兹不在此处论述。

作为名词的“无”，最具有哲学意味，如“有无相生”。（2章）“三十辐共一毂，当其无，有车之用。埏埴以为器，当其无，有器之用。凿户牖以为室，当其无，有室之用。故有之以为利，无之以为用”（11章）。“天下万物生于有，有生于无”（40章）。

对此三处“无”字的意义，我们需要作一点简单的分析。

作为“有无相生”之“无”：从《老子》第2章的上下文来看，此处“无”字主要突出的思想观念是：从没有的状态产生出一种与现存的“有”相反的一种存在状态。“天下皆知美之为美，斯恶矣；皆知善之为善，斯不善矣。”对于此句话，王弼的注释是：“美者，人心之所进乐也；恶者，人心之所恶疾也。美恶犹喜怒也，善不善犹是非也。喜怒同根，是非同门，故不可得而偏举也。”任继愈先生的翻译是：“天下的人都知道怎样才算美，这就有了丑了；都知道怎样才算善，这就有了恶了。”陈鼓应的翻译是：“天下人知道美之所以为美，丑的观念也就产生了；都知道善之所以为善，不善的观念也就产生了。”我认为王弼的注释和任先生的理解比较准确。一般的人只知道一味地去追求美、善，殊不知，恶、丑也因之而产生。相对于人们心中的美、善的价值物之“有”而言，恶、丑是人们心中所“无”的价值物。然而，当天下之人皆知道美之所以为美，善之所以为善的时候，丑与恶也就因之而产生了。因为一切事物都是相对待而存在。当人们将甲事物判定为美，乙事物判定为善的时候，与甲、乙相反的事物因之也就成为不美、不善之事物，丑与恶也就因之而产生了。这便是王弼所说的

"同根"之意。

第11章中的前面三个"无"字是描述事物在空间上处于一种"虚的状态",这种"虚的状态"是以外围的"有"作为其支撑点的。"无"的外围如果没有"有",此"无的状态"也不可能发生作用。所以,老子是在对比的过程中阐述了"有"与"无"两种状态的不同价值:"有之以为利,无之以为用。"

何谓"有之以为利,无之以为用"呢?王弼的解释是:"言无者,有之所以为利,皆赖无以为用也。"任继愈先生的翻译是:"所以,'有'所给人的便利,[只有]完全靠'无'起着决定性的作用。"其意义与王弼的解释基本相同。陈鼓应的翻译是:"所以'有'给了人便利,'无'发挥了它的作用。"

我个人比较倾向于接受陈鼓应先生的翻译。老子在此处突出了"有"与"无"两种状态给人提供了不同的价值。"有"提供了实利,直接的好处,而"无"则提供了功能,间接的、看不见的好处。这种功能性的、间接的、看不见的好处,因为主体价值认识的境界不同,其价值的表现形式也会是多样的、灵活的。这便是"利"与"用"两种不同价值所带给人的不同好处。一般人都会看到物之"有"所表现出的"利"这一显而易见的价值,而很难看到物之"无"所表现出的隐性的价值。老子的伟大之处,就在于从理论上拓宽了人们的价值视野,发现了物之虚空状态的价值。

后人称老子的哲学为"贵无"的哲学,就是以名词性的"无"为其出发点的。而"贵无"思想的核心就是推崇一种无形、无规定性的东西,认定这种无形与无规定性的状态比有形的、具体的存在更为根本,更有价值。

与"无"的名词概念相近的唯一一个动词词汇是"无有",如第19章云:"绝巧弃利,盗贼无有。"这即是说,只要人们抛弃了"巧"与"利"的价值物和追求巧利的价值心态,盗贼也就会自动地消失了。这是对贵"无"价值观念的一种引申。

要而言之,老子哲学的特殊贡献之一,就在于发现了"无之以为用"的价值领域。世俗世界的人们往往只能看到"有之以为利"层面的价值,但对于没有具体形状的存在状态的价值,则不易认识。而老子则通过一组形象的譬喻，揭示了无物之状，无象之象的存在价值，也正是此认识的基础上，进一步地发现了“无为”、“无事”等“不为之为”的意义，进而为揭示无形之道的价值作了理论准备。应该这样说，在老子所处的时代，人们看到的是实力的作用与价值，而忽视无形规则的价值与作用。老子的“道论”则在形上学层面揭示了无形规则的作用与力量。“贵无”属于老子的思想内容之一，但不是老子哲学的核心，而只能说是老子“道论”的一个组成部分，甚至说是为了“道论”的出场而展开的一种比喻性的论证。但由于王弼对老子哲学的发展，使“无”成为魏晋以后道家哲学的重要概念。魏晋玄学的重要内容之一，就是王弼从老子哲学中发展起来的以“无”为最高哲学本体的新的形上学体系。而与王弼“贵无论”针锋相对的哲学观点就是裴頠的“崇有论”。简洁地说，“无”与“有”，作为一种表述最高存在的哲学形上学概念，始于魏晋玄学，在老子哲学体系里，它们都并没有获得如此重要的地位。确切地说，老子只是在人们忽视的价值领域之外发现了“无”的价值领域，但并没有构筑以“无”为核心概念的哲学体系。对于“无”的价值发现，是他对中国哲学的特殊贡献之一。在此思想基础上，庄子更进一步地发展了“无用之用乃为大用”的新价值观。这是庄子对老子思想的一种更高地哲学提升。

二、“无用之用乃为大用”——庄子对老子思想的发展及其对价值视域的再拓展

可以这样说，老子的价值发现主要是针对被人们忽视的另一种存在形式的价值客体——“无”，从而使“有之利”与“无之用”结合起来，完成了对价值客体的全面性的认识。庄子则不一样，他是从人们所否定的价值形式中发现了新的价值，是对已经被人的价值观考察过的价值物再一次地进行价值再鉴定。相比较而言，庄子对价值领域的再开拓主要表现在对价值主体所持有的价值观的反思与批评的基础上，通过对主体思想的批判达到对价值领域

的开拓。

本文仅以《逍遥游》和《人间世》两篇为例，来讨论庄子对“无用之用”论述的理论贡献。在上述两篇中，庄子主要采取了如下四种论述方式：

其一，是政治性的论述。尧想把帝位禅让给许由，许由则拒绝接受。其拒绝的理由是：第一，许由认为尧已经把天下治理得很好了，如果这时候让我许由来接管天下，不是徒为其名吗？而名是实的宾位，许由不愿意成为宾——次要的价值物。第二，人的需求是非常有限的，正如小鸟在森林里做巢，不过一根树枝而已，偃鼠从大河里喝水不过喝饱肚子而已。诸大的天下对于一个自足其性的人来说是无用的。所以，许由根本不需要尧传给的帝位。“归休乎君，予无所用天下为!”这种政治性的论述，主要是对世俗社会的价值如“名”和奢侈性的生活方式的否定，从而使被世俗社会所普遍否定的价值如“实”和个人自足其性的价值目标重新得到肯定。

其二，是顺从世俗功利要求而又对功利做出了更为灵活而又广泛的论述。当庄子与惠施讨论“有用无用”的问题时，庄子顺着惠施的功利性观点，对物之功利性价值做出了别开生面的论述。如当惠施说有一个大瓠，其瓠籽可以有五石之多，但是其外壳太脆弱，不能盛水；剖之以盛物，由于弧弦太长，几乎成为一平面之物，无法盛物。所以，干脆就将它打碎算了。庄子对惠施狭隘的功利价值视野进行了批评，并指点惠施道：为什么不将这只大瓠做成一个大大的葫芦当作渡江时的救生圈之类的东西，而仅仅想到要将它剖开装东西呢？这种想法是不是有点蓬茅塞心呢？庄子还给出了一个巧妙的譬喻，说宋国有一个家族，世世代代都做浆洗工，但他们有一种防止手冬天里龟裂的药方。商人得知后，用一百斤黄铜购买了这种药方，这个浆洗工的家族还很高兴。哪知道这位商人将这个药方卖给了吴王。吴越两国在一个冬天里交兵，吴王因为有了这种药而在水战中占了上风，大败越人。结果，这位商人因此而获得了封地与侯爵。同样是一种药方，浆洗工的家族仅得百金，而仍然免不了世世代代做体力劳动的命运，而商人却因此获得封地与侯爵。作为不龟手之药——物自身的价值是一样的，而善于用其物与不善于用其物的人，其命运是截然的不同。可见，“物”对于人而言，其价值的大小，并不完全在于物自身所蕴含的价值大小，而更重要的还在于人能否发挥自己的想象，将其价值发挥到极致。

第三种论述方式是非功利的、审美的。当惠施讥讽庄子说：“吾有大树，人谓之樗。其大本臃肿而不中绳墨，其小枝卷曲而不中规矩，立之途，匠者不顾。今子之言，大而无用，众所同去也。”庄子的回答是：“今子有大树，患其无用，何不树之于无何有之乡，广漠之野，仿徨乎无为其侧，逍遥乎寝卧其下。不夭斧斤，物无害者，无所可用，安所困苦哉！”这种论述的方式完全是审美的、非功利的。其中还包含了尊重生命天然展开过程的意思在其中。一棵树，它自然地活着就是一种价值的实现，为什么要被人所用呢？生命本身自有其内在的价值。

第四种论述方式是生命哲学的。尊重生命价值的第一性，在乱世之中苟全性命。在《人间世》篇中，庄子借一棵被当作社稷神象征的栎树之口，表达了在乱世之中苟全性命，保存个人生命的价值理想。该栎树，为舟则沉，为棺椁则速腐，为器则速毁，为门则流污浆，为柱则生蠹虫，的的确确是一种“不材之木，无所可用”的“散木”。但也正因为如此，它不遭到斧斤的砍伐而获得长寿。所以，栎社树托梦给匠人说：“夫柤梨橘柚，果蓏之属，实熟则剥，剥则辱；大枝折，小枝泄。此以其能苦其生者也，故不终其天年而中道夭，自掊击于世俗者也。物莫不若是。且予求无所可用久矣，几死，乃今得之，为予大用。使予也而有用，且得有此大也邪？”

但是，作为“社树”也是一种“用”的表现呀。如何解释这一现象呢？庄子又借社树之口说道，即使是作为社树，也只是一种寄寓的生存方式，以免不知者有所害。如果人们用一种世俗的价值观点来审视栎树成为“社树”的选择，好像有一种神圣的光环，令人尊敬，那就没有理解人生如寄的真谛了。

由以上的分析可以得知：庄子用来论述“无用之用”的价值判断的理由在于，其一，物皆有所是，物皆有所可，我们不能仅凭个人的主观判断来评价某一物的价值；其二，生命的自由自在的活动状态高于一切，名利皆不关生命的自足存在；其三，无利害的审美活动形式也是一种价值形式，不能用世俗的功利价值来否定审美等其他一切的价值形式；其四，从生命存在的整体性与完整性来判定物的价值，而不能仅凭实用的、功利的眼光来评判物之价值。

三、老庄价值观的当代意义初探

1.“无之以为用”的当代意义

在中国的国画和书法艺术中，计白当黑是一种非常高超的艺术手法。这是“无之以为用”的哲学思想在艺术美学中的典型体现。而在明清文人的园林设计中，各种怪石的通透与画廊的通透，亦体现了“以无为用”的美学思想。在当代城市规划和高楼大厦的建设中，充分发挥城中空地和大厦中公共空间的作用，应该是老子“无之以为用”的价值哲学思想的当代运用。因此，“城中空地”就是“无之以为用”的哲学思想在当代城市规划的灵活运用。最近几年，我们高兴地看到各大城市的改造过程中，逐渐地增加了城中空地的面积。应该说这是当代中国城市规划与建设中的一次审美价值理念的觉醒。城市是供人居住的，不仅仅是为了生产。现代化之初的工业化城市模式——将城市看作是车间的放大，密集的居民区，狭小的街道，巨大的噪音，浓厚的工业废烟，使得城市一点也不可爱。现代的都市建设应当公园化，预留更多的“城中空地”，留下供人步行的草地，甚至是人工的树林，使城里人像居住在乡村一样，呼吸到新鲜的空气，最好能听到蛙鸣。2003年11月，作者本人曾经在台湾宜兰县城小居留两日，这座现代化的城市里有纵横交错的田园，夜晚与早晨还可以听到蛙鸣。

休闲——日常生活的“空地”：生活在现代都市中的人们，除了实实在的“城市空地”之外，还应该有心灵的空地。在快节奏的现代都市生活中，“繁忙”成为每一个职业者的日常生活现象。每天都被各种事务缠身，因而产生烦躁、疲倦感。海德格尔曾经将“烦”看作是存在的一种现象，并由此而进一步探索人的存在意义。因此，休闲——日常生活中的无事——作为“无”的另一种状态，就成为现代都市人生活必要的一面。如果说“繁忙”是“有”，则“休闲”就是“无”。“繁忙”在直接地创造价值，实现自己，“休闲”就是为继续创造作准备，通过“休闲”使“繁忙”创造的价值得以实现出来，通过“休闲”使人生得以调整。而现代的“繁忙”更进一步地使“休闲”成为生活的必要的组成部分。退一步讲，即使“休闲”不是为了继续工作，其自身也有意义。它就是以“无事之无”在构造完整人生的内在结构，思想、艺术、娱乐、美因之而成为可能。

2.“无用之用”与当代人价值视野的拓展

“无用之用”，究其实乃是人类的文化陈见遮蔽了一种隐形的价值存在形式。人只有在破除了陈见，破除了过度短视的功利化价值心态之后，才能发现“无用之用”的隐形价值形式。就我个人目前思之所至，至少可以从以下三个方面来探讨“无用之用”的价值视野对于当代人的启示意义。

第一，“无用”与“有用”之辩证——变废为宝。现代都市的垃圾是一大问题。如何变废为宝成为当今国内外城市发展的一个重大课题。西方发达国家包括东方的日本、韩国，在变废为宝方面，比我们要做得好。所谓“垃圾”，其实是放错了地方的资源。老子曾经说：“圣人常善救人，故无弃人；常善救物，故无弃物。”（27章）从现代化学的观点看，物可以分为有机物与无机物，垃圾亦可以分为有机垃圾与无机垃圾。现代城市中的很多有机垃圾都可以转化为农业生产中的有机肥，而有机肥是无公害农业的最好肥料，问题是如何处理这些有机肥料。无机垃圾里，有一部分是有严重污染的垃圾，烧埋都不足以解决问题。如何使之转化成另一种可利用的资源，是处理这部分垃圾的关键所在。变废为宝不能仅仅停留在口号层面，而要通过价值观的教育，使人深信并接受“无用之用”的价值观，千方百计地寻找、发现“无用之用”的“用”之所在，甚至更进一步地从源头上就根本堵死“无用”的观念，在产品的设计与生产过程中，就认真考虑回收利用的问题，真正树立资源循环利用的价值观。

第二，以“无用之用”的价值眼光发现自然与人类之中各种事物与行为的审美价值。庄子曾经说：“天地有大美而不言。”他曾经多层次、多侧面地讨论了“无用之用”的价值。一棵对于匠人而言是无用的大树，对于大树自身的自然生命存在而言则是有价值的。生命之美的表现形式之一就是完全地享有自然赋予它的时间跨度，尽其天年而不中道夭折，充分地展开自己的可能性与多种多样的形态美，如年轻时的蓬勃生机，年老时的苍劲与伤痕，这些都恰恰体现了生命的完整性与形态的多样性。透过这种完整性可以展示物的一种完美性。其次，对于人的生活而言，人们可以在大树下休息。设想一下，在无何有之乡，广漠之野，有一棵大树为我们撑起一片绿荫，在炎热的夏天，这该是一种多么惬意的事情！利、真、善、美是价值王国的“四重境界”，也可以将其看作是立体的四维世界。除了“利”之外，人类的价值王国里还有很多的珍宝。那些在“利”的层面看似“无用”的价值物，有时有另一种价值与用途。因此，从哲学上确立“无用之用”的观念，可以拓宽我们的心灵，避免蓬茅塞心。

第三，对“有用”、“无用”等价值判断背后的权力思考。价值不仅涉及到知识与价值认识的问题，也即是说，价值不仅是一种纯粹的认知问题，它的背后还蕴含着一种权力。当我们对一物，一类物，一个人或一种人给出“无用”的价值判定的时候，我们就对一物，一类物，一个人或一类人的自然存在价值实施了剥夺。如果我们每个人都能从“元价值”的角度来审视万物的价值（也是道家所说的“以道观之”），我们就会对各种“无用”的价值现象进行重新审视，从而找到物自身的“所可”与“所是”。这也即是目前环境伦理学对万物的存在价值进行辩护的理由之所在，也是当前反对人类中心主义观点的理论立足点。当工商业社会的利润成为主流的价值导向的时候，传统社会的“雅人”是没有价值的，所以德国哲学家马斯·舍勒批评工商业社会的世俗价值观。在中国科举制度时代，社会对知识人的主流价值评价标准是能否中举，所以一切的知识都必须服从这一价值标准。在当今的中国教育界，衡量一所中学办得好坏的主要标准是升大学、升名牌大学的毕业生比例有多高。对于一所大学的评价标准是有多少重点学科，有多少人得了多少国家奖、省部级奖，在国际国内的权威期刊上发表了多少文章，有多少博士导师，有多少研究生与本科生等等，要而言之，不离“名利”二字，而且大多是短期的利与虚假的名。一个教师是否有用也大体上取决于他拿了多少课题，获得了多少奖励，全然不问他们的投入产出比，是否在培养健全的人的方面做出了贡献。教育彻底地被功利化——要么成为教育行政官员们追求政绩的牺牲品，要么成为现代商业的牺牲品，教育自身所具有的独立性，教育所肩负着的培养健全人格的任务全部被虚置。固然，这是一个充满竞争、鼓励竞争、崇尚创造的时代，但竞争与创造都只能围绕人的身心健康、发展的目标服务，否则，竞争与创造就“异化”为一种魔力，使人匍匐在竞争创造的幌子之下。因此，对于“有用”、“无用”等价值判断背后所隐含的权力的思考，警惕各种异化的目标，是当代价值哲学思考的重要任务之一。

结语：我在此文中提出的“元价值”概念，其理论思考的起点究竟在哪里呢？我的观点是，从人的全面发展，人性的充分展开，人与自然的协调，人与人的协调，人的身心协调等多元的角度来思考物的价值、事的价值、人的价值，这就是我倡导“元价值”思考的现实起点。任何宗教哲学对神性的追求均可以成为引导人向更高境界提升的手段，但不能成为制约人性发展的桎梏。人应当对身处其中的整全自然及其无限性、神圣性与神秘性保持一种敬畏的态度，但并不因此而放弃人对无限的探索、认知的追求精神。人的能力永远是有限的，但人永远不是无所作为的。传统哲学对价值的诸多问题的思考使我们从现实的起点上走向更为深邃和广阔的时空，而老庄哲学对“无”和“无用之用”的价值思考，则使我们从有形的价值世界走向无形的价值世界，从世俗的、单调的、习以为常的价值世界走向人类的、不同凡响的、丰富多彩的、诡异的价值世界，最终使我们跳出狭隘的功利主义和独断论的价值判断误区，走向多元、广阔、永远充满着好奇与创造活力的价值世界。(2004 年初稿，2005 年第二稿，2007 年 5 月定稿。)

典籍辨伪

学鉴

《经义考》辨伪一例

◎ 司马朝军

朱彝尊《经义考》卷133“吴氏澄《仪礼逸经》”条云：

A. 程敏政跋曰：右元吴文正公《仪礼逸经》一卷，当时刻于国子监崇文阁，国朝宣德中尚存，见杨文贞公《图籍志》，《馆阁书目》亦有之。天顺初，予被命读中秘书，已无其本，而国监本亡久矣。大司寇何公廷秀亦思见此书，与予约寻访，必得为期。余二十年竟无所闻也。成化甲辰（1484）春，过吴门，知杨仪曹君谦喜蓄书，诹之，云家有藏本，猝寻不获。舣舟候数日，得之。亟以书报何公。何公复书曰：“斯礼之不坠，天也！”然欲谋重刻以传，未有应者。弘治丁巳（1497）冬，予服阕，将入京，而县学重作明伦堂，师生奉金帛以记。请辞勿获，则念学校礼之所从出也，受以举斯役，且记是书得之之难及予之癖。而凡系礼之大者，有文正公序及李庄静先生之引，不容复赘云。

B. 何乔新曰：临川吴文正公校正《仪礼》，既因郑氏序，而诠次其篇章。凡经文散见于《戴礼》郑注者，则表而出之，为《逸经》八篇。礼必有义，又取《戴记》所存与清江刘原父所补者，为传十篇。若《士相见义》《公食大夫义》，则原父所补也。予近读原父文集，又得《投壶》一篇，盖释礼经投壶之义也，故录于朝事之后，以补逸经之传焉。《正经》十七篇，有传者十，《逸经》八篇，有传者一，其余缺焉。崇礼君子，虽追而补之，可也。或曰："束皙补《南陔》诸诗，白居易补《汤征》，皆见非于君子。原父所补，亦《南陔》《汤征》之类耳，岂可取以为训哉？"予以为不然。《南陔》《汤征》，经也。经出于圣人所删，补之，僭也。冠昏诸义，传也。传出于周末、汉初诸儒所作，补之，奚不可耶？且朱子尝补"格物致知"之传矣，今与曾子之传并列于学官，未有非之者。苟以补传为不韪，则朱子岂为之哉！

C. 又曰：元吴文正公《仪礼逸经》一卷，刻在太学。杨文贞《三礼考注跋》称，文正之书为其乡人晏璧所窃，又私加删改走，当时即求其书，而太学刻本已亡。搜访十余年，无所得。友人罗太史伦校《三礼考注》梓行，而篇目、注疏悉用晏本。舛驳之迹，居然可见，而恨无文正原本可正也。成化癸卯（1483），始得于杨循吉家，以付司业费君訚，就国学残本刊足之。呜呼！葩藻之书板刻遍天下，先王典礼往往无征。幸大儒君子者出，每拳拳于斯，而书之行世，显晦不常者如此。此古道之不复，而俗之所以不淳也。费君方职教化，首葺此编，以不废先正复古垂教之心。其嘉惠后学，岂浅也哉！（按：A、B、C为引者所加，下D同。）①

中华书局影印本（该本即《四部备要》本，源自扬州马氏刻本）在"又曰"版块（C）与"何乔新曰"版块（B）之间仅空一小格，检《四库全书》本亦同。据此可知，版块C应出自何乔新之手。何乔新（1404～1479），字廷秀，江西广昌人。景泰甲戌（1454）进士，官至刑部尚书，谥文肃。《明史》乔新本传载，其

① 朱彝尊：《经义考》，中华书局1998年版，第706页。

历任中外，多著政绩，人以气节刚方，为刘吉所排，故迄不得大用。然核其立朝始末，岳岳怀方，在成化、弘治之间，不能不谓之名臣也。著有《椒邱文集》。不无遗憾的是，我们遍检何乔新集，并没有发现与版块 C 相类似的文字。但版块 C 有一非常重要的时间线索，文中明称："成化癸卯始得于杨循吉家。"检成化癸卯为成化十九年，即公元 1483 年。而《明史》卷 183 何乔新传也明确记载了何氏的卒年："成化十五年卒，年七十六。"① 成化十五年即公元 1479 年。到 1483 年时，何乔新已经去世四、五年了。显然时间与所谓"成化癸卯始得于杨循吉家"不合。至此，我们完全可以断定：版块 C 决不出自何乔新之手。

通过检索《文渊阁四库全书》电子版②，我们发现，与何乔新同时代的文学家程敏政的一篇文章竟然与版块 C 有着惊人的相似之处。为了比较起见，我们只好将这篇《书仪礼逸经后》（D）全文抄录如下：

D. 元吴文正公《仪礼逸经》一卷，有板刻在太学，事见国朝杨文贞公集中。而文贞别有《三礼考注跋语》，称文正公之书为其乡人晏璧所窃，又私加删改走，当时即求其书，而太学刻本已亡。文贞之子尚宝公叔简亦称其家藏本多散轶。今少司寇何公廷秀博洽好古，间尝语之，因各加搜访，凡十数年，竟无所得。会友人罗太史应魁重校《三礼考注》，梓行，而篇目、注疏悉用晏本。舛驳之迹，居然可见，而恨无文正原本可订也。成化癸卯（1483）春，自新安起复北上，始得于吴贡士杨君谦之家。间以语司业费君廷言，廷言谓理故书板，尝得零星者数种于瓦砾土苴之间，盖所谓逸经者在焉，而亡其半矣。因以君谦原本相付，将刊足之。呜呼！葩藻之书板刻遍天下，先王典礼往往无征。幸大儒君子者出，每拳拳于斯，而书

① 张廷玉等：《明史》卷 183。

② 上海人民出版社和迪志文化出版有限公司：《文渊阁四库全书》（电子版）。

之行世显晦不常者如此。此古道之不复，而俗之所以不淳也。廷言方职教化，首葺此编，以不废先正复古垂教之心。其嘉惠后学，岂浅浅也哉！①

显而易见，C文不出自何乔新之手，而是程敏政《书仪礼逸经后》一文（D文）的缩写版。程敏政（1445～1499），字克勤，安徽休宁人。年十余岁以神童召对，试《瑞雪诗》及经义各一篇，诏读书翰林院官，成化丙戌（1466）以一甲二名进士，授翰林院编修，官至礼部右侍郎。弘治十二年（1492）主会试，为给事中华昶劾罢，卒赠礼部尚书。事迹具《明史·文苑传》。所辑《明文衡》《新安文献志》诸书，均已被《四库全书》著录。《四库全书总目》称“敏政学问淹通，著作具有根柢”。经过仔细比对，C文中时间、地点、内容均与程敏政《书仪礼逸经后》（D文）如出一辙。

在A文中提及“杨仪曹君谦”，C文中称“杨循吉”，D文中又称“吴贡士杨君谦”，C文称名，A文、D文均称字，其实均为杨循吉一人。杨循吉是明代著名的文学家，与“吴中四才子”祝允明、唐寅、文征明、徐祯卿同时。据《明史》卷286《文苑二》记载：

杨循吉，字君谦，吴县人。成化二十年（1484）进士。授礼部主事。善病，好读书，每得意，手足踔掉，不能自禁，用是得“颠主事”名。一岁中，数移病不出。弘治初，奏乞改教，不许。遂请致仕归，年才三十有一。结庐支硎山下，课读经史，旁通内典、稗官。父母殁，倾赀治葬，寝苫墓侧。性狷隘，好持人短长，又好以学问穷人，至頬赤不顾。清宁宫灾，诏求直言……帝以优俳畜之，不授官。循吉以为耻，阅九月，辞归。……晚岁落寞，益坚癖自好。尚书顾璘道吴，以币贽，促膝论文，欢甚。俄郡守邀璘，璘将赴之，循吉忽色变，

① 程敏政：《篁墩文集》卷37（《四库全书》本）。

驱之出，掷还其币。明日，璘往谢，闭门不纳。卒，年八十九。其诗文，自定为《松筹堂集》，他所作又十余种，几及千卷。

C文、D文谈到觅得《仪礼逸经》一书的时间为“成化癸卯(1483)”，A文作“成化甲辰（1484）”，前后相差一年。相比之下，似以作于成化癸卯（1483）较为近情近理。A文作于1497年，此时作者已是垂垂老者，一时记忆偶然失真，也不足为奇。成化二十年（1484）前，杨循吉还在家苦读，但此时他已因“喜蓄书”而驰名当代。程敏政此际利用北上之机得以与这位日后的“颠主事”会于吴门，并为书林留下了一段宝剑赠英雄的佳话。斯礼在斯，斯文赖以不坠。时隔六百余年，仍然令后学想望千古风流。

我们也注意到，C文、D文在文字方面稍有不同，《经义考》在引用前人文章时不是完全忠实于原文，这也符合古人引书通例。但无可否认的是，C文的著作权应该归之于程敏政。不知是手民误植，还是朱彝尊在处理《经义考》这一巨大经学文献工程时最后没有把好质检关，致使《经义考》在编排上出了一点小小的纰漏，进而引发了相关作者的著作权问题。

综上所述，C文、D文基本一致，且与程敏政之A文兼容，但与B文了不相干（上海话称之为“不搭界”）。职是之故，我们可以断定C文为程敏政之文，而非何乔新所作。同时，我们对前引《经义考》提出一个调整方案：将版块C移至“程敏政跋曰”版块（A）之后、“何乔新曰”版块（B）之前。换言之，将前引《经义考》的引文顺序由原来的A—B—C调整为A—C—B。这样一来，既解决了错简问题，也避免了张冠李戴。《经义考》至今仍是研究经学的重要参考书，本文的纠谬丝毫无损其光泽，只是拂去一点微尘而已。

此外，程敏政文中所提及之《三礼考注》①，旧本题元吴澄撰。

① 旧本题元吴澄：《三礼考注》，《北京图书馆珍本丛刊1》，书目文献出版社1988年版。

但该书历来存在真伪之争，历史上参与争鸣者较多，我们拟另案处理。文中所提到的“葩藻之书”，是个比较冷僻的专业术语，现代人可能已经对它非常隔膜。用版本学的专门术语来说，它就是明代臭名昭著的“书帕本”。“葩藻之书板刻遍天下”，绝对位列畅销书榜首。数百年后，“葩藻之书”与明代八股文一样，早已灰飞烟灭。当下盛行的毫无生命的泡沫学术，也必将享受与“葩藻之书”、八股文章相同级别的待遇——旋生之，旋灭之。可谓其兴也勃焉，其亡也速焉。这也是中国四千年著作史昭示的真理，绝对不会以任何人的意志为转移。

四库本《野处类稿》真伪考

◎ 司马朝军

《野处类稿》提要云：

> 宋洪迈撰……《宋史·艺文志》载迈《野处猥稿》一百四卷、《琼野录》三卷，而陈振孙《书录解题》只载有此集二卷，且云前集未见，则当时传播已稀。观马端临《经籍考》以别集、诗集分类，而收此稿于别集中，不知其为诗集，则亦未见其本而循名误载者矣。惟《内阁书目》有《野处内外集》九册，不著卷数，当即《猥稿》之残本，今亦未见有传录者。世所行迈集独有此本而已……疑本就箧笥所贮偶然裒辑，故所录阙略如此。然其生平韵语，惟藉此以考见大概，则零珪断璧，未尝不足以珍惜也。①

钱大昕始发疑端：

① 清高宗敕撰：《钦定四库全书总目》卷160，中华书局1997年版，第2140页。

> 细读此集，似不出文敏之手。如庚戌正月《谒普照塔》云："重来得寓目，归枕尾残汴。"当谓泗州大圣塔也。公生于宣和癸卯，至庚戌仅八岁，即早慧能诗，不应有"重来寓目"之句。又有《呈元声如愚起莘三兄及怀舍弟逢年时归婺源诗》，与文敏两兄字全别，益可疑矣。"①

钱氏所疑甚当，但考证尚欠深入。陆心源《仪顾堂集》考证"此本当是乾隆中叶书估作伪"②，较钱氏有所推进。余嘉锡③、朱家濂④、李裕民⑤等皆以伪书视之，也未能最后定案。

笔者在诸前哲时贤的基础上继续考察，通过比勘四库本《野处类稿》⑥ 与朱松《韦斋集》⑦，发现《野处类稿》并非伪书，而是典型的版本作伪——旧题洪迈之《野处类稿》绝大多数袭自宋代朱松《韦斋集》。

第一，二者篇目大体相同。具体情况详见下表：

《野处类稿》篇目	《韦斋集》篇目
秋日漫兴二首	睢阳谒双庙（按：与左完全不同）
庚戌正月十四日同友人丁晋年王蔚之谒普照塔	谒普照塔（按：与左同）
晓过吴县	晓过吴县（按：与左同）
陪余杭张无隅生坐饮	陪余杭张无隅生坐饮（按：与左同）

---

① 钱大昕：《十驾斋养新录》卷14，《嘉定钱大昕全集》，江苏古籍出版社1997年版，第393页。

② 朱家濂：《读四库提要札记（续）》，《图书馆学通讯》1988年第4期。

③ 余嘉锡：《四库提要辨证》，中华书局1980年版，第1470~1472页。

④ 朱家濂：《读四库提要札记（续）》，《图书馆学通讯》1988年第4期。

⑤ 李裕民：《四库提要订误》，书目文献出版社1990年版，第248页。

⑥ 旧本题洪迈：《野处类稿》，台湾商务印书馆1985年四库本。

⑦ 朱松：《韦斋集》，台湾商务印书馆1985年四库本。

续表

《野处类稿》篇目	《韦斋集》篇目
与潜道中	与潜道中（按：与左同）
度芙蓉岭	度芙蓉岭（按：与左同）
信州禅月台上	信州禅月台上（按：与左同）
送深师住妙香寺？住云溪	送深师住妙香寺元住云溪（按：与左同）
坐睡	坐睡（按：与左同）
游山光寺	游山光寺（按：与左同）
送建州徐生	送建州徐生（按：与左同）
赠觉师	赠觉师（按：与左同）
休宁村落间有奇石如弹子涡所出者宜养石菖蒲程德藻许以馈我以诗督之	休宁村落间有奇石如弹子涡所出者宜养石菖蒲程德藻许以馈我以诗督之（按：与左同）
效渊明	效渊明（按：与左同）
酬冯退翁见示之什	酬冯退翁见示之什（按：与左同）
戏答胡汝能	戏答胡汝能（按：与左同）
谒吴公路许借论衡复留一日戏作	谒吴公路许借论衡复留一日戏作（按：与左同）
新秋	新秋（按：与左同）
道中得雨	道中得雨（按：与左同）
道中	道中（按：与左同）
失题	陈伯辨为张氏求醉宾轩诗（按：与左同）
书窗对月	书窗对月（按：与左同）
宿野人家	宿野人家（按：与左同）
度石栋岭	度石栋岭（按：与左同）
用退之韵赋新霁	用退之韵赋新霁（按：与左同）
送金确然归弋阳	送金确然归弋阳（按：与左同）
至节日建州会詹士元	至节日建州会詹士元（按：与左同）

续表

《野处类稿》篇目	《韦斋集》篇目
用前韵答翁子静	用前韵答翁子静（按：与左同）
微雨	微雨（按：与左同）
寄题叔父池亭	寄题叔父池亭（按：与左同）
赠谢彦翔建安人九岁异人与药至今不食建安有梅子真升仙处	赠谢彦翔建安人九岁异人与药至今不食建安有梅子真升仙处（按：与左同）
考亭陈国语以家酿饷吾友人卓民表民表以饮予香味色皆清绝不可名状因为制名曰武夷仙露仍赋一首	考亭陈国语以家酿饷吾友人卓民表民表以饮予香味色皆清绝不可名状因为制名曰武夷仙露仍赋一首（按：与左同）
久旱新岁乃雨	久旱新岁乃雨（按：与左同）
春日与卓民表陈国器步出北郊	春日与卓民表陈国器步出北郊（按：与左同）
蔬饭	蔬饭（按：与左同）
戏赠吴知伯	戏赠吴知伯（按：与左同）
送僧	送僧（按：与左同）
无	招民表
无	秋怀十首
无	和谢绰中观澜亭
无	寄题陈国器容膝斋
无	约金确然不至
无（以上为卷上）	确然雪中见过
书僧房	书僧房（按：与左同）
题芦雁屏	题芦雁屏（按：与左同）
题临赋轩	题临赋轩（按：与左同）
答倂安江师送米	答保安江师送米（按：与左同）
陈德瑞馈新茶	陈德瑞馈新茶（按：与左同）

续表

《野处类稿》篇目	《韦斋集》篇目
次韵希旦喜雨	次韵希旦喜雨（按：与左同）
古风二首寄汪明道	古风二首寄汪明道（按：与左同）
建安道中	建安道中（按：与左同）
书事呈元声如愚起华三兄	书事呈元声如愚起华三兄（按：与左同）
寄题起莘家义轩	寄题起莘家义轩（按：与左同）
梅花	梅花（按：与左同）
十一月十九日与仲猷大年绰中饮于南台	十一月十九日与仲猷大年绰中饮于南台（按：与左同）
春礼斋禁连雨不止赋呈梦得	春礼斋禁连雨不止赋呈梦得（按：与左同）
次韵梦得见示长篇	次韵梦得见示长篇（按：与左同）
无题	久雨短句呈梦得
牡丹酴醾各一首呈周宰	牡丹酴醾各一首呈周宰（按：与左同）
次韵梦得浅红芍药长句	次韵梦得浅红芍药长句（按：与左同）
宿禅寂院	宿禅寂院（按：与左同）
诗约范直夫游万叶寺观瀑泉	诗约范直夫游万叶寺观瀑布（按：与左同）
次韵梦得见示之什	次韵梦得见示之什（按：与左同）
送瓯宁魏生赴武举（生后与金人战有功，战没于邯）	送瓯宁魏生赴武举（生后与金人战有功，战没于邯）（按：与左同）
陈仲仁止止堂	陈仲仁止止堂（按：与左同）
送志宏西上	送志宏西上（按：与左同）
有怀舍弟逢年时归婺源以诗督之	有怀舍弟逢年时归婺源以诗督之（按：与左同）
九月十七日夜度蔡道岭宿弥勒院	九月十七日夜度蔡道岭宿弥勒院（按：与左同）
游郑圃	游郑圃（按：与左同）

续表

《野处类稿》篇目	《韦斋集》篇目
女贫苦难妍	女贫苦难妍（按：与左同）
溪南梅花	溪南梅花（按：与左同）
再和東首座	再和求首座（按：与左同）
奉酬令德寄示长句	奉酬令德寄示长句（按：与左同）
答林康民见和梅花诗	答林康民见和梅花诗（按：与左同）
上丁余膰置酒招绰中德粲德阙逢年	上丁余膰置酒招绰中德粲德茂逢年（按：与左同）
用绰中韵送正臣正臣欲归隐而无资阙其意以告识者云尔	用绰中韵送正臣正臣欲归隐而无资故广其意以告识者云尔（按：与左同）
秋怀六首	秋怀六首（按：与左同）
逢年与德粲同之温陵谒大智禅师医作四小诗送之	逢年与德粲同之温陵谒大智禅师医作四小诗送之（按：与左同）
与陈彦时会华严道人偶书	与陈彦时会华严道人偶书（按：与左同）
书栟榈院壁	书栟榈院壁（按：与左同）
次志宏韵督成寿置酒	次志宏韵督成寿置酒（按：与左同）
无	内弟程十四复亨归省用绰中韵作二章送之

《野处类稿》上卷末又缺《招民表》《秋怀十首》《和谢绰中观澜亭》《寄题陈国器容膝斋》《约金确然不至》《确然雪中见过》六首，刚好是半页。下卷又比《韦斋集》少《内弟程十四复亨归省用绰中韵作二章送之》二首。《野处类稿》的标目多有阙文讹字，可见是书贾利用《韦斋集》的断烂残本作伪。

第二，二者内容大体相同。下面仅将不同之点一一为之揭出。《野处类稿》上卷第一首《秋日漫兴二首》不见于《韦斋集》，不知抄自何处。《谒普照塔》《韦斋集》原作“归枕尾残汴”，《野处类稿》改“枕”为“柁”；“弹指遍大川”，《野处类稿》改“川”为“千”；《晓过吴县》《韦斋集》原作“欹枕听呕轧”，《野处类稿》改“呕”为“瓯”；《陪余杭张无隅生坐饮》《韦斋集》原作“坐客千言不相领”，《野处类稿》改“坐”为“座”；“士林师范六十翁”，《野处类稿》改“十”为“一”；《坐睡》《韦斋集》原作“起看枯隙光”，《野处类稿》改“枯”为“孤”；“至人欲达观”，《野处类稿》改“欲”为“有”；《游山光寺》《韦斋集》原作“破壁毚石刻”，《野处类稿》改“破”为“败”；“俛仰阅古今”，《野处类稿》改“俛”为“俯”；《度芙蓉岭》《韦斋集》原作“泛泛浪蕊馥”，《野处类稿》改“蕊”为“蕋”；《送建州徐生》《韦斋集》原作“君家武夷下”，《野处类稿》改“夷”为“夸”；《赠觉师》《韦斋集》原作“家山亦何有，骯髒衣间宝”，《野处类稿》改“宝”为“蚤”；“云何恋故居”，《野处类稿》改“恋”为“慰”；《休宁村落间有奇石如弹子涡所出者宜养石菖蒲程德藻许以馈我以诗督之》《韦斋集》原作“起此泉石痾”，《野处类稿》改“痾”为“疴”；《微雨》《韦斋集》原作“晓晴新青匀”，《野处类稿》改“匀”为“句”；《书僧房》原作“几研无尘寒欲雾”，《野处类稿》改“研”为“砚”；《答保安江师送米》原作“矧肯索苍妇”，《野处类稿》改“苍”为“胡”；《陈德瑞馈新茶》《韦斋集》原作“朝来果得故人信”，《野处类稿》改“信”为“柬”；《次韵希旦喜雨》《韦斋集》原作“况乃耕与殖”，《野处类稿》改“乃”为“廼”，改“欢言令与佛”为“谁言今与佛”；《古风二首寄汪明道》《韦斋集》原作“不欲古人见”，《野处类稿》改“古”为“故”；《寄题起莘家义轩》《韦斋集》原作“弟子真羯胡”，《野处类稿》改“羯胡”为“下材”；《十一月十九日与仲猷大年绰中饮于南台》《韦斋集》原作“故园寄锄在千里”，《野处类稿》改“寄”为“可”；“我食吾言如此酒”，改“吾”为“斯”；《春礼斋禁连雨不止赋呈梦得》《韦斋集》原作“祈年祓斋居”，《野处类稿》改“居”为“禁”；“芳意一如此”，改“一”为“倏”；《次韵梦得见示长篇》《韦斋集》原作“丘壑渠自有”，《野处类稿》改“丘”为“邱”；“永愧赋文玖”，改“文”为“琼”；《久雨短句呈梦得》，《韦斋集》有此题，《野处类稿》删去标题，但正文相同；《次韵梦得浅红芍药长句》《韦斋集》原作“一春颇困歌酒汗”,《野处类稿》改“酒汗”为“漫汗”;《诗约范直夫游万叶寺观瀑布》《韦斋集》原作“万侯隐下吏,夙尚本丘园”,《野处类稿》改“万”为“范”,改“丘”为“邱”;“泾渭非一源”,改“非”为“同”;《次韵梦得见示之什》《韦斋集》原作“粟”,《野处类稿》改为“栗”;《送瓯宁魏生赴武举》《韦斋集》原作“庙堂尺箠鞭羌胡”,《野处类稿》改为“庙堂胜算安边隅”;《陈仲仁止止堂》《韦斋集》原作“定元丘与夷”,《野处类稿》改“丘”为“邱”;《有怀舍弟逢年时归婺源以诗督之》《韦斋集》原作“夜叉叱九阙”,《野处类稿》改“阙”为“阍”;《九月十七日夜度蔡道岭宿弥勒院》《韦斋集》原作“飞辙[无因依]……[沆瀣聊独挥]……尽[解纷]华围”,《野处类稿》有阙文;《游郑圃》《韦斋集》原作“细磴争樵鱼”,《野处类稿》改“争”为“半”,改“鱼”为“渔”;《女贫苦难妍》《韦斋集》原作“恬无济世心”,《野处类稿》改“济”为“齐”;《溪南梅花》《韦斋集》原作“绝艳一洗朱铅空”,《野处类稿》改“朱”为“汞”。从以上可见,既有修辞方面的异同,也有文字狱的影响。二者之间版本来源不完全相同,但互勘的结果进一步证实,《野处类稿》是根据《韦斋集》的另外一种残本转抄而成,此残本因为首尾不全而不知作者姓名,抄写者或作伪者遂妄题为洪迈撰。四库馆臣修书之时也未加深究,导致以讹传讹。

第三,伪撰洪迈“自序”以售欺。其序云:

> 余自束发即喜学诗,然随作随弃,初不留意也。甲戌之春,家居卧病,因复作诗若干首,以自当缓忧之一物,昔人所谓内抑郁外物为声音者是也。遂取曩时所存而未弃者录为《野处类稿》二卷。鄱阳容斋洪迈自序。①

该序空洞无物,但仍有狐狸尾巴无处收藏之尴尬。“甲戌之春,家

①《四库全书》,台湾商务印书馆1985年版,第1158册,第224页。

居卧病，因复作诗若干首以自当缓忧之一物”交代写作时间、地点、原因，似乎千真万确，毋庸置疑。但《秋日漫兴二首》《新秋》《秋怀六首》《九月十七日夜度蔡道岭宿弥勒院》《十一月十九日与仲猷大年绰中饮于南台》等诗均与“甲戌之春”时间不合；《庚戌正月十四日同友人丁晋年王蔚之谒普照塔》《与潜道中》《度芙蓉岭》《游山光寺》《宿野人家》《度石栋岭》《建安道中》《宿禅寂院》《诗约范直夫游万叶寺观瀑布》《九月十七日夜度蔡道岭宿弥勒院》等又与“家居卧病”显相抵牾。原诗本非成于一时一地，伪序不明此理，弄巧成拙，不打自招，可谓拙于作伪矣。《总目》亦发现其时间有误，不去怀疑其真实性，反而为之辩解：

> 集前有迈自序，称甲戌之春，家居卧病，因复作诗若干首，以自当缓忧之一物，遂取曩时所存而未弃者录为二卷。甲戌为高宗绍兴二十四年，盖迈退居鄱阳时所作，而集中《谒普照塔》诗又有庚戌纪年，当在建炎三年，相去已二十四五岁。①

如此重大疑点，正是破案的最佳突破口，岂能随便放过？馆臣玩忽职守，未达一间。

四库本《野处类稿》卷首为②：

> 详校官庶吉士臣初乔龄
> 主事臣吕云栋复勘
> 总校官中书臣杨懋珩
> 校对官中书臣李荃
> 誊录监生臣冯士新

---

① 清高宗敕撰：《钦定四库全书总目》卷160，中华书局1997年版，第2140页。

② 《四库全书》，台湾商务印书馆1985年版，第1158册，第223页。

四库本《韦斋集》卷首为①：

详校官中允臣瑭五珠

主事臣吕云栋复勘

复校官中书臣康仪钧

校对官中书臣吴裕德

誊录监生臣宋学濂

可见四库本《野处类稿》与四库本《韦斋集》是由不同的人整理的，只有“主事臣吕云栋复勘”是相同的。换言之，吕云栋在复勘时未能把好关，让本来可以消灭的错误蒙混过关。此等过失，理当罚俸。但罚俸事小，贻误后学事大。《总目》所谓“其生平韵语，惟藉此以考见大概”，假如真以朱松之“韵语”去考见洪迈生平大概，岂不滑天下之大稽？故不惮烦琐，一一为之辨明，以免张冠李戴。

① 《四库全书》，台湾商务印书馆1985年版，第1133册，第425页。

明代辨伪四大家合论

◎ 司马朝军

明代辨伪学以宋濂、梅鷟、杨慎、胡应麟、方以智为代表。梅鷟著有《尚书考异》和《尚书谱》，今人傅兆宽撰有《梅鷟辨伪略说及尚书考异证补》专书，将其辨伪方法归纳为22种①，又著有《明梅鷟、清阎若璩二家辨伪方法之研究》长文②，因此，本文对梅鷟不予讨论。下面主要论述宋濂、杨慎、胡应麟、方以智四大家。

一、宋濂

宋濂（1310～1381年），字景濂，号潜溪，浙江金华人。元至正末召为国史院编修官，不就。洪武中，官至翰林学士承旨。

---

① 傅兆宽：《梅鷟辨伪略说及尚书考异证补》，台北文史哲出版社1988年版，第5页。

② 傅兆宽：《明梅鷟、清阎若璩二家辨伪方法之研究》，《华冈文科学报》1988年第16期。

《诸子辨》① 为宋濂早年著作，也是我国辨伪学史上第一部专著，在《文献通考·经籍考》的基础上，广泛吸收了柳宗元、晁公武、高似孙、朱熹、黄震等人的辨伪成果。表中加＊者为附目，而非主目。主目40条，附目10条，共计50条。过去统计为44条，显然不够准确。具体情况详见下表：

书名	旧题作者	真伪程度	《诸子辨》要点	评析
鬻子	楚鬻熊	非熊自著	其文质，其义弘，实为古书无疑。序称熊见文王时年已九十，其书颇及三监、曲阜时事，盖非熊自著。	据文义断定此书不伪；又据史实及称引怀疑是鬻熊自著。
管子	齐管夷吾	非仲自著	是书非仲自著也。其中有绝似《曲礼》者，有近似《老》《庄》者，疑战国时人采掇仲之言行，附以他书成之。毛嫱西施、吴王好剑、威公之死、五公子之乱，事皆出仲后，不应豫载之也。	据风格及史实断定此书非管仲自著，怀疑是战国时人采掇管子言行，附以他书而成。
晏子	齐晏婴	非婴所自著	《汉志》八篇，《隋》《唐》七卷，与今书卷数不同。世所传者盖后人采婴行事而成，非婴所自著。	据卷数及书目著录断定此书非晏婴自著。
老子	周李耳	未定	老聃，孔子所尝问礼者，何其寿欤？	据生平有所怀疑。

① 宋濂：《诸子辨》，《古籍考辨丛刊》第一集，中华书局1955年版。下同。

续表

书名	旧题作者	真伪程度	《诸子辨》要点	评析
文子	不知氏名	真	是书非计然之所著也。其言壹祖老聃，大概《道德经》之义疏尔。盖老子之言宏而博，故是书杂以黄、老、名、法、儒、墨之言以明之，毋怪其博且杂也。计然与范蠡言皆权谋、术数，具载于书，绝与此异。	据思想学说断定此书非计然所著；对唐徐灵府伪作之说亦持否定。认为是文姓之人祖老聃而托之。
关尹子	周尹喜	疑伪	著书九篇，颇见之《汉志》，自后诸史无及之者，意其亡已久矣。盖徐藏子礼得于永嘉孙定，未知定又果从何而得也。其书多法释氏及神仙方技家，而藉吾儒言文之。	据目录源流、传者及学术思想辨伪。因来历不明，怀疑为最初传者孙定伪造。
亢仓子	周庚桑楚	伪	是伪书也！剿《老》《庄》《文》《列》及诸家言而成之也。夫文章取士，近代之制，战国之时无有也。其中又有以“人”代“民”、以“代”易“世”：世民，太宗讳也，伪之者其唐士乎？天宝初诏号《亢仓子》为《洞灵真经》，王士元采诸子文义类者撰而献之。益见其言词不类。王士元伪作《亢仓子》，而又自为之注。	从制度、避讳、史实、文辞等方面证明：此书剿袭《老》《庄》《文》《列》及诸家言而成。
邓析子	郑邓析	真	夫析之学兼名、法家者也。	从思想内容方面证真。
鹖冠子	楚人	真	其书述三十变通古今治乱之道。立言虽过乎严，要亦有激而云也。其书晦涩，而后人又杂以鄙浅言。此亦黄老家之至言。	从学说、风格等方面证真。

续表

书名	旧题作者	真伪程度	《诸子辨》要点	评析
子华子	程本	伪	《艺文志》不录。秦襄公与昭僖前后相去二百余年，子华子何其寿也？地之远迩，亦在可疑。《后序》称子华子为鬼谷子师。鬼谷，战国纵横家也。今书绝不似之，乃反类道家言。又颇剿浮屠、老子、庄周、列御寇、孟轲、荀卿、《黄帝内经》、《春秋外传》、司马迁、班固等书而成。刘向校定诸书咸有序，皆渊悫明整，而此文独不类。其文辞极舂容，而议论焕发，略无窘涩之态。	从著录、史实、地理、学术思想、因袭、风格、文辞等方面证伪。既全面，又深入，可谓力作。
列子	郑列御寇	非御寇自著	柳宗元其说要为有据。高氏以其书多寓言而并其人疑之，误矣。书本黄、老言，决非御寇所自著，必后人会萃而成者。中载孔穿、魏公子牟及“西方圣人”之事，皆出御寇后。《天瑞》《黄帝》二篇虽多设辞，而其“离形去智……”实道家之要言。至于《杨朱》《力命》则“为我”之意多；疑即古杨朱书。御寇先庄周，周著书多取其说；若书事简经宏妙则似胜于周。其书又与浮屠言合。	从时代、学术思想、书中所载人物事件以及风格等方面考察，既驳斥了“列子抹杀论”，又对“浮屠窃庄列论”提出了质疑。所谓“岂其得于心者亦有同然欤”，语虽未定，但其中西文化观比清儒稍高一筹。

续表

书名	旧题作者	真伪程度	《诸子辨》要点	评析
曾子	鲁曾参	有附益	明白皎洁，敷腴谆笃。《大孝篇》有及乐正子春事，固出后人所辑而非曾子所自著。	从立言的不同角度，得出"语有详略，事有不同"的结论。诚为笃论。
言子	吴言偃	后人缀缉	近新昌王爚裒《论语》书所载问答而为此书。不知者直谓言偃所自著，盖非也。	实为辑佚而成，非言偃自著。
子思子	子思	后人缀缉	亦后人缀缉而成，非子思所自著也。盖深得子思子之本旨。	从思想方面考察。
慎子	赵慎到	真	今所存五篇，皆纯简明易，类非刑名家所可及。到亦稷下能言士哉！	从书目著录源流、学术思想方面考察。
庄子	庄周	疑有伪篇	其书本老子，其学无所不窥，其文辞汪洋凌厉。《盗跖》《渔父》《让王》《说剑》诸篇不类前后文，疑后人所剿入。	从学术渊源、文章风格等方面考察。所谓"老子著书在孔未没之先"，主《老子》早出说，亦为卓识。
墨子	宋墨翟	真	墨者，强本节用之术也。然则俭固孔子之所不弃哉！	从书目著录源流、学术思想方面考察。
鬼谷子	鬼谷子	真	刘向、班固录书无《鬼谷子》。《隋志》始有之，列于纵横家。《唐志》以为苏秦之书。大抵其书皆捭阖、钩钳、揣摩之术。	从书目著录源流、学术思想方面考察。

续表

书名	旧题作者	真伪程度	《诸子辨》要点	评析
孙子	吴孙武	真	凡十三篇。《艺文志》乃言八十二篇，杜牧信之……《汉志》出《史记》后，牧之言要非是。叶适以（孙武）不见于《左传》，疑其书乃春秋末战国初山林处士之所为。予独不敢谓然。春秋时列国之事赴告者则书于策，不然则否。	以《史记》所载篇数证今本《孙子兵法》之真，其结论已为《总目》所袭用；驳正杜牧、叶适之误说，其结论已被银雀山竹简《吴孙子》所证实。
吴子	卫吴起	真	较之孙武，则起几于正，武则一乎奇。《孙》《吴》当是古书。	以其术与《孙子兵法》比较，断定《吴子》为优。
尉缭子	不知何人书	真	其论兵又何其仁哉！	以其术定为战国时人作。
*司马穰苴兵法		有附益	《司马兵法》本古者司马兵法而附以田穰苴之说，疑亦非伪。	
*三略		伪	若《三略》《六韬》《问对》之类则古后人依仿而托之者也。	
*六韬	周吕牙	伪	有“避正殿”之语，殊不知避正殿乃战国后事。	
*问对		伪		
尹文子	周尹文	真	其书言大道似老氏，言刑名类申、韩。	从学术内容考察。
*素问	黄帝	伪	《素问》以为黄帝所作，而有“失侯失王，脱营不医”之文，殊不知秦灭六国，汉诸侯王国除，始有失侯王者。	从史实方面考察。

续表

书名	旧题作者	真伪程度	《诸子辨》要点	评析
*尔雅	周公		《尔雅》以为周公所制，而有"张仲孝友"之言，殊不知张仲乃周宣王时人。	从史实方面考察。
商子	秦公孙鞅		其术以劝耕、督战为先务，然不贵学问以愚民，不令豪杰务学《诗》《书》，其流毒至嬴政，遂大焚《诗》《书》、百家语以愚黔首。	
公孙龙子	公孙龙		言弗醇也。天下未有言弗醇而能正。	
荀子	赵荀卿		才甚高而不见道者也。由其才甚高，故立言或弗悖于孔氏；由其不见道，故极言性恶。及讥讪子思、孟轲不少置。	
韩子	韩非		至谓"孔子未知孝悌忠信之道"……	
燕丹子		真	其辞气颇类《吴越春秋》、《越绝书》，决为秦、汉间人所作无疑。考其事与司马迁《史记》往往相合。其书序事有法而文彩烂然。	从辞气、史实等方面考察。

续表

书名	旧题作者	真伪程度	《诸子辨》要点	评析
孔丛子	汉孔鲋	伪	其殆孔氏子孙杂记仲尼、子思、子上、子高、子顺、子鱼之言行者欤？此伪书也！伪之者其宋咸欤？今观是书《记问篇》所载，有子思与孔子问答语。子思年止六十二，鲁穆公同时人；穆公之立，距孔子之没七十年，子思疑未长也，而何有答问哉！兼之气质萎弱，不类西京以前文章，其伪妄昭然可见。	从注释者、情理及文章风格等方面考察。
*关朗易传	关朗	伪	阮逸伪造。	
*李靖问对	李靖	伪		
*素书		伪	张尚英伪造。	
*麻衣易		伪	戴师愈伪造。	
淮南鸿烈解	汉刘安		《淮南子》多本《文子》，而出入儒、墨、名、法诸家，非成于一人之手，故前后有自相矛盾者，有乱言而乖事实者。	
杨子法言	汉杨雄		拟《论语》而作。	“拟作”与“伪造”是不同的概念，不应混为一谈。顾颉刚亦有此失。

续表

书名	旧题作者	真伪程度	《诸子辨》要点	评析
抱朴子	晋葛洪	真	深溺方技家言。其他杂引黄帝御女及三皇内文劾召鬼神之事皆诞亵不可训。为文辞虽不近古，纡徐蔚茂。	从学术思想、文辞等方面考察。
刘子	不知何人作	作者未定	《唐志》十卷，直云刘勰撰。今考勰所著《文心雕龙》，文体与此正类，其可征不疑；第卷数不同为少异尔。其书本黄、老言，杂附诸家之说以足成之。	从文体风格、卷数、思想内容等方面考察。并对袁孝政及黄震的说法有所质疑。
文中子中说	隋王通	有附益	世之疑通者有三。一云《唐书·房杜传》中略不及其姓名，此书乃阮逸伪作，未必有其人。按皮日休著《文中子碑》，谓通"生乎陈、隋之世，以乱世不仕，退于汾晋，序述六经，敷为《中说》，以行教于门人"……其言如此，果无是人乎？书果逸之伪作乎？一云通行事于史无考，独《隋唐通录》称其有秽行，为史官所削。然史氏之职，善恶毕书，以为世法戒。人有秽行，见诸简策者多矣，何特削通哉？一云房、杜、李、魏、二温、王、陈辈未必其门人；脱有之，何不荐诸太宗而用之？隋大业十三年五月，通已先卒，将焉荐之！刘禹锡作《王华卿墓志》，载其家世行事，有曰"门多伟人"，	

续表

书名	旧题作者	真伪程度	《诸子辨》要点	评析
文中子中说	隋王通	有附益	虽未可必其为房、杜诸公，要不可谓非硕士也。第其书出于福郊、福畤之所为，牵合附会，反不足取信于人。如仁寿四年，通始至长安，李德林卒已九岁，而书有“德林请见”之语。江都有变，通不及闻，而书有“泫然而兴”之言。关朗在太和中见魏孝文，自太和丁巳至通生之岁——开皇四年甲辰——一百七年矣，而书谓“问礼于关子朗”。	以碑传材料驳斥宋咸必以为其书出阮逸之说；又从史法、生平、墓志以及史实等方面考察。此篇亦不愧辨伪力作，其结论大体上被《总目》吸收。
天隐子	不知何人作		唐司马承祯为之序。承祯尝著《坐忘论》。此书言长生久视之法，与之相表里。岂天隐子即承祯欤？	从学术思想方面考察。但证据不足。
玄真子	唐张志和	真	其书多偏曲之论，无足采。	从著录及思想观点方面考察。
金华子	刘崇远	时代不明	或云唐人，或云五代人。	《总目·金华子》：崇远有自序一篇，颇具梗概……宋濂《诸子辨》则并谓其人不可考。诸说纷纭，皆未核其自序而误也。
齐丘子	齐丘子嵩	窃名	是书之作，非齐丘也，终南山隐者谭峭景升也，齐丘窃之者也！其文高简，实微有见于黄、老所谓道德者也。	

续表

书名	旧题作者	真伪程度	《诸子辨》要点	评析
聱隅子	宋黄晞	真	造文效杨雄、王通二氏而造理不能逮。	
周子通书	宋周敦颐	真	是书文虽高简，体实渊悫，诚可上继孟氏，非余子比也。然莫知其师传之所自。	
子程子	宋程颐	间有稍离真者	相传为广汉张栻作。予取观之，实皆叔子（即程颐）之言。辞极峻古。	从内容、文辞等方面考察。

从上可见，宋濂在辨伪学上有如下几个特点：

（一）揭示作伪类型

宋濂对古人著作之体已有相当深刻的认识，他第一次提示了作伪的两种类型：一是“有所附丽”，二是“凿空扇虚”。他说：

> 大抵古书之存于今者，多出于后人之手。如《孔子家语》谓为孔安国所录壁中之文，往往多抄《左传》《礼记》诸书，特稍异其辞耳，善读者因不敢与之。世传《贾谊新书》谓谊所作，亦不过因《过秦论》《吊湘赋》而杂以《汉书》中语足之，似非谊本书也。此犹有所附丽而然。《古三坟》书亡已久，宋毛渐特出之，……与先儒所言“三易”大异。《阴符》古无是书，唐李筌特出之，以为黄帝所作，皆取兵家谲诞不经语而文以奇涩之辞……皆凿空扇虚以惑世，尤使人惊愕不止。①

① 宋濂：《诸子辨·言子》。

文中举例（如《孔子家语》《贾谊新书》等）犹有可商，但他初步解决了前人长期认识不清的问题，可谓孤诣绝伦。

（二）正统色彩较为浓厚

《诸子辨》以孔孟之道衡量群言：

九家之徒竞以立异相高，莫甚于衰周之世：言之中道者则吾圣贤之所已具，其悖义而伤教者固不必存之以欺世也。①

如论《庄子》时说：

惜其与孟轲氏同时，不一见而闻孔子之大道……孔子百代之标准，周何人，敢掊击之，又从而狎侮之！自古著书之士岁虽甚无顾忌亦不至是也。”论《尹文子》时说：“晁氏独谓其亦宗六艺，数称仲尼，其叛道者盖鲜。呜呼，世岂有专言刑名而不叛道者哉？晁失言矣！”②

正统色彩颇为浓厚，因此，不为后来专与孔孟之道为难的学人所喜。

（三）辨伪态度比较客观

《诸子辨》辨伪态度比较客观，对于先秦古籍能够作持平之论，而不是将其一概判为伪书。其辨伪方法的运用也较为熟练，较唐代柳宗元已大大进步。他特别注重从史实方面考察，在论《尹文子》时有一段引申发挥：

《素问》以为黄帝所作，而有“失侯失王，脱营不医”之文，殊不知秦灭六国，汉诸侯王国除，始有失侯王者。《六

① 宋濂：《诸子辨》。

② 宋濂：《诸子辨·庄子》。

韬》谓出周之吕牙，而有“避正殿”之语，殊不知避正殿乃战国后事。《尔雅》以为周公所制，而有“张仲孝友”之言，殊不知张仲乃周宣王时人。予尝验古书真伪，每以是求之，思过半矣。①

尽管宋濂极为正统，但他对“《尔雅》以为周公所制”有所质疑。《尔雅》不是什么诸子之书，而是一部士子必读的经书。对另外一部经书——《论语》也有所发难：“《论语》出于群弟子之所记，岂孔子自为哉！”② 虽寥寥数言，却不难窥见其探索真理的勇气。吉光片羽，尤为可珍。通常认为“宋濂只辨子部”，实则不然。言辨伪学史者鲜有道及，今特为拈出。

（四）探索古书通例

我们不难看到，宋濂已经隐隐约约地发现，“先秦古籍皆非自著”这样一个客观事实，只是没有明确地归纳提炼出来。其表达方式为：

某某书，非某某自著。

后来的研究者简单地将上述说法偷换为：

某某书，伪书也。

值得注意的是，“非某某自著”与“伪书”并不是一码事，而是两个完全不同的概念。过去，这种偷换概念的做法司空见惯，妨碍了正常的学术研究。“先秦古籍皆非自著”也就被置换为“先秦古籍皆伪书也”，真可谓一字之差，谬以千里。结果弄得无书不伪，无书可信。疑古之风，甚嚣尘上。所谓“疑而后信”结果变为“疑

---

① 宋濂：《诸子辨·尹文子》。
② 宋濂：《诸子辨》。

而不信”。加上中国人自古就有“疑人不用”的传统作风，对人如此，待书亦然。现在随着大量出土文献的问世，“先秦古籍皆非自著”这个简单的真理越来越得到认同。我们反思辨伪学史，发现这样一个简单而深刻的道理，历史上那些真知灼见可能在相当长的时间内鲜有认同，但终究不可磨灭，终有大放光明之时。

综观《诸子辨》全书，论述简明扼要，不乏真知灼见。如《亢仓子》一书，柳宗元、高似孙、晁公武皆有考辨，宋濂则别开蹊径，并从避讳角度辨伪。诚然，避讳一般有时代特征，可作为考定古书年代的辅助标记，如果仅仅用避讳材料，未免孤证不信。对于类似现象，必须谨慎行事。宋濂在考辨《孙子兵法》时确有真知灼见，他以《史记》所载篇数证今本《孙子兵法》之真，其结论已为《总目》所袭用；他驳正杜牧、叶适之误说，其结论又进一步被银雀山竹简《吴孙子》所证实。《诸子辨》作为我国第一部辨伪学专著，有着里程碑式的意义，但长期以来不为学人看重，如顾颉刚《中国辨伪史略》中就没有提到宋濂其人其书。因此，《诸子辨》在辨伪学史上的价值应该得到重新评价。①

二、杨　慎

杨慎（1488～1552）②，字用修，号升庵，四川新都人。正德六年（1511）状元及第，授翰林院修撰。后以谏大礼谪戍滇中。杨慎为一代名状元，文章、学问震耀一时。杨慎著述之富，为明人第一。著有《檀弓丛训》《丹铅诸录》等二百余种书。他在文献辨伪方面的功过得失似未见人系统梳理过，下面我们试作初步爬疏。

① 王嘉川先生在《布衣与学术：胡应麟与中国学术史研究》（商务印书馆2005年版）第四章第二节中对于《诸子辨》的性质提出新论，认为该书并非真伪之辨，而是儒家正宗思想与诸子邪说之辨。笔者以为，此说似为偏论，值得商榷，拟另题讨论。

② 关于杨慎的卒年，旧说为嘉靖三十八年（1559），新说为隆庆二年（1568），此处采用韦家骅《杨慎评传》之说。（南京大学出版社1998年版，第1页。）

（一）杨慎在辨伪方面的成就

《丹铅诸录》（包括《余录》《续录》《摘录》《总录》等）内容相当丰富，其中辨伪方面也有不少创见，他认为：

(1)《元经》非出文中子，盖阮逸赝作耳。①

(2)《文选·雪赋》注引班婕妤《捣素赋》，疑非婕妤之作，盖亦卓见也。此赋六朝拟作无疑，然亦是徐庾之极笔。②

(3)《汉书·艺文志》鬼谷区三篇，注即鬼臾区也。……今按“鬼谷”即“鬼容”者，又字相似而误也。高似孙《子略》便谓《艺文志》无鬼谷子，何其轻于立论乎！③

司马按：明陈耀文《正杨》卷二对此条有所补正。④

(4)《朱子语录》谓与大颠书乃昌黎平生死案。呜呼！晦翁之言抑何其秋霜烈日邪！愚考韩与大颠书刻石于另山禅院，乃僧徒妄撰，假韩公重名以尊其道，犹怀素假李白歌称其草书独步也。怀素草书歌人皆信其非白作，而独以大颠书为出于韩，何哉？李白作歌赠怀素，不足以损白之名。而韩公以道自任，一与颠书，则所损多矣。世人多不成人之美，虽心知其非，乃乘瑕蹈隙而挤之。卓哉！李汉之先见序公之文曰：“无有失坠，总其目以七百，正虞后人羼入阑增以诬韩公也。”以此证之，死案犹可翻也。呜呼，至公无我之心，自圣人以下皆不能矣。古人谓公论百年而定，若此者虽千年犹不定也。⑤

司马按：明陈耀文《正杨》卷四对此条有辩驳。⑥

(5)《春秋题辞》出汉人伪笔，未可深信。⑦

---

① 《丹铅余录》卷1，《四库全书》第855册，第8页。
② 《丹铅余录》卷3，《四库全书》第855册，第15～16页。
③ 《丹铅余录》卷3，《四库全书》第855册，第18页。
④ 《四库全书》第856册，第87页。
⑤ 《丹铅余录》卷10，《四库全书》第855册，第61页。
⑥ 《四库全书》第856册，第132～133页。
⑦ 《丹铅余录》卷14，《四库全书》第855册，第84页。

(6)《唐诗鼓吹》以宋胡宿诗入唐选，宿在《宋史》有传，文集今行于世，所选诸诗在焉，观者不知其误，何耶？鼓吹之选，皆晚唐之最下者，或疑非遗山，观此益知其伪也。①

(7)《省心录》乃沈道原作，非林和靖也。《指掌图》非东坡所作。《李卫公问对》阮逸伪作。《文中子》《元经》《关子明易》皆逸伪作。《龙城录》王性之伪作。子厚叙事何等笔力，此记衰弱之甚，皆寓古人诗文中不可晓者于其中。凡伪书皆然，予闻之朱子云。②

(8)《连山》藏于兰台，《归藏》藏于太卜，此语见于桓谭《新论》，则后汉时《连山》《归藏》犹存，不可以艺文志不列其目而疑之。至隋世之《连山》《归藏》则伪作，上官求赏者耳。③

(9) 文王周公之世何尝有单骑之说乎？或问《六韬》有骑战，子何言古无单骑？曰《六韬》伪文，非太公著……骑兵出于夷狄，至赵武灵王令国中胡服骑射，其事始入中国耳。④

(10)《阴符经》非黄帝书，盖出后汉末。唐人文章引用者惟吴武陵《上韩舍人行军书》有禽之制在气一语，梁肃受命宝赋有天人合发区宇乐推一语，冯用之《机论》《权论》两引之，此外绝无及之者。⑤

(11)《汲冢瑾语》，其文极古，然多诬而不信，如谓舜囚尧，太甲杀伊尹，又谓伊尹与桀妃妹喜交，其诬若此……然则何以知之，曰其文不类战国。⑥

(12)《阴符经》之文，李筌伪作，或信以为黄帝者，无目者也。其文尚不能望《六韬》《三略》之藩篱、《素问》

---

① 《丹铅余录》卷14，《四库全书》第855册，第85页。

② 《丹铅余录》卷14，《四库全书》第855册，第86页。

③ 《丹铅余录》卷14，《四库全书》第855册，第88页。

④ 《丹铅余录》卷17，《四库全书》第855册，第119页。

⑤ 《丹铅续录》卷3，《四库全书》第855册，第163页。

⑥ 《丹铅续录》卷3，《四库全书》第855册，第166页。

《汲冢》之万一，而以轩辕之作视之，有目者如是乎?① 按：明陈耀文《正杨》卷一对此条有补正。②

(13)《草书百韵歌》乃宋人编成以示初学者，托名于羲之。近有一庸中书取以刻石，而一巨公序之，信以为然……信乎伪物一售，信货难市也。谚云："若无此辈，饿杀此辈。"③

(14) 鬻子，文王时人，著书二十二篇，子书莫先焉。今其存者十四篇，皆无可取，似后人赝本无疑也。按贾谊《新书》所引《鬻子》七条，如云"和可以守……三军之士莫不失色"。今本亦无，知其为伪书矣。曷取贾谊书中七条补之以冠子书，亦愈于传赝售伪也。④

(15) 文人伪作外夷文字——余尝疑《穆天子传》西王母歌词出于后人粉饰，且《山海经》载西王母虎首鸟爪，形既殊异，音亦不同，何其歌词悉似《国风》乎？……音韵与汉无异，愈可疑也。……究其文笔，与当时翰苑何差？言语不通之国，未必能集老庄之玄言，习徐庾之丽句也。⑤

(16) 今南方所刻唐诗皆非全帙。先公（杨炯）在翰苑，日裒集唐诗，极为精备，较近日所传大有不同。缘吴人射私利，刻各家唐诗，取其卷帙齐均厚薄如一以便于售，极为可恶……若杨炯诗不多，乃取杨巨源诗妄入之。陋者骤观，竞相语以为新奇未见，而争市之。是重不幸也！聊书以传赏鉴者。⑥

(17) 苏文忠公云，苏武李陵之诗乃六朝人拟作。宋人遂谓在长安而言江汉盈卮酒之句，又犯惠帝讳，疑非本作。予考之，殆不然。班固《艺文志》有苏武集、李陵集之目。挚虞晋初人也，其《文章流别志》云："李陵众作，总杂不类，殆是假托，非尽陵制，至其善篇有足悲者。"以此考之，其来古

---

① 《丹铅续录》卷6，《四库全书》第855册，第188页。

② 《四库全书》第856册，第72~74页。

③ 《丹铅摘录》卷2，《四库全书》第855册，第235页。

④ 《丹铅总录》卷12，《四库全书》第855册，第461页。

⑤ 《丹铅总录》卷12，《四库全书》第855册，第464页。

⑥ 《丹铅总录》卷18"李益诗"条，《四库全书》第855册，第555~556页。

矣。即使假托，亦是东汉及魏人张衡、曹植之流始能之耳。杜子美云："苏武李陵是吾师。"子美岂能无见哉？东坡跋黄子思诗云"苏李之天成"，尊只亦至矣。其曰六朝拟作者，一时鄙薄萧统之偏辞尔。①

(18) 李益集有乐府杂体一首云："蓝叶郁重重，蓝花石榴色。少女归少年，光华自相得……既为随阳雁，勿学西流水。"此诗比兴有古乐府之风，唐人少及此者。或云非益作，乃无名氏代霍小玉寄益之诗也。②

以上涉及二十余种古籍，所考尚欠深入，也不够详明，大多数点到即止，未能穷本溯源，但已遍及四部，使用辨伪方法也多样化，从著录、文笔、制度、风格、音韵等方面加以考察。特别值得一提的是，他首次提出了"不可以艺文志不列其目而疑之"的辨伪方法。

（二）《总目》对杨慎造伪之批评

长期以来，世人仅知杨慎是造伪专家，《总目》对此亦多见微词，如揭发他伪造石鼓文以及其他古书：

是编第一卷为石鼓古文，第二卷为音释，第三卷为今文，附录则自唐韦应物至明李东阳所作石鼓诗，凡五篇。前有正德辛巳慎自序称："东阳尝语慎及见东坡之本，篆籀特全。将为手书上石，未竟而卒。慎因以东阳旧本录而藏之。"《金石古文》亦言升庵得唐时拓本，凡七百二字，乃其全文，冯惟讷《诗纪》遂据以载入《古逸诗》中。当时盖颇有信之者。后陆深作《金台纪闻》，始疑其以补缀为奇。至朱彝尊《日下旧闻》考证古本以"六辔"下"沃若"二字、"灵雨"上"我

① 《丹铅总录》卷19"苏李五言诗"条，《四库全书》第855册，第561页。

② 《丹铅总录》卷20"李益诗"，《四库全书》第855册，第581~582页。

来自东”四字，皆慎所强增。第六鼓、第七鼓多所附益，咸与《小雅》同文。又鼓有[illegible]文，郭氏云：“恐是臭字，白泽也。”慎遂以恶兽白泽入正文中，尤为欺人明证。且东阳《石鼓歌》云：“拾残补阙能几何”，若本有七百余字，东阳不应为是言云云。其辨托名东阳之伪，更无疑义。今考苏轼《石鼓歌》自注称：“可辨者仅‘维鲂贯柳’数句。”则称全本出于轼者，妄。又韩愈《石鼓歌》有“年深阙画”之语，则称全本出唐人者，亦妄。即真出东阳之家，亦不足据，况东阳亦伪托欤?①

（石鼓文）摹本之中，薛尚功、杨慎最著。案：宋、金以前，争石鼓之时代，断断不休；元以来真伪论定矣，而争文字者，又哄而聚讼。凝作此书，既不以今日所存之三百二十余字以考定其真，又不详列诸家之本以纠其异，徒以杨慎伪本犹属全文，而据以为主。根本先谬，又加以意为增减，弥起纠纷。②

杨慎《丹铅录》谓杜常《华清宫》诗见《长安志》，诗中“晓风”乃作“晓星”，检今本实无此诗。盖慎喜伪托古书，不足为据。③

明陶晋楧撰。……杂记湖南山水物产，间及古迹。然考证殊多疏漏。如辨岣嵝碑，信杨慎所录者为真本，则其他可知矣。④

前有顾应祥序云：“此书附在《华阳国志》，近世无传。升庵杨太史谪居于滇，以其旧所藏本手录见示”云云。考隋以来经籍、艺文诸志，皆无此书。……且汉王恢攻南越，在建元六；张骞使大夏，在元狩元年。此云骞以白帝东越攻南越，大行王恢救之。年月之先后既殊，事迹亦不知何据。又晋泰始

① 《四库全书总目》卷43，《石鼓文音释》提要。
② 《四库全书总目》卷43，《石鼓文定本》提要。
③ 《四库全书总目》卷70，《长安志》提要。
④ 《四库全书总目》卷70，《楚书》提要。

七年分益州置宁州，而此云六年，牂柯郡下元鼎六年亦误作元鼎二年，牴牾不一。杨慎好撰伪书，此书当亦汉《杂事秘辛》之类也。①

至石鼓自唐以来辨论甚多，如杨慎所伪则字完于真本。②

他如杨君《石门颂》，杨慎讥其不识 遳 字，考之碑文，正作凿石，别无 遳 字。是则慎杜撰之文，又不足以为适病矣。③

《东坡石鼓文全本》，实杨慎伪托，而以为篆籀特全。④

杨慎作《丹铅录》尝攘其说，而讳所自来。⑤

至杨慎改岳麓禹碑中"南暴昌言"四字为"南渎衍亨"，伪云得之梦中，之淙亦信之，尤为寡识。⑥

慎博览群书，喜为杂著。计其平生所叙录，不下二百余种。其考证诸书异同者，则皆以"丹铅"为名。……慎以博洽冠一时，使其覃精研思，纲罗百代，竭平生之力以成一书。虽未必追踪马、郑，亦未必遽在王应麟、马端临下，而取名太急，稍成卷帙，即付枣梨，饾饤为编，只成杂学。王世贞谓其"工于证经而疏于解经，详于稗史而忽于正史，详于诗事而略于诗旨。求之宇宙之外，而失之耳目之内"，亦确论也。又好伪撰古书以证成己说，睥睨一世，谓无足以发其覆。而不知陈耀文《正杨》之作已随其后。虽有意求瑕，诋諆太过。毋亦木腐虫生，有所以召之之道欤？然渔猎既富，根柢终深，故疏舛虽多，而精华亦复不少。求之于古，可以位置郑樵、罗泌之间。其在有明，固铁中铮铮者矣。⑦

---

① 《四库全书总目》卷78，《南中志》提要。
② 《四库全书总目》卷78，《国学礼乐录》提要。
③ 《四库全书总目》卷86，《隶释》提要。
④ 《四库全书总目》卷87，《读书敏求记》提要。
⑤ 《四库全书总目》卷112，《书史》提要。
⑥ 《四库全书总目》卷113，《书法离钩》提要。
⑦ 《四库全书总目》卷119，《丹铅余录》提要。

慎于正德、嘉靖之间，以博学称，而所作《丹铅录》诸书，不免瑕瑜并见，真伪互陈。又晚谪永昌，无书可检，惟凭记忆，未免多疏。耀文考正其非，不使转滋疑误，于学者不为无功。然衅起争名，语多攻讦，丑词恶谑，无所不加。虽古人挟怨构争，如吴缜之纠《新唐书》者，亦不至是，殊乖著作之体。①

明之中叶，以博洽著者称杨慎……然慎好伪说以售欺。②

绝不以偶阙是编而讳言未见，与惠栋《九经古义》自称未见《易举正》者相同。均犹有先儒笃实之遗，知其他所援引，皆实见本书，与杨慎、焦竑诸人动辄影撰者异矣。③

世称二十四番花信风，杨慎《丹铅录》引梁元帝之说，别无出典，殆由依托。④

《汉杂事秘辛》出于杨慎伪撰。⑤

《汉杂事秘辛》为杨慎赝作，世所共知。⑥

明杨慎称："或掘地得石函，中有古文《参同契》，魏伯阳所著，上、中、下三篇，后序一篇；徐景休笺注三篇，后序一篇；淳子于叔通补遗《三相类》二篇，后序一篇，合为十一篇。"其说颇怪。慎好伪托古书，疑其因《唐志》之言别《三相类》于《参同契》，造为古本。⑦

独《杨升庵集》中别载七首，云得之古本，今录于后云云。……惟杨慎之言多不足据，《石鼓文》尚能伪造，何有于王建宫词？⑧

又《重阳铭》一篇，炯据《全蜀艺文志》采入，冯浩注

---

① 《四库全书总目》卷 119，《正杨》提要。
② 《四库全书总目》卷 119，《通雅》提要。
③ 《四库全书总目》卷 119，《白田杂著》提要。
④ 《四库全书总目》卷 122，《蠡海集》提要。
⑤ 《四库全书总目》卷 123，《说郛》提要。
⑥ 《四库全书总目》卷 136，《广博物志》提要。
⑦ 《四库全书总目》卷 147，《参同契章句》提要。
⑧ 《四库全书总目》卷 150，《王司马集》提要。

本则辨其碑末结衔乃乡贯皆可疑，知为旧碑漫漶，杨慎伪补足之，援慎伪补樊敏、柳敏二碑，证炯之误信。①

慎以博洽冠一时，其诗含吐六朝，于明代独立门户，文虽不及其诗，然犹存古法，贤于何、李诸家窒塞艰涩不可句读者，盖多见古书，薰蒸沉浸，吐属自无鄙语，譬诸世禄之家，天然无寒俭之气矣。至于论说考证，往往恃其强识，不及检核原书，致多疏舛。又恃气求胜，每说有窒碍，辄造"古书"以实之。②

何致之伪岣嵝碑、杨慎之伪石鼓文，并出近代。③

是编所采，皆金石之文。上起古初，下迄于汉。然真伪错杂，殊多疏漏。如阳虚石室仓颉文、岣嵝禹碑、庐山禹刻、比干铜盘铭，皆显然伪撰，人所共知。而列以冠首，岂足传信？石鼓文，韩愈已云缺画，郑、薛诸家所载，无不讹缺。慎乃臆为补足，诡称得之李东阳。不知东阳《怀麓堂集》固明云未见完本也。又如沙邱石椁铭，文见《左传》，秦刻峄山诸石，《史记》具载，非至慎之时尚有金石可据。一概泛登，不挂一漏万乎？④

综上所述，《总目》对杨慎造伪非常反感，批评也相当激烈，认为他"好撰伪书"，"好伪撰古书以证成己说"，"好伪说以售欺"，"动辄影撰"，"喜伪托古书，不足为据"。即使从现在的标准来看，这些批评也并不过分，因为作伪与学术规范背道而驰⑤。同时，我们也不得不承认，有明一代，称博洽者首推杨慎。他博闻强

① 《四库全书总目》卷151，《李义山文集笺注》提要。

② 《四库全书总目》卷172，《升庵集》提要。

③ 《四库全书总目》卷189，《皇霸文纪》提要。

④ 《四库全书总目》卷192，《金石古文》提要。

⑤ 韦家骅《杨慎评传》第九章第三节以"坚持求实精神"立目（南京大学出版社1998年版，第325～332页），只知其一，不知其二，对于杨慎违反实事求是的另一面只字不提，似有为尊者讳之嫌，因而违背了司马迁"不隐恶、不虚美"的著述宗旨。为一个复杂的历史人物立传，绝不能搞简单化的歌功颂德。

识，也是一代辨伪高手。可谓老贼眼力非同寻常，作伪足以骗倒众人，辨伪亦别具只眼，庸人也不敢拿水银擦其眼。从前述诸条可见，其辨伪功力虽不及后来者精深，也曾遭到不少后学的驳斥，不尽可信，但筚路蓝缕之功亦不可没。杨慎认为："不可以艺文志不列其目而疑之。"此论原本可能为其造伪张目，但也不是没有一点合理性。从逻辑的角度来看，艺文志不列其目不一定是伪书。因为历代艺文志并非没有漏网之鱼，不列其目者所在多有。正是因为艺文志的不完整、不连续等特点，决定了我们绝不能只以艺文志不列其目而定其真伪。如果专门"以艺文志不列其目而疑之"，这种做法本身就有简单化之嫌。奇怪的是，此种简单化的做法迄今仍很盛行。因此，杨慎之论又未尝不具有纠偏之功效。

三、胡应麟

胡应麟（1551～1602年），字元瑞，自号少室山人，浙江兰溪人。万历四年（1576）举人。《总目》对其著述有较为恰当的评述：

> 《少室山房笔丛》正集三十二卷，续集十六卷，此其生平考据杂说也，分正、续二集，为书十六种：曰《经籍会通》四卷，皆论古来藏书存亡聚散之迹；曰《史书占毕》六卷，皆论史事；曰《九流绪论》三卷，皆论子部诸家得失；曰《四部正讹》三卷，皆考证古来伪书；曰《三坟补遗》二卷，专论《竹书纪年》《逸周书》《穆天子传》三种，以补《三坟》之阙……曰《丹铅新录》八卷，曰《艺林学山》八卷，则专驳杨慎而作。其中征引典籍，极为宏富，颇以辨驳自矜，而舛讹处多不能免……近时张文黼《螺江日记》以为《竹书》实出于晋太康年，而应麟以为咸宁，反纠杨慎为非是。①

① 《四库全书总目》卷123，《少室山房笔丛》提要。

其辨伪专著为《四部正讹》，《总目》认为：

率本前人遗议，稍加详密，间折衷耳。……《四部正讹》谓"惮于自名者魏泰《笔录》"，然《东轩笔录》实泰自署名，其托名梅尧臣者乃《碧云騢》。谓"卫元嵩《元命包》袭《春秋》、《孝经纬》之名"，然元嵩书名《元包》，不名"元命包"。且《春秋》有元命苞，"苞"字从草，《孝经》并无元命包也。至谓"《子华子》之程本即伪撰者之姓名"，益无稽矣。姑约举其一二，尚不止沈德符等之所纠。盖捃摭既博，又复不自检点。牴牾横生，势固有所不免。①

《总目》评论较为公允，批评也相当中肯。下面我们将《四部正讹》列表加以评析。

书名	旧题作者	真伪程度	《四部正讹》要点	评析
连山易		全伪	晋、梁以降亡逸篇名无不具载，皆不闻所谓《连山》者，而至唐始出，可乎？	从书目著录源流方面考察，发现此书来历不明。
归藏易		全伪	《七略》无《归藏》，《晋中经簿》始有此书。《隋志》称此书惟载卜筮，不类圣人之旨；盖唐世固疑其伪。	从书目著录源流、文章风格及思想内容方面考察。
子夏易	卜商子夏	全伪	《汉志》无卜氏《易》，至《隋志》始有《子夏易》二卷，其为依托甚明。且隋、唐时已残缺，宋安得有十卷？又陆德明所引隋《子夏易》语，今本十卷中皆无之。	从书目著录源流、卷数、引文等方面考察。

① 《四库全书总目》卷123，《少室山房笔丛》提要。

续表

书名	旧题作者	真伪程度	《四部正讹》要点	评析
乾凿度、乾坤凿度	孔子·黄帝	全伪	《乾坤凿度》称黄帝撰，而《乾凿度》皆假借孔子为言，其伪固无容辩说。诸纬《汉艺文志》绝不经见，《隋志》始备详之。宋世仅七纬传，说者咸以好事掇拾类书补缀而成，非汉、魏之旧。《乾坤凿度》本汉世伪撰，至隋、唐亡逸，宋人复伪撰以行，伪中又有伪者也。	隋、唐《志》《崇文总目》皆未著录，至宋元祐间始出。“纬书”与“伪书”是不同的概念，但至今仍未厘清界限。
谶纬诸书		伪	谶纬之说，盖起于河图洛书。其学自隋文二主禁绝，世不复传。	
三坟		全伪	《三坟》之伪，前人辨之审矣。盖诸赝书中至浅陋者。所称太始、太极、太易、太初、太素皆剿合《乾坤凿度》之文而稍增饰之，而《乾坤凿度》则又全录《冲虚天语》者也。至其所列《连山》《归藏》《乾坤》等象，布置错综，仅同儿戏。其引物连类，取义称名，合于羲、农之世者十无三四，无论六代以前。即真出于刘炫，岂浅陋至是哉！	从因袭、时代等方面考察。
古文尚书		伪	汉张霸、隋刘炫，皆笃学之士也。二子诬矫圣真，诚足诛。	

续表

书名	旧题作者	真伪程度	《四部正讹》要点	评析
元命苞	卫元嵩	真伪疑者	本纬书，好事者剿为此书而附诸《大易》云耳。其文率学《太玄》，用字奇僻过之，而厥义则甚浅。然其文颇雅驯，字虽奇而旨不晦，当出杨元素辈，或唐文士撰述也。	从因袭、文章风格与思想内容等方面考察。胡应麟谓元嵩先为沙门，所考较榷为详。
关朗易传		伪	朱紫阳曰："伪书也。"盖阮逸之作伪，无往不然也。	
麻衣心法		全伪	浅俚质略，大类宋世丹汞之书。朱紫阳谓戴师愈作，托名麻衣。余观其末有李潜序，绝肖书中所云，盖皆戴所著也。	从风格等方面考察。
元经	王通	伪	《传》称"季龙"、"若思"，亦足占其伪也。	从避讳方面考察。
仪礼逸经		伪	《仪礼》篇亡者，自汉已无从物色，宁有历唐至宋复出于今之理？必刘伪作欺世。经则取大、小戴及郑氏注，传则吴氏本紫阳遗意而纂次之。	从流传、内容等方面考察，认为此本来历不明，剿袭成书。
鬻子	楚鬻熊	残	宋太史谓"其文质，其义弘"，余读之信然。其名姓诚有可疑者，绝匪商末周初文字。黄东发以战国依托，近之。其书体兼儒、杂，既绝不类《列子》所引语，而《列》所引语亦略不见篇中，故知其决非道家。大概后人掇拾残剩……余则以不惟其书可疑，熊之遇西伯亦伪也。	从文章风格、思想内容及称引等方面考察。

续表

书名	旧题作者	真伪程度	《四部正讹》要点	评析
阴符经	黄帝	伪	称黄帝，唐李筌之伪也。余按《国策》……则此书自战国以前有之，而《汉艺文志》不载，盖毁于兵火故。此书故匪黄帝，亦匪太公，其为苏子所读则了然。	从著录源流、思想内容等方面考察。胡应麟《笔丛》乃谓苏秦所读即此书，故书非伪，而托于黄帝，则李筌之伪。考《战国策》载苏秦发箧，得太公《阴符》，具有明文。又历代史志皆以《周书阴符》著录兵家，而黄帝《阴符》入道家，亦足为判然两书之证。应麟假借牵合，殊为未确。
六韬	太公	全伪	盖伪撰太公《六韬》者不识“阴符”之义，以为符节之符也。考《汉志》有《六韬》，初不云出太公，盖其书亡于东京之末，魏晋下谈兵之士掇拾剩余为此，即《隋志》《六韬》也。	从词义、著录、内容等方面考察。对怀疑太公真有其人的观点予以驳斥。
三略	黄石公	伪	“柔能制刚，动而辄随”等语，似有见于《道德》者。以即圯上老人授子房书，则不可。	从思想内容等方面考察。
文子		有附益	黄东发直以注者唐人徐灵府所撰。自汉历隋至唐固未尝亡，而奚待于徐氏之伪！惟中有汉后字面，而篇数屡增，则或李暹辈润益于散乱之后与？	从流传、文字、篇数等方面考察。

续表

书名	旧题作者	真伪程度	《四部正讹》要点	评析
鬼谷子	鬼谷子	伪	纵横之书也。浅而陋矣。即仪、秦之师，其术不至猥下如是。《汉志》绝无其书，文体亦不类战国。晋皇甫谧序传之。盖东汉人本二书（《张仪》《苏秦》）之言，会萃附益为此。或即谧手所成而托名鬼谷。	从内容深浅、作者水平、著录源流、文体及流传等方面考察。同意柳宗元、宋濂、杨用修等人说法，对高似孙之法不以为然。胡应麟谓《隋志》有《苏秦》《张仪》必东汉人本二书之言，荟粹为此，而托于鬼谷。其言颇为近理，然亦终无确证。
伍子胥	伍子胥	伪	《越绝书》称子胥撰，盖东汉人据二书润饰为此。其遗言逸事，大率本之。其文词气法出东汉人手裁，故与战国异。	从著录、文词气法等方面考察。
秦、汉间兵家诸书			《孙武》《尉缭》，亡可疑者。《吴起》或未必起自著，要亦战国人掇其议论成编，非后世伪作也。《苌弘》《范蠡》《大夫种》《公孙鞅》《广武君》《韩信》，率依托也。《神农》《黄帝》《风后》《力牧》《蚩尤》《封胡》《鬼臾区》等尤荒唐。又有《项王》……《武侯十六策》亦伪撰者。近世有《武侯心书》，亦《通考》所无者，尤伪。	

续表

书名	旧题作者	真伪程度	《四部正讹》要点	评析
鹖冠子		伪错以真	余以此书芜紊不驯，诚难据为战国文子，然词气瑰特浑奥，时时有之，似非东京后人所办。盖其书残逸断缺，后人之鄙浅者以己意增益傅之，故文义多不可训。《世兵篇》始终皆论用兵，而中杂以贾赋，殊不类。《鹖冠》则战国有其书，而后人据《汉志》补之；《亢仓》则《庄子》有其文，而后人据《南华》益之；若《子华》，既无其书又无其文，特好事者因“倾盖”一言而伪撰以欺世耳。	从著录、篇数、文例等方面考察。
关尹子	关尹	全伪	《七略》道家有其目，自《隋志》绝不载。今所传云徐藏子礼得于孙定家者。或俱子虚乌有，未可知也。篇首刘向序盖晚唐人学昌黎声口，亡论西京，即东汉至开元无有也。至篇中字句体法，全仿经典成文。吾尝疑五代间方外士掇拾柱下之余文，傅合竺乾之章旨，以成此书。第以关尹则绝无斯理。其文则全仿释氏。	从著录、流传、字句体法及思想内容等方面考察。
黄石公素书	黄石公	伪错以真	宋张商英伪撰者。所称仁义道德皆剽拾老、庄之肤语，傅合周、孔之庸言。	从思想内容方面考察。

续表

书名	旧题作者	真伪程度	《四部正讹》要点	评析
抱朴子	晋葛洪	真	黄东发以此书为伪则失考。洪本传明言《抱朴》诸篇，历唐、宋以来未有疑其伪者。今读其书，比物联类，纡徐郁茂……且洪既为神仙之学，其异于吾儒，势固应尔，又曷伪焉！	从碑传、流传、风格、思想内容等方面考察，认为此书不伪。
亢仓子	周庚桑楚		《汉志》无《亢仓子》，《隋志》弗载，则唐前固绝不闻此书。王士元取《庚桑楚篇》，杂引道家以补之。	从著录、史实等方面考察。
刘子新论			此书虽无甚高论，而词颇清旨，意非昼所能也。宋景濂谓刘勰撰者，近之。然《唐志》篇目不同，安知即此？若此书体制，决在齐、梁之间。	从内容、风格、篇目及全书体制等方面考察，认为刘勰撰。
孙子	晋孙绰	真	《隋志》有此书，《意林》所纂百余种颇佳，当是绰撰。第《唐志》不录，至南渡复传，盖本书亡佚而后人补之者。陈氏（振孙）并其初疑之，亦失考也。	从著录、流传等方面考察。
子华子	程本	全伪	前代绝无其目，盖宋人假托玩世，故与阮逸、宋咸辈牵合源流者小异。其书理致肤近，而持论不甚诡于道；文字亦舂容雅则，而撰者姓名邈无从考。全剽百氏成文，至章法起伏唤应，宛然宋世场屋文字；且多用	

续表

书名	旧题作者	真伪程度	《四部正讹》要点	评析
子华子	程本	全伪	王氏《字说》。余参酌诸家，意此书必出元丰间越中举子姓程名本而不得志于场屋者所作。盖版出会稽，则越；文类程式，则举子；义取《字说》，则元丰；辞多拂郁，且依托前人，则困于场屋；思以自见，又虑不能远传，故傅于《春秋》姓同而字相近者。	从著录、内容、风格、因袭、章法、引文等方面考察，推测此书为宋代元丰年间越中举子姓程名本而不得志于场屋者所作。
李卫公问对	唐李靖	全伪	其词旨浅陋猥俗。此书不特非卫公，亦非阮逸，当是唐末宋初俚儒村学掇拾贞观君臣遗事、杜佑《通典》原文，傅以闾阎耳口。	从内容、因袭、作者水平等方面考察。
化书	宋齐丘	伪	因袭宋濂语。	
广成子	商洛公	伪	考《汉书》、《七略》，道家、神仙二类依托甚众，若《黄帝》《伊尹》《太公》；兵书阴阳则《务成》《容成》不胜数；独《广成》不经见，而《隋志》骤出之；本注亦以近人所托。其书自唐以后绝不传。	从著录方面考察，该书亡佚，无复辨其是非。
黄帝内传	黄帝	依托		

续表

书名	旧题作者	真伪程度	《四部正讹》要点	评析
穆天子传		真	其文典则淳古，宛然三代范型，盖周穆史官所记。与《竹书纪年》《逸周书》并出汲冢。……《列子》此段全录《穆天子传》文，足证《列子》所称《黄帝》等书咸有所本。	从风格、来历、引文、体制等方面考察，认为"其出晚也，其书非伪也"。
晋史乘、楚梼杌		伪	元人有伪作《晋史乘》《楚梼杌》者，吾衍子行序谓一日并得之。其书乃杂取《左传》《国语》《新序》《说苑》中论文、庄二伯事节约成编。	从因袭及前人揭发等方面考察。
山海经	夏后·伯翳	伪	无论其事，即其文与《典》《谟》《禹贡》迥不类也。余尝疑战国好奇之士本《穆天子传》之文与事而侈大博极之；杂传以汲冢《纪年》之异闻，《周书》王会之诡物，《离骚》《天问》之遐旨，《南华》郑圃之寓言，以成此书。而其叙述高简，词义淳质……按《经》称"夏后启"事者三，又言"殷王子亥"，又言"文王墓"，凡商、周之事不一而足。晁氏但疑"长沙"、"桂林"数郡名及"鲧湮息壤"等文。夫鲧事，固禹、益所睹，商、周曷从知之哉！	从其文、其事、其图等方面考察，赞同朱熹《山海经》《淮南子》二书皆缘《天问》而作之说。

续表

书名	旧题作者	真伪程度	《四部正讹》要点	评析
古岳渎经			此文出唐小说，盖即六朝人踵《山海经》体而赝作者。	
*禹碑			近衡岳《禹碑》盛传，其文体稍古，然与虞、夏诸书迥不类，恐亦好事所遗也。	从文体风格方面考察。
燕丹子		伪错以真	《汉艺文志》无之。其文采诚有足观，而词气颇与东京类，盖汉末文士因太史《庆卿传》增益怪诞为此书。且书果太史(公)所本，《汉艺文志》乃遗之乎?《汉志》有《荆轲论》五篇，《燕丹》必据此增损成书者。	从著录、文采、词气、史实等方面考察。
宋玉子			并《燕丹子》皆《汉志》所无。二书必一时同出，伪无疑也。唐尚存，今不传。	从著录、流传等方面考察。
神异经、十洲记	东方朔	假托	其事实诡诞亡论，即西汉人文章有此类乎?《汉志》有《东方朔》二十篇，今不传。	从史实、文章风格、著录等方面考察。
赵飞燕外传	伶玄	伪	宋人或谓为伪书，以史所无见也。然文体颇浑朴，不类六朝。“祸水灭火”事，司马公载之《通鉴》，诚怪。如以诗文士引用为疑，则非悬解语也。	从来历、文体、引用、碑传等方面考察。
越绝书	子贡或子胥	依托	杨用修谓东汉人袁康所作。	从前人揭发、文体、书名等方面考察。

续表

书名	旧题作者	真伪程度	《四部正讹》要点	评析
鲁史记	刘炫	亡佚	今不传。	
西京杂记		存疑	世以葛洪伪撰，余详辩之矣。或又以为吴均者，无他据。	
述异记		存疑		
列仙传	汉刘向	伪	《汉艺文志》无此书。《七略》，刘歆所定，果向有此书，班氏决弗遗，盖伪撰也。当是六朝间人因向传列女，又好神仙家言，遂伪撰托之。	从文章风格、著录、情理、传者等方面考察。
牟子论	汉末牟融	伪	隋、唐诸志并无此书。尝疑六朝晋、宋间文士因儒家有《牟子》，伪撰此论以左右浮屠。读其文虽猥浅，而词颇近东京。	从著录、史实、思想内容、风格等方面考察。
洞冥记	郭宪子	疑伪	盖六朝假托也。	从托者为人、时代风格等方面考察。
汉武内传	不著名氏		详其文体，是六朝人作，盖齐、梁间好事者为之也。所载诸仙女名，诗家多用。	从文体等方面考察。
拾遗记	王嘉	伪	萧绮传录。盖即绮撰而托之王嘉。中所记无一事实者。皇娥等歌，浮艳浅薄，然词人往往用之。	从传录者、内容及风格等方面考察。
名山记		伪		明代已亡佚。
梁四公记			考《隋志》无此书，盖唐人伪撰，托之沈约、张说者也。	从著录方面考察。

续表

书名	旧题作者	真伪程度	《四部正讹》要点	评析
隋遗录	颜师古	伪	一名《南部烟花录》，文绝鄙俗，而称颜师古，殊可笑也。	从风格、被托者水平等方面考察。
开元天宝遗事	王仁裕	伪	绝不经见。其书浅俗鄙陋。仁裕能诗，《西江集》至万首，今一二散见《闲话》中，虽卑弱，尚可吟讽，书事亦清婉，但乏气骨，不应至是。	从流传、内容、被托者水平及文章风格等方面考察。
广陵妖乱志	唐郑廷诲	疑伪		
潇湘录	作者未定		唐人志怪中最鄙诞者。诸家或以为李隐，或以为柳详。	此类志怪未必即是伪书。
牛羊日历	刘轲		轲本浮屠，以文鸣一时。即纪载时事，命名讵应乃尔！必赞皇之党且恶轲者为之也。	
龙城录	柳宗元	嫁名	宋王性之撰，嫁名柳宗元。	
白猿传	江总	伪	唐人以谤欧阳询者。	
周秦行记		伪	李德裕门人伪撰以搆牛奇章者也。	
碧云騢	梅尧臣	伪	实魏泰也。	根据前人揭发。
云仙散录	冯贽	部分伪	昔人皆以为伪，洪景庐尤斥之。余读其前六卷，所引诸杂说无一实者：盖伪撰书名实之。至末二卷所引，则诸书大半尚存于今，胡以云悉诞也？第二卷《外书》，名虽诞，所记率俊事雅谭，创撰书名亦皆以文为戏。	从内容、书名等方面考察。

续表

书名	旧题作者	真伪程度	《四部正讹》要点	评析
清异录	陶穀	真	或以文不类宋初者，恐未然。此书命名造语皆颇人工，恐非穀不能。近时文章大家间亦用之。	从文章风格、命名造语及征引等方面考察。
艾子	苏长公	伪	子瞻生平善俳谑，故此类率附之。岂笔之于书，浅俚若是乎！然此书已见《文献通考》，盖亦出于宋世，非后人所托也。	从被托者生平、风格、著录等方面考察。
钟吕传道集	唐施肩吾	伪	肩吾，唐中、晚间诗人，而纯阳，吕渭之孙，视肩吾为晚出，不应预记其事。又《太平广记》载神仙最众，独无所谓钟、吕者。至宋始有之。	从时间、来历等方面考察。
*纯阳集		伪		连类而及。
香奁集		嫁名		
诗话诸书			诗话伪者尤众。	

《四部正讹》是我国第一部全面总结辨伪学理论的专著，其主要贡献有三：

（一）系统分析伪书条例

胡应麟归纳出二十一条①：

（1）有伪作于前代而世率知之者，风后之《握奇》、岐伯

① 胡应麟：《四部正讹》，《少室山房笔丛》，上海书店出版社2001年版，第290～291页。

之《素问》是也；

(2) 有伪作于近代而世反惑之者，卜商之《易传》、毛渐之《连山》是也；

(3) 有掇古人之事而伪者，仲尼倾盖而有《子华》、柱史出关而有《尹喜》是也；

(4) 有挟古人之文而伪者，伍员著书而有《越绝》、贾谊赋鹏而有《鹖冠》是也；

(5) 有傅古人之名而伪者，尹负鼎而《汤液》闻、戚饭牛而《相经》著是也；

(6) 有蹈古书之名而伪者，汲冢发而《师春》补、《梼杌》纪而楚史传是也；

(7) 有惮于自名而伪者，魏泰《笔录》之类是也；

(8) 有耻于自名而伪者，和氏《香奁》之类是也；

(9) 有袭取于人而伪者，法盛《晋书》之类是也；

(10) 有假重于人而伪者，子瞻《杜解》之类是也；

(11) 有恶其人伪以祸之者，僧孺《行纪》之类是也；

(12) 有恶其人伪以诬之者，圣俞《碧云》之类是也；

(13) 有本非伪，人托之而伪者，《阴符》不言三皇而李筌称黄帝之类是也；

(14) 有书本伪，人补之而益伪者，《乾坤凿度》及诸纬书之类是也；

(15) 又有伪而非伪者，《洞灵真经》本王士元所补而以伪亢仓，《西京杂记》本葛稚川所传而以伪刘歆之类是也；

(16) 又有非伪而曰伪者，《文子》载于刘歆《七略》，历梁、隋皆有其目，而黄东发以为徐灵府。《抱朴》纪于勾漏本传，历唐、宋皆志其书，而黄东发以为葛稚川之类是也；

(17) 又有非伪而实伪者，《化书》本谭峭所著而宋齐丘窃而序传之，《庄注》本向秀所作而郭子玄取而点定之之类是也；

(18) 又有当时知其伪而后世弗传者，刘炫《鲁史》之类是也；

(19) 又有当时记其伪而后世弗悟者，司马《潜虚》之类是也；

(20) 又有本无撰人，后人因近似而伪托者，《山海》称大禹之类是也；

(21) 又有本有撰人，后人因亡逸而伪题者，《正训》称陆机之类是也。

胡氏所举例证间有可商，但其归类大体完备。如此细致详明的伪书条例，确为空前。

（二）初步归纳辨伪方法

胡应麟第一次将辨伪方法归纳为八种：

(1) 核之《七略》，以观其源；
(2) 核之群志，以观其绪；
(3) 核之并世之言，以观其称；
(4) 核之异世之言，以观其述；
(5) 核之文，以观其体；
(6) 核之事，以观其时；
(7) 核之撰者，以观其托；
(8) 核之传者，以观其人。

第（1）、（2）条为一组，即从目录著录上考察源流；第（3）、（4）条为一组，分别从共时与历时的角度考察；第（5）条从文体考察；第（6）条从史实考察；第（7）、（8）条为一组，第（7）条考察被托者，第（8）条考察传播者。胡八条实际上只有五大点，即目、时、文、事、人。

胡应麟的概括稍嫌简单，似乎不及后来梁启超、胡适之周备，实则远较梁、胡二公为圆通。尤其是梁氏十二公例，似乎祖述胡应麟的地方很多，然胡应麟只指明了辨伪路径，而梁启超之说则多武断，如梁氏称："其书前代从未著录或决无征引而突然出现者，十有九皆伪。”显然夸大其词。对于梁启超的辨伪方法拟另题讨论，此不赘述。

（三）总结辨伪规律

胡应麟对于辨伪的总结有着非常自觉的意识，因而能够阐幽发微，归纳出若干带有规律性的东西，如：

（1）五经，《易》最多依托，以卜筮易于传讹也。①

（2）亦有古书本不讳，后人避本朝之讳而改者，如《山海经》“启”皆为“开”之类。此又各当求其故，不可执泥一端。②

（3）凡班志所无而骤见六朝后者，往往多因战国子书残帙者补缀之，而易其名。以为真，则伪莫掩；以为伪，则真间存，尤难辨。③

（4）凡依托之书，必前代圣贤坟籍，冀以取重广传。勘伪书者，此义又当察也。④

（5）神仙丹拱之籍大都依托上古帝王，《汉志·方技》中纷纷可见。第秦、汉人书，即伪撰犹倍蓰后世真者。如《素问》《灵枢》之类咸假轩、岐，亡论其术百代尊守，其文辞稚川、贞白能万一乎？惜二书外，余绝不传，而唐、宋以还，怪谭陋说坌布域中。⑤

（6）唐人作伪书而其名隐，宋人作伪书而其名彰，然无益于伪则一也。宋人好作伪经者阮逸，伪子者宋咸，伪说者惠洪，诸人皆无害于名教，世犹以伪訾之。而以泰之颠倒白黑，而《碧云騢》迄今传，何也？⑥

---

① 《四部正讹·归藏易》。

② 《四部正讹·元经》。

③ 《四部正讹·伍子胥》。

④ 《四部正讹·刘子新论》。

⑤ 《四部正讹·黄帝内传》。

⑥ 《四部正讹·碧云騢》。

第（1）条怀疑《易经》，第（2）条谈避讳之法，第（3）条谈著录之法，第（4）条谈作伪动机，第（5）条谈被托者，第（6）条谈唐宋作伪。这些论述较为零散，不够集中，今将其一一钩稽出来，更有利于我们认识到该书在辨伪学上的价值。

四、方以智

明末方以智（1579～1671年），字密之，安徽桐城县人，崇祯十三年（1640）进士及第，曾官翰林院检讨、礼部侍郎、东阁大学士。明亡为僧，卒于清康熙十年（1671）。平生博览群书。所著《通雅》一书颇得四库馆臣佳评：

> 明中叶以后，以博洽著者称杨慎，而陈耀文起而与之争，然慎好伪说以售欺，耀文好蔓引以求胜。次则焦竑亦喜考证，而与李贽游，动辄牵缀佛书，伤于芜杂。惟方以智崛起崇祯中，考据精核，迥出其上。风气既开，国初顾炎武、阎若璩、朱彝尊等沿波而起，始一扫悬揣之空谈。虽其中千虑一失，或所不免，而穷源溯委，词必有征，在明代考证家中可谓卓然独立者矣。①

《通雅》对于前人在辨伪方面的成果相当重视，卷首一有详细引用②。同时，他也提出了一些独到的见解：

> （1）即如《素问》、《本草》，业者沿加，岂可以汉郡名而疑神农？周公《尔雅》，学者随时增益，自是通训，岂可以张仲而黜之，不列十三经乎？……若嗜浅恶深，一切疑之，永叔疑《文言》，象山慈湖疑《系传》，至今郝京山、何元子信文

① 《四库全书总目》卷119，《通雅》提要。

② 《四库全书》第857册，第8页。

王八卦而疑伏羲先天图，岂不可笑？①

(2)《关尹子》，后起者也，其论道器颇平。《鹖冠》《亢仓》，搜剔铦锋，甚则为《阴符》，奇其事为《山海经》《穆天子传》，守起业而浸广之，《灵枢》《素问》也，皆周末笔。《阴符》《关尹》《鹖冠》《亢仓》则晋唐笔也。②

(3)《孔丛子》……《汉志》儒家杂家各载之……《文选注》引《七略》云："盘盂书，黄帝史孔甲为之。"而人遂以附会《孔丛子》。直斋言其《记问篇》子思与孔子问答，孟子言鲁穆公与子思同时，则孔子没且七十年矣。元瑞谓孔氏子孙杂记其先世之言行也。宋景濂因咸注而以为咸伪作，又疑之太过矣。伯鱼卒在孔子前，则子思无不见孔子者，《史记》表不足信也。③

(4) 黄伯思校雠《师春》非杜预所言之《师春》也。……元瑞曰：伯思所与《通考》、陈氏说同，然《纪年》即今冠以"竹书"者，而黄以《师春》当之，亦大卤莽矣。智按：升庵所称《琐语》亦不得见，不过所引数条，此《师春》一卷何以独全？杜预所见或尚是真伯思所见，则后人附之者。《琐语》固妄，生封缴书可知也。自周末至晋历年近六百，安得竹简无恙邪？④

(5)《鬼谷子》有《揣篇》《摩篇》《捭阖篇》，人或信苏秦揣摩本此。鬼谷即鬼庚区，曾知为无是公乎？伪作者因秦揣摩成而附会耳。⑤

(6) 书不尽信，明其理、事、文、气、时、变而无逃矣。……梅鷟之驳《古文尚书》，安石之废《麟经》，永叔不信《文言》，杨简且疑《系词》，不必矣。周末文盛，诸子各

① 《四库全书》第857册，第9页。
② 《通雅》卷首三，《四库全书》第857册，第52页。
③ 《通雅》卷3，《四库全书》第857册，第117页。
④ 《通雅》卷3，《四库全书》第857册，第121~122页。
⑤ 《通雅》卷3，《四库全书》第857册，第123页。

造一奇，托者亦可观。汉出之七十二纬则无足取。因仲尼倾盖有《子华》，因柱史出关有《尹喜》《鬻》《文》《鹖冠》之类往往而然，葛洪之托刘歆，卫元嵩之托苏源明，赵蕤之托关朗，庆虬之托相如……①

(7) 大约异书多伪。②

(8) 周公《月令》因《夏小正》，《吕览》因《月令》，《淮南》因《吕览》，记有异同，非后人笔也。③

第（1）条论附益，将后人增益的部分与原来的部分区别对待，极有见地；第（2）条据文笔以定时代，亦为辨伪一法；第（3）条据理推断，出奇制胜；第（4）条因缺乏考古知识而怀疑竹简，情有可原；第（5）条怀疑《鬼谷子》，亦未达一间；第（7）条泛论异书，缺乏实例，因而价值不大；第（8）条论因袭，亦从辨伪方法入手。

最为重要的是第（6）条，方以智在前人辨伪成就的基础上总结出了高度凝练的辨伪方法，我们姑且称之为“方六条”。“方六条”与“胡八条”相比，有同有异，“事”、“文”、“时”三个方面是相同之处，方以智提出了“理”、“气”与“变”。根据“理”、“事”、“文”、“气”、“时”、“变”等因素综合考察，辨其真伪，这就比胡应麟更为深入。同时他又扬弃了胡应麟“核之撰者以观其托，核之传者以观其人”等不尽合理的地方，其辨伪方法也就更为圆熟。④

从上可见，方以智比较谨慎，反对轻于疑古，对宋濂等人疑古过头的地方有所针砭。方以智既是开有清一代考据学风气之先河的

---

① 《通雅》卷3，《四库全书》第857册，第126页。

② 《通雅》卷3，《四库全书》第857册，第131页。

③ 《通雅》卷12，《四库全书》第857册，第293页。

④ 20世纪的文献辨伪学深受“胡八条”的影响，而对“方六条”则无人理会，这种学术分野实为中国学术之大不幸。在21世纪的今天，我们有必要作出深刻的反思，应该沿着方以智所指示的道路，对于文献辨伪的理论与实践进行彻底清理。

大师，也是一位精通辩证法的大师。可以毫不夸张地说，方以智提出的从“理”、“事”、“文”、“气”、“时”、“变”六个方面辨伪的方法，完全契合辩证之道，代表了中国古代辨伪学方法论的最高水准。

学林旧事

学鉴

《湖湘文库·积微居丛书》前言

◎杨逢彬

缘　起

《湖湘文库》是湖南省文化部门近年推出的一项宏大工程，由湖南省政府拨款人民币7 000余万元，计划出版湘籍或在湘生活、工作过的有重大影响的人士的著作共500部，入选著作囊括古今，一般限于已去世而有定评者。一般每人限定为代表作一部，成就最巨而影响最大者也限定在5部以下。杨遇夫（树达）先生是著名湘籍学者，一生著述宏富，“先后著书高数尺”，且多经典之作。他治学一生的著作，多达30余部；上海古籍出版社出版的《杨树达文集》，收有他的26部著作；其中在学术史上有重要地位且已经产生重大影响的，至少有以下14部：《马氏文通勘误》《高等国文法》《词诠》《中国修辞学》《积微居小学金石论丛》《积微居小学述林》《积微居甲文说》《积微居金文说》《文字形义学》《汉代婚丧礼俗考》《春秋大义述》《论语疏证》《汉书窥管》《积微翁回忆录》。规定所限，不能悉数出版，经与《湖湘文库》编辑出版领导小组协商，由笔者选定以下5部著作纳入《湖湘文库》的出版计划:《高等国文法》《中国修辞学》《积微居小学金石论丛》《积微居金文说》《汉书窥管》，分别作为遇夫先生在语法学、修辞学、训诂学、音韵学、文字学、词源学、古文字学和古典文献学方面的代表作。笔者以为，这5部著作在学术史上都有重要地位，都产生过并且还在产生重大影响，都是某一学科领域的学习者和研究者必读的参考书。总之，作为一个整体，它们确有代表性:《高等国文法》是《马氏文通》之后最重要的古汉语语法著作，在汉语语言学史上有着重要地位;《中国修辞学》一直被认为是我国修辞学领域两大流派中民族形式派的代表作;《积微居小学金石论丛》和它的姊妹篇《积微居小学述林》，乃是有“今日赤县神州训诂学第一人”（陈寅恪语）之称的遇夫先生治训诂学、文字学、音韵学、词源学的代表作;《积微居金文说》是近代以来金文研究著作中影响最大的著作之一，该书总结的释读金文的方法是每个金文学习和研究者必须背诵而烂熟于胸的;《汉书窥管》则代表着遇夫先生治古文献学的最高成就，也被公认为《汉书》文献整理的双子星座之一。

这5部著作，笔者拟在介绍完遇夫先生的学术生平后，分为3个部分加以介绍。由于有些著作是姊妹篇（如《高等国文法》和《词诠》,《积微居小学金石论丛》和《积微居小学述林》），有些著作是另一著作的修订和增补本（如《汉书补注补正》和《汉书窥管》），有些著作则是先前著作一部分的扩充（如《古书疑义举例续补》和《中国修辞学》），因此，虽然入选《湖湘文库》的遇夫先生的著作只有5种，但我们在介绍时，还旁及其他著作，这是需要予以说明的。这5部著作，我们暂定名为《湖湘文库·积微居丛书》，以别于上世纪六七十年代由鲁实先先生收集编辑、由台湾大通书局出版的《积微居丛书》。

学术生平

杨树达先生（1885~1956年），字遇夫，号积微，晚年更号为耐林翁，湖南长沙人。父字翰仙，名孝秩，笃厚勤学，喜读史籍和唐宋古文。遇夫先生5岁时从父读书，对训诂学和史学尤有兴致。

清朝末年，河山日蹙。甲午战争后，遇夫先生“睹父兄愤慨之诚，即切同仇之恨”。12岁，与伯兄芗诒（名树谷）先生一同考入陈宝箴、黄公宪、熊希龄、谭嗣同等先生合力创办的湖南时务学堂，与蔡锷、范源濂等同在第一班，从梁任公（启超）先生学习《孟子》《公羊传》，接受了他所倡导的民权革命思想。1900年，入求实书院肄业，开始钻研郝懿行《尔雅义疏》、王念孙《广雅疏证》，始有志于训诂之学。15岁，受业于叶德辉、胡元仪，学问日益精进。1902年17岁时，仿阮元《诗书古训》治《周易》，辑成《周易古义》一书。1903年应观风考，以第一名录取。旋入校经堂肄业。1905年，派往日本留学，入东京宏文学院大冢分校。同时入正则学校学习英文。1908年考入东京第一高等学校预科，次年3月毕业，派入京都第三高等学校。时湖南留日学生多入速成班学法政、经济。遇夫先生受同县友人杨怀中（昌济）影响，决心系统学习“欧洲语言及诸杂学”。曾欲赴美国留学，不果。在日期间，加入杨怀中发起的“中国学会”。

遇夫先生学习外国语言，对文法和语源最为用心。曾说：“余之治中国文法也，资于欧洲文法者多。”又说：“我研究文字学的方法，是受了欧洲文字语源字 Etymology 的影响的。”

武昌起义后，遇夫先生返国，在长沙各校教授中国文法与英文。1918年3月，南北交讧，南帅谭浩明夜遁，市井一片狼藉；因念《老子》“天地不仁，以万物为刍狗”及“兵者，不祥之器”诸语，于27日，始撰《老子古义》。《周易古义》和《老子古义》的撰作，是遇夫先生著书立说的开始。五四运动前后，遇夫先生是湖南新文化运动的关键人物之一；他与湖南教育界陈润霖、朱剑凡等一道发起“健学会”，响应新潮。北洋军阀张敬尧祸湘，遇夫先生毅然参加驱张运动，并和罗教铎一起被推举为教职员代表，与公民代表熊梦飞、毛泽东及学生代表多人共同赴北京请愿。驱张之后，他即在北京任教，先是在国立北京高等师范学校（北京师范大学），后在清华学校（国立清华大学）。从此，遇夫先生开始了“持短笔，照孤灯，先后著书高数尺，传诵于海内外学术之林，始终未尝一藉时会毫末之助，自致于立言不朽之域”（陈寅恪语）的学术生涯，而巍然成为“一代儒宗”（陈寅恪语）。

遇夫先生治学，成果颇丰。他在语法学、修辞学、训诂学、语源学、文字学、古文字学、古文献学、考古学等诸方面均卓有建树，在上述各个领域，他的著作都被公认为经典之作。正因为如此，早在20世纪30年代初，便赢得了极高声誉。张岱年在《大公报》上撰文，谓当时中国学术，只有冯友兰之哲学、陈垣之史学、遇夫先生之训诂学足以抗衡日本。1942年，他当选为教育部首届部聘教授。1948年，当选为中央研究院首届院士。解放后，被评为一级教授。1955年，当选为中国科学院首届学部委员。大约在同一时期，当选为苏联科学院通讯院士。苏联科学院共有院士和通讯院士200多人，通讯院士中有外国学者20～30人，当时中国学者当选的只有遇夫先生一位。

至抗战爆发前，遇夫先生在北京任教共17年。这期间，其学术研究大致可分为两个阶段，前一阶段大致是1930年以前，以汉语语法研究为主；后阶段是1930年后，侧重于训诂学、文字学、语源学的研究。此外，还兼及修辞学、古文献学及考古学。

前一阶段主要有语法著作4种：《中国语法纲要》《马氏文通刊误》《高等国文法》《词诠》。《中国语法纲要》出版于1928年，是我国较早的一部关于现代汉语语法的著作，在语法史上有重要意义。《马氏文通刊误》肯定《文通》是马建忠“用欧洲科学方法于吾国之第一部著作”，“功不可灭”；同时指出马氏“以他国文法填入中文，不免削足适履，失却中文本来之面目”。《高等国文法》是《马氏文通》之后最重要的古汉语语法著作，在汉语语言学史上有着重要地位。《词诠》是《高等国文法》的姊妹篇。书中取古书中常用虚词470多个，首别其词类，次释其义训，再举例说明之。该书到目前为止，已重印20多次，约发行30万册，是文言虚词著作中影响最大的著作。

进入30年代后，遇夫先生开始将大部分精力用于语源学、训诂学、文字学的研究。这一时期的力作是《积微居小学金石论丛》，该书和其姊妹篇，50 年代出版的《积微居小学述林》，乃是他治语源学、训诂学、文字学的代表作。

京华 17 年，是遇夫先生一生中成果最丰硕的时期。这一阶段的著述还有《说苑新序疏证》《盐铁论校注》《汉书补注补正》《汉代婚丧礼俗考》《古书疑义举例续补》《中国修辞学》《战国策集解》《古书句读释例》《积微居文录》《论语古义》《群书检目》《淮南子证闻》等，平均每年一书，连一向以勤于治学著称的余嘉锡先生也为之惊叹："吁，多矣哉！非兼人之力不致此！"

上述著作中，《汉代婚丧礼俗考》《汉书补注补正》二书是遇夫先生多年治《汉书》的结晶。前者是他关于汉代典章制度和民俗研究的成果，不但是研究汉代文化史的必读书，同时对考古学、民俗学、人类学、社会学以及历史学的研究具有极高参考价值。而后者更为遇夫先生赢得了"汉圣"（陈寅恪语）的美誉，也使得他在 1933 年即成为清华大学继陈寅恪之后的第二位国文、历史两系合聘的教授。《汉书窥管》一书是《汉书补注补正》的增补本，它代表着遇夫先生治古文献学的最高成就，也被公认为《汉书》文献整理的两大名著之一。学界认为，《汉书》至此，已无剩疑，纵有地下发掘，也只能用以补充或证明汉代的史料和史实，恐难推翻他所作的考订。

《中国修辞学》是先生所撰《古书疑义举例续补》的进一步系统化和科学化。它是民族形式与科学内容完美结合的典范。郭绍虞曾借用陈寅恪称颂《汉代婚丧礼俗考》的话赞誉此书为修辞学"辟一新途径，树一新楷模"。《中国修辞学》一直被认为是我国修辞学领域两大流派中民族形式派的代表作。

正当遇夫先生沉浸在做学问的快乐之中的时候，日本侵略的步伐日渐加速了。作为深具民族自尊心的学者，遇夫先生多次表明了他的态度。一位日本人请他题字，他以"恃德者昌，恃力者亡"八字付之。抗战爆发后，遇夫先生受聘于国立湖南大学。翌年，举家随校迁往湘西小县辰溪之龙头垴。

抗战期间，陈垣先生在沦陷的北平写作《通鉴胡注表微》，表彰胡三省的民族气节和爱国精神；而杨遇夫先生也在大后方的荒山野岭中编撰了一部《春秋大义述》，激励军民努力抗战，驱除敌人。值此山河破碎之际，遇夫先生为延续民族文化的命脉，不顾年事已高和研究资料奇缺，开始了古文字（甲骨文、金文）的研究。胡厚宣在《五十年甲骨学论著目》中说："杨遇夫先生以六十几岁的老先生，最后写文章最多，不愧为五十年来甲骨学研究中最努力的一人。"遇夫先生的许多甲骨学论文如《释追逐》、《释滴》等（均见《积微居甲文说》），至今仍被认为不刊之论。他治金文的成就更高，其心得全部集中于《积微居金文说》中。陈寅恪为此书作序说："寅恪尝闻当世学者称先生为今日赤县神州训诂学第一人，今读是篇，益信其言之不诬也。"这部书是治金文者的必读书，该书总结的释金文的 14 条方法以及"首求字形之无牾……"的警句，都是学习古文字的研究生必须烂熟于胸的。

1945 年参与发起"九三学社"；抗战胜利后，随校复员省垣长沙。

1949 年后，院系调整，遇夫先生任湖南师范学院历史系教授，兼任湖南文史馆馆长，第二届全国政协委员（特别邀请人士）。同时，中国科学院语言所虚位以待，拟请他出任语言所所长。此时，他已近 70 高龄，患有高血压等多种疾病，左目几近失明，右目视力已降至 0.1 以下，但每日仍工作 10 小时以上。在此期间，他撰写了大量论文，其中以考释古文字的论文为大宗；同时他的许多旧著也得以重版，有时一年就出版六七部之多。1955 年，《文字形义学》一书脱稿。该书概括了遇夫先生几十年间研究文字学、古文字学、训诂学、音韵学的成果，包含了他的《小学金石论丛》《小学述林》《甲文说》《金文说》诸书的精华。他说："此书前后经营十余年，煞费心思。自信中国文字学之科学基础或当由此篇奠定。"同年 10 月，他在北京承担了科学院哲学所委托的《盐铁论校注》一书的撰写任务（抗战前写过一部，原稿失去），11 月返湘后，只用了 50 天，便完成了初稿。10 天之后，遇夫先生便与世长辞了。

《高等国文法》和《中国修辞学》

这一部分主要介绍遇夫先生的两部关于语法和修辞的著作——《高等国文法》和《中国修辞学》，旁及《词诠》《古书疑义举例续补》等书。

如前所述，遇夫先生的语法学著作共有4部：《中国语法纲要》《马氏文通刊误》《高等国文法》和《词诠》。《中国语法纲要》出版于1928年，是我国较早的一部关于现代汉语语法的著作，在语法史上有重要意义。《马氏文通刊误》肯定《文通》是马建忠"用欧洲科学方法于吾国之第一部著作"，"功不可灭"；同时指出马氏"以他国文法填入中文，不免削足适履，失却中文本来之面目"。当然，遇夫先生的"勘误"有用英文文法纠正马氏所用的拉丁文法之嫌，因此，有人不以为然。其实，英语的形态已经退化殆尽，和汉语同归为综合语；而拉丁语形态丰富，其语言组织形式与汉语相去甚远。自西学东渐以来，许多学科的移入中土，都不可避免地有一个模仿时期；既然模仿是不可避免的，那么，在汉语语法学的模仿时期，用模仿英语语法造成的汉语语法去纠正马氏模仿拉丁语法造成的汉语语法，尽管有所未惬，却仍不失为明智之举，或者说是汉语语法学发展史上的必经之路。例如，马建忠认为，既然他认为放之四海而皆准的西洋葛郎玛有变格以"尽实字相关之情变"，那么汉语也不能没有，于是他用"次"（格）来考究"实字相涉之义"；而《高等国文法》则没有"次"的设置，这不能不说是向建立符合汉语实际的语法学前进了一大步。

《词诠》是《高等国文法》的姊妹篇。书中取古书中常用虚词470多个，首别其词类，次释其义训，再举例说明之。该书取刘淇、王引之、马建忠诸家之长，丰富而发展之，又融合了文法和训诂，将字典式体例与文法学体例的优点综合加以利用。《词诠》对我国文言虚词及古汉语语法的研究影响深远，它"在体例上为后人提供了成功的范例"，"在义项上为后学提供了综合的基础"，"在例句上提供了丰富的材料"。到目前为止，已重印20多次，约发行 30 万册。它是文言虚词著作中影响最大的著作。而关于后者，遇夫先生说："余著《高等国文法》本为修正马氏而作"，"采欧西方法"，"要以保存国文本来面目为期"。全书共分为 10 章。第一章《总论》，分为绪言、言语之起源、言语之变迁、言语之类别及国语、国语之缘起及其发展、文法学之历史观、文法学之发生等 7 节。其余 9 章分别为名词、代名词、动词、形容词、副词、介词、连词、助词、叹词。其学术价值为：

一、文法与训诂紧密结合，大大提高了训诂学的生命力。训诂学是我国固有的有着悠久历史和深厚底蕴的一种专门用来解释古书的学科，在它的漫长的发展历程中，每次方法上的重大突破，都给这一古老学科带来新的生机。清代训诂学如日中天，究其原因，乃在于古音学得到长足发展，因声求义的方法得到较为科学地普遍地应用。而雄踞清代训诂学巅顶之上的，乃是高邮王念孙、王引之父子。王氏父子之所以独开风气，卓绝一时，重要原因之一是，尽管那时我国还没有成系统的语法学，他们却有了较为自觉的语法观念，这在《经传释词》《读书杂志》等巨著中是多所反映的。而《高等国文法》的一个重要特点，就是文法与训诂的紧密结合。遇夫先生说：

> 治国学者必明训诂，通文法。近则益觉此二事相须之重要焉。盖明训诂而不通文法，其训诂之学必不精；通文法而不明训诂，则其文法之学亦必不至也。

语法分为教学语法和科学语法，前者必须适用；作为古汉语的教学语法，是以帮助读者读懂古书为目的的，而训诂学的最终目的，也是为了读懂古书。因此，这种紧密结合训诂的语法学，对于古书的解读，帮助极大。如他在《汉书窥管》一书中结合语法分析，从词序和句读层次、句法结构、语义关系、词的句法功能、语义制约分析以及虚词解释等诸方面对《汉书》的词语、句子进行训释，使得该书成为古籍整理的典范之作，也为他本人赢得了"汉圣"的美誉。因此，邢公畹先生评论《高等国文法》一书：

“它的成就，与其说在文法方面，不如说在训诂方面——一种受了西洋文法影响的新训诂学。”

二、建立了以划分词类为中心的紧密结合训诂的独特的教学语法体系。邢公畹先生说：“就这部书的经营布置看，可以说绝非苟且之作。”它的成就和学术价值，举其荦荦大者，约有以下四端：1. 对词的意义，尤其是对虚词的词义分析得十分周详。全书分析了代词98个、动词81个、形容词52个、副词243个、介词82个、连词87个、助词46个、叹词31个。所以孙楷第先生在序言中赞道：“盖举二千年来所谓虚助字者，一一纳于轨物之中，诚可谓文法界之鸿宝者矣。”2. 材料丰富，引例严谨，训释精当，对一些语法规律描述得十分细腻。如陈承泽在《国文法草创》中提出了“致动”、“意动”的概念，而这一概念在《高等国文法》里得到进一步地详细分析，并列举了名词、形容词、内动词、外动词作致动以及名词、形容词作意动的各种用法。同时，《高等国文法》进一步指出，所谓致动和意动都是就动词对其宾语的关系而言的，这就比《国文法草创》论述得清晰多了。3. 运用归纳法、比较法等多种方法，总结出了许多语法规律。例如：“疑问代名词为宾语时，不论为外动词之宾语，或介词之宾语，必先置。”然而，“凡疑问代名词为介词‘于’、‘於’字之宾语时，则必在其之后，为一严格之例外”。4. 修正了《马氏文通》等语法学著作的一些不当之处。杨树达先生说：“吾之于欧洲文法也，借镜也，非因袭也。其同者同之，其异者不必强而同之。”例如，在动词分类上，《马氏文通》和《新著国语文法》都照搬西方语法的分类原则，分为外动字、内动字、同动字、助动字等，而《高等国文法》则按照汉语特点做了改变：内动词分为普通内动词、不完全内动词及关系内动词；外动词分为普通外动词、不完全外动词及双宾语外动词以及致动、意动两种用法。①

《高等国文法》是《马氏文通》之后最重要的古汉语语法著

① 这一部分参考了邵敬敏：《汉语语法学史稿》第2章第1、第2、第3节，商务印书馆2006年版。

作，在汉语语言学史上有着重要地位。它一经出版，即在国内外产生了深远的影响。抗战前，它已经列入商务印书馆最权威的《大学丛书》；同时，欧、美、日、苏的一些大学及汉学家，大都选用它作教材或参考书。时至今日，我国中学、大学所使用的“暂拟汉语教学语法系统”的语法体系仍与《高等国文法》的语法体系相差无几；有的相异之处，还以后者稍胜一筹。如“暂拟系统”有“量词”，而《高等国文法》没有。我们知道，后者虽然是一个泛时的体系，但例句多采自先秦两汉，也即是上古的典籍，而上古汉语恰恰是只有单位名词而没有量词的。因此，在这一点上，《高等国文法》是胜过“暂拟系统”的。语言是一个严整的系统，大系统下还有中系统、小系统。《高等国文法》从语音上探究了古汉语第一、第二人称的系统。例如，在《自称人称代名词之音系》一节中指出吾、我、卬都是疑母字，台、余、予都是喻母字，朕、身等都是端母定母字等，这是非常科学的。又，目前中学文言教学中作为重点、难点的文言虚词系统，基本上还是沿袭《高等国文法》的体系；目前中学生都基本掌握的动词、形容词的“使动”（即“致动”）、“意动”用法，也是沿袭《高等国文法》的说法而一成不变的。

1924年出版的《古书疑义举例续补》重点从修辞和校勘两个方面对俞樾的《古书疑义举例》进行了补充和纠正，章太炎称此书“用心审密”，“足匡高邮王氏之失”。1933年由上海世界书局出版的《中国修辞学》是《古书疑义举例续补》的进一步系统化和科学化，它是在《古书疑义举例续补》基础上，将修辞和校勘加以区分，使之各成专门之学的产物。全书分为18章：释名（解释何谓修辞）、修辞之重要、修辞举例、变化、改窜、嫌疑、参互、双关、曲指、夸张、存真、代用、合叙、连及、自释、错综、颠倒、省略，并附录“文病若干事”，指出古人文章中的语病26例。《中国修辞学》是修辞学领域民族形式与科学内容完美结合的典范；郭绍虞曾借用陈寅恪称颂《汉代婚丧礼俗考》的话赞誉此书为修辞学“辟一新途径，树一新楷模”。该书的主要贡献是建立了古汉语修辞学的体系，注重从古汉语修辞现象的实际中总结修辞规律，注重继承古代修辞研究的传统并有所发展。秦旭卿先生撰写专文认为该书具有民族性、科学性、创造性、启发性四大特点。不顾风行一时的西洋纳斯菲《高级英文作文学》的修辞体系，也不为东洋岛村抱月、五十岚力、佐佐政一的修辞框架所限，而是“沉浸于旧闻而以钩稽之法出之”，即将我国古籍中十分丰富的古汉语修辞材料，分类排比，构成一个独特的修辞体系，揭示出古代汉语修辞的真实面貌，是为“民族性”。作者指出，修辞和语法不同，前者具有民族性，故修辞学不能因袭外人，必须走本民族自己的路。他说：“余恒谓：语言之构造，无中外大都一致，故其词品不能尽与他族殊异，治文法者不能不因。若夫修辞之事，乃欲冀文辞之美，与治文法惟求达者殊科。族姓不同，则其所以求美之术各异。况在华夏，历古以尚文为治，而谓其修辞之术与欧洲为一源，不亦诬乎？昧者顾取彼族之所为一一袭之，彼之所有，则我必具，彼之所缺，则我不能独有；其贬己媚人，不已甚乎！”“民族性”也是本书最重要的特点。正因为此，《中国修辞学》才一直被认为是我国修辞学领域两大流派中民族形式派的代表作。将修辞与校勘加以区分，使之各成专门之学，同时归纳总结古人修辞的规律，是为“科学性”。发前人所未发，指出古汉语中的若干特殊修辞现象，并将之提升到理论的高度，是为“创造性”。从古籍中辑录大量修辞事例，分类编排，让事实说话，而不言自明；关键处加以简明扼要的按语以画龙点睛，所谓“以少许胜许多”，是为启发性。秦先生又指出：1. 由先生的前期著作《古书疑义举例续补》到这部《中国修辞学》是中国传统语言学向现代语言学转变的一大飞跃；2.《中国修辞学》第一次把修辞和语言三要素紧密结合起来了；3.《中国修辞学》的研究方法体现了唯物辩证法。①

周秉钧先生对《中国修辞学》的学术价值和历史价值作了更

① 见《简论杨树达先生的〈汉文文言修辞学〉》，编入中国修辞学会编的《修辞学论文集》（第一集），福建人民出版社 1983 年版；又见《再论杨树达先生的〈中国修辞学〉》，编入《杨树达诞辰百周年纪念集》，湖南教育出版社 1985 年版。

为凝练的总结："杨氏博览群书，从我国古籍中收集了非常丰富的修辞材料，加以分类排比，揭示出我国古代修辞的真实面貌。汉语修辞的主要内容，在这本书里可以说基本概括了。杨氏是全面地占有了我国古代修辞材料科学地进行研究的开路人。《中国修辞学》这本书是研究我国古代修辞的一部重要的著作，它在我国修辞研究史上占有很重要的地位。"①

《积微居小学金石论丛》和《积微居金文说》

这一部分先介绍遇夫先生的关于训诂文字之学的著作——《积微居小学金石论丛》，旁及其姊妹篇《积微居小学述林》；后介绍他的金文研究著作——《积微居金文说》（即《积微居小学金石论丛续稿》）。

《积微居小学金石论丛》和它的姊妹篇、50年代出版的《积微居小学述林》，是杨遇夫先生治训诂学、文字学、语源学的代表作。由于规定所限，我们此次只能选择出版前者以赅后者，但学问往往"前修未密，后出转精"，如果说遇夫先生自己探索总结的若干方法在《述林》中运用得更加自觉、更加娴熟而炉火纯青，应该是大体不会错的。所以，我们这里的论述，并不局限于前者。

《积微居小学金石论丛》由商务印书馆初版于抗战前夕，上世纪50年代中期由科学出版社出版了增订本。原书5卷，增订时将原书与30年代商务出版的《积微居文录》"略加芟汰"，合为6卷。卷首有增订本自序、章太炎先生来书、沈兼士序、余嘉锡序和初版自序等5篇文字。其余为，卷1：说字之属上凡43篇；卷2：说字之属下凡17篇；卷3：音韵之属凡4篇；卷4：方言文法之属凡4篇；卷5：经子考证序序跋之属凡59篇；卷6：考史金石之属凡12篇。《积微居小学述林》由科学出版社于1954年出版，共5卷。卷首分别为曾运乾序、廖海廷序和自序。其余为，卷1：说字之属上凡45篇；卷2：说字之属中凡40篇；卷3：说字之属下凡

① 《古汉语纲要》，湖南人民出版社1981年版，第493页。

35篇；卷4：通考文字之属上凡2篇；卷5：通考文字之属下凡6篇；卷6：故书古史杂考之属凡40篇；卷7：序跋书札杂文之属凡39篇。

在《小学金石论丛》和《小学述林》的总共13卷中，说字之属共5卷，加上通考文字之属2卷，共7卷，占了二书篇幅的大半。这7卷实在是全书精华所在。无论太炎先生来书，还是沈序、余序、曾序、廖序，抑或3篇自序，谈的都是这7卷的内容。先生研究中国文字的目的、方法以及最重要的结论，他自己在《积微居小学述林·自序》中都说得明明白白：

> 我研究文字学的方法，是受了欧洲文字语源学 Etymology 的影响的。少年时代留学日本，学外国文字，知道他们有所谓语源学。偶然翻检他们的大字典，每一个字，语源都说得明明白白，心窃羡之。因此，我后来治文字学，尽量地寻找语源。

先生又说：

> 语源存乎声音，《说文解字》载了九千多字，形声字占七千多，占许慎全书中一个绝大部分，所以研究中国文字的语源，应该拿形声字做对象，那是必然的。

先生自述他的研究方法的总纲和由此总纲推衍抽绎出来的关于文字构造以及字形构造和意义之间关系的若干规律，是这两部著作最有学术价值的地方：

> 我自愧功力之深邃不及段王，但以我的成绩论，又似乎有比段王进步了一些的地方。这并非我的学力超过段王，乃是受了时代的影响。我出生较晚，时代的思想有变迁，因此，我的研究方法与前人大有不同。粗略地说来，第一，受了外来影响，因比较对照有所吸取。第二，思路广阔了，前人所受的桎梏，我努力挣扎摆脱它，务求不受它的束缚。第三，前人只做证明《说文》的工作，如段

玉裁、桂馥皆是，我却三十年来一直做批判接受的工作。第四，段氏于《说文》以外，博涉经传，所以成绩最高，其余的人都在文字本身中兜圈子；我于传注以外，凡现代语言及其他一切皆取之做我的材料，故所涉较广。第五，古韵部分大明，甲文金文大出，我尽量地利用它们。第六，继承《苍颉篇》以及《说文》以来形义密合的方法，死死抓住不放。以上六项，可以说是我研究方法的总纲。由此总纲推衍，我得条例若干条。一曰形声字中声旁往往有义。二曰文字构造之初已有彼此相通借的现象。三曰意义相同的字，它的构造往往相同或相类。四曰象形、指事、会意、形声四书的字往往有后起的加旁字。加旁有二，一加形旁，一加声旁。会意、形声二书的字加形旁往往犯重复之病。五曰象形、指事、会意三书的字往往有后起的形声字，而许君或不知，例如亘从古文回，漩训回泉，漩乃亘之形声字，是其例也。拿前举的六经为纲，后举的五事为纬，交错推衍，以之说字，往往左右逢源，无往不利。

在这7卷中，不但解说单字的178篇短小精悍的论文令人目不暇接，叹为观止，而且还有多篇总结文字构造规律、总结字形与词义关系规律等开创条例的大文，也使学术界耳目一新，目为绝业，如《形声字声中有义略证》《字义同缘于语源同例证》《造字时有通借证》《说文读若探原》《文字孳乳之一斑》等。

两书7卷之外的6卷，也是异彩纷呈，美不胜收。如《小学金石论丛》的《之部古韵证》《古音对转疏证》《诗于以采蘩解》《释名新略例》，《小学述林》的《温故知新说》《论语久要不忘平生之言解》《离骚传与离骚赋》等，都在学术界产生了重大影响。以《诗于以采蘩解》为例，世人认为可与王念孙《读书杂志》中著名的《终风篇》媲美。曹孟其在诗中赞美道："大儒识小亦当行，此事高邮最擅名。《于以》《终风》同一妙，淘金呕血渡诸生。"

《积微居小学金石论丛》和《积微居小学述林》相继问世以来，在当时即产生了极大的影响，"颇能耸动一时之观听"；随着时间的流逝，二书的学术价值，更历久而弥彰，如同天际的一颗大星，在繁星闪烁的中国学术夜空放射出熠熠的光芒。

遇夫先生的古文字研究，则以《积微居金文说》（增订本）最为卓绝。这是一部解说疏通两周铜器铭文疑难字、词、句的专著，解说了314件铜器的铭文。该书分为《积微居金文说》和《积微居金文余说》两部分。前者最初定名为“积微居小学金石论丛续稿”，改为现名后由科学出版社于1952年出版，所收论文从1941年元月3日至1951年11月17日；后者是1951年12月1日以后的续作，所收论文截止日期为1955年3月9日，作者生前未出版。1959年科学出版社将两书合订出版，定名《积微居金文说》（增订本）。《积微居金文说》除《自序》言简意赅地叙述了作者考释金文的方法外，卷首还有《新识字之由来》一文，全面总结了作者在考释金文实践中总结出来的辨识金文的14条规律，其余为7卷共287篇释字的单篇论文。《积微居金文余说》除《自序》外，有2卷94篇单篇论文。全书共有2篇《自序》，1篇长文，9卷共381篇单篇论文。全编之首有于思泊（省吾）先生所撰《序言》，末尾附有先生的学生和女婿周铁铮先生所撰《积微居金文说校语》。先生原拟将陈寅恪先生1942年末为本书撰写的序言冠于编首，1952年初版时科学出版社以“立场观点有问题”删去。此次出版，仍将陈序冠于全编之首。

遇夫先生在《积微居金文说·自序》中提出了他释读金文方法的大略：“每释一器，首求字形之无牾，终期文义之大安，初因字以求义，继复因义而定字。义有不合，则活用其字形，借助于文法，乞灵于声韵，以假读通之。”先生此处提出的方法或原则，除去与他人基本相同者外，最能体现他本人治古文字学特点的，我们认为有以下三点：一、以文献证金文。王国维提出的“二重证据法”，即拿地下发掘之材料与纸上之材料相互印证，已成为古文字学界的共识，但真正能将其融会贯通，运用之游刃有余以至炉火纯青者，不过寥寥数人，先生其一也。陈寅恪先生在序言中说：“自昔长于金石之学者，必为深研经史之人；非通经无以释金文，非治史无以证石刻。群经诸史，乃古史资料多数之所汇集，金文石刻则其少数脱离之片段，未有不了解多数汇集之资料，而能考释少数脱离之片段不误者。先生平日熟读三代两汉之书，融会贯通，打成一片，故其解释古代诘屈聱牙晦涩艰深之词句，无不文从字顺，犁然有当于人心。”二、乞灵于声韵。继承清代大儒段玉裁、王念孙以来“因声求义”的传统，遇有读不可通之处，则“以假读通之”。如縣改簋、全盂鼎之“叡”，旧不可解，先生以《书经》《诗经》中多处同样“恒用于语首”之“徂”、“且”、“嗟”释之，且言：“叹词表声，无定字也”，而定其为叹词，如是则全篇疑滞一朝冰释。三、借助于文法。语言三要素中，语法、语音之规律性远较词汇为强，而甲金文之语音，尚未大明，故其语法较之语音，又比较客观。因而以语法规律疏通疑难，往往出奇制胜。高邮二王之所以独步千古，此其要诀之一。先生治学之初，即以语法名世。他治金文，同样得心应手地运用了这一利器。如《善夫克鼎三跋》以被动句解释“永念于厥孙辟天子”，旁证之以文献及铭文，则诸家皆不可解之疑团一时顿消于无形。在《新识字之由来》一文中，先生将他研精覃思十余年的治古文字的方法具体化为14项：一曰据《说文》释字，二曰据甲文释字，三曰据甲文定偏旁释字，四曰据铭文释字，五曰据形体释字，六曰据文义释字，七曰据古礼俗释字，八曰义近形旁任作，九曰音近声旁任作，十曰古文形繁，十一曰古文形简，十二曰古文象形会意字加声旁，十三曰古文位置与篆文不同，十四曰二字形近混用。

《积微居金文说·自序》中“首求字形之无牾”一段，早已在大学古文字教学中被作为警句，要求学生背诵；而十四条规律，不但成为古文字研究者的指针而运用于实践，并被上升到方法论的高度，为多篇论文和专著所研究与阐发；《积微居金文说》（增订本）一书，不但当时作为新成立的中国科学院考古学专刊甲种第一号刊行于世，为学术界交口称誉，时至今日，更被任何一部中国语言学史著作所大书特书，认定为古文字学习、研究者的必读书之一。无怪乎陈寅恪先生在看了这部书的初稿后即在序言中写道：“寅恪尝闻当世学者称先生为今日赤县神州训诂学第一人，今读是篇，益信其言之不诬也。……天而不欲遂丧斯文也，则国家必将尊礼先生，以为国老儒宗，使弘宣我华夏民族之文化于京师太学”；又在收到该书后第三天即给作者写信说："此书为近年出版物中第一部佳作，虽不读亦可断言也。"①

《汉书窥管》

遇夫先生是著名的语言文字学家和文献学家，在他一生的学术事业中，古典文献的整理占有极其重要的位置。他的学术活动，自整理文献始，至整理文献终。遇夫先生整理古籍，既采用清代朴学家的办法，又"绳之文法，推诸修辞之理"，故能独步古今。在他的专著中，文献整理实蔚为大观。上海古籍出版社最近出版的共收有他的26部著作的文集中，属于文献整理的，就有《春秋大义述》《周易古义》《老子古义》《论语疏证》《淮南子证闻》《盐铁论要释》《汉书窥管》《积微居读书记》《古书句读释例》《古书疑义举例续补》等10部著作；据我们所知，没有收入这26部著作的，还有《论语古义》《说苑新序疏证》《战国策集解》等。而在这些著作中，用力最勤，成就最高，影响最大的，无疑是《汉书窥管》。

唐初颜师古网罗众说而成《汉书注》，体大思精，学者称善。有清一代，朴学如日中天。其间治《汉书》成就最高者，前有高邮王念孙，后有长沙王先谦。王念孙《读书杂志》之《读汉书杂志》，为清代治《汉书》最精最富者；而王先谦的《汉书补注》，采集清代鸿生巨儒之治《汉书》者，汇为一编，所以号为集大成，而以《地理志》的补辑最为精湛。遇夫先生的景仰高邮王氏，学界皆知；他也曾经在民国初年去长沙东乡的凉塘晋谒王先谦，还在1932年王氏90冥诞时"夜不成寐"，写下了"不废江河吸万流，一灯孤照费冥搜。凉塘谒后成千古，我亦星星白上头"的诗句。但遇夫先生治《汉书》用力至勤，以至不复持本而倒背如流，故能深谙《汉书》行文风格体例，加以具有精深的文字、音韵、训诂、文法、校勘、修辞的学养，所以无论对于王念孙，还是王先

① 拙编《积微居友朋书札》，湖南教育出版社1986年版，第97页。

谦，都心有未洽，而思有所补辑。于是在1924年撰成《汉书补注补正》一书，次年由商务印书馆出版。陈寅恪先生读到《补正》后来信说："《汉书》颛家，公为第一"，"汉圣之名，真不虚也"。后来学界称先生为"汉圣"，即缘于此。《补正》出版后，经多次增补，至40年代任教湖南大学时，更名为《汉书窥管》。"癸巳之岁（1953年），僻处麓山，宾朋希简，发奋补苴，遂终全帙。卅年精力，幸资小结。"此书1955年由商务印书馆出版后，学界反响强烈。杨伯峻先生认为，《汉书》至此，已无剩疑，纵有地下发掘，也只能用以补充或证明汉代的史料和史实，恐难推翻遇夫先生所作的考订。马宗霍称该书在学术上"截断众流，直探本始，先儒积疑为之一扫，盖可视为定论"。随着时间的推移，《汉书窥管》的价值日益凸显，它和后来出版的陈直先生的《汉书新证》一道，一直被公认为是《汉书》文献整理的两大巅峰之作。而陈直先生也说："在《汉书补注》之后，最近成书者，则有杨树达先生《汉书窥管》，对于训诂校勘，很有参考之价值；在古物方面，亦间有征引。《汉书补注》，不能与之相比。"因而陈书"体例完全仿杨氏《窥管》"。

《汉书》从古至今，学者用力至夥，除前述颜、王、王外，即有清一代，从事于斯者，钱大昭、周寿昌等硕学鸿儒，不知凡几。先生此书，乃鉴于自来诸家，包括一代大师以最博最精著称的王念孙，时有昧于班书行文风格体例，间于东京末造汉语之共时语法词汇语音系统或有未瞭，于是"倾毕生精力，时时泛滥文籍，凡与班书相涉，辄加纂述"，总为斯编。其体例为依照《汉书》篇目，以《汉书》疑难章句为纲，先迻录儒先成说于其下，再下以精确不磨之按语，举凡"不瞭班书古义而误训"，"据前人妄窜而改不误之班书"，"不知班书省略"等，辄以训诂结合校勘，加以辨正。质言之，这是一部恢弘赡富或不及《读书杂志》，而绵密精湛则有过之的读书笔记。作者以博闻强志浩如烟海之文献经典，以炉火纯青之文字、音韵、训诂、文法、校勘、修辞学养，加以几十年如一日之殚精竭虑从事于斯；论据洽如钱塘江潮，万头俱至；结论又若一轮朗月，绝不支离缴绕。最值得称道者，乃以《汉书》体例以证《汉书》。例如，《金日磾传》:“赏为奉车，建驸马都尉。”王念孙据荀悦《汉纪》和类书，于“奉车”下校增“都尉”二字。先生指出王念孙不知依《汉书》体例，此为探下省略。举《儒林传》《王莽传》及《三国志·魏志·董卓传》之类似文字为证。《儒林传》云:“上于是出龚等补吏，龚为弘农，歆河内，凤九江太守。”“弘农”、“河内”下各省“太守”二字。《王莽传》云:“又置师友祭酒及侍中谏议六经祭酒各一人，凡九祭酒。琅琊左咸为讲《春秋》，颍川满昌为讲《诗》，长安国由为讲《易》，平阳唐昌为讲《书》，沛郡陈咸为讲《礼》，崔发为讲《乐》祭酒。”讲《春秋》、讲《诗》、讲《易》、讲《书》、讲《礼》下各当有“祭酒”二字，因下“讲《乐》祭酒”字而省。先生同时征引顾亭林说，指出荀悦《汉纪》与类书绝不可靠，而王氏“对于荀悦的《汉纪》恍若有嗜痂之癖”，往往据之以改不误之班书。词义训释方面，于高邮亦多纠弹。如《谷永杜邺传》:“专攻上身与后宫而已”，王念孙谓“攻”字义不可通，因改为“政”，同“正”，谏也。先生谓《诗·小雅·鹤鸣》“他山之石，可以攻玉”，《毛传》:“攻，错也。”虞翻注:“攻，摩也。”此谓专门摩切上身与后宫也。王氏娴于古训而此处失之，在于过信《汉纪》之故。此等误说，所在多有，而王先谦氏未加抉择，一概录入，理宜在摒弃之列。《窥管》一书，胜义缤纷，多有发覆之论，阅之如行山阴道上，目不暇接。不能一一列举，读者自得之可也。

以上5部著作，可以窥见遇夫先生学术成就之一斑。陈寅恪先生于1940年给遇夫先生写信说:“当今文字训诂之学，公为第一人，此为学术界之公论，非弟阿私之言。”顾颉刚先生在《近世治古典之数巨子》一文中，对自王念孙以来，直到俞樾、孙诒让、章太炎、王国维、杨树达等学者的成就进行了述评。他认为俞樾分身于酬酢，太炎献身于革命，学问均有所未逮；而孙氏年寿不永，未及大有所成。惟王念孙、王国维、杨树达三人的学术成就已臻极致，代表着近300年来治古典即文字训诂之学和古典文献学的最高水平。

人文新论

学鉴

德育、智育、体育

——现代教育理念的心理学意义

◎师 领 肖格格

“我们的教育方针，应该使受教育者在德育、智育、体育几方面都得到发展，成为有社会主义觉悟的有文化的劳动者。”中国现代教育理念的表述在不同的历史时期虽有不同的内容，但其基本精神是一致的。其基本精神被理解为培养“劳动者”或“社会主义建设人才”，要求全面发展和具有独立个性。①

所谓“劳动者”，就是劳动的人，所谓劳动，“是人和自然之间的过程，是人以自身的活动来中介、调整和控制人和自然之间的物质变换的过程……当他通过这种运动作用于他身外的自然并改变自然时，也就同时改变他自身的自然。他使自身的自然中蕴藏的潜力（重点号为引者所加，下同）发挥出来，并且使这种力的活动受他自己的控制……我们要考察的是专属于人的劳动。蜘蛛的活动与织工的活动相似，蜜蜂建筑蜂房的本领使人间的许多建筑师感到惭愧。但是，最蹩脚的建筑师从一开始就比最灵巧的蜜蜂高明的地

① 王道俊、王汉润主编：《教育学》，人民教育出版社 1989 年版，第 109 ~ 129 页。

方，是他在用蜂蜡建筑蜂房以前，已经在自己的头脑中把它建成了。劳动过程结束时所得到的结果，在这个过程开始时就已经在劳动者的想象中存在着，即已经观念地存在着。他不仅使自然物发生形式的变化，同时他还在自然物中实现自己的目的，这个目的是他所知道的，是作为规律决定着他的活动的方式和方法的，他必须使他的意志服从这个目的”。①

劳动是人才具有的、有意志、有目的的自主活动，这种活动就是要把专属于人的自然的潜力发挥出来，从而改造自然也改变自身。一句话，劳动就是创造。虽然不同的劳动形式诸如简单劳动和复杂劳动，脑力劳动和体力劳动创造的形式和程度不同，但是人类劳动不同于动物本能的本质区别就是创造。即使最简单的体力劳动，也是人类长期世代探索的产物，对动物而言，就是一种创造。因此，所谓劳动者，其实质就是创造的人。

正因为劳动就是创造，而创造的主体只能是人。“人的本质不是单个人所固有的抽象物，在其现实性上，它是一切社会关系的总和。”② 那么人为什么是“一切社会关系的总和”呢？“我们才发现：人还具有‘意识’……，意识一开始就是社会的产物，而且只要人们存在着，它就仍然是这种产物。”“意识在任何时候都只能是被意识到了的存在。而人们的存在就是他们的现实生活过程。”③ 在我们的教育理念里，这种被意识到了的现实生活过程表现为德育、智育和体育。

所谓德育，德乃道德，育乃培养。“道德英文 MORALITY 来自拉丁语 MORALIS，意为风度、举止、习惯、行为，其对应的希腊词是ETHOS。拉丁语 MORALIS 更强调德是社会期望，而希腊词ETHOS则更重视个人品格。有道德的是指能够评价为善或恶、对或错的人类行为。这些行为是我们能够控制的，也是我们能够负责

---

① 《马克思恩格斯选集》（第二卷），人民出版社 1995 年版，第 177～178 页。

② 《马克思恩格斯选集》（第一卷），人民出版社 1995 年版，第 60 页。

③ 《马克思恩格斯选集》（第一卷），人民出版社 1995 年版，第 72～81 页。

的，如果一个人的行为符合道德上正当的规则，他就可以说是有道德的，如果他违反了它们，他就是不道德的或在道德上是错的。”“伦理和道德都可以指体现在文化和历史传统中的、支配人们的品格和行为的社会规则。不同的社会有不同的道德，同一个社会在不同的时期有不同的道德，或在同一时期有相冲突的道德，但所有道德最重要的目标是保持社会的和谐。”①

哲学上的伦理和道德，当以科学即以心理学的方式来研究时，就是动机和人格。动机是一个用以解释决定人的行为和思想过程的介入变量。动机着重于启动、维持和指导行为的多种力量，动机的研究寻求回答关于人类行为的“为什么”，寻求在我们自身推动我们行动的东西和在我们之外能够诱导某种行为的东西。人格是在多种不同的境况下一个个体持久稳定的和具有个性的反应方式，人格包含一个个体所有外在的行为（可观察的）和内在的行为（思想和情感）。人本主义心理学家认为，人的动机是内在的，而不是外铄的，合理的动机理论必须考虑情境，但决不可成为纯粹的情境理论，我们的中心研究对象是有机体的性格结构。这种内在的动机被人本主义心理学家马斯洛概括为自我实现，也即每个人与生俱来的，无限地提升和拓展自我的潜能。教育者的作用——假如教育者还有作用的话，就是为受教育者提供适当的环境，让其自由地发展。教育的目的，不仅仅在于知识、技能等谋生的手段，而且在于培养学生健康的人格。

“我们的论点主张动机理论必须以人为中心，而不是以动物为中心”②，所谓人，既不是动物，也不是神，而是具有动物性和神性的但和动物、神属于同一逻辑范畴的存在。正因为这种存在具有神性，所以它不是动物；正因为这种存在具有动物性，所以它不是神。人的这种双重性正是他的本质特征，这种双重性的冲突即构成

① 尼·布宁、余纪元编著：《西方哲学英汉对照词典》，人民出版社 2001 年版。

② ［美］马斯洛著，许金声等译：《动机与人格》，华夏出版社 1987 年版，第 32 页。

人内在动机的来源，而这种双重性的和谐就是人的人格成长和完善。所谓自我实现，就是人以自己的神性来无限地超越他或她的动物性。人不可能没有神性或放弃神性成为动物，这是把人当成动物，是对人性的蔑视；人也不可能没有动物性或放弃动物性成为神，这是把人当成神，从而以神来践踏人。所谓人的神性对动物性的超越——虽然一定的克服是必要的，但这只是手段而非目的——是指在人的动物性得到尊重和必要满足的前提下走向神性。这里神性和动物性合二为一，越是走向神性，越是能满足自己的动物性；越是能满足自己的动物性，就越能走向神性。人永远不可能成为神，但人可以把自身的神性发挥到极致，以至于无限地逼近神。这里神和人合二为一，越是成为神，越能成为人；越是成为人，就越能成为神。这里动物性、人性和神性三位一体。一句话，人是动物性和神性的一个格式塔。

如果德是动机和人格，那么如何养育这个“德”呢？动机和人格，一如哲学上的道德和伦理，只能由人文精神来养育。因为它们不是能力，所以哲学无能为力——虽然哲学可以探讨道德和伦理；因为它们不是知识，所以科学也只能望而却步——虽然心理学可以研究人格和动机。一个有能力的人可能没有人格，一个博学的人可能非常邪恶。所谓人文精神，概括地讲，“就是把对人的文化生命和人的文化世界的肯定贯注于人的价值取向和理想追求之中，强调通过人的文化生命的弘扬和人的文化世界的开拓，促进人的进步、发展和完善，反对把人的存在归结为自然生有，也反对把人的存在归结为神或人的文化世界的某一部分（如科学、技术、经济）”。①

人文精神体现在人文科学，而人文科学既不同于自然科学，也不同于社会科学，它不但包括哲学、文学、宗教、历史学等，而且从古到今一直处于动态发展变化中。但是本文所指的人文精神主要强调人类启蒙时代即雅思贝尔思所说的人类轴心时代的人文精神，

---

① 李维武：《什么是人文科学》，《武汉大学学报》（哲社版），1999年第4期。

因为它们，也只有它们不但开启了人类文明，而且是后来一切人类文明的源头。这就是中国的古汉语——六经学问系统、古希腊的古希腊语——史诗学问系统、西方的拉丁语——《圣经》学问系统和印度的古印度语——吠陀经学问系统。如果说人类文明是一棵大树，那么它们就是大树的根，因此，它们，也只有它们才具有生发和创造的潜能。以中国传统文化为例，从儒家所认定的十三经开始，到两汉的经学，再到魏晋玄学，经过隋唐佛学的冲撞，形成宋的道学，明的心学，清的小学和现代的新儒学，经过两千多年的漫长发展，其间文化表现形式随时代而异，但其根一直在十三经。事实上，儒家所说的十三经并不是真正意义上的经，或只是儒家所认定的经。十三经中，只有六经是真正意义上的经，其他的“经”，例如《春秋》三传、《易传》、《论语》等，是儒家对六经的诠释、发展和创造，已经属于传和论的范畴了。因此，儒家所谓的十三经，确切地应称为“十三经传”。

所谓智育，智乃智力，也就是人的思维能力。思维在哲学上被定义为表现一个人的理性（包括理论思辨、推理和实际策划）的心的活动，在心理学上则被定义为符号的内在操纵，从而处理信息，进而解决问题的过程。认知心理学家认为，学习是对事物的认识、辨别和理解从而获得新知识的过程。在这个过程中所学到的思维方式，就是认知结构。教师的主要作用就是教会学生如何思考，并且利用已有的认知结构去探索、整合各种刺激的关系，进而提升和拓展自己的认知结构。认知心理学家布鲁纳说：“教学生学习任何科目，绝不是对学生心灵中灌输些固定的知识，而是启发学生主动去求取知识与组织知识。教师不能把学生教成一个活动的书橱，而是教学生学习如何思维，教他学习如何像历史学家研究分析史料那样，从求知过程中去组织属于他自己的知识。因此，求知是自主性的活动过程，而非只是被动地承受前人研究的结果。”① 那么如何“教学生学习如何思维”，也就是“智”如何育呢？这只有靠思想，尤其是哲学了。德国哲学家康德认为，“我们所学的不是哲学

---

① 张春兴：《教育心理学》，浙江教育出版社 1998 年版，第 213 ~ 214 页。

本身，而是如何进行哲学思考，即在某些已经存在的哲学尝试中去锻炼我们的推理能力，因为人类理性总是主动的，对什么是哲学和谁拥有哲学的问题作出最终的和独断性的回答是不可能的。那只意味着哲学思考的终结，因而是哲学的死亡。哲学是一种理性的活动，而不是一种静态的知识系统”。① 恩格斯说过，一个民族要攀登人类文明的高峰，就不可能没有哲学思维，要训练哲学思维，除了研读以往的哲学著作，还没有其他更好的方法。

所谓体育者，体乃身体的强健和健康，育乃运动和锻炼。运动和锻炼，则需要一定的技能。所谓技能，“是人们在活动中运用知识经验经过练习而获得的完成某种任务的动作方式或心智活动方式”。② 所以，所谓体育就是借助运动和锻炼，学习一定的技能，让身体的行为发生改变的过程。在心理学上，这种学习是由于生活经验而导致行为改变的过程正是行为主义的观点。行为主义者认为，学习本质上是一种机械的联想，所有的行为无论多么复杂，都可以通过条件反射得到解释。换言之，学习是个体对环境刺激的某种反应，而个体之所以对某种环境刺激发生特定的反应，是由于条件作用在刺激和反应之间形成了某种联结。行为主义先驱之一桑代克说，如果他要分析人的心理，他将（a）“发现情境、情境的各种元素和情境的各种组合和（b）反应、反应适应性、反应的促进、抑制和方向之间的各种力量的联结。如果所有这些能被完全盘点清楚，在每一种设想的情况下，讲清楚这个人想什么和做什么以及什么让他高兴什么让他恼怒，对我而言似乎没有什么能不被知道……学习就是联结，心理就是人的联结系统”。③ 有必要指出的是，这种由学习而导致的行为的改变可以是生理性的，也可以是语言上的；这种改变有的在行为上表现出来，有的只是一种潜能，隐

① 尼·布宁，余纪元编著：《西方哲学英汉对照词典》，人民出版社 2001 年版。

② 马奇伟、张力为：《体育运动心理学》，浙江教育出版社 1998 年版，第 239 页。

③ D. Schuultz, *A History of Modern Psychology*,（3e）Academic Press, 1981, pp. 189-190.

而不显。正如行为主义创始人华生所说，如果人的心理无法研究而必须抛弃，“那么我们能观察什么呢？我们能观察行为——有机体所做的或所说的。让我们再一次指出，说就是做——即行为。大声说或默说（思维）正和棒球运动一样是一种客观行为”。① 行为主义的这种行为改变，在教育上被理解为对科学知识的追求，也即通过外在环境的刺激，即科学知识的学习，这种学习和棒球运动一样是一种客观行为，因这种学习而产生某种联结，从而改变人的行为而达到教育的目的。这种行为主义的教育观在新行为主义者斯金纳的社会改造工程中达到了顶峰和充分的表现。斯金纳认为，一个人所做的正是特定条件下的结果。如果能够发现这些条件，我们就能预期甚至一定程度上决定一个人的行动。不独个人行为，一个群体，甚至整个人类社会也可以通过强化的正确运用而得到改造和控制。

中国现代教育理念以德育、智育和体育为代表，涵盖了人文、哲学和科学，也包括了学问、思想和知识，可谓是一个完整的和科学的体系。如果以一棵树来比拟，那么人文精神涵养的德育转变成的学问系统，是其根；哲学思维培养的智育转变成的思想系统，是其干；而科学训练的体育转变成的知识系统，是其枝叶。一棵树要成材，要结果实，根、干、叶三位一体，缺一不可而且不能互换和错位。根的作用是生长，干在于支撑，而叶在于光合作用。同样，一个人要成长，他或她的教育也应该包含德育人文——德育系统、哲学——智育系统和科学——知识系统。这里需要指出的是，三个系统虽然本质不同，但在一定程度上可以互补，或在某种情况下可以互相转化。人文——德育系统的作用在于生发和创造，哲学——智育系统的作用在于整合和创新，而科学——知识系统的作用在于复合和应用。这里创造不同于创新，创造具有原发性，而创新仅仅是一种重新的整合；整合不同于复合，整合是在已有的观点之上重新按照另一结构组织以产生新的观点或知识，而复合则仅仅是将不

① D. Schuultz, *A History of Modern Psychology*, (3e) Academic Press, 1981, p. 218.

同的知识文化混合，至多取长补短而已。

在这三个系统中，最主要的是人文——德育系统。心理学家发现①，有助于创造的9个社会文化因素是：（1）文化手段的便利；（2）对文化刺激的开放；（3）注重正在生成的，而不只是注重已经存在的；（4）无差别的让所有人自由地使用文化手段；（5）在严重压迫或专制排外之后获得的自由或者哪怕是保持着适当的差别；（6）接受不同的甚至对立的文化刺激；（7）对不同观点的容纳；（8）重要人物的相互影响；（9）对鼓励和奖励的提倡。② 而且这些文化社会因素对于创造者而言是一个基础，创造的根本还在于创造者内在心理要素：（1）孤独性；（2）闲散状态；（3）幻想；（4）自由思维；（5）准备捕捉相似性的状态；（6）易受欺骗性；（7）对以往创伤的回忆和内心重现；（8）内心冲突和自我表现的欲望；（9）警觉和训练。"有些条件是要求不要施加控制，对几乎是自发流露的原发过程实行开放；而有些条件则是要求最大量的训练、最精明的洞察、最严格的控制、最细心的检查，还有最深刻的探讨。而所有这一切，还都必须要在具备了热忱与献身精神、具有动作上保证这样一种全面、综合的情况下发生才能产生效果"，而所谓"全面的、综合的情况"，就是指必须以人文——学问系统为支撑才能发生。正因为生物性和神性的冲突，才导致了人的向前求索，而要解决这个冲突，其结果就是人格的形成，这种解决方法之一就是超越。但是人要超越，人格要形成，只是一种过程和结果，必须有指向性和目的性，必须有一个核心，这就是人的理念。因为动机只是一种能量，没有方向性。也就是说，以理念为核心和目标，动机的能量通过超越的方式来达到，其结果就是人格，但这只是根植于人的一种潜能，要完成这一过程，必须借助于外在环境和合适的土壤来成长，而这种土壤只能由人文精神来提供。

---

① ［美］S. 阿瑞提著，钱岗南译：《创造的秘密》，辽宁人民出版社1987年版，第399～416页。

② ［美］S. 阿瑞提著，钱岗南译：《创造的秘密》，辽宁人民出版社1987年版，第478～487页。

中国现行教育，由于受到功利主义的文化取向的影响而采用行为主义的模式。① 这种模式由于重外在行为而不重内在动机、人格和认知结构的培养，反映在教育上则是重知识的获取而轻人文精神培养和哲学思维训练。虽然在教育理念上一再强调德、智、体全面发展，但在教育模式上恰恰形成悖论，只重视过分重视体育（广义上讲），而不太重视甚至轻视德育和智育，尤其是德育。其结果是，学生的认知结构发生了严重的失调，人文精神几乎没有，哲学训练单一，而知识系统特别“发达”。而且这种知识系统的“发达”，不是结构的发达，而仅仅是知识性的发达，也即一个学生在某一专业知识特别繁细，而对于相关的其他专业知识则几乎一无所知。没有人文精神和学问，导致思维视角的缺陷；哲学训练的脆弱，导致思维能力的缺陷；专业的过分细化导致知识结构的缺陷。学生唯一不缺的是本专业的知识。就像一棵树，几乎没有根，干很细，而枝叶特别发达。但是发达的枝叶中，也只有某一枝叶有绿叶，大部分枝叶是光秃秃的。这种畸形的树，要是成了材或要是结了果，也是不造之材和苦涩的果。没有人文——学问的功底，不可能进行创造；没有哲学思维，不可能进行创新；没有相关的知识结构，不可能进行知识的复合。留给学生的唯一选择就是具体知识的实际应用了。如果说理科和工科教育如此，那么以人文——学问为重心的文科教育应该有自己的大师吧！很遗憾，这种行为主义的知识教育模式不但主宰了中国的科学和技术教育，也一样控制着中国的人文教育。只不过在这里把哲学和人文当成科学和知识而已。另一方面，如果说科学技术教育无根无干只有枝叶，而人文和哲学教育，则有根或无干，有干或无根，但两者一致之处是没有枝叶。值得指出的是，并非一个人受到人文、哲学和科学严格正规的训练后，一定会成为大师。这里有必要区别大师和大学者，大学者只是文化的承载者和传播者，而具有创造思想的人才称之为大师。叔本华说：“所谓学者，就是在书本里做学问的人。而思想家则是径直

① 肖格格：《中学生厌学文言文现象的教育心理学分析》，华中师范大学文学院 2004 年硕士学位论文。

深入自然之书的人；正是他们启迪了整个世界，并使人性得到进一步发展。”① 所谓人才，其核心是人而不是才。因为只有成为人，才能成为才；越是成为人，越能成为才；是人就是才。所谓学术大师，其师在于学术的传承，而其大则在于学术创造，而要创造，必须首先成人。所以大学之大，不在学问之大，也不在大师之大，而在人之大。

① 范进等译：《叔本华论说文集》，商务印书馆 2004 年版，第 346 页。

禅意人生

学鉴

我的生活禅之路

——在中国教英语

◎ 罗华著　师　领　肖格格译

译者注：

罗华（Hwa Rogers），1943 年生于英格兰，中学毕业后来到澳大利亚完成大学学业。她做过专业画家，也当过十几年的专业瑜伽教师。1983 年在斯里兰卡出家为沙弥尼，1985 年在台湾出家成为一名比丘尼，1988 年还俗。罗华女士二十多年来一直神往能来中国大陆亲自参访古老的寺庙和佛教圣地，以便体验身临其境的真实感受，并因此而大量阅读了有关资料。2001 年终于如愿以偿，以一个澳大利亚志愿者的身份来到中国大陆，先在大学教授研究生英语，并以此为根据地，遍访中国名山圣寺，继续参修中国佛学。

由于渴慕净慧法师的生活禅，2005 年罗女士来到黄梅四祖寺禅修了一段时间。由于这一因缘，罗女士对禅有了更深的体悟，生活本身就是禅，而她在中国所做的一切，无论是在大学教英语，还是在寺庙教英语，无论是在“非典”期间的工作中，或是闲暇时和学生的旅游，随处都有禅的体验，可以说罗女士是生活禅忠实的践行者。她愿意把自己宝贵的人生经验和感悟奉献给大家，这就是本文的来历。

文章既没有高深的理论分析，也没有任何豪言壮语，亦无刻意表白，甚至连“禅”字都难得出现，而是春风化雨般地将禅的一切融化在自己的工作、学习和生活中，对中国佛教深切的热爱隐藏在字里行间，可谓苍穹无声大海无痕也。这大概是真正意义上的生活禅吧——这一点尤其值得当今的中国人学习。唯其平凡才显得真实；唯其真实，才具摄人心魄的力量。

生活禅并不是生活加禅，而是生活和禅的一体化，即“在生活中修行，在修行中生活”。在生活中修行，就是把日常生活的每一个状态、每一事件都变成修行的过程，把心安住在“当下”，即“专注、念念分明”。就是专心致志地做每一件事情，或做每一件事情时都专心致志。罗女士作为一个虔诚的佛教徒，以一个教徒的热忱和智慧来教授不同层次、不同性格的学生，通过教授英语增进“同学们间的相互了解，并能逐渐自信地引向更加严肃的主题和较正式的讨论”，“学生们逐渐克服了害怕情绪，增强了自信心，体验了怎样通过做自己害怕做的事情来培养自信和自尊”，尤其是“非典”期间，“角色表演课对学生的情绪有很好的疏导作用，给他们提供了一个有利于释放某些郁积已久的恐惧情绪的机会”。所有这些都是她“奉献人生”的实证。

所谓在修行中生活，修行本身已经变成了生活。“随着时光的流逝，我逐渐意识到，去寺庙环境的佛学院里教法师们学英语，同时也能在那里修行，是我梦寐以求的生活”，“这些旅行对我而言，一部分快乐来源于我能够使这些青年人接触到他们自己文化中极富意义和深层的一面”。“我们的课堂上常常充满了欢声笑语，友谊加深了，说明自信和能力都有长足的进步。我将佛教词汇和佛学观点融入课堂教学中使我们双方都受益。”虽然罗女士还没有完全把修行变成生活，但是她正努力把修行变成生活。这是她“觉悟人生”的实践。

生活是最大的禅，用禅来参透生活，用生活来诠释禅，可谓至境也。生活禅不仅仅是穿衣吃饭，也不单单是工作学习，而是在某种理念引导下的有目的的活动。生活必须跳出生活，而且以禅的智慧来思考生活，从生活这本无字的大书中读出生活的智慧来。罗女士来中国教英语，主要是作为一个佛教徒能够继续修行。"然而一路走来，我才发现自己是多么乐于教英语。毫无疑问，所有学生都曾以这种或那种方式令我能满怀希望地成为一个更具有教学艺术的教师。"此谓"将信仰落实于生活，将修行落实于当下，将佛法融化于世间，将个人融化于大众"是也。

文章译成后，部分内容曾以"我回来了——我在中国寺庙教英语"为题发表于《正觉》（2005 年第 5 期）上。为篇幅所限，编辑将内容去其大半。删节部分内容看似与佛教无关，实则一以贯之，是罗女士在生活中实践禅的亲证，罗女士本人也热切期待能发表全文。此次发表又仔细核译了一遍，订正了几处错漏，并将标题改成"我的生活禅之路——在中国教英语"。

2001 年夏天，我以一个澳大利亚志愿者的身份第一次来到中国大陆，被分配到湖南农业大学为研究生们教授英语口语。除了负责一个小组的博士研究生外，还负责被分成了若干个便于管理的小组的一大组硕士研究生。任务简单明了：让他们"张嘴说英语"。湖南农业大学位于省城长沙市郊，稻田、小城镇和村庄环绕着绿树成荫的校园，不远处就是杂交水稻之父袁隆平著名的"中国水稻杂交研究发展中心"，他分享了 2004 年世界粮食奖，我有幸校对了他申请此奖材料的英文摘要。

教较成熟的学生，尤其是博士研究生小组令我受益匪浅，现在想起来仍令人感到欣慰。他们年龄在 30 岁至 40 岁之间，多已结婚生子，都有较丰富的生活阅历，勤奋努力并渴望有机会出国深造。其中一些人已成为我经常保持联系的朋友。一个正在荷兰学习，另一个不久将赴英国深造。与我合作过的教师搭档正在我的母校墨尔本的 Monash 大学学习。正是由于他的帮助和友谊，我在农大的生活才感到格外幸福和有意义。我也由衷地对博士研究生们研究的课题和他们的生活习俗感兴趣，例如节水、茶文化等。

授课中我发现，训练博士生英语口语最有效的方法是以周为单元，以话题的形式讨论不同的主题。每周我都事先准备好材料的复印件分发给他们作为讨论的蓝本，先过一遍生词，而后讨论主题中的各种观点。最令人难忘的一次是有关中国黄道观的讨论，根据人的属相说出各自的性格特征。一个学生说他们一家三口都属"龙"，结果有时候事情变得捉摸不定，甚至划根火柴都怕着火！另外一组三个经常形影不离的男生讨论时发现他们都属虎，其中一个较直率，诙谐地把他们小组成员称为"非洲虎、印度虎和中国虎"。又有一次，我们的话题是带少量生活用品穿越澳大利亚沙漠的汽车之旅，途中汽车抛锚了。每个小组成员需说出他们必须携带和抛弃的物品，及如何自救。一个两男一女组成的小组迅速作出决定，两位先生原地看管物品，女士出去寻求救援，找到后再回来救他们！这些饶有趣味的话题有助于同学们间的相互了解，并能逐渐自信地引向更加严肃的主题和较正式的讨论。

这些并非不重要的材料主要收集于英文报纸《中国日报》，此报对时事和重大事件都作了较全面的报道，内容多是学生们较关注或与自己有关联的，如污染、节水、出国、家庭暴力、独生子女家庭、健康、英语热和"小康社会"等，因而学生们总能就此话题从各个层面踊跃地表达他们的观点。在课堂上学习选用的材料，先是生词和词组，而后不管学生们个人的观点，分成小组讨论文章的主题。几周后，要求学生必须自己准备一个话题的材料，先用两分钟讲给大家听，接下来讲解者必须现场回答同学们提出的两到三个问题。由此获得一定的谈论话题的自信和能力后，学生们练习就某一给定的话题与一个同学合作。这有更高的技能要求，他们不得不学会迅速表达自己的观点或论点，避免其他人一下子说完了自己一开始也想表达的观点，为此，许多学生不得不学会武断，甚至在必要的时候打断别人的发言。

所有这些工作都是为了获得博士学位而必须参加和通过的研究生五级口语考试而准备的。随着考试的临近，学生们分成由三人组成的小组进行更加严格的训练。和正式考试一样，常常由一人扮演主考官的角色，用一只大表计时限定讲话时间，另外两人则是被试者；然后轮换角色以保证练习机会的均等。教室里常常人声鼎沸，各小组里争论热烈。经过这些刻苦训练，许多学生都顺利通过了考试。

接下来谈谈硕士研究生们。教授他们最能取得成效的方法莫过于表演。首先，上几课从教材上选定的内容，学习不同的话题或情境，同时也学习新单词和词组；其后，再分成小组，每组都自定一个话题或情境，并围绕着它们写好一出戏的对白，作好准备后，该组在全班同学面前表演此剧，要求每个小组成员必须参演，这种方式保证了每个人都能参与学习并说话。一些学生天生就富有幽默感和表演才能，并乐于在同伴前表演，另一些学生一开始对表演心存恐惧，在大家的鼓励和支持下逐渐克服了害怕情绪，增强了自信心。他们体验了怎样通过做自己害怕做的事情来培养自信和自尊。

总的说来，我对这些小型表演表现出来的想像力、创新意识、幽默感和因之带来的喜悦感到吃惊。刚开始表演，学生们往往照着剧本念台词或不时回头看台词，很快他们学会了如何迅速默记，能够较自然地说了。一旦表演出了差错，他们常常能练达而幽默地现场应变。

我们经常因场地而无法演出，甚至不能把教室里的课桌移开当舞台，因为它们多半被固定在地板上。但几乎所有的学生都能找到合适的方式进行舞台表演，制造或找到道具，以便能更准确地用英语表达自己的意思。最特别的也许要数 2003 年春天“非典”时期了。大学也如其他大多数大的公共场所一样处于应急状态，关闭校门并严格限制进出。我发现我的角色表演课对学生的情绪有很好的疏导作用，给他们提供了一个有利于释放某些郁积已久的恐惧情绪的机会，许多学生就是选择了以“非典”为主题进行创作和表演的。他们用做实验时穿的白大褂装扮成医护人员，戴上面罩，带上“非典”时期每人分发的温度计，用白色卡片制造了数量惊人的假注射器。尽管校外的情况很严峻，非典的威胁仍在，但许多这类极有趣的表演常令我们笑得前仰后合。课程结束时，学生们感觉好多了。

在湖南农业大学第一学期的国庆长假期间，我按计划徒步朝拜了长沙南面的衡山。作为一个修行 30 多年的佛教徒，我希望能沿途参拜一些寺庙，这一点对我太重要了。早在 20 多年前，我曾在台湾省的寺庙里修行，学习中国佛教，并学会了一点点普通话。那时我就神往着能来中国大陆亲自参访古老的寺庙和佛教圣地，我曾大量阅读过有关它们的资料，更想体验身临其境之感。20多年前，没有谁能真正知道究竟还有多少佛教古寺庙幸存下来。这次衡山之旅是我第一次亲近位于美丽宁静的乡村背景中的古老寺庙。湖南农业大学外事处一个本地籍年轻人作为助手陪着我。我们沿途参访一些寺庙，试图呆在庙里与法师们交谈；尤其是对南岱寺，我有似曾相识之感，我们在此呆了一晚，并和友善的住持进行了有趣的交谈。第二天早晨道别时，我用不太标准的普通话说："我回来了!"而非"我会再来"，年轻的住持诧异地看着我。

寒假期间，我接受一个来自桂林的青年学生的建议，访问了这座可爱的城市，并一道顺访了梧州和桂平，参访了几座寺庙，并参加了寺庙的早晚课。随行的学生此前从未进过寺庙，觉得非常有意思。后来她谈到此事时说："我以前从未意识到宗教竟然有这么大的威慑力!"这些旅行对我而言，一部分快乐来源于我能够使这些青年人接触到他们自己文化中极富意义和深层的一面。我有几个博士生来自于邻近的江西省，他们是江西农业大学各院系的教师，由于本校没有博士点，他们只能到其他学校完成学业。第二学期的一天，学生中有人提到了长江边上小港口城市九江郊外著名的寺庙——东林寺。2002年元月下旬，我的两个学生抽空把我带到了那儿。

东林寺令我感到了一种回家的喜悦，几位友善而好客的法师邀我冬天来参加他们49天的念佛禅法会，这是我很久以来渴慕着的心愿。工作一结束就赶到了九江东林寺，最终赶上了法会的最后几天，时间虽短，却妙不可言。负责照看我的是东北籍的道欣（音）法师。他在东林寺已经5年了，我们很快成了朋友，六月份我到访时，恰逢他外出。我在东林寺一直呆到过完春节。为了方便能经常去东林寺，在此期间，我决定在与湖南农业大学2003年7月份的合同期满后签约到九江师范学院工作。

在湖南农业大学工作的第二学年，我曾越过湘江到岳麓山旅行，并顺访了芦山（音）寺。我问客堂的法师能否参加他们的修行活动，他表示欢迎。于是，我与陪同来的一个硕士研究生在此呆了三天。硕士生对体验寺院的生活态度很积极，也有兴趣与法师们交谈。芦山寺同时是一所佛学院，我问他们是否需要英语教师，他们说因为没有请母语为英语的外教的经济实力，已在本地雇请了一位英语教师。随着时光的流逝，我逐渐意识到，去寺庙环境的佛学院里教法师们学英语，同时也能在那里修行，是我梦寐以求的生活，正如早些年在台湾生活过的那样。

2003 年 7 月中旬我再次造访了东林寺，并碰到了道欣法师，他将去安徽九华山的佛学院学习一年。我们商定"十一"长假期间去那里访问他。如期而至后，发现九华山甘露寺古建筑群与大自然浑然一体的氛围令人惬意而安详，在僧众中体验到了强烈的、大家庭似的幸福感。唯一美中不足的是，环绕在寺庙右边的一条上山公路破坏了这一山中美境。这次对甘露寺的访问较短暂，因为道欣法师想带我到后山的另一座寺庙听一位法师开示。离开甘露寺前，未曾谋面的寺庙住持兼佛学院院长藏学（音）法师问我是否有兴趣来佛学院教英语，由于时间关系，我答应他不久再来仔细商谈此事。一个月后，机缘成熟了，虽然那条公路令人心里感到不舒服，但我还是决定来。我们拟订了一个计划，除了几个在家教师和职员外，我仅仅教藏学法师和讲经的法师们学英语，而不是 40 多人的学生们。他们以前有一位本地的英语教师，每周来上一次课。佛学院安排好约在 7 月中旬由道欣法师用一辆大卡车把我及行李接上山。美梦就要实现了，我有美梦成真后的恍如隔世之感。

现在我已在甘露寺工作一年多了，总的来说工作顺利而幸福。我在中国大学里教英语所碰到的某些困难，在甘露寺不存在了。我们的班级小而亲密，教学也较有灵活性，在大学里班级过大，教学活动经常难以自如地把握。我们的课堂上常常充满了欢声笑语。友谊加深了，说的自信和能力都有长足的进步。我将佛教词汇和佛学观点融入课堂教学中使我们双方都受益。正如佛陀所说的基本教义那样，无常也会影响我们的进步。各层次的学生来了又走了；事实上，法师们并不要求必修我的英语课。藏学法师是唯一能坚持到底的学生，其实正是他的愿望和学习英语的兴趣才使这一教学成为可能。尽管有各种波折，我仍乐意成为这儿的一名教师。世俗生活对我缺乏吸引力，我非常感激藏学法师请我来这儿。并非所有的西方人都能有幸到中国的寺庙里生活和工作，同时也不是每个西方人都有兴趣这样做的。

学习英语最根本的要求是能自如地说和听，而非机械记单词——这是中国的学生们以前学习英语采用的最主要的方式之一。这意味着现在他们必须发挥自己的主动性和创造力，而不是被动学习（我发现许多学生都如此）。他们希望老师吩咐自己做什么，而不愿思考自己该做什么。哎，许多学生奇懒无比且缺乏恒心，他们企望外教来此似乎是为了款待他们。

在中国教英语也意味着教文化，因为语言和文化是同步发展起来的，彼此不可分割。改变以狭隘的、陈腐的观念看西方文化，取而代之以更符合事实的现代观念来看，我认为这一点很重要。西方人的生活决不像好莱坞的电影！中国也不是宇宙的中心，更大的世界生活影响着它，它也影响着更大的世界生活。某些学生仍然固执地持这样的观点：中国的一切都是好的，不好的都是外来的。

上课是一种极其艰辛的工作。在中国，教师们必须一次在讲桌后面站立两个小时，并且要设法照顾到每一个学生。课堂上大声讲解是一个基本准则，而这一点并不适用于外籍教师，我们知道如何用声音清晰地表述自己的观点，但不愿大声叫喊！教室也有待作大规模的调整。课桌固定于地，不能摆成圆圈以利于某种谈话活动，也不利于将学生们重新编排成小组进行讨论。教室墙壁上空荡荡的，几乎没有可能呈现任何视觉材料。

大多数我所了解或遇到的“外教”英语老师都是有良知的人，他们都乐于帮助学生学习。外教们通常采用的方法是做大量的准备工作和运用课外的辅助材料，这一点，我们比中国同事做得更多。幸运的是，几乎每个班级都有一些学生非常善于接受和懂得珍惜，进而刻苦学习。对我而言，这本身就是一个巨大的奖励，而当他们能达到目的时，这种奖励就加倍了。

我来中国教英语，主要目的是能够作为一个佛教徒继续修行，尤其是在中国佛教的发源地参修中国佛学。然而一路走来，我才发现自己是多么乐于教英语。毫无疑问，所有学生都曾以这种或那种方式令我能满怀希望地成为一个更具教学艺术的教师。

学鉴论坛

学鉴

以文会友　温故知新

——珞珈七子学术会讲活动侧记

◎彭公璞

在东湖之滨、珞珈山麓，有一群来自武汉大学不同专业的人文学科的中青年学者，于2000年底自发组成了读书小组，约定每周一次会读经典，讲习切磋。其间寒暑不辍，至今已有七个年头。随着读书活动数年来如一日的坚持，不仅读书小组各位成员在学术上皆有所得，产生了一批原创性的学术成果，出版了同仁刊物《学鉴》，得到了学术界的认可，而且其活动本身也越来越受到社会的关注，小组成员的严谨治学精神和所秉持的高远学术理想，对广大青年学子如何做人为学起到了很好的启示和示范作用，从而赢得了广泛的尊敬。时人称之为“珞珈七子”。这七位学者分别是：文学院程水金教授，从事先秦两汉文化与文学研究；哲学学院吴根友教授，从事先秦哲学及明清启蒙哲学研究；历史学院杨华教授，从事先秦史及礼制研究；文学院杨逢彬教授，从事上古汉语研究；心理学系师领教授，从事比较心理学研究；哲学学院丁四新教授，从事先秦简帛研究；信息管理学院司马朝军教授，从事四库学研究等。

2008年1月6日上午9时，在武汉大学人文科学馆北厅，珞珈七子以“学鉴论坛”为名，首次面对全校师生公开举行学术会讲活动。通过会讲，一方面，七位学者得以向大家介绍自己的部分读书心得和学术成果，接受大家的问难，相互切磋，增进学术交流；另一方面，也对青年学子扩大学术视野，掌握治学方法方面给予具体的指导和启发。

学鉴论坛吸引了校内众多师生参加，整个活动在热烈讨论的气氛中持续了一天。论坛由政治与公共管理学院毛道福副院长主持，分主讲、点评、互动提问等三个环节。在主讲环节，七位学者就自己的研究心得做了专题发言。他们的发言学术含量高，各具特色，激发了现场听众的浓厚学术兴趣。

丁四新教授广征先秦以来的古籍，系统考察了春秋战国时期“忠”的观念的演进。他认为：《左传》、《国语》中“忠”的观念，均是在当时天下纷争和邦国内部激烈的权力斗争的政治背景下展开的，其目标首先指向保卫“邦国社稷”、“人民”的安全，其次才是处理君臣、上下关系的利益问题。因此，强调位份职责，“忠”与“公”在价值上具有同一性，具有政治化、伦理化的特征；然而，《国语》言“忠”，又有心理主义特色，即更注重从德性和内在的方面加以论说。以孔子为代表的先秦儒家站在德性主义与天下主义的立场上，将“忠”的观念作为修身与伦理实践的基本原则，着重思考了“人”自身的价值意义问题，并凸显了“恕道”。战国时期的《郭店楚简》在“六位”的伦常关系中来说“忠”，并从宇宙、天地意识的角度来思考忠信之道对于为政者的重要政治意义。孟子把“忠信”作为人性的必要内涵，而荀子则将“忠”或“忠信”看作伪善的一面。战国后期，韩非子明确提出了以强国尊主为根本目的的忠臣观。自汉以后，忠孝并重、以忠统孝和忠大于孝的观念逐渐确立，“忠”、“孝”观念之间发生冲突。杨华教授则对上博楚简中记载礼制的《天子建州》一篇的文字做了详细句读。在句读过程中，杨教授不仅充分借助文字音韵学知识，对楚简文字做出厘定，还结合上古礼制，依据《三礼》、《论语》、贾谊《新书》等古籍文献疏通文字，串讲大意，解说信而有证，不少字句的厘定为其新见和心得。以上两位教授发言的共同特点是考证严谨细密、学养深厚。而程水金教授、司马朝军教授的发言特点则是论点新颖、独到，对经典文本的阐释“发千古之未覆”。程水金教授的讲题是《老子道论重估》。程教授认为老子是先秦史官文化向士人文化递嬗过程中的关键人物之一，历史哲学是老子哲学的主干。他以《老子》帛书本为依据，对《老子》第一章“道可道也，非恒道也”做了新的解读。他认为“可”通“何”字，为疑问词，读作：“道，何道也？非恒道也。”再结合对第一章内容的综合分析，进而论证老子的“道”实际上是指无限渺远的时间。这样，老子对“道”的种种特性描述实际上是对时间的描述，而老子的“道生物”实际上是“天下万物皆在时间之中产生”。司马朝军教授的讲题是《论卦辞深层结构》，他通过深入分析《易经》中的“元亨利贞”，发现卦辞是由祭祀辞和占卜辞两部分构成。卦辞最初即祭祀分类辞，“易本卜筮之书”的说法并不全面，祭祀辞在《易经》中的地位应该更为重要。司马教授独创性地提出卦辞两分法，破译了卦辞的深层结构，使卦辞文本解读从无序走向有序，有助于认识《易经》本文，更有助于重新认识上古时代。吴根友教授和师领教授的讲题分别是《庄子论“真人”与“真知”的关系》、《〈论语〉“学”与“习”概念的心理学理解》。两位教授的发言都涉及中西哲学的比较，学术视野开阔，启发性强。吴教授首先指出《庄子·大宗师》篇所说的“真知”，并不是现代自然科学意义上的“真知”，而是一种与人的存在相关的价值的认识，可以称之为“价值真理”。庄子认为“有真人而后有真知”。依据《庄子·大宗师》篇，吴教授从社会、心理、终极价值三个层面对庄子论述的真人的特征做了详细阐发。他认为，庄子在追求“真知”的问题上凸显了“真知”何以可能的基础问题，也可以说是凸显了人类追求“真知”的方法与过程，使“真知”与人的本真存在紧密地联系在一起。这是庄子对老子思想一方面继承，另一方面又有发展的具体表现。在此基础上，他将庄子对“真知”的基础——“真人”的追问与海德格尔对真理的本质的追问作了比较，认为二者在思维方式上有相通之处。庄子不认为真知是一种与人的生存状态相脱离的普遍之知，海德格尔不认为“真理”是任何一种形式的知与对象的符合，其本质植根于“自由”

之中。庄子生活在古代，但他的对“真知”的根据——“真人”的追问这一思维方式体现了其思想与现代人的相通之处。师领教授首先强调了比较在文化研究中的重要性。其次，他从现代心理学的角度分析了《论语·学而》章“学”与“习”的概念含义和相互关系。指出“学”是“上教下效，即由两个主体在同一过程中同时进行教与效两种信息的互动”。而“学”又规定了“习”，“习”的内容包括了陈述性和程序性知识的练习。最后，师教授提出了“当下我们应该做什么样的学问？学什么？为什么学?”的尖锐问题，引起了不少听众的反响。师教授的提问反映了学者对现实的责任感，而在他之前发言的杨逢彬教授作的“漫谈‘诗无达诂’”的演讲，针砭时弊，其主旨与师教授颇有相通之处。杨教授指出，“诗无达诂”不能成为某些人歪说经典、无知无畏的借口。他把“无知”定义为“某个专业的知识的不完整或者欠缺”，并从词汇、语法、语音三方面举例说明了当前存在的学术无知的表现；他认为古籍训释存在客观的标准，我们应用历史的观点、系统的观点认识、学习语言。不能以今喻古，也不能孤立地看待语言问题，忽视对相邻语言现象的研究；研究者要重视语感的培养，要运用普通语言学、定量定性分析、统计等方法科学地研究语言。

每位学者主题发言以后是点评环节。学者的点评既有对发言者演讲的肯定、补充，也有冷静客观的诘难，甚至有针锋相对的争论，体现了此次会讲活动的严肃性和民主性。杨华教授在点评丁四新教授的发言时，补充论述了先秦社会结构、血缘关系对“忠”的观念的影响。丁四新教授、程水金教授则分别就《天子建州》若干字句的厘定提出了自己的商榷意见。而杨华教授将《天子建州》简13“所不教于师者三：强行、忠谋、信言”一句与《论语》中曾子“三省吾身”联系起来解读，引起了大家的兴趣。吴根友教授引用老子“强行者有志”，表达了自己对此句“强行而不教于师”的理解。吴根友教授在点评程水金教授的发言时，首先肯定了程教授从本土文化把握“道”的内涵，对老子“道”的概念作历史哲学的思考的思路，并认为其思考的结果足以自成一家之言。同时他又有针对性地提出了“老子的‘道’，存在‘在时间中产生'和'由时间中产生'两层含义，'道'为时间的说法是否圆通?"、"老子的时代是否有能力以时间为核心构建一个本体或者实体，论证是否存在主观化的心理揣测?"等问题。在点评司马朝军教授的发言时，杨逢彬教授和吴根友教授都对司马教授独创性地提出卦辞两分法表示赞赏，进而提出了各自关于方法论的思考。杨教授指出了举例法的局限性；吴教授则认为司马教授论文所反映的"本义追求"方法是对乾嘉学术路数的继承。对于司马教授的论文内容，吴教授还进一步追问："《易经》何以更能体现祭祀文化的特征?"并指出："'亨，通也'，意指祭祀时与神感通，不是误训，但后世把'亨'全部解释为'通'则是误读。"在点评吴根友教授的发言时，师领教授首先指出：当前时代处在人类一体化背景下的文明冲突之中，哲学需要中西古今思想的比较交流。其次，他追问："庄子如何达到真知？海德格尔如何达到真理？两者路径是否不同？若不同，原因何在?"在随后程水金教授的点评中，程教授认为庄子的"真知"是一种境界的体认，并引用庄子"心斋"、"坐忘"的有关论述说明了庄子的体道方法，可以说是部分回答了师教授的问题。程教授在点评师领教授的发言时，还提出"习"古通"友"字，阐发"习"就是"朋友讲习之义"，对师教授的发言做了补充；而在点评杨逢彬教授的发言时，程教授和司马教授都肯定了杨逢彬教授提出的语言应具有历时性、共时性的观点，强调对经典文本的诠释要"以意逆志"，还文本原意本身。但师领教授指出，文本本身不可能客观描述，解释本身带有主观性，作者、文本、意义之间存在着间离。由此引发了主讲学者们对"如何认识文本的本来意义，是否可能?"这一解释学中的重要问题的争论，但在现场没有取得共识。

在互动环节，在场的其他老师和学子与各位主讲老师就相关问题进行了交流、辩难，主讲人也做了认真回应，气氛更加热烈。大家没有身份上的差别，凭着对学术的共同热诚自由提问，有感而发，平等交流，使得本次会讲活动真正成为了一次互动沟通、促进提高的学术盛会。对于丁四新教授的发言，社会学系的桂胜教授给予了热情的评价，认为是对当今政治文明的一大贡献；有同学还由此提问，在“忠”的观念的不断演进过程中，有没有不变的内涵蕴涵其中？道德观念如果是与时俱进，那么人类是否有共同的道德本质？对此，丁教授做了简要回应，他认为，“忠”的观念中的确有一些核心的东西一直存在，如尽己的责任，我对他人的义务等；道德观念都不可避免地要反映所在社会的存在，但本身也有对既往文化传统的承继。对于程水金教授的《老子道论重估》，政治与公共管理学院左亚文教授一方面对其独创性表示赞赏，另一方面也毫不讳言“有所商榷”。他认为“道可道也，非恒道也”中的“可道”，是说可以指称，不是说可以用语言阐释；而“恒道”是指规律，“道”本身是变动不居的，把“道”诠释为时间序列，没有对“道”做本质内涵的界定，不是一个哲学意义上的解释。由于时间关系，程教授对在点评和互动环节中提出的疑问，做了简短回应。他认为，在轴心时代，老子对“道”做历史哲学的思考，以时间为核心构建一个本体或者实体是可能的；而关于自己对“道”的解释是否是一个哲学意义上的解释，程教授则坦言自己是从老子文本出发，自己在对“道”作解释之初，就没有想到要作一个“哲学意义上的解释”。程教授这种“以中释中”，空无依傍的治学理路别有会心，颇具启迪意义。桂胜教授对司马教授以整体思维把握《周易》卦辞结构表示肯定，并对司马教授文中提到的祭祀、卜筮文化背后的取象思维做了阐发；教育学院的郭昊龙老师则讲述了个人对吴教授阐发的“真人”与“真知”关系观点的体会。而主讲学者们在点评环节对“文本解释可能性”的论争，在互动环节中则进一步发展为“创新”与“复古”的治学方法的讨论。杨华教授认为，目前学术研究存在不规范不严肃的过度诠释问题，一些学者急功近利，故意标新立异，追求没有学术含量的创新实不可取。人文学科创新的基础在于传承，在于发现，不在于发明。创新在一定意义上就是复古和意义还原。对此师领教授提出异议，认为在当前存在文明冲突的背景下，文化创造必不可少，不能仅限于发现和还原。

在会讲活动的最后阶段，吴根友教授做了总结发言。他强调指出：“面向生活本身是学术创新的来源。”“借用中外古今文化资源回答和解决时代问题是学者的责任。”可以说是很精辟地概括了本次会讲活动的意义和内涵。七位老师严谨治学，创办《学鉴》、开设讲坛不仅仅是出于个人的学术兴趣，还在于他们具有古之“弘毅”之士所特有的强烈的文化使命感和责任感，他们给我们带来的不仅仅是知识的传授，更是一种君子人格精神的感召！

昔陆放翁有诗云：“末俗陵迟稀独立，斯文崩坏欲横流。”在当前普遍存在的浮躁浅薄、急功近利的社会风气下，珞珈七子能倾心学术，“中立而不倚”，弥足珍贵。它从一个侧面反映了中华文化在中青年一代学者中得以自觉地传承发扬，这既是百年武大人文底蕴的体现，也是百年武大的骄傲！

跋　语

◎吴根友

全球化背景下的人类文化理念的再创造，是当今人文学界里世界性的重大课题。中华民族经过一百多年的调整、恢复、发展，已然迈上了文化创新的正轨，正朝向人类文化理念再创造的大方向迈进。作为中国人文学者的民间群体——“珞珈七子”学术共同体，有感于中华民族文化复兴的历史责任，自2000年以来，在完成自己的教学与科研任务之余，一直挤时间在一起研习中西文化典籍，一方面加深自己的学术涵养，另一方面立志于学术创新，以同仁刊物的形式发表自己的“自得”之见，“以文会友，以友辅仁”，承扬文化，启发新知。已经出版的《学鉴》第一辑及目前的第二辑，从整体上反映了我们的精神取向与文化使命感。

我们深知，当今世界是一个充满多重矛盾的人类共同体，一方面是经济的全球化，另一方面是文化的本土化。经济的全球化需要文化的一体化作为文明的支撑。而文化的多元化则追求多元的价值形态，以对抗经济全球化过程中出现的文化的同质化现象，从而保存人类文化生态的多样性。这样一个看似矛盾的生活现象，其实从人类生存的深层次需求来看是相辅相成的。从文明发展的趋势看，“全球化”恰恰给各民族文化的发展以一种方向感，它要求人类在

"地球村"时代具有同类相爱的人文心理和伦理精神;"本土化"则给人一种故乡与家园感,使人们在全球化时代里成为随心而游的"旅行者",而不是沦为"流浪汉"。人们从自己熟悉的、固有的文化传统出发理解人类的共同命运及人类一体化时代里的低度共通原则,在深爱自己民族精神的同时,以一种博大的胸怀欣赏、接纳、吸收他者的文化。"珞珈七子"正是基于对当今及未来世界文明发展方向的体认,在各自的学术领域里从事着新文化的建设与创造工作。

众所周知,"轴心时代"的四大文明基本上是以独立的形式创造出来的,现代文明是通过资本的扩张方式把全世界各民族联系到一起的,其间充满了血腥的掠夺与屠杀。20世纪两次世界大战给人类带来的心灵创伤至今仍未痊愈。而核战争的阴影与乌云也时常漂浮在人们的头顶。然而,我们今日及未来人类所处的"地球村"时代,则需要一种从根本上来说是全新的文化理念。这种文化理念的核心内容是:人类文明在一体化的趋势下必须坚守人人相爱的理念,并以人人相爱为文化心理起点,以平等、互惠、和平、协商的方式实现文明间的交流与对话,从而实现人类文化核心理念的再创造。而要实现这一伟大的抱负,在目前的情况下,则必须通过人类文明的综合创新,在中国,则大体上需要经历"汗漫通观儒释道,从容涵化印中西"(萧萐父语)的漫长过程,迎接世界性的文化核心理念再创造的未来。文化核心理念再创造是一崇高而遥远的理想,但它能给我们人文学者的学术与文化研究提供一个方向。朝着这一方向,本辑《学鉴》在整体上虽然仍保存着以国学研究为主要内容的特色,但也增加了一些新内容,如传统思想的现代意义,人文新论,禅意人生等。而且,今后我们将大体上沿着"通观儒释道","涵化印中西"的文化综合创新的方向,展开我们的学术研究,发表我们的一得之见。

我个人认为,今天以及未来的人类要做两件大事:一是要真切地超越国界与种族利益之限制,维护人类共同的生存根基,让地球成为全人类的共同家园;二是要拓展宇宙空间,让人类走出太阳系,至少在银河系里寻找到更大的发展空间。而与人类实际事业相联系的文化事业则是：一是要共建“地球村”的文明形态；二是要拓展“信天游”，做“天民”的新文明理念。而这两个目标其实可以整合成一个统一的目标，那就是依托“地球村”文明形态而共谋人类的生存与发展的新文化理念。今日及未来的人类所有事业，只有在这个切近而又遥远的目标指引下才能找到自己的意义与方向。

中国最伟大的文人之一苏轼曾吟唱道：“大江东去浪淘尽，千古风流人物。”相对于人类文明传承与发扬的伟大事业而言，我们“珞珈七子”的学术劳绩真不啻是沧海之一粟。然而，正如庞大的珊瑚礁离不开每个极其微小的个体珊瑚一样，人类文明的汪洋大海也不会拒斥每一滴水珠。而且，在我们的背后有各种善缘支撑着，武汉大学出版社一群有远见卓识的领导者的支持，四祖寺净慧大和尚提供的善缘道场，文军先生的默默支持，都给了我们一份不可多得的善力。

我们深知文化核心理念再创造的艰难。惟其艰难，我们工作的意义才得以凸显。在滔滔的人类文明长河里，那些深埋于河床之下少之又少的文明核心理念，犹如中国神话故事中的“定海神针”，始终为人类文明的大厦提供着坚固的底座。而“地球村”时代的文化核心理念，将会成为新时代人们不断向未知领域奋进的北极星。